Arbor:~
scientie:~

「百学連環」を読む

山本貴光
Takamitsu Yamamoto

三省堂

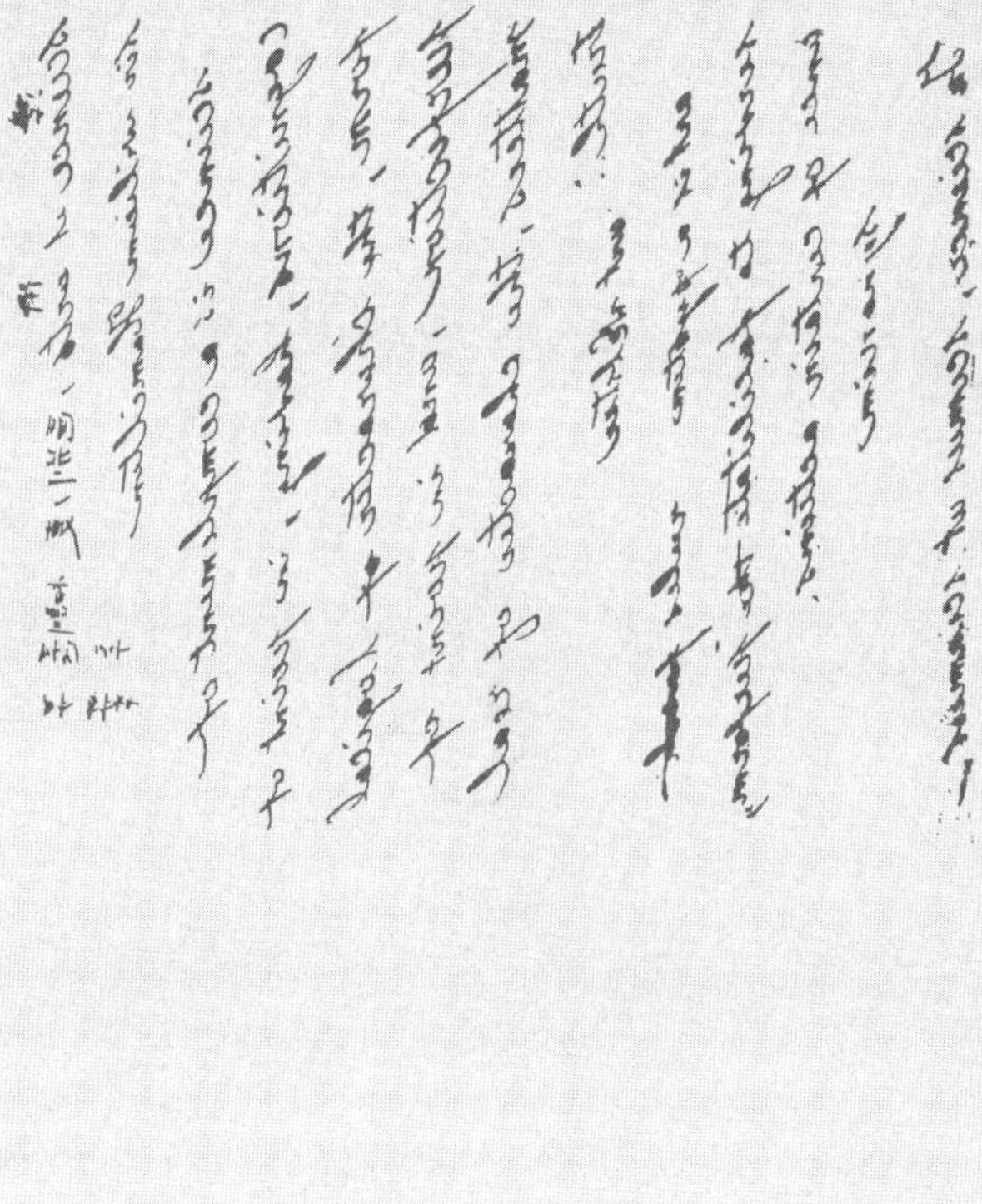

Encyclopedia [illegible]
e
百学提綱
総論 introduction

目次

はじめに

これからご一緒に、ある文書を読んでみたいと思います。今回注目するのは西周の「百學連環」です。いままではほとんど顧みられなくなった、というより、これからお話ししてゆくように、そもそも目に触れることの少なかった文章です。詳しくは読み進めてゆく中で述べるとして、読解にとりかかる前に、少しだけ前置きをしてみます。

この「百學連環」という文書は、明治三年頃につくられました。西暦で言えば一八七〇／七一年、いまから一五〇年ほど前のこと。後に明治維新と呼ばれることになる一連の動きによって、江戸幕府が倒れ、明治時代が始まった頃のことです。

西周（にし・あまね、一八二九―一八九七）は、江戸から明治にかけて活躍した人でした。江戸幕府や明治新政府の一員として働くと共に、従来の日本における知をベースにしながら、当時はまだ誰もが当たり前のように知っていたわけではない西洋の知を理解・吸収し、翻訳や講義や著述を通じて公にするという活動を続けました。ときに「明治啓蒙知識人」「啓蒙思想家」などと呼ばれています。ごく簡単にその経歴を見ておきましょう。

西周は、一八二九年（文政一二年）に石見国（いまの島根県）の藩医の子として生まれ、はじめは儒学を、後に洋学を学びます。蕃書調所に勤め、一八六三年（文久三年）には、津田真道らとオランダに留学。ライデン大学の法学教授シモン・フィッセリング（Simon Vissering、一八一八―一八八八）について政治、法律、経済、統計、哲学などを学び、帰国後は、徳川慶喜の顧問としてフランス語を教えた

図❶オランダ留学時に撮影されたもの。前列右端が西周（国立国会図書館蔵）

り、私塾を開いたりしています。

維新後は、新政府で軍事制度の設立などに携わりつつ、やはり私塾を営み、そこで本書の主題である「百学連環」などの講義も施したのでした。森有礼らと結成した明六社の刊行物『明六雑誌』に同人として論考を寄せたり、論理学、心理学、美学など、多方面にわたる著述や翻訳も精力的にこなしています。一八九七年（明治三〇年）に没するまで、東京師範学校校長や東京学士会院会長、貴族院議員などを歴任という経歴から窺えるように、この転換期を、政治家・学者・教育者として生きた人物でした。

より詳しくは、清水多吉『西周――兵馬の権はいずこにありや』（ミネルヴァ日本評伝選、ミネルヴァ書房、二〇一〇）などをご覧になるとよいでしょう。また、当人による「自伝草稿」（『中公バックス日本の名著34 西周 加藤弘之』、中央公論社、一九八四）には、幼少時から維新以前までの範囲とはいえ、折々にどのような書物を読んだのか、あるいは留学にでかける旅路のことなども臨場感たっぷりに書かれており、すこぶるつきに面白いものです。また、親類であった森鷗外が、西周伝を残しております。

さて、先ほど本書では、西周の「百學連環」を読むと言いましたが、実際にこの文書を書いたのは弟子の永見裕という人物でした。ちょっとややこしいのですが、「百學連環」は、もともと西先生が私塾で行った講義の記録なのです。その講義を聴いていた永見が、西先生の言葉を筆記したという次第。

この文書、ありがたいことに現在では、活字に起こしたものが『西周全集』（宗高書房、一九八一）の第四巻などに収録されています。ただ、手に入れづらいこともあって、必ずしもよく読まれているとは言えないのが現状です。そこでなんとかしてこの「百學連環」を、改めて読みやすく手に入りやすい形にできないだろうかと思っていたところ、ご縁があって「三省堂ワードワイズ・ウェブ」という三省堂が運営するウェブサイトを使わせていただけることになったのでした。そこで「『百学連環』を読む」と題して、二〇一一年から二〇一三年まで、毎週一回のペースで全一三三回にわたって書き継ぐことになりました。その連載をまとめて全面的に改稿したのが本書です。

それにしても、どうしてわざわざ一五〇年も前の講義録を、いま読み直そうというのでしょうか。本書を読むかどうかを判断する手がかりにもなろうかと思いますので、少し述べてみます。事は「学術」に関わっています。とりわけ、その全体をどう捉えるか、どう考えるかという大きな問題に関わっているのです。

目下、学術がどのような状況にあるかということは、例えば、各種大学の編成から垣間見ることができます。それぞれの大学は、多くの場合、複数の学部から構成されており、学部はさらに複数の学科に分かれています。学部を例にとると、工学部、理学部、農学部、医学部、薬学部、文学部、法学部、経済学部、教育学部等々、といった具合です。もっと大まかには、学問全体を、理系／文系といった分類や、自然科学／人文学、あるいは自然科学／人文学／社会科学と分類することもあります。

このような学術の分け方は、人類の歴史のなかで生まれたり消えたり変化してきたものです。でも面白いことに、こうした学術の分類は、私たちにとっては、最初から、つまり自分が物心ついたときには、すでにそういうものとして存在していたりします。そして、そういうものについて、人はしばしば「どうしてそうなったのか」という来歴を忘れます。来歴が分からなくなると、その必然性も見失われかねません。

もう少し具体的に身近なところで考えてみましょう。例えば、高校の段階で、文系か理系かというコースを選ばされたりすることがあります。そのとき、なぜそんなふうに分かれているのか、不思議に感じたことはないでしょうか。まるで世の中には二種類の学術領域があって、その二つは水と油であるかのように分けられている。誰がいつそんなふうに分けたのか知らないけれど、とにかくそういうものなんだからどちらかを選べというわけです。そして、一旦いずれかを選ぶと、ほとんどの場合、それ以降、選ばなかったほうの領域は縁がないものとして積極的な関わりを持たなくなったりもします（ここで「そんなことはないぞ！」と憤慨していただければ、むしろ幸いです）。

あるいは、小中高の授業が複数の「科目」に分かれていることについても似たようなことが言えます。例えば、国語と数学と歴史は互いに関係のない別の科目だと考えられています。国語とは日本語を扱う科目ですが、その中心となる材料は文学です。でも、考えてみるまでもなく数学も歴史ももともと日本語（自然言語）で書かれたものです（数学の記号は元来自然言語で書いていたものを抽象化したものです）。では、どうして国語では数学や歴史の文章ではなく、文学だけを扱うのか。誰がそういう区別を考えて、いつからそんなふうにしているのか。思えば謎だらけです。

いずれにしても、私たちは物心ついたときから、学術がいろいろな領域に分かれている状態を当然のことと思って生きています。また、学術が進展するにしたがって、細分化され専門化が進むことは必要があってのことです。ここで問題だと思うのは、いつしかそうした学術全体を見渡してみようという試みがなくなって、細分化した領域相互の関係がどうなっているのかということ、あるいは学術の全体像というものがあまり顧みられなくなっていることです。しかし、学術に限らず、全体を顧みないまま限定された部分ごとの最適化ばかりに注目しすぎた結果、例えば公害や環境破壊のような問題が深刻化したのはご存じの通りです。目の前だけを見ると、一見、経済的には効率のよいことが、長い目、あるいは広い目で見ると、巡り巡って自分たちの生きる環境を損ない、自分たちの首を絞めてしまうという非効率を生むわけです。

昨今「エコロジー」と日本語で言えば、なんだか環境保護の話のように思えてしまうかもしれません。しかし、言葉の元来の意味でエコロジカルに考えてみることも必要だと思うのです。つまり、エコロジー（ecology）とはドイツの生物学者エルンスト・ヘッケル（Ernst Heinrich Haeckel、一八三四―一九一九）が、生物を考察する上でその個体だけでなく、その生物が周囲にある他の生物や自然環境と取り結ぶ「あらゆる関係」を視野に入れて検討する試みに名付けた言葉でした（Ökologie）。この意味でのエコロジーは日本語で「生態学」と訳されます。話を戻せば、いわばそういう意味で個々の学術だけでなく、学術のエコロジーを考慮してみる必要があると思うのです。

本書で「百學連環」に着目してみたい理由は大きく二つあります。一、この講義は、当時の西欧学術全体を相互の連関のなかで広く見渡してみようという試みです。二、この講義を行った西周は、西欧学術が日本に輸入される際に、それまで日本語にはなかった多くの言葉を造った人物でもありました。現代日本語の大恩人の一人です。現在でも、彼が翻訳・造語した言葉は、学術その他の領域で使われています。そうした言葉の起源を知ることは、自分たちが現在行っていることの足元を確認するためにも必要なことです。という具合に、現代における学術の全域を捉えなおすためのよすがとして、「百學連環」の試みは、幾重にも手がかりを与えてくれると睨んでいるのでした。もちろん現在とは学術を取り巻く状況やその編成が違います。しかし、これから見てゆくように、学術やその分類の発想自体は、さほど大きく変わっていません。そういう意味で、「百學連環」は、来し方を見直し、現在を見る目を養い、さらには行く末を占うための一つの材料として、うってつけの文書だとも思うのです。

とはいえ、なにしろ一五〇年前のものですから、そのまま読もうと思っても、にわかには分からないことも多々あります。そこで、原文をご一緒に眺め、じっくり一文ずつ現代語に直しながら、そこに書かれていることを吟味してみようというわけです。

というわけで、前置きはこのくらいにして、さっそく読解にとりかかりましょう。

第1章 どんな文書か

まずは全体を眺める

まずは本書で読んでゆく文書について、概要を確認してみます。

本書で使うのは、『西周全集』第四巻（宗高書房、一九八一）に収録されている「百學連環」という文書です。この『西周全集』は、全四巻からなる書物で、西周の各方面にわたる著作物を収録しています。編集に当たったのは、歴史学者の大久保利謙（一九〇〇―一九九五）。各巻に収録されている文書については、必要になるつど引用・紹介することにして、ここでは第四巻の構成について見ておきましょう。

第四巻は、「百學連環」に関わる二つの資料で構成されています。大まかに言うと、一つは永見裕によって筆記された「百学連環」の講義録を活字に起こしたもの。もう一つは、編者が「百學連環覺書」と名付けた西周自身による手書きのノート。こちらは、手書きの文書をオフセット版で印刷してありますので、欧文と漢字仮名交じりで書かれた西の筆跡をそのまま見ることができます。

以上の主な資料に加えて、大久保利謙による「第四巻の序」と「解説」、新村出（一八七六―一九六七）による「序」（これは旧稿の再録）、編者が作成した詳細な目次、西と永見を写した明治元年の写真、講義録原本の写真二ページが入っています。全体で六二〇ページの書物です。

この「百學連環」と「覺書」は、二〇〇七年に印刷博物館の「百学連環――百科事典と博物図譜の饗宴」展に実物が出品されたので、ご覧になった方もいるかもしれません。いずれも手書きの文書です。

　ところで編者の大久保によると、「百学連環」の講義録のほうは、永見裕の原本を元に活字に起こす際、誤記や明白な誤謬は改めたとあります。細かいことではありますが、私たちがこれから読もうとしている文書は、こうした校訂が加えられた後のものであることを念頭に置いておきたいと思います。

　さて、肝心の「百學連環」は、どのような内容を持つ文書なのでしょうか。まず、目次を眺めておくことにしましょう。大まかな目次は次のようになっています。なお、下に添えた数字は、参照している全集第四巻のページ数です。


これだけを見ると、なんだか味気ない目次ですが、いくつかのことが分かります。全部で八つの部分から成っていること。最初に「総論」が置かれ、次に「聞書」なる文書があること。そして「第一編」に続いて「第二編」が複数冊あって、最後に「最後之章」という構成であること。目を惹くのは、第一編に比べて第二編のほうが長いことです。しかも、おわりから二つ目に「物理上学」という、どこかで見たことのある言葉も見えます。

少し補足すると、「総論」と「聞書」は、ほとんど同じ内容の文書です。編者によれば、「聞書」は「総論」を後に修補したものではないかとのこと。実は、本書で丁寧に読んでみたいと思っているのは、この「総論」です。というのも、この文書には「百学連環」とはなんなのか、なぜそのようなものの見方が必要なのかといった、この文書全体のエッセンスが述べられているからです。まずはこの「総論」で大きな見取り図と基本を示してから、細かい各論に入ってゆこうという構成です。

気になるのは第一編と第二編の違いです。詳しいことは読解を進める中で検討しますが、大まかに言うと、この二つの編は、学問全体の大きな分類に沿って分けられたものです。当該ページを見ると、第一編は「普通学（Common Science）」、第二編は「殊別学（Particular Science）」という名前が与えられています。これだけではなんのことやら分からないかもしれませんが、「普通」と「殊別」という言葉が対になっていることから、なにかイメージが湧くかもしれません。実際のところはどうなのか、これは後のお楽しみにするとして、それぞれの分類の下にどんな学術が入っているか、想像してみてください。

総論の構成——目次を読む

では、「総論」について、さらに詳しく見てみることにしましょう。全集第四巻には、編者が作成した詳しい総目次がついています。その「総論」に該当する部分を眺めてみようというわけです。

「また目次か」と思う読者もいるかもしれません。筆者としても、じらさずにさっさと本文にとりかかりたいところです。でも、込み入った内容の書物を読む際には、ちょっとしたコツがあります。いきなり本文にとりかかるよりも、まず目次を見ておくと、後々よいことが多いのです（ついでに言えば、索引がある場合は先に見ておくと、理解に役立ちます）。

それはちょうど見知らぬ土地へ初めて足を踏み入れるとき、事前に地図などを見て大まかな様子を頭に入れておくことに似ています。よく分からないなりに全体をぼんやり見ておいて、後で細部に立ち入ったときに、「ああ、全体図に書かれていたのは、このことだったか」と捉え直すという寸法です。絵を描くときに、いきなりまつげの一本一本から描くのではなく、まずは全体をざっと素描してみるのにも似ています。要するに、物事をマクロとミクロの両方の視点、鳥の眼と虫の眼から眺めると言ってもよいでしょう。

さて、それでは「総論」の目次はどうなっているでしょうか。目次は二段階になっていますが、まずは大きな見出しだけを並べてみます。

以上の六つの項目があります。「緒言」は「百学連環の意義」という言葉から推察されるように、いったいぜんたいこの講義にはどんな意義があるのかを説こうというものです。

その上で、「学域」「学術技芸（学術）」という、本講義のテーマ、取り扱う対象について述べられるであろうことが分かります。「学域」とは、おそらく「学問」あるいは「学術」の「領域」ということでしょう。

次の「学術技芸（学術）」という項目からは、それぞれの下にさらに小項目が立てられていますので、それを併せて検分してみます。

学術技芸

まず「学術技芸（学術）」という言葉です。似た言葉として「学問」が連想されますが、ここでは「学問」ではなく「学術」と見えます。これはどういう含意だろうかと思って「学術技芸（学術）」以下の小項目を見ると、こうあります。

学と術
観察 Theory　実際 Practice
知と行
単純の学 Pure Science　適用の学 Applied Science
技術 Mechanical Art　芸術 Liberal Art
文学（文字、言語）、文章 Literature

「学と術」、つまり「学術」とは、この二つの言葉が組み合わされたものであることが分かります。ひょっとしたら「そんなのは当然ではないか」、と思うかもしれません。しかし、そんなふうに感じたとき、注意すべきことがあります。先にも述べたように西周がこうした言葉を使っているのは、いまから一五〇年ほど前のこと。私たちにとって当たり前に見える言葉であっても、彼らにとっては自明とは限りません。なぜなら、海外から、それまで日本語にはなかった言葉や考え方を採り入れるために、言葉を造る必要があった時代です。こう想像してみるとよいと思います。私たちは、知らない言葉や意味が分からない言葉に出会うと辞書を引きます。また、用途に応じてさまざまな辞書がつくられています。もしそうした辞書がなかったらどうか。例えば、英和辞書が一冊もなかったら、英文を読む最中に知らない単語に出会ったとき、どうしたらよいか。そうです。見知らぬ英単語の意味を英英辞典などでなんとかして調べ、それに対応しそうな日本語を探したり、場合によっては造語することになるはずです。西周は、まさにそうした仕事に取り組んだ人物の一人でありました。後に見てゆくように、むしろ、私たちは、彼らのおかげでこうした用語を、今日、当たり前のものだと思うようになったと言っても過言ではないのです。

ですから、一見すると当たり前に見える言葉に出会った場合でも、ここではできるだけ当然だと思わずに検討してみます。みなさんも、同じように「おや?」と思うことがあったら、ぜひその疑問を念頭に置いてみることをお勧めします。ここでもさっそく、「学」と「術」はどう違うのか、なぜ組み合わされるのかという疑問を念頭に置いておくことにしましょう。

さて次に「観察 Theory」と「実際 Practice」という対が現れます。漢語に添えられた英語を見ると、いまなら「理論と実践」と書きたくなるところでしょうか。しかし、Theory を「観察」と訳したのは、その英語の語源に立ち戻って考えてみると、なかなか見事です。Theory の語源である古典ギリシア語の θεωρία（テオーリアー）には、「見てとったもの」という意味があるのです（これについては後にもう少し詳しく論じます）。それはともかく「観察」と「実際」という二つの言葉は、意味としては分かります。では「学と術」と「観察と実際」の関係を、ここではどう捉えようとしているのだろうか、という疑問が浮かんできます。

さらに三つ目の項目として「知と行」という対が登場します。ここには英語が添えられていませんが、「知ること」と「行うこと」と読めば、先の「観察と実際」に平行している言葉のようにも見えます。「知行」と言えば、日本史の中世・近世あたりに出てくる用語も連想されますが、果たして西先生はどのような意味で使っているのでしょうか。

「単純の学 Pure Science　適用の学 Applied Science」も、日本語よりかえって英語のほうが分かりやすいかもしれません。当世風に「純粋科学」と「応用科学」と訳したくなるところですが、ここでは Science という言葉が、もともとは「学問」という意味であったことに注意したほうがよさそうです。現在では、「サイエンス」と言えばほとんど「科学」のことを意味しますが、サイエンスという言葉がそのように狭められて定着したのは、比較的最近の出来事でした。字面はともかくとして、この対語も意味としては理解できそうです。

残るはあと二つ。まずは「技術 Mechanical Art　芸術 Liberal Art」です。この二つの語は、Art が共通しています。昨今「アート」と言えば、これもまた「美術」や「芸術」に対応する言葉に縮められていますが、元来は「技」「術」といった意味を持っていました。Mechanical と Liberal は、この場で解説するには、少し込み入っていますので後回しにしましょう。ここでは「技術」と「芸術」が「術」という共通項を持つものとして並べられていることに注意しておきたいと思います。

そして最後が「文学（文字、言語）、文章 Literature」です。ここまでの小見出しは、いずれも二つの言葉を併置していましたが、ここに来て違う形が現れました。ぱっと見て面白いのは、「文学」という言葉に「（文字、言語）」と添えられているところです。ここまでの語と同じように、現代の感覚で見ると、「文学」と Literature は、小説や詩やそれに関する批評のようなものを連想させます。小説も詩も「文字」や「言語」でつくられるものですから、そういう意味では不思議はありません。しかし、「文学（小説、詩）」ではなく「文学（文字、言語）」と書かれていることに注目してみたいところです。

以上の小項目は、「学術技芸（学術）」という項目の下に置かれたものでした。最後の「文学、文章」の項目を例外として、その他の小項目は、いずれも学術をなんらかの基準で分類するもののようです。ですから、このくだりを読んでゆけば、「百學連環」が取り扱う学術の全体像を一望できると予想されます。

学術の方略

続いて「学術の方略 Means」です。これは現代風に訳せば「学術の手段」とでもなるでしょうか。つまり、学術を行うにあたって、どのような手段（means）があるかということを論じていると予想されます。そのつもりでこの項目の下に置かれた小見出しを見てみましょう。

器械 Mechanical instrument
設置物 Institution
実験 Observation
試験 Experience

Empiric

以上の五つの項目です。見たところ、ここに並べられているのは、なるほど「手段」と言えそうなもののようです。

Mechanical Instrument は「機械装置」と言ってもよいでしょう。学術の中には科学や技術方面のように、さまざまな装置を使う分野があります。昨今では、自然科学以外の領域でも、コンピュータは欠かせない機械装置の一つです。

それから、「設置物」と訳されている Institution は、おそらく研究所やそうした施設のことだと思われます。これもまた学術活動には必要とされることが多いものです。

次の三つの項目は、一見すると分かりづらいところ。「実験」と訳されている Observation は、いまなら「観察」と言いたくなるところでしょうか。ただし、「観察」という語は、先に検分した Theory に当てられていました。

また、Experience は、辞書的に言えば「経験」や「体験」と訳される語ですね。これを西先生は「試験」としています。「試験」とはたぶんいまで言うところの「実験」を含意しているのではないかと思いますが、その場合、Experiment という英語が連想されます。

ここで疑問が浮かぶのは、はてさて、Observation と Experience とはどう違っていて、お互いにはどういう関係があるのか／ないのか、ということです。これは目次だけからはなかなか見えてきません。

次に登場する Empiric は、訳語も充てられないまま置かれていますが、これは現在「経験主義者」などと訳される英語です。ギリシア語に由来する語で、古代ギリシア・ローマの医師で哲学者のセクストゥス・エンペイリコス（経験主義者セクストゥス）の名前も思い出されます。経験もまた、学術を遂行する上で欠かせない手段だという意味でしょうか。

新致知学

「新致知学」という言葉は、いまでは見慣れないものです。「新」とついていることから、なにか新しいものだということは推察されます。「新しい致知学」ということでしょうか。「致知学」は「学」の字から、私たちにもお馴染みの「〜学」という学術領域の一種であることが窺えます。では、いったいこれはどんな学術なのか。

「致知」という字を訓読みすれば、「知に致る」となるでしょうか。「知に致りつくための新しい学」とはこれいかに。なんだか期待が湧いてくる名称です。では、その下に置かれている小見出しはどうか。こうなっています。

Jhon Stuart Mill
帰納法 Induction　演繹法 Deduction

この二つだけです。前者は、一九世紀イギリスの哲学者ジョン・スチュアート・ミル（John Stuart Mill、一八〇六―一八七三）の名前です。西周（一八二九―一八九七）は、J・S・ミル（お父さんがジェームズ・ミルという名前なので、紛れないようにこう記します）のおよそ二〇年後に生まれ、没していますので、同時代人と言ってもよいでしょう。

J・S・ミルも幅広い領域でものを考えた人でしたが、その主な著作を見ると、先ほどの「新致知学」

の正体が見えてきそうです。著作のうち、*On Liberty*（一八五九）が『自由之理』として日本に初めて訳出紹介（訳者は中村正直）されたのは、一八七二年（明治五年）のこと。ちょうど「百学連環」講義が行われた時期でもあります。そのJ・S・ミルの著作は大きく分けると、論理学、政治学、経済学を扱っています（その知的経歴を描いた『自伝』（一八七三）も忘れがたい書物でした）。

しかも、二つ目の小見出しには「帰納法」と「演繹法」という、いまでも私たちがお世話になっている言葉が見えています。これは、現在ではもっぱら数学や自然科学の分野で教えられる論理の方法です。つまり「新致知学」とは論理学のこと。ですから、おそらくこの訳語の元となった語は、Logicだと思われます。しかし、なぜ西先生はこれを「新致知学」と訳したのか。ここで論理学の歴史が念頭に浮かぶ人は、あるいはピンとくるかもしれません。なぜ「新」なのか。そして、なぜそれは「知に致る学」なのか。西先生は、なぜInductionとDeductionを「帰納」「演繹」と訳したのか。というか、この二つの漢語には、そもそもどういう含意があるのか。

この時点ではまだ本文を見ていないので、疑問が疑問を呼びます。このように読書を開始するにあたって、いくつかの疑問を思い浮かべるということもまた、読書を豊かにするための食前酒《アペリティフ》のようなものなのです。あるいは物語の冒頭で謎が提示される探偵小説を連想してもよいでしょう。そうして提示される謎に乗せられて、「犯人は誰だろう？」「どうしてこうなったんだろう？」という疑問に取り憑かれ、ページを繰るのを止められなくなって、気づいたら朝まで読んでいたということになるわけです。

これはなにも探偵小説やミステリだけに限ったことではありません。こうした文書を読む場合にも、疑問を持つことは文書に肉薄するための大切な動機付けを与えてくれるものです。

真理

「百學連環」の「総論」の目次、最後の項目は「真理」です。これはまた大きなテーマですが、学術においては欠かせない要素の一つでもあります。とはいえ、そもそも真理とはなんだろうという話もあります。そのことも含めて、目次を眺めながら思い浮かぶ疑問をメモしてゆきましょう。「はやく本文に取りかかりたい」というはやる気持ちを抑えつつ……

さて、「真理」の項目には次のような七つの小見出しがあります。

Positive Knowledge, Negative Knowledge
利用　適用
コントの三段階説
才学識
規模 System　方法 Method
普通学　殊別学
心理上学 Intellectual Science　物理上学 Physical Science

前に見た「学術技芸（学術）」の項目もそうでしたが、どうやら西先生は、物事を二つ、対にして並べる傾向があるようです。一方に甲あり、他方に乙あり、という感じでしょうか。ここでも「コントの三段階説」と「才学識」以外はすべてが対になっています。これはどういうことなのか、なにか底意地があるかもしれませんので、気に留めておくことにしましょう。

さて、最初に現れるのは、Knowledge（知識）です。しかも、Positive と Negative という二種類が並んでいます。日本語の日常会話で「ポジティヴ」「ネガティヴ」という場合、人の性格が「前向き（積極的）」か「後ろ向き（消極的）」か、といった意味で使われることが多いでしょうか。Positive と Negative には、他にもいろいろな意味がありますが、両者が対になって使われる場合としては、陽性／陰性といった用法もありますね。ここでの問題が「真理」であることを考えると、積極的な真理／消極的な真理といったことが論じられているのかもしれません。これは一つ疑問として念頭に置いておきましょう。

次は「利用」と「適用」です。これまた日常的に使う言葉ですが、これだけでは含意は分かりません。真理、あるいは前項の知識を利用／適用するという議論でしょうか。「利用」といえば、自分の目的のために用いること、「適用」といえば、なにかにあてはめてみること、といった印象がありますが、みなさんの場合はいかがですか。

さて、第三は「コントの三段階説」です。ここでコントというのは、オーギュスト・コント（Auguste Comte、一七九八―一八五七）のこと。一九世紀前半に活動したフランスの人です。彼はもともと数学の研究から出発して、やがて哲学研究へと進んでいきました。哲学というと、現在では専門化した学術領域の一つという印象があるかもしれません。コントの時代には、従来の広い意味を保っていたようです。

コントが書いたものは、今日ではあまり読まれていないようですが、社会学の創始者としても知られています。その「三段階説」とは、学術の進展する段階を説いたものでした。やがて本書でも詳しく検討することになるはずですが、「百学連環」、つまり諸学術の連環を考えようという西先生にとって、コントの説は見逃すわけにいかないものだったのでしょう。コントが唱えた「実証主義哲学」はフランス語で"Philosophie positive"といいますが、このpositiveは、先ほどのPositive Knowledgeと関係があるのかないのか、そんな連想も働きます。

その次に置かれた「才学識」と記した項目、実はよく見ると「才　学　識」とそれぞれの字の間に空白が置かれています。「才」と「学」と「識」の区別が論じられるのでしょうか。連想されるのは、「才識」と「学識」という言葉です。才識とは才知と識見、学識は学知と見識などと辞書に見えます。「才知」「識見」「学知」「見識」も、それぞれさらに分解できそうです。いずれにしても、「才」「学」「識」は、セットにされることの少なくない言葉ですが、真理をテーマとする場合、いったいどういう意味を担うことになるのでしょうか。どうやらこの辺りは、学術や真理に携わる人間側の話をしているようにも思えます。学術への向き不向きだなんて話だったら、ちょっとこわいような感じもしますね。

次は「規模System」と「方法Method」です。ここですぐに気になるのは、「規模」と「System」という言葉の組み合わせ。みなさんは「規模」というとどんな意味内容が思い浮かぶでしょうか。「大規模」「小規模」といった使い方を連想すれば、「規模」とは、なにか物事の大きさ、サイズの話ですね。辞書を覗くと、「規模」には、他にも「手本・模範」「要」「眼目」「名誉」「面目」「甲斐」「ききめ」「成果」「報い」「代償」「根拠」「証拠」といった意味もあるようです。

他方でSystemとはなにか。現在では、「システム」とカタカナで音写して済ませることも少なくない言葉ですね。コンピュータのオペレーティング・システムとか、システム手帖、システムキッチンだなんて言葉もあります。では、システムとはなんだと言えば、これはなかなか厄介な言葉です。私は、言葉の意味を考えるとき、その言葉が持っている多様な意味の母体となる祖型を考えてみるようにしています。システムの場合は、複数の「要素」(ものでも言葉でもプログラムでも)が、お互いになんらかの関係をもっているその全体のこと、という感じです。

自然科学では system を「系」と訳す場合があります。例えば Solar system を「太陽系」という具合。「システム」という語を上記のように考えるとき、私の念頭にあるのは「太陽系」の図です。哲学の領域では、「体系」と訳されたりもします。「理論を体系化」するという場合、これは「理論をシステムとして組み立てる」と言い換えられるでしょうか。なんらかの部品を組み合わせて、そうした部品全体を部分として含むような全体を組み立てる、そんなイメージです。

もっともいまの段階では、本文を見ていないという前提で目次から感じることをメモしているわけですから、西先生が、どういう意図で system に「規模」という訳語を充てているのかは分かりません。ただ、学術における真理がテーマとなっていること、それから、いま述べてきたような意味でシステムを考えてみると、「規模」という言葉もまた、組み上げられた真理の体系といった意味合いに通じるような気もします。これは本文に進んでから、ぜひ確認してみましょう。

この「規模 System」と対のように置かれているのは「方法 Method」ですが、こちらはわたしたちの言葉遣いからすんなり理解できそうです。少し気になることがあるとすれば、先に見た「学術の方略 Means」との関係でしょうか。「方法」と「方略」は、どことなく似たところがあります。

もっとも「方略 Means」は「器械」や「設置物」など、どちらかというと「手段」ということに重点がありました。「方法 Method」のほうは、方略や手段と似た意味で使われることもありますが、そうした手段を用いながら、物事をどう進めるかという意味もあります。詳しくは、これも本文の検討をするときに述べますが、method の語源であるギリシア語の「道にそう」という意味にそのことは現れてもいるように思います。

さて、残る二つの項目は、いずれも「〜学」という言葉です。「単純の学 Pure Science」「適用の学 Applied Science」という区別も思い出されるところ。

では「普通学」と「殊別学」はどうでしょうか。おそらく、今日であれば「一般学」もしくは「普遍学」と「特殊学」とするところではないかと推測されます。また、学術全体を大きく分類する言葉のように見えます。例えば、みなさんは現在のいろいろな学術を、この二つのどちらかに分けてみなさいと言われたら、なにをどちらに分類するでしょうか。なんとなくではありますが、私の場合、具体的な事象や物事を扱う学術は殊別学で、抽象化された理論に近い領域が普通学のような印象を持ちます。例えば、歴史は殊別学で、数学は普通学など。これは、今日ではあまりお目にかからない学術の分類なので、なにがどうなっているのか、おおいに気になります。

さあ、これで最後です。「心理上学 Intellectual Science」と「物理上学 Physical Science」ですね。これは、『心脳問題』(吉川浩満との共著、朝日出版社、二〇〇四。増補改訂改題し『脳がわかれば心がわかるか』として太田出版より二〇一六年に刊行)の著者としては、ちょっとドキッとする分類です。「心理(心のことわり)」と「物理(もののことわり)」とは、言い換えれば「精神」と「物質」のことでしょう。心理や精神に関わる学術と、物理や物質に関わる学術を分けているわけです。

ここで分類すること、分けることの意味に思い至ります。どうして学術を心理と物理に分けるのかといえば、分けずに考えると、なんらかの困難があるからでしょう。そうでなければ分けたりせずに、一つの学術として分類すればよさそうなものです。ちなみに、この二つはきっぱり分けて考えたほうがいいぞと明確に検討したのは、かのルネ・デカルト(René Descartes、一五九六―一六五〇)でした。そもそも心(精神)と体(物質)はどう関係しているのかという問題は、西欧において古代ギリシア以来の長い歴史を持つ難問中の難問です。その難問を、デカルトは、後に「心身二元論」と呼ばれる形で整理してみせたのです。これは現代に至るまで「解決」されていない問題の一つで、脳科学者や哲学者たちが検討を続けているところ。実を言えば、先ほどのコントが提唱した学術の進化論とも大いに関わる問題です。

こうしたことを思うと、「百學連環」の「総論」が心身二元論の話で終わるのは、なんだかとても示唆的です。そういえば、「百学連環」が講義された時期は、ヨーロッパで心理学が進展を見せる時期でもありました。当時の心理学の教科書を見ると、いまなら脳科学や神経科学と呼ばれる領域もそこに含まれています。こうした知の最先端に触れた西先生は、この巨大で厄介な問題に、どう取り組んだのか。ますます興味は尽きません。

さて、お待たせしました。以上の目次閲覧から浮かんできたさまざまな問いを頭の片隅に置きながら、いよいよ本文に取りかかることにしましょう。

第2章 「百学連環」とはなにか

「百学連環」に飛びこむ

では、「百學連環」の本文を見てゆきましょう。

実を言うと、本書で底本としている『西周全集』第四巻には、「総論」に該当する文書が二つ掲載されています。両者を区別するために編者の大久保利謙氏に倣って「甲本」「乙本」と呼ぶことにします。編者も指摘しているのですが、両者を比べると乙本は甲本に修訂を加えたもののようです。内容はほとんど同じなのですが、細部で言葉遣いや表現が違っています。ここでは、基本的に甲本を基にしながら、必要に応じて乙本がどうなっているかを見てゆくことにします。

また、「百學連環」は、もともと筆で記された文書ですが、全集に収録されたものは活字にしてあります。そこでは、いわゆる「正字体」が用いられています。本書では、「百學連環」から引用する場合、できるだけ活字に合わせたいと思います。

では「百學連環」の本文に入ってゆきます。表紙を繰ると、最初のページには、このようなタイトルが現れます。

百學連環 Encyclopedia

第一　總論 Introduction

「百學連環」に Encyclopedia という英語が併置されていることに注意しましょう。これからすぐに見るように、実は「百學連環」とは、Encyclopedia に対応する訳語として、西先生が編み出した語なのです。そのことがタイトルにも示されています。

また「總論」が Introduction に対応しています。introduction には現在でも「概論」「序説」といった訳語が当てられますが、「總論」と言えば全体を俯瞰するという気分が少し前に出るでしょうか。

本文はこのように始まります。

英國の Encyclopedia なる語の源は、希臘の Ενκυκλιος παιδεια なる語より來りて、卽其辭義は童子を輪の中に入れて教育なすとの意なり。故に今之を譯して百學連環と額す。

（「百學連環」第一段落第一〜二文）

冒頭から、Encyclopedia という英語とその語源を説き、その意味を述べています。単刀直入で話がはやいとはこのことですね。ついでのことながら、原文を読む場合、まずは音読してみるのをお勧めします。そもそも西先生が講義をした記録であるということもありますし、それに限らず明治期に書かれたものは、音読しても調子のよい文章が少なくありません。先をどんどん急ぐ読書も楽しいものですが、ゆっくりじっくり口のなかで言葉を転がしてみながら味わうのもまた一興です。私も実際、この読み解きを進めながら、何度も声に出して読んでいます。

さて、この文章、現代の日本語の感覚でもそのまま読めると思いますが、当世風に書き直してみましょう。以下本書では、現代語訳をお示しする際、天地に二重線をつけます。

英語の Encyclopedia という語は、古典ギリシア語の Εγκυκλιος παιδεια［エンキュクリオス・パイデイア］に由来しており、それは「子どもを輪の中に入れて教育する」という意味である。そこで、これを「百学連環」と訳して掲げることにしよう。

なんだかとても面白いことが書かれていますね。「子どもを輪の中に入れて」とは、どういうことなのか気になります。しかし、意味内容の検討に入る前に、まずは大きなことから見ておきましょう。西先生は、この第一文で、しょっぱなから早くも

Εγκυκλιος παιδεια ＝ Encyclopedia ＝ 百学連環

というふうに、英語を媒介として、古典ギリシア語と現代（当時）日本語――しかも元来は中国の文字である漢語――が、言葉のうえでつながっていることを示しているのです。

少しイメージを広げて、古代ギリシアから現代までの二〇〇〇年を越える時間の流れと、これらの言語が使われる地域の地図上での距離とを思い浮かべてみましょう。そこには愕然とするほどの大きな隔たりがありはしないでしょうか。翻訳という営みの驚くべきところは、そうした時間と空間、そして文化や社会の違い、一言で言うなら文脈の違いを超えて、言葉同士をつなげてみせてくれるところです。実にアクロバティックな、凄まじい芸当です。

しかも、西先生が置かれていた状況は、私たちの状況とはかなり違っています。私たちには、既に先人がこしらえた各言語と日本語の対応を記した辞書がありますが、西先生は、そうした既存のものに頼りきるわけにはいきませんでした（皆無だったわけではないにしろ）。例えばここでそうしているように、Encyclopedia という言葉一つとってみても、自分で訳語を考え出す必要があったのです。

ついでのことではありますが、こうした翻訳語を読むとき、ちょっとそのつもりになると、言葉遣いのトレーニングをすることができます。「もしこの言葉を自分が日本語に訳すとしたら、どうするだろうか」と考えてみるのです。もちろん現在の辞書を引けば、encyclopedia の項目には、「百科事典」や「専門辞典」といった訳語が出ています。しかし、誰かが工夫してくれた訳語を単に借りるのではなく、自分の知識の範囲でこれを訳すとしたらどうするか、と考えてみるわけです。

そうしてみると、「百学連環」という訳語の凄味のようなものが、じわじわと感じられてきます。西先生は、こともなげに「故に今之を譯して百學連環と額す」と述べていますが、ここには深い洞察と言語操作能力が総動員されています。ですから、その含意について、もう少し立ち止まって考えてみたいと思います。

ギリシア語の揺らぎ

さて、しばらくギリシア文字が頻出しますが、この文字に馴染みのない方も、文字の姿形を眺めるつもりでお読みいただければ幸いです。かつて西先生たちが、初めてギリシア文字に接したとき、どのような思いが心中に去来したかを空想してみてもよいでしょう（分からないことを避けるというよりは、むしろ興味津々で楽しんでしまう感じで）。

まず、改めて「百學連環」の語源となっている古典ギリシア語に注目してみましょう。それはこんな言葉でした。

Ενκυκλιος παιδεια

これを仮に「エンキュクリオス・パイデイア」と音読することにします。さて、語の冒頭にご注目ください。Ενκυκλιοςとなっています。これは英語風のローマ字に写せばEnkukliosとなるところでしょうか。先ほど、カタカナとして「エンキュクリオス」と音写してみたことと合わせると、合点がいくかもしれません。

しかし、古典ギリシア語として見た場合、「おや?」と思う点があります。Ενκυκλιοςという言葉は、いくつかの辞書で見てみるとΕγκυκλιοςと出ています。あれ? 同じじゃないかと思うかもしれません。比較しやすいように二つを並べてみます。

Ενκυκλιος(「百學連環」甲本)
Εγκυκλιος(辞書の表記)

二つの言葉をよく見比べてみましょう。すると、冒頭から二つ目の文字が違っていることが分かります。「百學連環」ではν(ニュー)ですが、辞書ではγ(ガンマ)になっています。このγという文字は、ローマ字表記ではgに写される文字ですので、先ほどのようにこれをもしそのままローマ字に転写するとEgkukliosとなって、それこそ変な気がするかもしれません。

実は、古典ギリシア語ではκの前のγは「ン」と読むという規則があります。ですから、実際にはΕγκυκλιοςと書いて、「エンキュクリオス」と読むわけです。これに対してΕνκυκλιοςという書き方は、いわば「エンキュクリオス」という音を、そのまま素直に文字に写した表記と言えるでしょう。

この表記を「百學連環」の二つのヴァージョン「甲本」と「乙本」で比べてみると、さらに面白いことが分かります。ここでは基本的に「甲本」を見ているのですが、その甲本に手を入れたと推測される「乙本」では、この「エンキュクリオス」という語の綴りが次のように変化しているのです。

Εγκυλοςπαιδεια

いかがでしょうか。再び比較のために並べてみます。じっくり見比べてみましょう。

Ενκυκλιος παιδεια（甲本）

Εγκυλοςπαιοεια（乙本）

そう、「甲本」ではΕνと始まっている語頭が、「乙本」ではΕγに改められています。さらに、語頭から五文字目も違う綴りです。「甲本」が「エンキュクリオス」だとすれば、「乙本」は「エンキュロス」となっています。

また「甲本」ではΕνκυκλιοςとπαιδειαという二つの語が並べられていて、間にスペースが置かれています。でも、「乙本」では、この二つの語はつなげて書かれています。ついでながら、上記は活字に起こされたものです。永見裕が「乙本」の筆写した文書を見ると、Εγκυλοςで改行して次の行頭にπαιδειαが続いています。活字版はπαισειαですが、以下ではπαιδειαと読みます。

もし「乙本」（活字版）のように、二つの語を続けて書くのであれば、Εγκυλοσπαιδειαと綴りたくなるところでもあります。というのも、「乙本」の前半はΕγκυλοςと綴られていますが、ここに見えるς（シグマ）という文字は、σ（シグマ）という文字が語末に置かれる場合の形です。この記法を前提にした場合、後ろにすぐπαιδειαと別の文字が続くのであれば、σと記したくなります。

さらに混乱に拍車をかける材料があります。実は『西周全集』第四巻に収められた西周自身の手による「百學連環覺書」という手帖（全集では手書きそのままに掲載してあります）を見ると、西先生はこう書いているのです。

Εγκυκλοςπαιδεια

これまた、「甲本」とも「乙本」とも微妙に違う形です。

Ενκυκλιος παιδεια（甲本）
Εγκυλοςπαιδεια（乙本）
Εγκυκλοςπαιδεια（覺書）

「覺書」の綴りは、語頭がΕγと始まる点で「乙本」と同じです。しかしκεの後ろに来る文字列は、「甲本」とも「乙本」とも違います。その異同については、詳しく述べないでおきますので、ぜひじっくりと見比べてみてください。

頭がこんがらがってきました。なんだか重箱の隅をつつくような話でもあります。しかし、どの綴りが正しくて、どれが間違えているといった話をしたいわけではありません（それはそれとして大事なことではありますが）。この表記の揺らぎから、一五〇年前に行われた講義の痕跡のようなものが垣間見えるような気がして興味深いのです。ライヴ感とでも言いましょうか。

揺らぎのわけを推理する

では、なぜそのような違い、綴りの揺らぎが生じたのかということを推理してみます。

三つの綴りに加えて、ギリシア語の文献に広く見られる形を並べておくことにしましょう。「辞書」と添えたのがそれです（辞書の表記ではアクセント記号などがつきますが、ここでは略しています）。

Ενκυκλιος παιδεια（甲本）
Εγκυλλοςπαιδεια（乙本）
Εγκυκλλοςπαιδεια（覺書）
Εγκυκλλιος παιδεια（辞書）

どうしてこのような違いが生まれたのでしょうか。この三つの文書の関係をいま一度、整理しながら考えてみます。

まず、西先生が講義に先立って、手帖に「覺書」をつくったと考えるのは無理がないと思います。この「覺書」は、ありがたいことに「全集」第四巻に、活字にせず先生の筆跡そのままにコピーされてい

図1

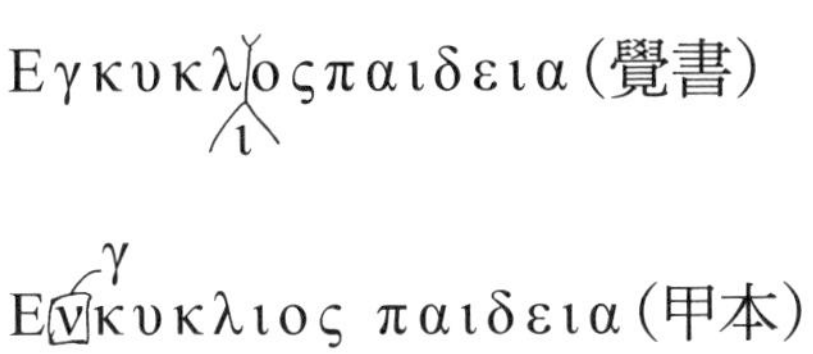

ます。

西先生は、この「覺書」をもとに講義し、それを聴講した永見氏が「甲本」を書き記したのだと思われます。このとき、西先生がいまで言う板書のようなことをしたかどうか分かりません。仮に板書して見せたとすると、「覺書」と「甲本」でギリシア語の綴りが違っているのは変な気もします。先ほど述べたように、特に二文字目のγ（ガンマ）をν（ニュー）と記しているところがちょっと怪しいのです。しかし、西先生が口頭で説明したものを、耳で聞いた永見氏が、あのように音に従って綴ったと考えれば整合するように思われます。

また、右に並べた「辞書」の綴りを仮に正しい綴りだとすると、「覺書」も「甲本」も、それぞれ一文字だけ「辞書」の綴りと食い違っています。「覺書」λ（ラムダ）の後ろにι（イオタ）を入れれば「辞書」の綴りになりますし、「甲本」のν（ニュー）をγ（ガンマ）に置き換えれば「辞書」の綴りになります。つまり、「覺書」と「甲本」の綴りは、いずれも惜しいのです。どちらがいっそう「辞書」に近いかと言えば、「甲本」です。なぜなら、「甲本」の綴りは、発音した場合には、「辞書」の綴りと区別がつかないからです。「覺書」の綴りは、そのまま発音するとι（イオタ）が抜けていることに気づきます。

そこでこんな推測ができます。西先生は「覺書」に記した言葉を見ながら講義をした。その際、自分のメモのギリシア語綴りにι（イオタ）が抜けていることに気づいて、口頭ではこれを補って述べた。だから、それを耳で聞いて記した「甲本」はγ（ガンマ）以外は「辞書」と同じ綴りになっている、というわけです。こう考えると、結果的に「甲本」が「辞書」の綴りに最も近い理由がつきます。

さて、永見氏が書き上げた「甲本」を西先生に見せて、「乙本」を作ったのかどうか、これも推測

図❷

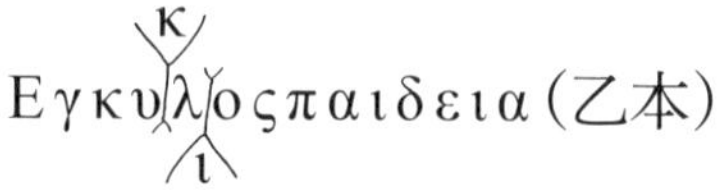

するしかありません。仮にそうだとすると、西先生が、「甲本」のΕνκυκλιος παιδειαという綴りに気づいて「おや、ここはγだぞい」と手を入れた可能性があります。しかし、「乙本」は、「甲本」と比べると分かりますがλ（ラムダ）の前後の文字が抜け落ちています。「辞書」の綴りと比べると「退化」してしまっているのです。西先生がチェックした結果、こうした変化が生じるのは不自然にも思えます。永見氏が「甲本」から「乙本」をつくり直したと考えたくなるところです。

あくまで残された文書からの推測ですが、こうした綴りの揺らぎに、そんなやりとりの痕跡が残っているように思われるのでした。三つの文書のなかに、似たような表記の揺らぎがあれば、この推測をもう少し確度の高いものとして裏付けられるかもしれません。頭の片隅に置きながら読み進めることにしましょう。

「輪の中の童子」の謎

さて、「百学連環」の語源であるギリシア語の綴りについて見てきました。今度は、意味内容の検討に移りましょう。まず、改めて冒頭の文章を掲げます。

> 英國のEncyclopediaなる語の源は、希臘のΕνκυκλιος παιδειαなる語より來りて、即其辭義は童子を輪の中に入れて教育なすとの意なり。故に今之を譯して百學連環と額す。

Ενκυκλιος παιδεια（エンキュクリオス・パイデイア）というギリシア語は、「童子を輪の中に入れて教育なす」という意味であると説明していたのでした。映像が思い浮かぶような、たいへんヴィジュアルというか、視覚的な表現です。

それにしても、ここで言う「輪」とはなんなのか。そのことについての説明はありません。ちなみに「乙本」ではこの部分、「輪」ではなく「周環」と改められています。「百学連環」の「環」が入っていますね。いずれにしても、意味としては同じと考えてよいでしょう。

このくだりを理解する手がかりは、第二文にあります。上に掲げたように西先生は「故に今之を譯して百學連環と額す」と説明を続けています。この「故に」がミソです。西先生は、さも当然であるという様子で「故に」と言います。改めて当世風に書けば「このギリシア語は、子どもを輪の中に入れて教育するという意味だ。だから『百学連環』と訳したのだよ」となるでしょう。

一見すると「だから」という接続で、物事が説明されているかのようです。しかし、この二つの文章を見る限りでは、「子どもを輪の中に入れて教育する」という意味の語を「百学連環」と訳す理由は分かりません。とはいえ、この言いぶりから、西先生の脳裡では両者がしっかりつながっているらしいことが窺えます。

先に言えば、西先生の「だから（故に）」は、それこそ故あってのことなのです。実際「童子を輪の中に入れて教育なす」と「百学連環」という訳語には、つながりがあります。ただし西先生は、説明を相当はしょっているので、つながりが見えづらくなっています。そこで、「故に」の内実をもう少し補ってみます。

まずは古典ギリシア語の辞書によって、この語の意味を確認してみることにしましょう。Εγκυκλιος（エンキュクリオス）とπαιδεια（パイデイア）は、それぞれ次のような意味です。ここでは、Liddell-Scottの希英辞典（Oxford University Press）〔LSと略記〕と、古川晴風編著『ギリシャ語辞典』（大学書林）〔FS

と略記」に見える意味を並べてみます。

Εγκύκλιος
LS: I. circular, rounded, round. II. revolving in a cycle, periodical, ordinary
FS: 丸い／定期的な、毎年の／通常の、日常の／一般的な、全般的な

παιδεία
LS: 1. the rearing of a child, 2. training and teaching, education 3. its result, culture, learning, accomplishments II. youth, childhood
FS: 1．養育 2．訓育、教育／鍛錬／教育の結果身についたもの、教養 3．躾け、懲戒 4．幼少時代／（集合的に）若者達

英語と日本語とで、語義の並べ方やその意味の範囲に違いが見られますが、大きくは同じほうを向いていると言ってよいでしょう。

Εγκύκλιοςは、面白いことに「円形」や「丸い」という意味と同時に、「日常の」とか「通常の」という意味を割り当てられています。（いまのところ）毎日上ってくる太陽のように、毎日巡ってくることが円のイメージと重なっているのでしょうか。ついでに言えば、この言葉はΕνとκύκλιοςの合成語です。Ενは「〜の中に」などの意味をもつ前置詞、κύκλιοςは「円形の」「円を描く」といった意味の形容詞です。

またπαιδείαは「子ども」を「教育」することに強く関連した語であることが分かります。もともと

この語に含まれているπαις（パイス）は、「子ども」という意味の言葉でした。英語で「教育学」のことをpedagogyと言いますが、これなども語源を辿ると「教育」という意味のπαιδαγωγία（パイダゴーギアー）」に由来しています。

というわけで、まだすっかり分かったというわけには参りませんが、Εγκυκλιος παιδεια（エンキュクリオス・パイデイア）が、「童子を輪の中に入れて教育なす」という意味と無縁ではないことが見えてきたと思います。

しかし、どうしてこれを「百学連環」と訳すことになるのかは、まだ分かりません。

円環をなした教養

このことを考えるうえで、とても参考になる書物があります。H・I・マルーの『アウグスティヌスと古代教養の終焉』（岩村清太訳、知泉書館、二〇〇八〔原書は一九三八〕）です。ここでは、同書の説明をお借りしながら、Εγκυκλιος παιδεια（以下では辞書の綴りで記しておきます）の意味を確認してみましょう。

まず確認したいのは、Εγκυκλιος παιδειαとは、古代ギリシアから中世ヨーロッパにかけて、現代とは異なる意味で使われていた言葉だということです。

現在Encyclopedia（エンサイクロペディア）と言えば、ほとんど直ちに「百科事典」や「百科全書」と訳されます。現代の用法としては、それで問題はないのですが、その訳語をそのまま中世や古代に当てはめてしまうと問題が生じます。「百科事典」という意味は、もっと現代に近い用法だからです。

マルーは、Εγκυκλιος παιδειαのΕγκυκλιοςという語が、古代ギリシアにおいては「円環を成す」というよりは、「普通の」「日常の」という意味を担っていたと指摘しています。つまり、Εγκυκλιος παιδεια とは、「基本的な教育課程」を意味していたというわけです。現代風に言えば「一般教養」でしょうか。

詳細は省きますが、これがローマの教育に入り、中世を通じて「自由学芸（artes liberales）」と呼ばれるようになります。英語で言う Liberal arts ですね。自由学芸とは、医学、法学、神学などのいっそう高度な学へ進むための基礎を築くものでした。

自由学芸の内訳は、論者によってさまざまです。典型的には「文法」「修辞学」「弁証論」「算術」「幾何学」「天文学」「音楽」といった七つ前後の分野から成っているようです。そのことを受けて「自由七科」と呼ばれることもあります。面白いことに、ここにはいまで言う文系の学術と理系の学術が揃っています。ひょっとしたら「音楽」だけ別ものに見えるかもしれませんが、ここで言われている「音楽」は、数学の一種と捉えられています。

学術をどう分類するかということのうちには、時代や文化の世界観や学術観が映り込むものです。自由学芸では、およそ半分が言葉を知り、言葉をよりよく使うための学術に割り当てられており、その比重の大きさが目を惹きます。

さて、このように「基本的な教育課程」を意味するΕγκυκλιος παιδειαの理念が、「自由学芸（artes liberales）」に受け継がれ、それはやがて現代の大学における「一般教養」にまでつながります。ただ、昨今では「一般教養」の本来の意味や意義が見失われて、なんの役に立つか分からないものという勘違いが横行しているのは、本末転倒の極みと言うべきものでしょう。歴史と経緯を忘れてしまうと、そういうバカげたことになります。以上のことを踏まえて、冒頭の謎に答えを出しておきましょう。なぜΕγκυκλιος παιδειαが「百学連環」と訳されなければならなかったのか。

本来、ここに述べてきたような意味を担っていたΕγκυκλιος παιδειαは、ローマ時代にクインティリアヌスやウィトルウィウスといった人びとによって、読み替えられてゆきます。つまり、先ほど辞書で調べてみたようにΕγκυκλιος（エンキュクリオス）とは、「円環（κύκλος）」のことであり、Εγκυκλιος παιδεια とは、あれこれの学術が「円環をなした教養」のことだ、というわけです。

つまり、これを訳せば「百学連環」となる次第です。ここで「百」とは、百という数字そのもののことというよりは、「数多の」というくらいの意味です。「諸子百家」とか「武芸百般」という場合の用法ですね。要するに「百学連環」とは、数多の学術が連環をなしていること。見事な訳と言うほかはありません。

では、この言葉は、Εγκυκλιος παιδεια の原義である「基本的な教養課程」と、どう関係するのか、しないのか。新たな疑問が浮かんできますが、これはまた先で考えることにしましょう。

というわけで、いったん言葉の連環をめぐる旅を終えて、再び本文に戻ります。

知のリレー

「百學連環」冒頭二つの文を読みました。わずか二行にも満たない文章ですが、その裏側には千年単位の言葉のリレーとその来歴が折り畳まれている次第が見えたと思います。

私たちはいま、明治期に書かれた文書を読んでいます。しかし単に明治の文書を読んでいるのではありません。私たちは、同時に、それを成り立たせている近代西洋の知、その近代西洋の知の源にある古典ギリシア・ローマの知、そして漢語という中国の知とが、西周という一人の知識人の脳裏で結びあわされて、日本語として述べられるという事態に立ち会っているのです。

このことを、「百年以上も昔の話だろう」といって済ませるわけにもいきません。なぜなら、私たちはいまもって西先生たちが西洋の言葉を日本語に移入するために造りだした数々の言葉を使い、考えを表現しているからです。

そう思うと、漢文の素養もなければ、外国語もからっきしの私のようなものが（どうかすると日本語も怪しい……）、「百學連環」を読もうということ自体、一種の蛮行であるかもしれません。読者諸賢におかれましては、ここでの読み解きの試みをご覧いただきながら、いまの私が見落としているであろうことを、さまざまに補完しながらお読みいただけたら幸いです。

さて、気を取り直して続きを読んで参ります。まずは原文を掲げましょう。

従來西洋法律等の學に於ては、總て口訣を以て教授なすと雖も、此 Encyclopedia なるものを以て口授するの教あることなし。

（「百學連環」第一段落第三文）

現代語に訳せばこうなるでしょうか。

従来、西洋の法律学などでは、すべて口伝えで教えるものだけれど、この Encyclopedia というものをそんなふうに直接口で言って教えることはない。

「口訣」とは、昨今あまり見かけない表現ですが、「文書に記さないで、口で直接言い伝える秘訣」（『日本国語大辞典』）、奥義を秘伝するといった意味があります。法学などは口伝えで教えるけれども、

Encyclopedia（百学連環）はそうではないというわけです。裏を返せば、Encyclopediaは、書かれた言葉として伝えられるということでしょうか。

特に「法律等の學」と、法学を代表例に選んでいるところも気になります。そういえば、西周は、この「百学連環」講義に先立つ一八六二年（文久二年）に、幕命を受けて津田真道とともにオランダに留学したのでした。留学先では、ライデン大学の教授シモン・フィッセリング（Simon Vissering、一八一八—一八八八）の教えを受けて、帰国後に講義の筆記録を「和解」、つまり翻訳しています。

そのとき西先生が訳したのは、『萬國公法』（Volkenregt）、現代の言い方では「国際法」あるいは「国際公法」となるでしょうか。この文書は『西周全集』の第二巻にも収録されています。その『萬國公法』に対して西先生がつけた「凡例」冒頭にこんな一文が見えます。

> 此書ノ原本ハ、吾カ師ナル荷蘭陀ノ國來丁府ノ大學校ニテ博士ノ職ナル畢酒林氏ノ口ツカラ授ケラレタルヲ、余等親ニカノ石墨モテ書キトレルモノニソアリヌル

文中「畢酒林」がフィッセリングの名前です。要するに「フィッセリング先生の口から授けられたことを書き留めた」と言っています。つまるところ、先に見た「從來西洋法律等の學に於ては、總て口訣を以て教授なすと雖も」とは、自らの留学体験に基づくことでもあったのです。そして今度は、自分が「百学連環」の講義を、学生たちに口授しているというわけです。

政治学のエンサイクロペディア？

さて、法律などの学術は、先生が口伝えで教えるものだけれど、Encyclopedia についてはそういうことはない。そのように前置きした上で、講義はこう続きます。

然れとも英國に Encyclopedia of Political Science なるものありて、即ち口授するの教へあり。故に今之に傚ふて淺學の輩を導かむと欲する余か創見に出る所なり。

（「百學連環」第一段落第四〜五文）

現代語訳を添えてみます。

しかしながら、イギリスには Encyclopedia of Political Science というものがあって、これは口授するものである。そこで私もこれに倣って、入門者の手引きをするというのが私のアイディアだ。

少ないながら前例はある。自分もこの新しい試みに続こうではないか、という次第。ヨーロッパで最新の学術を身につけて帰った西先生の気概のようなものを感じます。

ときに今日、Encyclopedia of Political Science と聞けば、『政治学百科事典』を連想するところ。実際、いまでも同名の堂々たる大事典が刊行されています。しかし、西先生の言うところでは、Encyclopedia of Political Science なる講義が行われていたようなのです。

顧みると、大学において政治学（Political Science）という学術領域が独立したのは、一九世紀のことでした。そう、独立した学術としての政治学は、比較的新しいものなのです。ただし、それまでヨーロッパに政治学がなかったという意味ではありません。それこそ古典ギリシアの時代から、政治学は学術の重要なテーマの一つであり続けてきています。ただ、大学で独立した領域として認められるまでは、法律や歴史の研究として行われていたようです。

私がこのことを教えられたのは、『ヨーロッパ大学史（A History of the University in Europe）』第三巻（Edited by Walter Rüegg, Cambridge University Press, 2004）という書物でした。この大きな書物は、中世から第二次世界大戦までのヨーロッパの大学とそこで行われていた学術の歴史を辿るもので、「百學連環」の背景となる欧米学術を知るうえで恰好の文献です。同書によれば、ケンブリッジ大学に政治学の講座がつくられたのは、二〇世紀も四半世紀を過ぎた一九二七年のこと。

他方で西先生が「百学連環」を講義しているのは、一八七〇／七一年（明治三年）ですから、もう少し早い例はないかと探してみると、ありました。一八八〇年にアメリカではじめて、コロンビア大学に政治学科が開設されています。その件で尽力した人物に、ジョン・ウィリアム・バージェス（John William Burgess、一八四四―一九三一）がいます。彼は「アメリカ政治学の父」と呼ばれる政治学者です（ウェブサイト「COLUMBIA250」掲載のバージェス紹介文より）。

面白いことに、バージェスの著書『政治学と比較憲法学（Political Science and Comparative Constitutional Law）』（Ginn & Company, 1890）を覗くと、政治学（Political Science）という考え方の源流は、別の場所にあるらしいことが分かります。

政治学とは、比較研究である。この学問は、自然科学の領域で非常に生産性を発揮してきた方法を、政治学と法律学に適用してみようと試みるものだ。とはいえ、こうしたやり方は、なにも私の創見ではない。もっぱらドイツの公法学者が使っている手法だ。他方で、フランス、イギリス、アメリカでは、比較的新しい試みと言えよう。

（前掲書、vol.1, p. vi）

バージェス自身は、テネシー生まれですが、彼はドイツに留学して、ゲッティンゲン、ライプツィヒ、ベルリンの大学に学んでいますから、実体験に根ざした見立てなのでしょう。ついでながら、同書は、明治末期に高田早苗と吉田己之助によってジオン・ダブリュ・バルジェス著『政治學及比較憲法論』として邦訳されています。

さて、バージェスによる政治学科創設が一八八〇年で、政治学（Political Science）を論じた著作が一八九〇年でした。先ほども述べたように、西先生の講義は一八七〇年ですから、その頃にはすでにEncyclopedia of Political Science なる講義がイギリスで行われていたというわけです。

この件については、もう少し材料がありますので、「いまのところ、（私には）ここから先は分からない」というところまで進めておきたいと思います。

「政治学エンサイクロペディア」の正体

同じように文献を探ってゆくと、どうやらEncyclopedia of Political Science なる科目があったということが見えてきます。その内実を確認してみたいと思います。

アメリカの社会学者、ウィリアム・グラハム・サムナー（William Graham Sumner、一八四〇―一九一〇）の証言が有力な手がかりとなります。サムナーは、イェール大学を卒業後、ヨーロッパ各国に留学し、帰国後、アメリカではじめて社会学の講座を持った人です。

サムナーは、一八七八年にイェール大学で行った「政治学・社会科学コースのための入門講義」のなかで、まさに私たちが知りたいと思っていることを述べています。こんな具合です。

> この講義では、経済学あるいは富学、比較政治学、法律学、国際法学、国家論、統治論、そして、こうした諸領域すべての歴史の探究に取り組む。これは、最も広い意味での政治学(political science)であり、今期、学生諸君に対する私の講義で主題としたい。一名 Encyclopaedia of Political Science というが、この名称はドイツ語から借りてきたものだ。そこでは、この学問の各部門や下位部門、また、それら諸部門同士が互いにどう関係しているかを扱い、領域全体の見取り図をつくり、各部について概要を示し、さらにその先の詳細を学ぶための道筋を準備する。
>
> (W. G. Sumner, *The Challenge of Facts and Other Essays*, 1895, p.395)

同じ講義のもう少し後のほうでは、Encyclopedia of Political Science を「この〔政治学という〕主題全体の知識にとって基礎となるもの」(前掲同書、四〇二ページ)とも説明しています。

このサムナーの説明から、Encyclopedia of Political Science というものが、政治学全体を対象として、その各部の概要だけでなく、各部相互の関係を論じる講義であることが分かります。また、それをもってさらに専門的な学術に入ってゆくための基礎教養とするという点も、私たちが確認してきたエンサイクロペディアの原義に適っています。これはまさしく政治学における「百学連環」というべき内容です。

ところで、西先生が言及していたのはイギリスの事例でした。他方、ここで見たのはアメリカの例ですので、そういう意味では間接的な傍証に留まります。後日もし適当な資料に遭遇できたら、一九世紀イギリスにおける諸大学のカリキュラムを調べてみたいと思います。そこに Encyclopedia of Political Science を見つけることができれば、この注釈を補強できるはず。ここでは、そもそも Encyclopedia という講義がなされていたという事実を確認できたことで、とりあえず満足しておきましょう。

さて、もう一つ気になることを追跡しておきたいと思います。バージェスもサムナーも、口を揃えて政治学（Political Science）や Encyclopedia of Political Science の出所を「ドイツ」だと言っていました。ドイツで、エンサイクロペディアの講義といえば、どうしても連想せずにはいられないことがあります。次にそのことを検討してみます。

法学のエンチクロペディー

一九世紀後半から末にかけてのアメリカでは、ドイツ仕込みの先生たちが、「政治学（Political Science）」や「政治学のエンサイクロペディア」という講義を開いていることを確認しました。一八一二年からの百年間で、アメリカからドイツの諸大学へ留学した学生は、一万人を数えるともいいます（『世界教育史大系26 大学史I』、講談社、一九七四）。当時、プロイセンのベルリン大学（一八〇九年創立）は、世界各国からの留学生を集めて「世界の大学（Weltuniversität）」と呼ばれており、明治期の日本からもたくさんの留学生が訪れています。

大まかに言うと、一八世紀後半から一九世紀にかけての時代は、政治体制や経済状況の変化に伴って、大学の構成も大きく変化していった時代です。ヨーロッパの伝統的な大学では、基礎教養（リベラル・

アーツ、これは元を辿ると古典ギリシアのエンキュクリオス・パイデイアでした）を修めたうえで哲学を学び、そして法学、神学、医学へ進むという具合に、法、神、医、哲の四つの学術を柱としていました。

時代が下り近代国家が姿をとり始め、市民社会や経済の発展が進むにつれて、官僚の養成や工業化の必要などもあいまって、いわゆる社会科学と自然科学が専門分化してゆきます。私たちがいま注目している「政治学」もまた、そうした背景から一つの学術分野として独立していったのでした。

さて、それではアメリカの大学に導入されたドイツの「エンサイクロペディア」とはなんなのか。このことを確認してみたいと思います。ところで、英語の「エンサイクロペディア（Encyclopedia）」は、ドイツ語では「エンチクロペディー（Encyklopädie / Enzyklopädie）」と綴ります。以下でも、文脈に合わせて、ドイツの話をするときには「エンチクロペディー」と書くことにしましょう。

さて、このことを追跡するうえで、高橋直人氏の論文「近代ドイツの法学教育と「学びのプラン（Studienplan）」」からたくさんのことを教えていただきました。これは、一八世紀後半から一九世紀にかけてのドイツの大学で、法学を学ぶ学生向けにつくられた「学びのプラン」を分析した論文です。「学びのプラン」とは、法学部なら法学部で、各学期にどの講義をどのような順序で受けるべきかという構成を示した文書で、大学や個別の著者が作成しています。そして、高橋氏が整理・分析しているいくつかの「学びのプラン」のなかに、例の「エンチクロペディー（Encyklopädie / Enzyklopädie）」が現れるのです。

高橋氏が先の論文で掲げている「学びのプラン」のうち、一九世紀につくられた四つのプランでは、いずれもその第一セメスターの筆頭に「法学のエンチクロペディーおよびメトドロギー（Encyklopädie und Methodologie der Rechtswissenschaft）」、あるいはそれに類する科目が置かれています。やはり、「エンサイクロペディア／エンチクロペディー」とは、大学の講義科目だったのです。

ここで「エンチクロペディー」というのは、法学なら法学という領域全体を概観し、それぞれの部分がどのように関連しあっているかを学ぶ科目です。「メトドロギー（Methodologie）」のほうは、訳せば「方法論」となるでしょうか。これは、先ほど確認したサムナーの発言とも重なりますね。

高橋氏によれば、こうした「エンチクロペディーおよびメトドロギー」という講義は、もともと「18世紀後半にゲッティンゲン大学のピュッターによって、講義用の教科書（1767年）の刊行を伴って行われるようになり、その後、ドイツの他の大学でも開講されて」いくようになったといいます（前掲論文、六一ページ）。

実際、そのつもりで文献に当たってゆくと、法学に限らず、さまざまな「エンチクロペディーおよびメトドロギー」が作られていたことが見えてきます。実は、私たちが探している「政治学のエンチクロペディー」もそうした中に見つけられます。次にそのことをご紹介しましょう。

文献学のエンチクロペディー

エンサイクロペディア／エンチクロペディーという名前を冠した講義について調べているうちに、一八世紀後半から一九世紀のドイツの大学で、実際にそうした講義が行われていたという手がかりを得たのでした。

なるほど、そのつもりで文献やネット上のアーカイヴを検索してみると、たしかにいろいろな領域で「エンチクロペディー」なる講義が開催されていた痕跡が見えてきます。そうした文献から分かることを総覧・整理できるとよいのですが、量も量なので、これは別の機会に譲りたいと思います。ここでは「百學連環」を読むことに資する「エンチクロペディー」講義をご紹介してみましょう。

まず一つめは文献学（Philologie）です。この学術もまた、もっぱら一八世紀から一九世紀のドイツにおいて鍛え上げられた領域の一つでした。日本でもよく知られている人物で言えば、ニーチェ（Friedrich Wilhelm Nietzsche、一八四四—一九〇〇）なども、古典文献学の研究から出発した人でした。

文献学とは、ある文化に関する文献を通じて、そうした文献に書かれた先人たちの世界の見方、世界の認識の仕方を広く研究する学術です。なにしろ「文献」が対象ですから、その内容は、哲学や文学はもちろんのこと、神話、宗教、美術、あるいは現代でいう科学なども含む幅広いもので、総合的に文化を捉えようとする領域なのです。

この学術領域を大成させた学者にフリードリヒ・アウグスト・ヴォルフ（Friedrich August Wolf、一七五九—一八二四）とアウグスト・ベーク（August Böckh、一七八五—一八六七）がいます。ヴォルフは、ベークの先生でもあります。

ヴォルフは、ハレ大学とベルリン大学でその名も「古代研究に関するエンチクロペディーならびに方法論（Encyklopädie und Methodologie der Studien des Alterthums）」という講義を行って、それに基づいた書物『古代学の叙述——その概念・範囲・目的・価値（Darstellung der Alterthums-Wissenschaft nach Begriff, Umfang, Zweck und Werth）』（一八〇七）を刊行しています。同書でヴォルフは、彼が考える「古代学」を構成する二四もの学術を解説し、まさに「古代学」という学術の全体像を示すのです（前掲書七五〜七六ページに一覧あり）。ヴォルフの場合、ホメロスなどの古典古代が専門ということもあって、文献を通じた古代学という形をとっています。

もう一人のベークもまた、ハイデルベルク大学やベルリン大学で行った講義に基づく書物『文献学的諸学問のエンチクロペディーならびに方法論（Encyklopädie und Methodologie der philologischen

Wissenschaften)』が没後、弟子の手によって編集・刊行されています。ありがたいことに、同書の一部は、安酸敏眞氏によって翻訳・注解が施されています（以下では、その訳文をお借りしています）。また、安酸氏による「アウグスト・ベークと文献学」（「北海学園大学人文論集」第三七号）は、ベークの生涯や仕事とその意義を説いたもので、大変参考になります。同論文には付録としてベークの講義目録もついています。

特にベークの講義は「序論」でまず「文献学の理念、またはその概念、範囲、最高目的」を論じた後で、「とくに文献学に関連してのエンチクロペディー概念」「文献学的な学問のエンチクロペディーについての従来の試み」「エンチクロペディーと方法論の関係」と論じる念の入りようで、「さすがは文献学！」と喝采したくなる内容です。

この機会に他の領域の「エンチクロペディー」もいくつか覗いてみました。どの講義でも、冒頭近くで「エンチクロペディー」という言葉（ドイツ語）の来歴がラテン語を経由した古典ギリシア語であるといったことはお約束のように書いてあります。しかし、ベークによる解説はひと味違います。アリストテレスやイソクラテスといった人びとによる古典ギリシア語での具体的な用例や、クインティリアヌスやウィトルウィウスらによるラテン語への翻訳などを検討しながら、エンキュクリオス・パイデイアの持ついくつかの原義を確認したうえで、こうまとめているのです。

> すべてのことにおいて何かを知っていない人は、何事においても何かを知ることはできない、と古典古代の人々は考えた。彼らのエンキュクリオス・パイデイア（Εγκυκλιος παιδεια）はそこに由来する。

（「文献学的な諸学問のエンチクロペディーならびに方法論」、安酸敏眞訳、「北海学園大学人文

論集」第四一号、五八ページ／原書、三六ページ）

全体を知らずしてその部分をよく知ることは叶わない、そんなふうに言い換えてもよいでしょう。これはまさしくベークが行おうとしている講義としての「エンチクロペディー」の目指すところでもありました。つまり、文献学なら文献学という学術には、いろいろな「特殊的な部分」（speciellen Theilen＝専門的・個別的な部分）があるけれども、文献学のエンチクロペディーでは、文献学について「一般的な叙述」（allgemeine Darstellung＝全般的な描写）をなす、というわけです。

実際ベークの文献学には、「年代学、地理、政治史、国家論、度量衡学、農業、商業、家政、宗教、美術、音楽、建築、神話、哲学、文学、自然科学、精神科学、言語」といった諸学術が網羅されており、これらが一種の体系として関連づけられています（安酸敏眞「アウグスト・ベークと文献学」、「北海学園大学人文論集」第三七号、一五一ページ。また、同論文の付録2「アウグスト・ベークの文献学の体系」も参照）。安酸氏の言葉をお借りすれば、誠に「壮観なる文化科学の体系」であり、本書のテーマに即して言えば、この文献学自体が一個の「百学連環（エンサイクロペディア）」というべき広がりを持っています。西先生の「百學連環」目次に並ぶ「百学」の数々と並べてみても、相当部分が重なり合っていることも分かります。

従来の書物に加えてディジタル環境の下で、縦横に文献を検索・味読できる現代においてこそ、こうした文献学の叡智は再活用されるべきものではないかと思いますが、それはさておき、数ある「エンチクロペディー」の中から特に文献学のエンチクロペディーを選んでご紹介した所以です。

哲学のエンチクロペディー

ちょっとオオゲサな言い方をお赦しいただけば、日本で最もよく知られている「エンチクロペディー」は、たぶんヘーゲル（Georg Wilhelm Friedrich Hegel、一七七〇—一八三一）によるものだと思います。試しに書籍データベースや検索エンジンで、「エンチクロペディー」を検索すると、多くの場合、ヘーゲルの名前とセットで出てきます。

実際、ヘーゲルは、ハイデルベルクやベルリンの大学で「エンチクロペディー」という語を冠した講義を行っており、その講義の手引きを刊行しています。『哲学的諸学のエンチクロペディー綱要（Enzyklopädie der philosophischen Wissenschaften im Grundrisse）』というタイトルですが、しばしば『エンチクロペディー』と略した形で呼ばれています。

この講義は何度か行われ、また、書籍版のほうも、一八一七年に最初の版を刊行してから、何度か増補されています。日本語訳も複数種類が出ていて、私が目にしたなかで最も古い翻訳は、一九〇五年（明治三八年）のものでした。二一世紀に入ってからも何種類か出ているほどで、連綿と読み継がれている様子が窺えます。

もう少し具体的に見ると、ヘーゲルの「エンチクロペディー」は大きく三つの部分から構成されています。つまり「論理学」「自然哲学」「精神哲学」です。

「論理学」とは、人間が世界を理解したり、ものを考えようとする際、どのように思考すれば真理（世界の真相）に近づけるかということを問題にする学術です。また、「自然哲学」では、世界や宇宙の仕組みやありようを探究し、「精神哲学」では、人間精神やその産物である共同体や社会、そこで実践される法や道徳、あるいは芸術や宗教、哲学といったものを見渡します。

言ってしまえば、世界を構成すると目される「物質（自然）」と「精神」の二大要素の全域をカヴァーして、それを人間が思考・理解するための道具となる「論理」を検討にかけようというわけです。これはある意味で、古代ギリシアやローマにおける学術体系のあり方をヘーゲルなりに換骨奪胎した学術全域の姿だと言えます。もちろんこのことは、私たちがここで読み進めようとしている西先生の「百學連環」ともおおいに関係するところでもあります。

では、ヘーゲルが言うところのエンチクロペディーとはなんなのか。ここまでの検討から、すでにその正体は明らかになっていると思いますが、念のため、ヘーゲル先生の言葉を覗いておくことにしましょう。ヘーゲルは「エンチクロペディー」全体への「序論」で、こんなふうに述べています。

> 「集大成（エンチクロペディー）」の形をとる学問は、特殊な部分までがくわしく展開されることはなく、各部門のはじまりと、特殊な学問の根本概念との提示をもってよしとしなければならない。
>
> 《注解》特殊な部分のどこまでを特殊な学問の構成に組みいれたらいいのかは、原則を立てにくい。部分が真理だといえるためには、個々ばらばらにあるだけではなく、それ自体が一つの総体性をなさねばならない以上、どこまで組みいれるか明確な線を引くことができない。哲学の全体は、本当をいえば、単一の学問をなすが、その一方、いくつかの特殊な学問が集まって一つの全体をなすものと見ることもできる。
>
> （ヘーゲル『哲学の集大成・要綱 第一部 論理学』、長谷川宏訳、作品社、二〇〇二）

まず注目しておきたいのは「エンチクロペディー」の訳語です。長谷川氏は、従来カタカナで「エンチクロペディー」と音写して済まされがちだったこの語を「集大成」と訳すことで、読んで一応意味の分かる訳文に仕立てています。翻訳の前例としては、「哲學躰系（エンチュクロペディー）」（小田切良太郎・紀平正美訳、一九〇五）、「哲學集成」（戸弘柯三訳、一九三〇）などがあります。

ヘーゲルはここで、エンチクロペディーが当該学問領域（哲学）の概観を与えるものであり、また、その学問領域を構成する諸学問は、個別ばらばらにあるだけでなく、全体として一つの学問をなすべきだと述べています。これはまさに、これまで見てきた他の学術領域のエンチクロペディーと同様の説明ですね。

ただし、ヘーゲル先生はこの後に、同じエンチクロペディーといっても、哲学とそれ以外の学術ではわけが違うのだと強調しています。つまり、哲学以外では、「学問とは名ばかりで、実態は知識のたんなる寄せ集めにすぎない」エンチクロペディーもあると言うのです。具体例として名指しされているのは、文献学（Philologie）と紋章学（Heraldik）です。なにもここでケンカを売らんでも、とも思いますが、かえって気になる存在だったのかもしれません。ともあれ、当時（一九世紀初め）の大学において、哲学以外にもいろいろなエンチクロペディーが開講されていた様子も、このくだりからも垣間見えますね。

さて、そろそろエンチクロペディーを巡る旅を終えて、「百學連環」に戻りましょう。

学術のエンサイクロペディア

西先生は、エンサイクロペディアとは普通講義するものでない、ただしイギリスでは「政治学のエンサイクロペディア」という前例があると述べていました。それはいったいどういう講義なのかと追跡してみたところ、一八から一九世紀のドイツに淵源があるらしいことが見えてきたのでした。

ここではもう詳細には立ち入りませんが、実際に『政治学説――入門としての政治学のエンチクロペディーならびに方法論（Staatswissenschaftslehre oder Enzyklopädie und Methodologie der Staatswissenschaft als Einleitung）』（アレクサンダー・リプス著、一八一三）なる書物も残されています。先に見た法学、文献学、哲学と同様、政治学についても「エンチクロペディーと方法論（メトドロギー）」という講義が開かれていたことが分かります。

西先生が言及していたイギリスの例については、直接該当しそうな事例に遭遇できていませんが、以上の検討から、エンサイクロペディア／エンチクロペディーという講義が、欧米の大学で行われていた様子は摑めると思います。

それは、ある学術領域に入門するにあたって、あるいは締めくくるにあたって、その全体を概観し、諸部分同士の関係を確認することを目的とする講義でした。

各種学術領域における「エンチクロペディーならびに方法論」の講義は、その後、「概論」や「入門」といった名称に取って代わられてゆき、初学者に手ほどきする科目として、いまでも大学などで講義されているところです。こうしたことを念頭において「百学連環」という講義を眺め直せば、「百学連環」とは、学術全体についてのエンサイクロペディアであると言えるでしょう。

思えば高校や大学などでは、ついぞ「百学連環」のような講義にお目にかかったことがありません。しかし、考えてみると、これから学術の諸領域について学ぼうという人たちや、そのなかのどこを専門として選ぼうかという人たちにこそ、「百學連環」のように全学術を総覧して、その相互関係を見渡す道案内が必要であるような気がします。

ここで思い出されるのは、西先生の同時代人でもあるJ・S・ミル（John Stuart Mill、一八〇六―一八七三）の言葉です。彼は、教養教育の重要性を説いた人でもありましたが、大学教育についてこんなことを述べています。

学生が大学で学ぶべきことは知識の体系化についてです。つまり、個々に独立している部分的な知識間の関係と、それらと全体との関係とを考察し、それまでいろいろなところで得た知識の領域に属する部分的な見解をつなぎ合わせ、いわば知識の全領域の地図を作りあげることです。

（J・S・ミル『大学教育について』、竹内一誠訳、岩波文庫、二〇一一、一五ページ／原書、八ページ）

少し補足すると、ここで「体系化」と訳されている言葉はmethodize、つまり、「順序立てる」「組織立てる」「方式化」するという意味でもあり、これは「エンチクロペディーならびに方法論」という場合の「メトドロギー（Methodologie）」というドイツ語とも響き合うものです。

ミルはこの講義において、学術の全体像を知らぬままその一部を専門として没頭することの剣呑さについて、繰り返し警鐘を鳴らしています（ただし、それは専門そのものを否定することではありません）。現在「百學連環」的なるものが不在であることと考え合わせると、余計に耳が痛くなるお言葉でもあります。

というわけで、「百學連環」の本文に戻ります。

書物としての「エンサイクロペディア」

さて、これまでのところ、「百學連環」冒頭の第五文までを読みました。続きを見て参りましょう。

併かし歐羅巴中 Encyclopedia なる書籍あるは、甚タ許多にして、英國の如きは alphabetical とて、即我かイロハといふに同しく、彼の ABC 等の符徴を以て部分し、其符徴に依て種々の學科を引出す所の書籍凡そ十二巻とす。

（「百學連環」第一段落第六文）

現代語訳を並べてみます。

ただし、ヨーロッパでは「エンサイクロペディア」という書物が非常にたくさん刊行されている。イギリスでは「アルファベット順」のものがあって、私たちの「イロハ」と同じように、〔英語の〕ABC という記号で分けて、その記号によってあれこれの学術の科目を引いて読むという書物で十二巻ほどのものがある。

こちらの「エンサイクロペディア」は、先ほど追跡してみた講義のエンサイクロペディアと違って、私たちにも馴染みのあるものですね。比較的近現代に近いところで言えば、それこそよく知られているディドロとダランベールたちの『百科全書（Encyclopédie）』や、彼らが当初翻訳しようとしていたイギリスのチェンバーズによる『百科事典（Cyclopaedia）』をはじめとして、一九世紀末にかけての欧米ではこぞって「百科事典」が編纂されています。

また、西先生がアルファベット順の分類について、わざわざ注釈しているのが目に留まります。明治以前の日本における「百科事典」風の書物では、ほとんどの場合、項目をアルファベット順／イロハ順ではなく、部門別に分類して並べていたことが背景にあると思われます。

例えば、江戸時代に中村惕斎（なかむら・てきさい、一六二九―一七〇二）によって編まれた『訓蒙《きんもう》圖彙《ずい》』は、当世風に言えばさしずめ「挿絵入り百科事典」です。これを覗いてみると、その項目立てに目がゆきます。面白いものなので並べてみましょう。

巻之一　天文之部
巻之二　地理之部
巻之三　居處之部
巻之四　人物之部
巻之五　身體之部
巻之六　衣服之部
巻之七　宝貨之部
巻之八　器用之部
巻之九　器用之部
巻之十　器用之部
巻之十一　器用之部

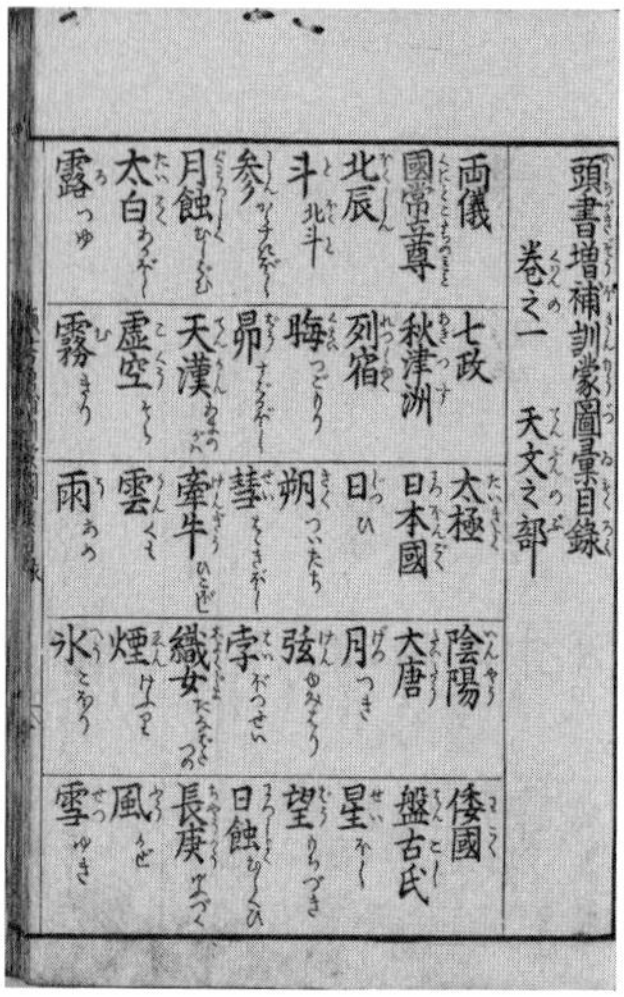

図❸『頭書増補訓蒙図彙大成』から目録一ページめ（国立国会図書館蔵）

巻之十二　畜獣之部
巻之十三　禽鳥之部
巻之十四　龍魚之部
巻之十五　蟲介之部
巻之十六　米穀之部
巻之十七　菜蔬之部
巻之十八　果蓏之部
巻之十九　樹竹之部
巻之二十　花草之部
巻之二十一　雑類

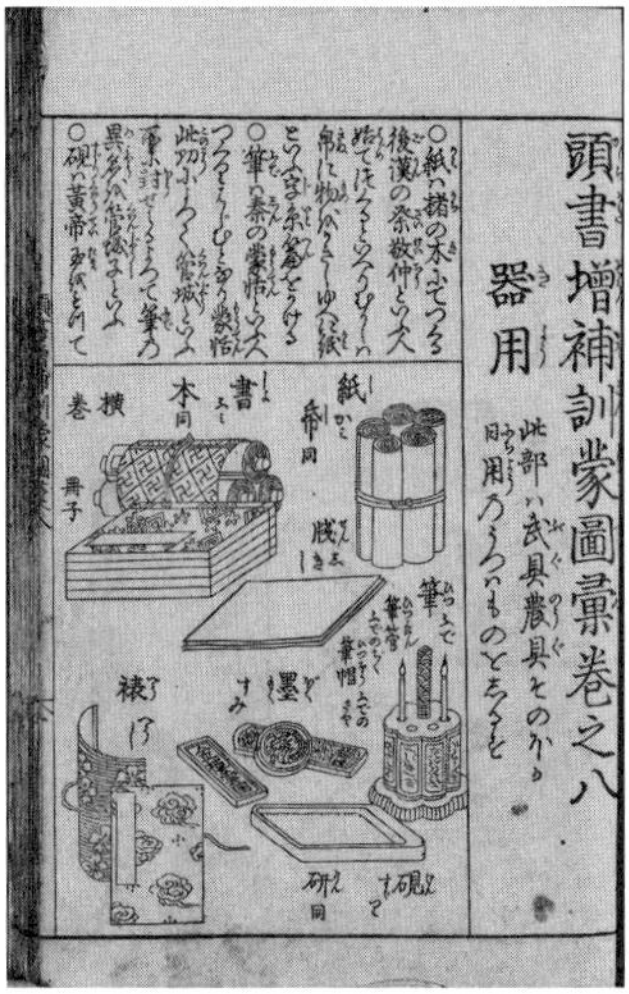

図❹『頭書増補訓蒙図彙大成』から「器用」の部の一ページめ（国立国会図書館蔵）

これは、『訓蒙圖彙』を後に増補した『頭書増補訓蒙圖彙大成』の「巻一」に入っている目録から取ったものです。同書は、早稲田大学の古典籍データベースや国立国会図書館デジタルコレクション等で見ることができます。

いかがでしょうか。いきなり「天文之部」から始まり、「地理之部」「居處之部」（住居・建築）、「人物之部」と続きます。「身体」「衣服」「宝貨」はよいとして、「器用」とはなにかといえば、これは各種道具のこと。「器用」の下には、紙や筆から始まって楽器やオモチャ、武器、乗り物などいろいろなものが並びます。ここまでは人間に関するもので、以下は動植物。まさに森羅万象を覆い尽くさんという広がりのある構成です。

こう眺めてみてお気づきかもしれません。この『訓蒙圖彙』の目録は、大きく眺めると天・地・人（その他）というふうに並んでいます。これはつまり『易経』などに見られる中国古来の宇宙観、森羅万象を天と地と人の三つの要素「三才」で分類する知の枠組みです。天文、地文（地理）、人文といえば、学術名にもなっていますが、これは「天の文《あや》を読み解く」という意味でもあります。

「三才」とは、中国における「百科事典」に相当する「類書」に採用された構成でもありました。例えば、明の時代に編まれた『三才圖會』は、書名そのものに「三才」が現れています。これを手本に寺島良安が編んだのが『倭漢三才圖會』でした。同書でも、天人地と順番こそ入れ替えていますが、三才が分類の枠組みとして使われています。

日本の中世から近世にかけて編まれた「百科事典」風の書物は、中国の「類書」に倣っていることが多く、項目の立て方や並べ方も、アルファベット順やイロハ順のような語彙の音順ではなく、一種の宇宙観に従った整理の仕方になっています。

こんなこともあって、西先生は「アルファベティカル」について一言したのではないかと思います。また、わざわざ「凡そ十二巻とす」と物量にも言及してくれているのですが、残念ながら力及ばず「百学連環」講義以前に刊行された一二巻組のそれらしい百科事典を特定するには至りませんでした。これは今後の課題にしたいと思います。

知識の樹木／知識の連環

西先生は、百科事典としての「エンサイクロペディア」を紹介した後に、その用法を説明します。こんな具合です。

學者則此書に就て知らんと欲するところの學科を引出して穿鑿するの具に供す。元來此のEncyclopedia なる書は、百般の學科を擧て記載せるものにて、一々之を枚擧するに暇あらす。故に唯々學術に相關渉して要用とするところのミを擧け、且つ和漢のことを斟酌して説諭する所なり。

（「百學連環」第一段落第七〜九文）

現代語訳はこうなるでしょうか。

学者は、この書物に当たって知りたいと思う学術の科目を引き、探究するための手立てとする。もともとこの「エンサイクロペディア」という書物は、それこそあらゆる学術の科目を記載してあるものなので、〔この講義では〕一つ一つ枚挙してゆくわけにはいかない。そこで、学術に関連する肝心なところだけを挙げて、〔同書はもっぱら欧米に関する書物なので〕和学や漢学のことも照らし合わせて解説することにしよう。

どうやら「百学連環」講義自体は、書物としての「エンサイクロペディア」を下敷きにしているようです。とはいえ、ここで現在私たちが知っている「百科事典」を念頭に置くと、少し変な気がするかもしれません。というのも、私たちが使っている「百科事典」は、学術に限らず事物全般についての知識を集積したものだからです（もちろん、その知識は諸学術によって探究されてきた成果なのですが）。

しかし、当時の「エンサイクロペディア」は、西先生が解説しているように、諸学術を総覧するという構えのものが多々ありました。実際、タイトルに『サイクロペディアあるいは諸術と諸学の総合事典

(Cyclopaedia, or General Dictionary of Arts and Sciences)』などというように、「諸術（Arts）」と「諸学（Sciences）」という文字が入っているのをよく見かけます。アートとサイエンスがそれぞれ複数形であることにも注意しておきましょう。さまざまな術、さまざまな学についての「エンサイクロペディア」というわけです。ついでながら英語ではしばしば語頭のEnが略されて「サイクロペディア（Cyclopedia）」と書かれることがあります。

さて、イメージを膨らませるために、もう一つ補助線を引いておきましょう。『オックスフォード英語辞典（OED）』でencyclopaedia, encyclopedia を引くと、大きく四つの項目が出ています。試訳を添えて引用してみます。

1. The circle of learning; a general course of instruction.
   学問の体系〔円環〕。教育の一般科目〔講座〕。
2. A literary work containing extensive information on all branches of knowledge, usually arranged in alphabetical order.
   知識のあらゆる部門〔枝〕に関する広範な情報を含む著述作品で、たいていはアルファベット順に配置されているもの。

また、ここでは省略しますが、この二番目の分類の下位項目（2b）として、とりわけディドロとダランベールの『百科全書』を指すという用例が紹介されています。

3. An elaborate and exhaustive repertory of information on all the branches of some particular art

or department of knowledge; esp. one arranged in alphabetical order.

特定の技芸や知識分野のあらゆる部門〔枝〕に関する精密で網羅的な情報の蒐集。とりわけアルファベット順に配置されたもの。

一番の定義は、まさにここまで見てきた講義としての「エンサイクロペディア／エンチクロペディー」に通じるものですね。二番と三番は一見するとよく似ていますが、やはり違うものを指しています。つまり、二番は「知識の全部門」に関するいわゆる「総合百科事典」を指しているのに対して、三番は特定分野の「専門百科事典」のことを言っているわけです。

というのも、上では引用しませんでしたが、三番に併記された歴史的用例を見ると、『機知の百科事典（The Encyclopaedia of Wit）』（一八〇一）とか『歌の百科事典（The Vocal Encyclopaedia）』（一八〇七）などなど、大変気になる書物のタイトルが並べられているのです。これらは「全学術」ではなく、特定分野についての百科事典です。この伝で行くと、筆者が子どもの頃夢中になって読んだ『ウルトラマン大百科』（勁文社）なども、この類に入りそうです。

それはともかく、ここでもう一つ注目しておきたいのは、「部門〔枝〕」と訳した branches という言葉です。これはフランス語、ラテン語に語源を持つ語です。いまそのことは措くとして、「知識の部門〔枝〕」というように、知識のつながりが樹木に生い茂る枝葉としてイメージされているのを見逃さないようにしましょう。

人が知識をどのように可視化、図像化するか、してきたかということは、大変興味ある問題です。ヨーロッパでは、古くから知識の全体を樹木として捉える発想が見られます。もっと言えば、（学術）知識だけではありません。系統樹という形で、家系や生物や言語といったさまざまな対象の関係が描かれてき

図❺ライムンドゥス・ルルス「学術の樹」（Arbor scientia）

ました。

近年、進化生物学や生物統計学の研究者でもある三中信宏先生が、『系統樹思考の世界』（講談社現代新書、二〇〇六）や『系統樹曼荼羅——チェイン・ツリー・ネットワーク』（杉山久仁彦図版、NTT出版、二〇一二）をはじめとする一連の著作で、系統樹の歴史や広がりについて探究・紹介しておられます。

実に魅力的な世界なのですが、ここでは深入りしたい誘惑を退けて最小限のことを申せば、知識全体を樹木として捉えるということの意味を考えておく必要があります。つまり、知識はそれぞれがバラバラにあるのではなく、根や幹があって枝葉を伸ばす一本の樹木という形で、相互につながりあっているということが含意されているのです。このことが、branchという言葉に引き継がれています。

これに対して西先生の「百学連環」という円環的なイメージとこうした系統樹的なイメージとは、どのように関わり合うのでしょうか。そんな問いを念頭に置きながら、先に進むことにしましょう。

学域を弁える

以上で第一段落を読み終わりましたので、第二段落に入ります。

—凡そ學問には學域と云ふありて、地理學は地理學の學域あり、政事〔學〕は政事〔學〕の學域あ—

り、敢て其域を越えて種々混雑することなし。地理學は地理學の域、政事學は政事學の域、何れよりして何れ迄其學の域たることを分明識察して、其の境界を正しく區別するを要すへし。

(「百學連環」第二段落第一〜二文)

現代語訳は次の通り。

一般に学問には学域というものがある。例えば、地理学には地理学の学域が、政治学には政治学の学域があって、そうした領域を越えてあれこれが混雑することはない。地理学には地理学の領域が、政治学には政治学の領域があり、どこからどこまでがその学の領域であるかをはっきり見て取り、その境界がどこにあるかを正しく区別しなければならない。

ここで言われていることは、むしろ現代の私たちにとって分かりやすいことかもしれません。学術は時代を下るにつれて、その領域をますます細分化し、相互に区別しあってきているからです。ただし、それではそれぞれの学の境界線がどこにあるかをちゃんと知っているかと問われると、少々心許なくもあります。

加えて昨今では、「環境情報」や「神経美学」といった、組み合わせによる学問領域がたくさんつくられるようになっています。例えば、西先生が挙げている「地理学」と「政事〔政治〕学」は、たしかに別の領域ですが、他方では「地政学（geopolitics, Geopolitik）」という学問領域もあります。これはまさに「地理学（geography）」と「政治学（politics）」を融合させたものです。言われてみれば当然のことながら、政治はどのような地域、風土かということと抜きがたく関係しています。地理を捨象して慮外に置いても問題のない政治学もあれば、地理的条件を考えずには成り立たない政治学もあるはずです。ちなみに、「百學連環」には「地理学」の下位に「政学上之地理学 Political Geography」という学域が区別されています（『西周全集』第四巻、八三ページ）。

いずれにしても、学域とは、ある歴史的な経緯のなかで生じてきた人為的な境界線です。ですから、学域について考える際は、西先生が言うように、ある学問の境界がどこからどこまでなのかを認識することが大切です。西欧の文物をどんどん移入吸収しようとしていた明治期には、そうした諸学術にほとんど初めて接する状態だったと言ってよいと思います（それ以前にも切支丹経由の移入はあったにせよ）。それだけに、いろいろある学術相互の違いをはっきり認識すべしという西先生の注意は、大きな意味を持っていたと推察されます。

ただ、それから百年以上を閲した現在、再び他人事ではなくなっているとも思います。今度は、学域というものが、所与のもの、なにか当たり前のものとして受けとられるようになっているからです。例えば、文学と物理学は別の学術であることを疑う人はあまりいないでしょう。しかし、なぜ両者が別の学術として発展しなければならなかったかと問われたらどうでしょう。どうかすると、「だって学校で最初から別々に分かれてたんだもの」という話になってしまうかもしれません。それでは学域がはっきりしているとは言えないわけです。

既に引かれていた境界線を当然視せず、その来歴や現状を確認してみること。さらに言えば、そうした境界線はなおも妥当なものなのかどうかを検討してみること。必要とあらば引き直すこと。「百學連環」をいま読むことにはいろいろな意味があると思いますが、百学を並べて、学域相互の違い、現在と過去の違いを総覧してみることは、その一つです。さらに言うなら、西先生の顰みにならって、「百學連環」の現代版をこしらえてみる必要もあるのではないかと思います。

餅は餅屋

学域に関する議論の続きを読みましょう。

故に今政事學を以て専務と爲す人に依りて、器械の事を以て問んと欲するとき、其人縦令器械の學を知ると雖も之を他に譲りて敢て教へさるを常とす。

（「百學連環」第二段落第三文）

訳してみます。

そのようなわけだから、例えば政治学を専門とする人から、器械について教えてもらおうと思ったとして、たとえその人が器械学について知っているとしても、それについては他の人〔器械学の専門家〕に任せて、普通、敢えて自ら教えることはないのだ。

これもまた現代の私たちにとって分かりやすいことかもしれません。特定分野の専門家たちが、「それは自分の専門ではないから」と言っている場面に遭遇することがあります。

例えば、法学の先生たちのシンポジウムなどを聴いていると、「私は刑法が専門なので、民法については○○先生に伺いましょう」というふうに、お互いの専門領域を尊重しあったりします。法学という学域の中が、さらに憲法、民法、刑法などなどといった、各種法律の分類に応じて区別されているわけですね。他の領域でも似たようなことがあると思います。

それではなにをもって「専門」と称するかという疑問が浮かんできますが、これは「百學連環」を読み進めるなかで考えてみたいと思います。西先生はここで、学術においても餅は餅屋だと説明しているわけです。

このくだり、「百學連環」の二つの異本（甲本、乙本）でほとんど同じなのですが、乙本の欄外に次のような一文が見えます。

故に俗に洋學者たるものは總て西洋のことを知るものとなすは誤りなり

ちょっと微笑を誘われる注意です。洋学者を名乗る先生に、弟子や人びとがヨーロッパに関することをなんでもかんでも問うたり、また問われたほうも「うむ、それはだな……」と訳知り顔で（実はよく知らないことも）答える姿を、つい想像します（いいえ、想像なのですが）。

なるほど、たしかに大きなくくりで考えると、「洋学者」なら洋学全般についてなんでも知っているという思い込みが生じるのも無理からぬことかもしれません。でも、「洋学」という当時の言い方は、「漢学」や「和学」のように、地理的・文化的な広がりのある大分類なので、一人の人がその全域に通じているということは、ちょっと考えづらいところ。

専門外のことは敢えて教えたりしないと言えば、それこそ門外からは、なんだかナワバリの問題のようにも見えますが、他方では自他の知と無知の境界線を弁えよということも含意されていそうです。

ただ、面白いのは、「たとえその人が器械学について知っているとしても」という一言が挟まれていることです。知っているのであれば教えてよさそうなものだけれど、敢えてそうはしない。ひょっとしたら、そこには当時のヨーロッパの大学における職業としての教授職の問題が反映されているのかもしれません。

それにしても、西先生（この欄外のコメントが西先生による言だと仮定して）がわざわざこんなふうに注意を促したのは、その当時「洋学者先生なら西洋のことをなんでも知っている」という思い込みが目についたからではないか、そんなふうに想像を逞しくさせられる一文でありました。

中国の学術分類

前節では学域に関する説明を読みました。学域に関する文章は、それで終わりなのですが、その後ろにポイントを落とした活字で次の一文が添えられています。こんなふうに書かれています。

> 漢に於ても其學域と云ふ更に區別あることなし、最迂濶の事ならんか。
>
> （「百學連環」第二段落第四文）

> 中国においても学域という区別は皆無だが、これはたいへんに迂闊なことではなかろうか。

ここで西先生が、どこまでのことを念頭に置いてこう述べたかは分かりません。ただ、たしかに近代西洋の学術と比べてみると、それを受容する以前の中国伝来の学術分類は、当然のことながら随分様子が違っています。そこで、比較のために中国の学術分類について少し覗いてみましょう。「目録学」が私たちの知りたいことを教えてくれます。

目録学とは、古来の書物を分類して、目録をつくることに関する学術です。ネット上のデータベースを気軽に検索して、そのつどリストを生成することが当たり前の昨今、目録といえば、なんとなくありがたみを感じにくいかもしれません。

しかし、少し立ち止まって考えてみれば分かりますが、これはなかなかどうして凄まじい学術です。なにしろ既に失われて書名や概要しか伝わらないものも含め、厖大な書物を分類するということ自体、途方もない仕事です。なぜなら、適切に分類ができるということは、個々の書物について知っていることはもちろんのこと、そうした個々の書物同士の相互関係も見渡せなければならないからです。つまり、書物についての知識が、外部記憶装置ではなく、自分の記憶（脳裏）になければとてもこなせない仕事でありましょう。

加えて言えば、どのような学術であれ、その成果である知識を表現し、流通させるには、言葉や図を使って書物やそれに類するかたちにするほかはありません（術については、例えば絵画のように、作品制作の場合もあるので、この限りではないのですが）。つまり、多くの学術の成果は最終的に書物という形を取っていたわけです。目録学とは、そうした個々の書物が全体のなかに占める位置を定め、分類するわけですから、一種の学術百科全書（エンサイクロペディア）を作成する試みでもあるのです。

例えば『七略』（漢）、『隋書』経籍志（唐）、『四庫全書総目』（清）といった目録が時代ごとに編まれており、これを見ると中国における学術の分類の仕方を垣間見ることができます。ここでは、目下「百學連環」で注目している西洋の学術分類との違いを意識することが目的ですので、ごく簡単に一例を覗いておきましょう。清代に編纂された「四庫全書」の総目はこんなふうになっています。

経部
易類／書類／詩類／礼類／春秋類／孝経類／五経総義類／四書類／楽類／小学類
史部
正史類／編年類／紀事本末類／別史類／雑史類／詔令奏議類／伝記類／史鈔類／載記類／時令類／地理類／職官類／政書類／目録類／史評類
子部
儒家類／兵家類／法家類／農家類／医学類／天文算法類／術数類／芸術類／類書類／小説家類／釈家類／道家類
集部
楚辞類／別集類／総集類／詩文評類／詞曲類／小説類

書物全体を四つに大分し、さらに各部の下に類が設けられています。「経部」にはいわゆる経書に関するものが、「史部」には歴史、「子部」には技術やその他さまざまなものが、「集部」には文学といったように、私たちが馴染んでいる西洋流の学術分類とはかなり異なっていることがお分かりになると思います。

詳細は省きますが、部の下に置かれたそれぞれの類を一つひとつ見てゆくと、「四庫全書」全体の分類の面白さを味わえます。ご関心のある方は、井波陵一氏の『知の座標——中国目録学』(白帝社、二〇〇三)や、「四庫全書」のディジタル化を進めているウェブサイト「維基文庫」などをご覧になるとよいでしょう。

話を「百學連環」に戻して、そういえば「乙本」ではこの部分、どうなっているだろうと見てみると、本文には「漢に於ても其學域と云ふ更に區別あることなし」云々という補足はなく、欄外にこうあります。

〔朱書〕漢學に經學家歴史家及ひ文章等の區別ありと雖とも更に學域たるものあらす

これは「甲本」にはない補足です。訳せばこうなるでしょうか。

漢学には、経学、歴史、文章といった区別があるにはあるが、学域というものはまったくない。

ここで「経学」は先に見た「経部」に、「歴史」は「史部」、「文章」は「集部」に対応していると読んでよいでしょう。つまり、西先生はやはり「四庫全書」のような分類を念頭に置いているわけです。しかし、その分類はそのくらいのものであって、西欧の学術のように細かく専門に区別されてはいない、という比較をしているのでした。

「漢に於ても」という言い回しからは、「我が邦にもそうした学域の区別はないけれど、従来のお手本であった中国においても」という気分がにじんでいるように思いますが、いかがでしょうか。

というわけで、これにて最初のまとまりを読み終わります。

追記——本節を書くにあたっては、上記の他、斉藤渉「新人文主義——完結不能なプロジェクト」、曽田長人「ドイツ新人文主義の近代性と反近代性——F・A・ヴォルフの古典研究を手がかりに」の二つの論文から多くのことを教えていただきました。記して感謝いたします。これらの論文は共に『思想』第一〇二三号「ドイツ人文主義の諸相——近代的学知の淵源を探って」特集（岩波書店、二〇〇九）に収録されています。特集全体も充実した素晴らしい号でした。

第3章 「学」とはなにか

動詞で考える

ここからは、二つめの項目「第二學術技藝 Science and Arts」に入ってゆきます。

この見出しは、西先生によるものか、講義を聴講して筆記した永見氏によるものかは不明ですが、Arts のほうだけ複数形になっています。講義の内容からすると、Science のほうも複数形にして、Sciences and Arts としてみたくなるところです。「乙本」では、見出しにこそしていないものの、やはり「學術技藝」という言葉が、洋語の Science and art を指していることが述べられています。こちらは art も単数形です。

それはさておき、本文を読みましょう。

學の字の性質は元來動詞にして、道を學ふ、或は文を學ふとか、皆な動詞の文字にして、名詞に用ゆること少なし。實名詞には多く道の字を用ゆるなり。學の字は元ト師の兒童に教ゆるの辭義にして、則ち𦥯の如く師の兒童を保護し教ゆるの形なり。漢太古は道藝の二字を以てし、後に至りて道を行くの行字より生する所の術の字を用へり。學と道とは同種のものにして、我か本朝には和歌の學といはすして和歌の道、或は文學《フミ》ヒの道と云へり。

図❶

（「百學連環」第三段落第一～五文）

つづいて訳を掲げます。

「学」という字は、もともと動詞であり、「道を学ぶ」とか「文を学ぶ」というように、動詞として用いる文字であって、名詞として使うことは少ない。名詞としては多くの場合、「道」という字を使う。「学」という字は、先生が児童に教えるという意味であり、「學」（図❶）という字そのものが表しているように、先生が児童を保護して教えるという形をしている。古代中国では「道藝」という二文字で表し、後になって「道を行く」という字の「行」の字から生じた「術」という字を使った。「学」と「道」は同じ種類のもので、日本では従来「和歌の学」とは言わず、「和歌の道」や「文学びの道」と言った。

「学術技芸」について論ずるにあたって、まずは字の来歴から確認しようというわけです。私たちが日本語で用いている漢字は、中国から借用してきたものですから、その元を辿ろうと思えば、話は自ずと古代中国語へと遡ることになります。この道は、古代漢字学の研究、金文や甲骨文字の研究へとつながっています。

ここで西先生は、とても大切なことを指摘しています。つまり「学」とは元来動詞だということです。「学ぶ」と書けば、誰もが動詞であると受け止めるところですが、「学術」や「学問」といったように漢語で記す場合、どうしても動詞的な側面が見えなくなりがちです。

これはあくまでも私が懐いているイメージに過ぎませんが、動詞が名詞になると、なんだか生きて飛

図❷『説文大字典』より

んでいたチョウが標本にされて動きを止めるように、本来具えていた動きを失うか、見えづらくしてしまう、そんな気がします。例えば、「学び問う（学んだうえでなお分からないことを問う）」と言うのと、「学問」というのとでは、かなり印象が違わないでしょうか。この感じを言い方を換えると、動詞には動きや運動が持続する時間の要素があるけれど、動きを抜き取られた名詞では時間が止まって、いっそう抽象度合いが高まると言いましょうか。

そういえば、安田登さんの『身体感覚で『論語』を読みなおす。古代中国の文字から』（春秋社、二〇〇九）から教えられて目から鱗が落ちたことがあります。同書は、身体という観点から漢字を捉え直し、その観点から『論語』を読み直そうという試みですが、そうした観点から見ると「學」の字はどう見えるか。「學」という字の古い形では、人が子どもに向かって両手を伸ばすような姿をしています（図❷）。つまり、「両手を使って、学校のようなところで、子弟に手取り足取り何かを教える」（同書、五一六ページ）という、まさに動きが示されているわけです。しかも、先生と子どもという二人の人が関わり合う動きです。

さて、名詞として「学ぶ」ということを言う場合、むしろ「道」の字を使ったという指摘について、少し補足しておきましょう。平安時代の学制を見ると、「明経道」「文章道」「紀伝道」「明法道」「算道」「書道」「音道」といった各種の「道」があります。これは、当世風に言えば「学」あるいは「学科」となりましょうか。桃裕行『上代學制の研究』（目黒書店、一九四七）などを見ると、この辺りがどうなっていたのか、詳しいことが分かります。西先生が「学」と「術」は同じ種類のものだというのは、このような意味でありました。なお、「道」については、「方法」という言葉との関係もあって面白いのですが、これはまた後にコメントすることにします。「術」については、続くくだりで論じられますので、そこで検討しましょう。

術・技・藝の原義

「學術技藝」の説明を始めるにあたって、西先生は「學術技藝」それぞれの字の検討から始めたのでした。続いて「術」についてこう説明されます。

> 術の字は其目的となす所ありて、其道を行くの行の字より生ずるものにして、則ち術の形ちなり都合克あてはめると云ふの義なり。
> （「百學連環」第二段落第六文）

訳してみます。

> 「術」という字は、目的とするところがあって、そこへ向かう道を行くという字から生じるもので、術（図❸）という形をしている。これは「都合よく当てはめる」という意味がある。

先に見た「學」のくだりでも「道」が出てきましたね。「術」とは目的に向かって「道」を行くことだという説明は、腑に落ちる感じがします。道があるということは、すでに先達が通った跡が残されているのでしょう。それは誰かがつけておいてくれた足跡を辿ることです。もっとも道なき場所に道を切り開こうという場合には、自分で術を編み出すことになるわけですが。

現在の辞書で「術」を引くと、「人が身につける技」とか「手段」「方法」といった意味が出ています。

図❸

これとの関連で一つ面白いと思うのは、英語のmethodもまた道に関係する言葉であることです。

この語は、古典ギリシア語のμέθοδος（メトドス）に由来しています。由来するというより、それを音写したものであることが窺えますね。μέθοδοςは、μετά（メタ）とὁδός（ホドス）を合成した語で、日本語では「方法」と訳されます。そして、合成される前のホドスは「道」や「旅」という意味を持ちます。また、メタはいろいろな意味を持つ前置詞ですが、ここでは「〜にしたがって」と読めば、「メトドス」とは「道に沿ってゆく」という原義を持つと考えることができるのです。

これはたまさか連想したことに過ぎませんが、異なる文化において、「術」と「method」あるいはμέθοδοςのように、「道に沿ってゆく」という似たような発想の言葉があることは、道というものが人類史や文化史において持っている意味を考えるうえでも存外重要なことであるかもしれません。ここに中国の思想でいう「道（タオ）」との関連も加えて、道の思想史を考えてみたいところです。

さて、本文に戻ってもう少し見ておきましょう。こう続きます。

> 技は則ち手業をなすの字意にして、手ニ支の字を合せしものなり。支は則ち指の字意なり。藝の字我朝にては業となすへし。藝の字元ト蓺の字より生するものにして、植ゑ生せしむるの意なるへし。
>
> （「百學連環」第三段落第七〜一〇文）

現代語ではこうなるでしょうか。

「技」は、「手業、手仕事をする」という意味で、「手」に「支」という字を合わせたもの。ここで

図❹

「支」とは「指」のこと。「藝」の字は、日本においては「業」のことである。「藝」という字はもともと「蓺」（図❹）という字から生じてきたもので、「植えて生じさせる」という意味である。

説明に判りづらいところはないと思います。ここでは「技」と「藝」の対比に注目しておきましょう。「技」のほうは、人が能動的に行う行為に重心があるのに対して、「藝」は植物を育てるように、なにか対象の世話を焼くというか、手をかけるというイメージがあります。

こうした漢語、日本語としての「學術技藝」の意味は、果たして西洋の文脈ではどのようなものとして解釈されるのでしょうか。

なぜ Science and Arts なのか

西先生は、まず日本語（漢語）の「學術技藝」について確認した後、そもそもこうした語を対応させることになった欧米の言葉に目を向けます。続きを読みましょう。

學術の二字則ち英語にては Science and Arts をラテン語には Scio ars《私カ物ヲ知ル》又は artis. 大概此の如しと雖も、其の學問といふ所以を深く知らさるへからす。

（**「百學連環」第三段落第一一～一二文**）

次のように訳してみました。

「学術」の二字を、英語ではScience and Arts、ラテン語ではScio ars または artis という。おおまかにはこういうことだが、そこで言われている「学問〔学術〕」のなんたるかをよく知る必要がある。

ご覧のように、日本語の「学術」が英語、ラテン語と対応していることが示されます。

前にも少し触れたように、Science と Arts と、単数形と複数形が並べられているところが、ちょっと気になります。現代のように Science が「学術」ではなく「科学」と訳される場合であれば、Science の名の下にさらなる諸科学が分類されるという意味も見てとりやすい道理。しかし「百學連環」で言われている Science は、「科学」という狭い意味ではなく「学術」というさらに広い意味に対応しています。

それならいっそのこと、Art のほうも単数で記せばよさそうなもの。現に「乙本」ではこの箇所は、“Science and art”と記されています。とはいえ、実際のところ西先生がどう考えていたのかは、この文章だけからでは判断できそうもありません。

ひょっとすると英語では一般的な表記なのでしょうか。角度を変えて考えてみます。

そこで連想されるのは、アメリカの科学雑誌『American Journal of Science and Arts』です。そう、“Science and Arts”です。一八一八年に創刊されて現在も続くこの雑誌は、もっぱら地球科学に焦点を当てたもの。同誌のウェブサイトを見ると、いまでは“and Arts”は外されています。

ディジタル化されたものが公開されているので、創刊号を覗いてみましょう。扉にはこうあります（図❺）。

THE AMERICAN JOURNAL OF SCIENCE,

more especially of MINERALOGY, GEOLOGY,
and the other branches of NATURAL HISTORY;
Including also AGRICULTURE
and the ornamental as well as useful ARTS.

実際にはすべての文字が大文字で印字されていますが、ここでは一番大きく印字されているJOURNAL OF SCIENCEと、学術名を大文字にしてみました。訳せばこうなるでしょうか。

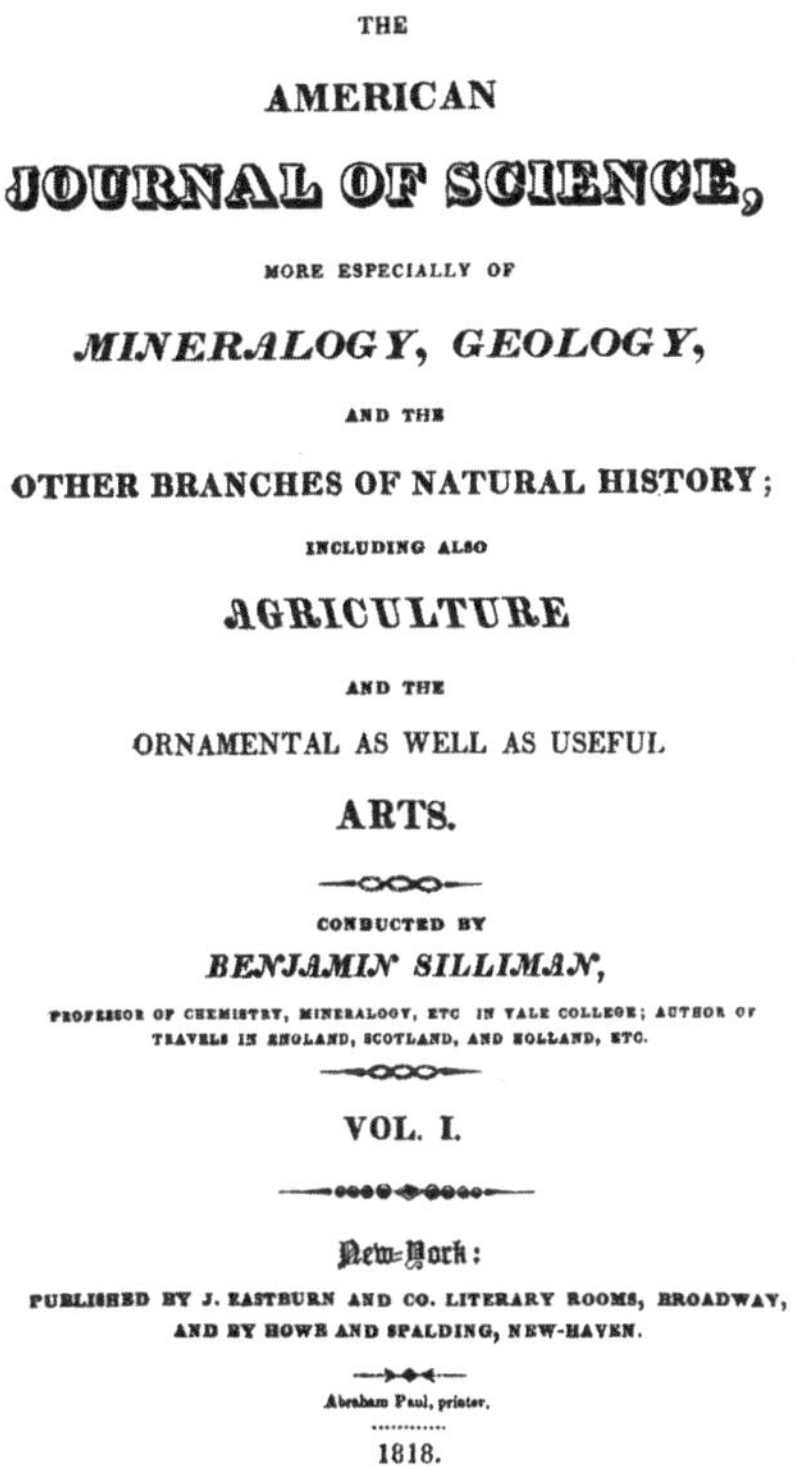
THE
AMERICAN
JOURNAL OF SCIENCE,
MORE ESPECIALLY OF
MINERALOGY, GEOLOGY,
AND THE
OTHER BRANCHES OF NATURAL HISTORY;
INCLUDING ALSO
AGRICULTURE
AND THE
ORNAMENTAL AS WELL AS USEFUL
ARTS.
CONDUCTED BY
BENJAMIN SILLIMAN,
PROFESSOR OF CHEMISTRY, MINERALOGY, ETC IN YALE COLLEGE; AUTHOR OF TRAVELS IN ENGLAND, SCOTLAND, AND HOLLAND, ETC.
VOL. I.
New-York:
PUBLISHED BY J. EASTBURN AND CO. LITERARY ROOMS, BROADWAY, AND BY HOWE AND SPALDING, NEW-HAVEN.
Abraham Paul, printer,
1818.

図❺『American Journal of Science and Arts』創刊号

アメリカ科学ジャーナル
特に鉱物学と地質学
およびその他の自然誌〔博物学〕の諸領域について。
ただし農業と
装飾と実用にわたる
諸技芸も含む

さらにページを繰って、雑誌の趣旨（PLAN OF THE WORK）を読んでみると、「本誌は、一連の自然諸科学（circle of THE PHYSICAL SCIENCES）と、そうした科学の諸技芸（THE

ARTS）やあらゆる実用目的への応用を包括的に取り扱うものである」（同誌、Vol.1, p.v）と書かれています。ここではSciencesと複数形が使われています。

詳しい検討は省略しますが、その文章全体を読んでみると、自然科学のさまざまな領域を意識する文脈では、Sciencesと複数形を使い、自然科学全体を「科学」とひとまとめで扱いたい文脈ではScienceと単数形を選ぶというように、使い分けられていることが判ります。

それに対して技芸のほうは、ほぼ例外なくArtsと複数形で書かれています。そこでより具体的に並べられているものを見てみると、農業、機械製造、化学製造、家政、音楽、彫刻、版画、絵画などなど、驚くほど多種多様です。

これは推測に過ぎませんが、科学に比べて、ここに並べられた諸技芸は、一口にArtとまとめてしまうには、あまりにも多様なために、Artsと書くことになるのではないかと思います。まとめきれないと申しましょうか。

これはもちろん西先生の「百學連環」と直接関係することではありません。しかし、ここで考えたことは、ひょっとしたらこの先で西先生の学術観を知るうえで補助線となるかもしれません。そう思って少し寄り道をしてみました。ラテン語の話は次節でしましょう。

なぜ Scio と ars なのか

前節では、「学術」とは英語の“Science and Arts”のことである、という日本語（漢語）と英語の対応が論じられたくだりを読みました。

ここでは、その直後に書かれていたことを検討します。「ラテン語にはScio《私カ物ヲ知ル》 ars 又は artis.」と述べられていましたね。

Scio（スキオー）は、ラテン語で「（私は）知っている」という意味の動詞です。英語のScienceの語源とも関係があります。ここで読んでいる『西周全集』第四巻の表記では、「Scio ars」の左側に「私カ物ヲ知ル」と添えられていますが、これはScioに対する注釈だと読んでよいでしょう。

また、ars（アルス）は「術」や「技術」を筆頭にいろいろな日本語に対応する名詞。ラテン語の名詞には「性」や「数」の他に「格（case）」の区別があります。arsは主格、つまり主語になる形です（ついでに言えば性と数は女性・単数）。他方、併記されているartisは、arsの属格の形です。属格（genitive case）というのは、所属関係を示したい場合に用いる形。それがなぜここに「ars又はartis」と併記されているかというと、おそらくラテン語の辞書の見出しに、名詞の場合、主格と属格を並べることと関係があると睨んでいます。

前節の"Science and Arts"の単数形と複数形の併置の話ではありませんが、"Scio et ars"という動詞と名詞の併置もちょっと気になります（勝手に補ったetは、英語のandに相当する語です）。

もちろん、言葉を並べるときに、数や品詞を揃えなければならないということはありません。でも、英語では単数／複数の違いはあれど、名詞が並んでいたのに対して、ラテン語では動詞と名詞が並んでいるのはなぜだろうと、一応考えてみたくなります。「學」の字を吟味する際には、それが元来動詞であって名詞として使うことは少ないと品詞の違いを視野に入れている西先生です。

仮に「學と術」の英語"Science and Arts"に対応させるとしたら、ラテン語は"Scientia et Artes"となるでしょうか。しかし、そうではなく、Scioとars artisが並べられているわけです。

ひょっとしたらこのことは、西先生が参照した文献の表記と関係があるかもしれません。Scienceの語源の説明にScioが出ており、Artsの語源の説明にars artisが出ている、そんな書物を利用した痕跡が、ここには現れていると考えられないでしょうか。

実はいま検討している箇所につづいて、Science と Art について、さらに詳しい検討がなされます。その際、英語の文献から説明が引用されるのですが、そこで今述べた疑問が解消できるかもしれません。それにしても、こうして言葉の根を訪ねて、その来歴を確認すると、言葉が単に自分の同時代のなかにあるだけでなく、一見縁もゆかりもなさそうな異国の異語ともつながっているというふうに、視野を広げられます。「百學連環」冒頭の古典ギリシア語と英語の話もそうでしたね。

言葉を使うということは、目の前の用事のためであると同時に、実はそうした言葉を育んできた歴史との関係を、そのつど呼び覚ますことでもあります。そう、私たちは日々、それと知ってか知らでか、さまざまな出自と来歴をもった言葉を織り合わせて、歴史と文化の織物を編んでいるのです。ともするとこうした語源の探索は無用な衒学趣味にも見えかねませんが、本書ではこのように考えて、語源についても検討しているのでした。

学問の定義——ハミルトンの引用

学術とはなにか。おおまかには、前節まで見てきたような来歴があるということでした。続いて以下では、学術についてさらに詳しい検討がなされます。例によって、まずは大きく摑んでおいて、だんだんと細部に入ってゆくわけですね。

では見てみましょう。まずは「学問」の検討から。

— 古昔英人 Sir William Hamilton なる者學問と云ふを區別して云へる語に Science is a complement《積重リ》 of —

cognitions《知ルヿ》, having, in point《目的》 of form, the character of logical perfection《致知上ノ充分ナルヿ》, and in point of matters《ケ條》, the character of real truth《眞理》. の如く知ることの積ミ重りの意味なりと雖も、徒らに多くを知るのみを以ては學問とはせさるなり。其源由よりして其眞理を知るを學問と爲すなり。

(「百學連環」第三段落第一三〜一四文)

訳す前に少し補足します。ここに引かれている英文には、いくつかの語に対して英文の左側に日本語が添えられています。「ヿ」は「コト」と読みます。

また、「乙本」の同じ箇所を見ると、上記「甲本」とは違った日本語が添えられています。

cognition　知識
haibing　慣習
character　性質

haibing というのは、引用文（甲本）中の having に当たる語で、「乙本」では、このように転写されたようです。

さて、それでは上のくだりを、英語も含めて訳してみます。

昔、ウィリアム・ハミルトン卿というイギリスの人が、学問を定義して次のように言った。「学問とは、認識〔知識〕を補って完全にするためのものであり、形式の観点からは論理が完全であるという性質を、内容の観点からは真理という性質を備えている」と。このように、知ることが積み重なるという意味ではあるが、ただ知識ばかり多くても学問とは言わない。物事の根源・由来から押さえて、その真理を知ることを学問というのだ。

内容を検討する前に、関連する事柄を確認しておきましょう。

ここで引用されているウィリアム・ハミルトン卿（Sir William Hamilton、一七八八―一八五六）は、グラスゴー生まれのスコットランドの哲学者。しばしば「スコットランド常識学派」と分類されています。引用文は、ハミルトン卿による『論理学講義（Lectures on Logic）』に見えます。西先生が引用している箇所を改めて『論理学講義』から引用しなおしてみましょう。なぜそんなことをするのか。理由はすぐ後で述べます。

A Science is a complement of cognitions, having, in point of **F**orm, the character of **L**ogical Perfection; in point of **M**atter, the character of **R**eal **T**ruth.

（Sir William Hamilton, Lectures on Logic, p.335、ただし太字強調は引用者による）

これはハミルトン卿が没した後に編集された『形而上学・論理学講義（Lectures on metaphysics and logic）』の第二巻として刊行された書物です。この講義集は、第一巻が『形而上学講義』で、当初は全二巻で構想されていたようです。後に全四巻になっています。

ここで参照したのは一八六〇年版です。どこまでが編者たちの手によるものかは分かりませんが、ご覧のように「百學連環」での引用とは若干違っていることが分かります。太字にしたのが該当箇所です。違いを具体的に整理しておきましょう。「百學連環」におけるハミルトン卿からの引用文が、『論理学講義』と（印刷の上で）違っている点を並べてみます。

a．文頭の Science に対する不定冠詞がない。
b．Form, Logical Perfection, Matter, Real Truth の語頭が小文字。
c．セミコロン（;）がカンマ（,）になっている。
d．Matter（単数形）が matters（複数形）になっている。

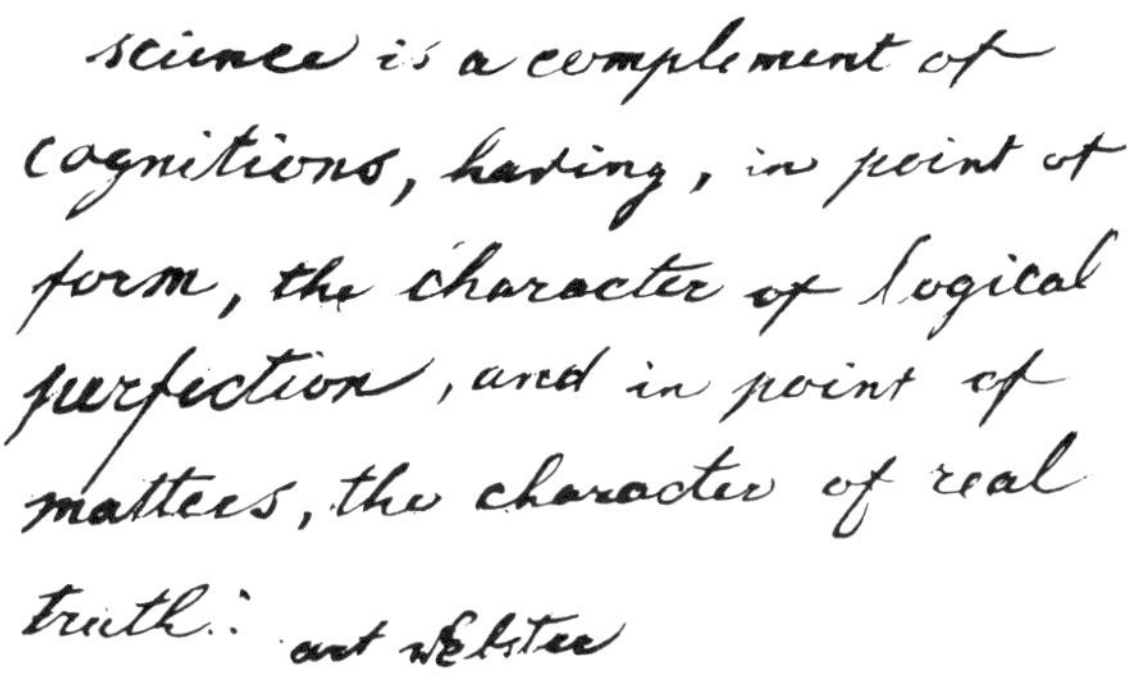
science is a complement of cognitions, having, in point of form, the character of logical perfection, and in point of matters, the character of real truth.: out Webster

図❻「百學連環覺書」より

「百學連環」が講義録であることを思い出す必要があるかもしれません。西先生が口頭で語り、それを永見裕が筆記したのが、ここで読んでいる「百學連環」でした。そう思うと、bとcは、話し言葉では見えなくなってしまう要素ですから、引用元と違っていても無理はありません。aは、西先生が読み落としたのか、永見氏が聞き落としたのか。dの単数形／複数形は、口にしてみれば分かりますが、耳から聞いて取り違える可能性は低そうです。つまり、西先生が複数形で読んだのだろうと推測できます。

実際のところどうなのか。「百學連環」が収められた『西周全集』第四巻には、講義をするにあたって先生が書きおいた「覺書」が、筆跡もそのままに収録されています。その「覺書」にも、ハミルトン卿の引用がありました（三一三ページ）。これを見ると、永見氏が筆写しているのとそのまま同じ文章が書かれています（図❻）。

ということは、西先生自身が、このハミルトン卿の文章をどこかから「覺書」に写す際、右に見たような原文との違いが生じたということになりそうです。

なんだか重箱の隅をつつくようで恐縮ですが、引用元と違っていてけしからんといった話ではありません。前節の Scio と ars artis の件と同様、こうした書きぶりの一見些細に思える違いに、思わぬ手がかりが潜んでいるかもしれません。ひょっとしたら、西先生がどんな文献を参照しながら講義をしているのかといった様子を垣間見ることもできるのではないか。そう思って立ち止まってみたのでした。

アリストテレスの影

前節では、ウィリアム・ハミルトン卿による学問の定義が引用されたくだりを読みました。そこでは、学問とは「物事の根源・由来から押さえて、その真理を知ること」だと述べられていたのでした。

このハミルトン卿による定義を見て思い出されるのは、古典ギリシアにおける学問観です。西洋哲学の歴史を繙くと、多くの場合冒頭に古典ギリシアの話が出てきます。それも、いわゆる「ソクラテス以前」と言われる人々、タレスは万物の源を水と言い、アナクシメネスは空気だと言い、云々という話です。

この人たちは、ときに哲学を始めた人々であると説明されます。ここで「哲学」とは、森羅万象、あるいは宇宙（世界）について知ろうとする営みのこと。いまで言うところの科学も含まれています。タレスを筆頭として、アナクシメネス、ヘラクレイトス、エンペドクレス、アナクサゴラス、パルメニデスといった人々は、それまでのように神話によって自然現象を擬人的に説明しようとする態度から一線を画して、それとは別のところに説明を求めたのでした。タレスが言ったとされる万物の原理は水であるという説明の仕方はその例です。

実は、こうした見立ては、アリストテレスによるものです。彼は『形而上学（τὰ μετὰ τὰ φυσικά）』の冒頭で、自分以前の思索家たちが、宇宙や自然の成り立ちをどのように説明してきたかということを整理してみせています。それは一種の哲学史であり、後の哲学史がタレスから始まるのも、言ってみればアリストテレス先生の見立てをそのままなぞっているからです。

それはさておき、そのアリストテレスは、万学の祖とも呼ばれるほどの人で、あらゆる学術領域について思索を巡らせています。その彼が、なにかが存在しているとはいったいぜんたいどういうことだろうかという問題に取り組んだのが、先に名を挙げた『形而上学』なのです。

この書物の中で、アリストテレスは、事物について驚きを感じることから、人は何かを知りたいと欲するようになると述べています。「これはなんだろう？」と不可思議に思うからこそ、そのことについて知りたくなるというわけです。言い換えれば、「なんだろう？」と疑問を持たなければ、そのことについて探究しないままになるかもしれません。

このとき、「なんだろう？」と感じた対象について、その原理・原因を見極めることこそが、その対象を真に知ることであり、それを彼は「学問」と呼ぶのです。詳しく見てゆけば、アリストテレスはいろいろ面白いことを言っているのですが、ここではこのくらいの摑み方でよいでしょう（さらに知りたい方は、『形而上学』第一巻や『ニコマコス倫理学』第六巻をご参照あれ）。

さて、ハミルトン卿は、アリストテレスをよく読んでおり、前節でご紹介した『論理学講義（Lectures on Logic）』でも、かなりの頻度でアリストテレスの著作を引き合いに出して議論を展開しています。おそらく彼の学問の定義もまた、アリストテレスの定義を下敷きにしていると思われます。

西先生が、そうした気配をどこまで感じていたかは分かりません。ただ、もし西先生が、ハミルトン卿による学問の定義を『論理学講義』から直接引用したのだとしたら、嫌でもアリストテレスの名を目にしたと思われます。しかし、少なくともいま読んでいるくだりでは、直接アリストテレスの名は見えません（西先生がアリストテレスの名前を記すのは、いま読んでいる「総論」の後、各論で致知学〔論理学〕を解説する段になってからです）。このことは、なにを示唆しているのか。「百學連環」を読み進めてゆくなかではっきり見て取れたら、と念じております。

学に定義あり

学問とはなにかという検討の続きを読みます。

而して其學に定義と云ふあり。則ち definition. 故に政事學は政事學の定義なかるへからす。國とは何等を指して國と云ふへきものなるや。徒に土地あるを以て云ふ語にあらす。土地ありて人民あり、人民ありて政府ある之を國と云ふ。則ち英語 state. 國の字は元ト或の字なり。其を境界して國と爲すの字なり。

（「百學連環」第三段落第一五〜一七文、第四段落第一〜六文）

現代語に訳してみます。

そして、学には定義というものがある。〔英語でいうところの〕definition だ。そういうわけなので政治学には政治学の定義がなければならない。〔例えば〕「國」とはなにを指してこう呼ぶべきものだろうか。単に土地があることを指す言葉ではない。土地があって人民がおり、人民がいて政府があることをもって「國」というのだ。英語では state という。「國」という字は、もともと「或」という字である。そこに境界を設けて「國」とした字なのである。

それぞれの学問には定義があるというわけです。最初にここを読んだとき、「政治学とはなにか？」という意味の定義なのかと思いました。つまり、それぞれの学問についての定義がある、と読んだわけです。しかし、そのように読むと、次に学問の定義ではなく、「國」という言葉の定義が現れるので「はてな？」と混乱してしまいます。

　そこで戻ってもう一度読んでみると、政治学そのものの定義ではなくて、政治学には政治学で用いられる定義があるというふうにも読めそうです。それぞれの学問にはそこで使われる言葉や概念についての定義がある、と補足してみたくなるところ。

　例として持ち出されるのは「國」という言葉です。明示されているわけではありませんが、おそらく「政事学」に関わる語として選ばれているのでしょう。現在では「国」と書くことが一般的ですが、このくだりを理解するためには「國」でなければなりませんので、現代語訳でもそのままとしました。

　土地があるだけでは國ではない。土地の上に人民がいる。人民がいるだけではなく、政府がある。これらが揃っているのを「國」というわけです。面白いことに、『西周全集』第四巻のこの箇所の欄外には、このような図（図❼）が添えられています。「土地」と「人民」があり、その上に「政府」が大きく書かれ、円で囲われていますね。三者の配置と大きさの違いが気になります。「土地」と「人民」を共に「政府」が管轄するという見立てでしょうか。これが西先生による図なのかどうかは分かりません。

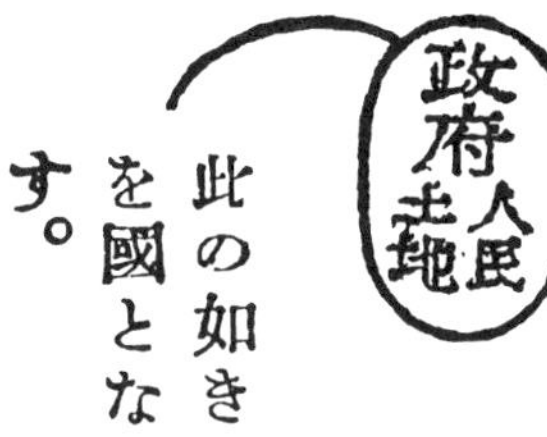

図❼「百學連環」より

　「國」と並べて参照されている state という英語は「国家」や「国」の他に「状態」という意味

もありました。その語源であるラテン語の status は「立っていること」「背丈」「位置」「状態」「政体」「論争」といった多義を持つ言葉です。

「國」の字の読み解きも興味あるものです。「或」を「口」で囲って「國」となったというわけです。ところで「或」という字そのものについても、これは「口」で区切られた場所を「戈《ほこ》」で囲い守るという説明を見たことがあります。それをさらに「口」で囲うとどうなるのか、頭がこんがらがってきそうです。それはともかく、漢字の場合、その姿形自体に意味があり、そのことが定義にも響いてくるという次第。

一口に「國」といっても、定義しないでおくと、人によってまるで違った意味で使ってしまうということがあります。だから、どのような意味で用いるのかということを明らかにしておく必要があるのでした。

しかし、ここが言葉の厄介なところですが、それでは「國」の定義に含まれる「土地」とはなにか、「人民」とはなにか、「政府」とはなにか……という具合に定義は定義を呼びます。言葉が言葉によって定義される限り致し方のないところでしょう。ときどき辞書を読みながら、「ここに使われている言葉の相互参照の具合を線で表してみたら、どんな網目が浮き上がるだろう」などと空想することがあります。言葉を使ってなにごとかを表すということは、否応なくそうした言葉同士の連環の全体と関わることでもあるのです。

第4章 「術」とはなにか

理を究めて成し遂げやすくする

西先生は「学術」の詳しい検討に着手し、まずは「学」について検討したのでした。続いて「術」が論じられます。

> Art is a system《組立》 of rules serving《用立》 to facilitate《容易スルヿ》 the performance《仕遂》 of certain《或》 actions《働キ》. 原語の如く何事にても、實事上に於て其理を究め、如何〔に〕してか容易く仕遂へきと工夫を爲す之を術と云ふ。
>
> （「百學連環」第五段落第一〜二文）

「学」の説明と同じように、他の書物からの引用と思われる英文があります。併せて訳してみます。

> 「「術」とは規則を組織立てたものであり、ある行為の遂行を容易にすることに役立つものだ」。この言葉のように、なにごとであれ、実際にその〔事柄に通底する〕理を究め、その事をいっそう容易に成し遂げられるように工夫することを「術」というのである。

ご覧のように西先生はsystemに「組立」という漢語をあてています。systemを「システム」と音写すれば、なんだかよく分からないまま使われてしまいもしますが、「組立」という訳語は、語義からしてもなるほどという選択です。現代語訳では、ちょっとこなれませんが「組織立てる」としてみました。気分としては、「手順を整える」「秩序立てる」という感じでもあります。なにかを為すときに、まずこうして、次にああして……と段取りするような感じです。

さて、このくだりでは「術（art）」の説明がなされています。指摘されていること自体に理解しづらいところはないと思います（もちろん気になるところがあれば、大いに躓きましょう！）。「術」とは、なにかを為す際に、その事柄についてよく知り抜いた上で、うまく為し遂げられるよう工夫することだというわけですね。

例えば、それこそなんでもよいのですが、調理という術で考えてみましょうか。調理する食材や調味料がどんなもので、どういった性質を持っているのか。あるいは包丁や鍋やフライパンといった調理道具はそれぞれどんなふうに用いるとよいか。さらには焼く、煮る、蒸す、炒める、揚げるといった操作ではなにが起きるのか。調理には、こうした知識が（それなりに）必要です。よく弁えずにやると、焦がしてしまったり、おいしくないものができてしまったりします。

また、なにかを作ろうと思ったら、手順が大切です。例えば、小松菜を炒めようと思えばどうするか。適度な大きさに切り分け、フライパンに油を引いて温めて、固い茎のほうから炒め、葉は後から入れる、などなど、まさに調理は一連の手順から成り立っています。

加えて言えば、知識だけあってもダメで、知識を活かしながら調理の手順自体をうまく行えなければなりません。こんなふうに具体例に置き換えてみると、「術」についてなされた説明は腑に落ちます。他にも自分が経験したことのある術を例にしてみると、さらに理解が深まることでしょう。

講義の文章に戻ります。英文のruleという語が「理《ことわり》」と訳されていますね。「物理」や「心理」という場合の「理」に通じる用法です。朱子学でいう「理気」をも連想させます。ごくおおまかに言うと、「理」は万物に通底する原理（と書いて気づきましたがここにも「理」が入っています）、「気」は物質や現象という見立てでした。現象はそのつど多種多様ですが、そうした多種多様な現象に共通する規則や原理を「理」と見るということです。

理を踏まえた上で、為そうとしている事柄をいっそううまく進められるようにする、ということですから、「術」では、知ることを前提として、行うことが重視されていることが、ここから分かります。

例によって、いま見ている「甲本」の同じ箇所を「乙本」で見てみると、文面はほとんど同じですが、欄外にこう書かれています。

物に就て行ふに規則の次第順序あるもの

本文で説明した「術」を、もっと手短にまとめ直してみたというわけですね。

ところで、もう一つ気になるのは、この英文がどこから持ってこられたものかということです。「学」の説明は、ハミルトン卿からの引用でした。「術」の説明もそうだと言いたいところですが、これは調べてみると別の書物に見える文章です。次にこのことを探ってみましょう。

術の定義の出典を追う

前節では、「術」の定義が述べられたくだりを読みました。「学」の場合と同様に、英語の文献からの引用が提示され、日本語で解説が加えられたのでした。では、その英語の定義はどこから来たのか。そのことを考えてみることにします。

「学」の定義は、ハミルトン卿からの引用でしたが、「術」の定義はどうも別の書物から持ってこられたもののようです。

さて、こういう場合、どうすればよいでしょうか。従来であれば、脳裏にある記憶を頼りに、「この辺りかな?」と当たりをつけて目当てのものがあるかどうか、書物をひっくり返しながら調べにかかるというやり方をしていたわけです。

例えばいま、インターネットがなかったらどうするか。私なら、まずは、この「百学連環」講義が行われた年より前につくられた英語の辞書や百科事典を探して引こうと考えます。つまり、明治三年(一八七〇―七一年)以前のそうした文献に当たろうと思います。これは、古い時代の文献について考える際に広く使える方法です。

さて、いまは幸いインターネット上のアーカイヴを調べるという手も使えますので、上記のようなことを念頭に置きながら、探ってゆくことにしましょう。昔ながらのやり方を採るのは、その後でも遅くはありません。ここでは、探る過程をそのままお見せしてみます。

まずGoogleで“Art is a system of rules serving to facilitate the performance of certain actions”という文を検索します。区別のためにこれを「文A」と名付けておきましょう。このようにダブルクォーテーションを付けて、「まさにこの通りの文が出ているページ」を検索するわけです。結果は七件(検索は二〇一一年一一月一五日時点。以下同様)。「おお!」と思って検索結果を上から順に見てゆくと、全部自分が書いた文章でした。つまり、本書の元となった三省堂ワードワイズ・ウェブでの連載時に前節の原稿でAを掲示したので、そのことが検索結果に出ているのです。なんということでしょう。そして、おそらく本節が掲載されることで、検索結果は若干増えているかもしれません。

では、気を取り直して引用符を外します。こうすると、「ともかくこの文に含まれる語が全部入っているページ」を検索せよ、という命令になります。結果は、一挙に約二千七百九十万件となりました。今度は気が遠くなりそうです。でも、眺めてみると、気づくことがあります。文Aそのものではないけれど、文Aの冒頭二語を外した"A system of rules serving to facilitate the performance of certain actions"という形で表示している検索結果が多いのです。この文を「文B」と呼ぶことにします。

検索結果の筆頭に上がっているBrainyQuoteというウェブサイトでは、Artという語に関する各種引用が並べられているのですが、そこでも文Bの形で引用されています。さらに検索結果を見比べてゆくと、文Bとセットで、その後ろにセミコロンを挟んで、"a system of principles and rules for attaining a desired end; method of doing well some special work"と続く場合が多く見受けられます。これを「文C」としましょう。

多くのウェブサイトに同じ文章が現れるということは、なにか同じ文献から皆が同じ文章を引用している可能性が浮かび上がってきます。では、それはどんな文献か。

そのつもりで見てゆくと、どうやら出所はウェブスターの辞書で、Artの項目に掲げられている定義の一つであることが分かります。ウェブスター辞典なら脈ありです。一九世紀前半からつくられている辞書ですから、西先生が目にしている可能性があります。

では、というので今度は文Bと共に"Merriam-Webster"で検索をかけ直してみます。つまり、絞り込むわけですね。結果は約八万三千六百件。およそ三三三分の一まで減りました。ノア・ウェブスター(Noah Webster、一七五八―一八四三)が『アメリカ英語辞典(An American Dictionary of English Language)』の最初の版をつくったのは一八二八年ということですから、この版を覗いてみることにします。なお、以下ではこの辞書を『ウェブスター英語辞典』と記すことにします。

これもネット上で探すといろいろなところで見ることができます。ここでは、テキスト・データに変換したものではなく、辞書の紙面をスキャンした現物に近いものを見ることにしました。Google Books ではなぜか閲覧させてもらえないので、Internet Archive にあるものを見ます。ちなみに『ウェブスター英語辞典』を最初に刊行したのは、コンヴァースという版元で、後にメリアムが版権を買い取ります。

Art の項目を見ると、二番目の定義として次のように記されています。

2. A system of rules, serving to facilitate the performance of certain actions; opposed to *science*, or to speculative principles; as the *art* of building or engraving. Arts are divided into *useful* or *mechanic*, and *liberal* or *polite*. The mechanic arts are those in which the hands and body are more concerned than the mind; as in making clothes, and utensils. These arts are called *trades*. The liberal or polite arts are those in which the mind or imagination is chiefly concerned; as poetry, music and painting.

In America, literature and the elegant *arts* must grow up side by side with the coarser plants of daily necessity.

(Noah Webster, American Dictionary of the English Language, Vol.I, 1828. 文中のイタリック体は原書のもの)

第一文が文Bと同じです。ただし、それに続く第二文は、文Cとは違っています。学と術の違いを考えている私たちにとっては、面白いことが書かれていますね。ついでながら読んでおきましょう。訳せばこうなるでしょうか。

〔術は〕学あるいは理論的な原理とは対照的なもの。

やはり「術（art）」は、「学（science）」と区別されるものとして捉えられているようです。以下、artの区別やその説明が出ていますが、必要になったら戻ってくることにして、調べを進めることにしましょう。それにしても、こうした大きな書物になればなるほど、紙版で読みたくなります。よほどハイスペックのコンピュータでも、千ページを超えるPDFのあちこちを繰りながら読むのは、なかなか面倒なことです。検索は電子、閲読は紙、と組み合わせて使うのが、目下のところ私にとっては便利な使い方です。

「アート」を巡る大いなる伝言ゲーム

先ほどは省略しましたが、『ウェブスター英語辞典』のARTの項目全体を眺めてみると、面白いことが見えてきます。

まず、項目の冒頭にこうあります。

ART, n. [L. ars, artis;（以下略）

これ、どこかで見覚えがないでしょうか。実は「なぜScience and Artsなのか」（八五ページ）で提示した「百學連環」の文中に、これと似た表現がありました。確認のために再掲しておきましょう。

> 學術の二字則ち英語にては Science and Arts をラテン語には Scio ars 又は artis.
>
> （「百學連環」第三段落第一一文）

その際、なぜここで ars と artis という二つの形が並べられているのかということについても推測を述べました。つまり、これはラテン語の辞書を引くと出てくる、主格と属格を並べたものです。西先生も、どこかからこのような表記を引いてきたのではないかというわけでした。その ars と artis が、ご覧のように『ウェブスター英語辞典』にもこの順で記されています。

続けて『ウェブスター英語辞典』を見てゆきます。ART の項には、三つの定義が掲げられています。前節では引用しませんでしたが、第一の項目はこのように記されています。

> 1. The disposition or modification of things by human skill, to answer the purpose intended. In this sense *art* stands opposed to nature.
>
> Bacon. Encyc.

訳してみます。

> 1．人間の技能によって事物に処理もしくは変更を加え、意図した目的に適うように仕立てること。この意味での「アート」は「自然」に対置される。

ベイコン、『エンサイクロペディア』より

「自然（nature）」と対比される「アート（art）」、つまり人が手を加えたものということです。この場合、「人工」や「人為」といった漢語がこれに相当するでしょう。「アーティファクト（artifact／人工物）」や「アーティフィシャル（artificial／人工の）」にもつながる意味ですね。

また、定義の末尾には"Bacon. Encyc."と、出典と思しきものが記されています。一八世紀、一九世紀頃の欧米の辞書を見ていると、しばしば過去の作家が書いた文章からの引用がずらっと並んでいます。いま見た定義の場合は、定義全体をよそから引っ張ってきているということでしょうか。手がかりは、ベイコンと『エンサイクロペディア』です。

実はこの後、文献をどのように検索し、絞り込んでいったかという過程をもう少しお見せしようと思っていたのですが、不覚にもそういうわけにゆかなくなってしまいました。

いえ、これぞという文献には辿り着いたのです。しかし、その過程で文字通り数百回の検索や閲覧を繰り返しているうちに、自分がどのようにして、その文献を探り当てたのかが判らなくなってしまったのでした。

もちろん検索と閲覧に使ったウェブブラウザーの履歴には、検索の日時や検索語などのデータが残っています。でも、量が多すぎて、ここからなにをどうやってある文献に辿り着いたのかを特定するのは至難の業。私の記憶力の問題もありますが、注意していないと、遭遇したものを読むのに夢中になって、どうやってそこまで来たのかを忘れてしまうのです。

調べている最中はまだしもなのですが、一晩寝てしまうともういけません。調べものをしたウェブブラウザーで、各種サイトや文書を全部開いたままにしておいても、時間が経つともはやなにがなんだかごちゃごちゃになってしまいます。ですから、日ごろは手帖になにをどうしたかという手順ごと記しておくのですが、今回は怠ってしまったばかりに過程が失われてしまった次第です。これは電子メディアで調べものをする際に遭遇する問題の一つです。要するに、自分がコンピュータのメモリ上で何をどう調べたかという調査の文脈が、簡単に見失われてしまうわけです。これが紙の文献調査なら、ある図書館へ赴き、資料を請求して出してもらい、本のページを繰ってある紙面を眺めるという手続きを嫌でも自覚的に行いますので、記憶に残りやすいわけです。両者のこうした違いが、人間の営みに今後どのような影響を与えるのかは、これから分かるはずのことですが、こうして双方を併用してみると、双方の得失もよく感じられます。やがて技術環境や人間の感じ方が変化してゆくと、こうした感覚は分からなくなるかもしれません。ささやかながらここに記しておきたいと思います。

さて、話を戻します。調べものの経過を失念したと言いました。記憶に残る大筋だけ言えば、一方ではウェブスターが辞書をつくる際、大いに参考にし、下敷きにしたというサミュエル・ジョンソンの英語辞典を確認し、他方では『エンサイクロペディア・ブリタニカ』を調べてゆくうちに、ウィリアム・ハズリットが書いた「ファイン・アート」の定義に出合ったのでした。

術の定義——ハズリットの引用の引用

西先生は、「術（art）」について説明する際、その定義を英語の文献から引用してみせていました。その文章はどこから来たのか。ひとまずはそれが『ウェブスター英語辞典』に掲載されているのを確認しました。そして、ついでのことながら、同辞典のARTの項目を読んでいるのでした。前節では、三つ掲げられている定義のうち、一つめを確認したところ。

さて、一つめの定義の末尾に「ベイコン、『エンサイクロペディア』」という出典と思しき記載がありました。この手がかりを元に調べてみると、実はこの定義が、『エンサイクロペディア・ブリタニカ』の第七版（一八三〇―一八四二年刊行）に掲載されたものであることが分かります。

この第七版のARTS.の項目に寄稿したウィリアム・ハズリット（William Hazlitt、一七七八―一八三〇）の文章は書物としてもまとめられています。『絵画と諸芸術――同題で『エンサイクロペディア・ブリタニカ』第七版に寄稿された論考（Painting, and the Fine Arts: being the articles under those heads contributed to the seventh edition of the Encyclopaedia Britannica）』（Adam and Charles Black, 1838）がその書物です。

では、ハズリットの文章を見てみましょう。ARTS.の説明はこのように始まります。

> ART is defined by Lord Bacon as a proper disposal of the things of nature by human thought and experience, so as to answer the several purposes of mankind; in which sense *art* stands opposed to *nature*.
>
> (The Encyclopedia Britanica, 7th edition, vol.3 p.643)

訳します。

> ベイコン卿は「術」を次のように定義している。人間の思考と経験によって自然の事物に適切な処理を施し、人の各目的に適うように仕立てること。この意味での「アート」は「自然」に対置される。

いかがでしょうか。前節で確認した『ウェブスター英語辞典』の定義1と見比べると、そのままではありませんが、かなり似ていることが分かります。念のため、訳文と共に再掲します。

1. The disposition or modification of things by human skill, to answer the purpose intended. In this sense *art* stands opposed to nature.

1．人間の技能によって事物に処理もしくは変更を加え、意図した目的に適うように仕立てること。この意味での「アート」は「自然」に対置される。

（『ウェブスター英語辞典』、ART の定義1）

ウェブスターの第一文は、ハズリットの文章をさらに圧縮した感じです。ハズリットが「思考と経験」と述べているところを「技能」としたり、「自然の事物」を単に「事物」としています。「アート」が「自然」と対置されるという第二文はそのままですね。そして、ウェブスターはこの出典を「ベイコン」と示したわけです。

実は面白いのはこの後です。『ウェブスター英語辞典』の ART の項目には三つの定義が掲げられていると言いました。次に注目したいのは第二の定義です。これを、『エンサイクロペディア・ブリタニカ』の第二～三文とそのまま並べてみます。少し長めですが、じっくりご覧ください。特に太字にした箇所にご注目です。イタリックは原文のままです。

Art is principally used for a **system of rules serving to facilitate the performance of certain actions**; in which sense it stands **opposed to** *science*, **or** a system of **speculative principles**.

Arts are commonly **divided into useful or mechanic**, fine or **liberal**. The former are those wherein **the hand and body are more concerned than the mind**; of which kind are most of those which furnish us with the necessaries of life, and are popularly known by the name of **trades**. The latter are such as depend more on the labour of **the mind** than of the hand; they are the produce of **imagination** and taste, and their end is pleasure.

（The Encyclopedia Britanica, 7th edition, vol.3 p.643）

2. **A system of rules, serving to facilitate the performance of certain actions; opposed to** *science*, **or to speculative principles**; as the *art* of building or engraving. **Arts are divided into** *useful* **or** *mechanic*, and *liberal* or *polite*. The mechanic arts are those in which **the hands and body are more concerned than the mind**; as in making clothes, and utensils. These arts are called *trades*. The liberal or polite arts are those in which **the mind** or **imagination** is chiefly concerned; as poetry, music and painting.

（Noah Webster, American Dictionary of the English Language, Vol.I, 1828. ART の定義2）

いかがでしょうか。文頭の定義を示した重要な文章を見ると、ハズリットのものとウェブスターのものは、ほとんど同じです。そしてこれは、西先生が「術」の定義として引用している箇所でもありました。

ご覧いただいたように、ハズリットの文では段落をかえて「術」のさらなる分類について、「実用的な術、あるいは機械的な術」と「洗練された術〔芸術〕あるいは自由な術〔自由学芸〕」があると述べています。ウェブスターのほうも、言葉こそ違っていますが、論旨の流れはハズリットをなぞっていることが分かりますね。

ウェブスターの定義では、上で引用した箇所の後に、「アメリカでは……」という補足をアーヴィングからの引用として提示しています。ただし、いま見た「アート」の第二の定義そのものについては引用元は示されていませんでした。ひょっとしたら、先の第一の定義と同じであるという暗黙の前提があるのかもしれません。

というわけで、ウェブスターによる定義が、ハズリットによる『エンサイクロペディア・ブリタニカ』の定義を参照していることを見てみました。

ベイリーの引用の引用の引用?

書物の世界、言語の世界で、ある対象を追跡していると、当初は思ってもいなかったような場所に迷い込むことがあります。私たちは、「術」の定義の出所を追いかけて、西周→ウェブスター→ハズリットと辿ってきました。

「術」の定義の連鎖もここで話が終わればよかったのですが、実はハズリットの文章も、どうやらよそから持ってこられたもののようなのです。

いろいろあるのですが間は飛ばして、ハズリットの定義からさらに遡ることおよそ百年。辞書編纂者のネイサン・ベイリー（Nathan Bailey、?—一七四二）による『The Universal Etymological English Dictionary』（一七二一年版）を見てみます。例によってARTの項目を覗いてみましょう。なにが書いてあるでしょうか。

定義の冒頭ではラテン語、ギリシア語の語源を示した後で、「アートはさまざまに定義されている」と始まり、スコラ学者（Schoolmen）による定義が提示され、それに続いて次のような文章が現れます。

> Others define it a proper disposal of the things of nature by human thought and experience, so as to make them answer the designs and uses of mankind;
>
> (Nathan Bailey, The universal etymological English dictionary, Vol.II, 1731)

またしても見覚えのある文章です。訳してみます。

> 他にはこう定義する者もある。人間の思考と経験によって自然の事物に適切な処理を施し、人の企図や用途に適うよう仕立てること。

ここではベイコンの名前こそ出ていませんが、前節で紹介したハズリットの定義とほとんど同じ文章です。比較のために、該当部分を今一度訳文と併せて引用しておきましょう。

> ART is defined by Lord Bacon as a proper disposal of the things of nature by human thought

and experience, so as to answer the several purposes of mankind;

ベイコン卿は「術」を次のように定義している。人間の思考と経験によって自然の事物に適切な処理を施し、人の各目的に適うように仕立てること。

(The Encyclopedia Britanica, 7th edition, vol.3 p.643)

ハズリットでは、この定義の出典をベイコン卿としている点が加えられていますが、あとの部分はほぼそのままベイリーの定義と同じです。"so as to" 以下の言い回しが少し違って、ベイリーが「企図や用途（the designs and uses）」としたところを、ハズリットは「各目的（the several purposes）」とまとめていますね。

こうなると、ベイリーもまたどこかからこうした文章を引用してきたのではないかと考えてみたくなります。ベイコン卿の著書から取ってきたのか、名言集のようなものから持ってきたのか。そこは分かりませんが、少なくともベイリー以後一八世紀、一九世紀のさまざまな辞書や百科事典その他の書物で、ベイリーと同じ「アート」の定義が掲げられてゆくことになります。

さて、そろそろ「百學連環」に戻らなければなりませんが、その前にもう一つだけ。先に、ウィリアム・ハズリットが『エンサイクロペディア・ブリタニカ』第七版の「アート」の項目に寄せた文章を見ました。

気になったので調べてみたところ、少なくとも『エンサイクロペディア・ブリタニカ』第三版（一七八八―一七九七年）の「アート」の項目は、ハズリットによる定義と同じ書き出しになっており、少なくとも冒頭から段落二つ分まではほとんど同じ文章です。ハズリットは一七七八年生まれの人ですから、第三版は別の執筆者によるものでしょう。

面白いのは、こうした「アート」の定義を本当は誰が書いたのかということとは別に、「ベイコン卿曰く……」とか、「ハズリットの定義では……」という形であちこちに引用されていることです。

一方では、この定義が言い得ていると評価されているからこそ、そのように流通するのでしょうし、他方では、多くの人が本当の出典を気にせず、また、出典を自ら確認してみようとせずに、こうした引用を行っているということが窺えます。これぞまさに伝言ゲームではないでしょうか。

さて、このように追いかければ切りもないことですが、「百學連環」に戻ることにしましょう。

第5章 学と術

学と術の区別

西先生が「術（art）」の説明をするに際して引用した英文の出所を追って、いくつかの書物を覗いてみました。

まとめると、英文の出所は『ウェブスター英語辞典』に記載された定義であり、その定義はウィリアム・ハズリットが『エンサイクロペディア・ブリタニカ』第七版に寄稿したものからの引用でした。しかし、ハズリットの文章もまた、先行する『エンサイクロペディア・ブリタニカ』旧版からの引用であり、それ以前にも古くはネイサン・ベイリーによる辞書に記載されていたことなどが分かりました。まさに芋づるです。

結論から言うと、西先生は『ウェブスター英語辞典』から引用したと思われます。というのも、「百學連環覺書」にこんなメモがあるのです（図❶）。

少し読みづらいですが、"art webster"と見えます。そして、"art is a system of rules..."という例の文章が記されています（『西周全集』第四巻、三一三ページ）。

また、これから読んでいく箇所にさらなる英文とラテン文が現れるのですが、それらの文章もまた『ウェブスター英語辞典』に記されているのでした。

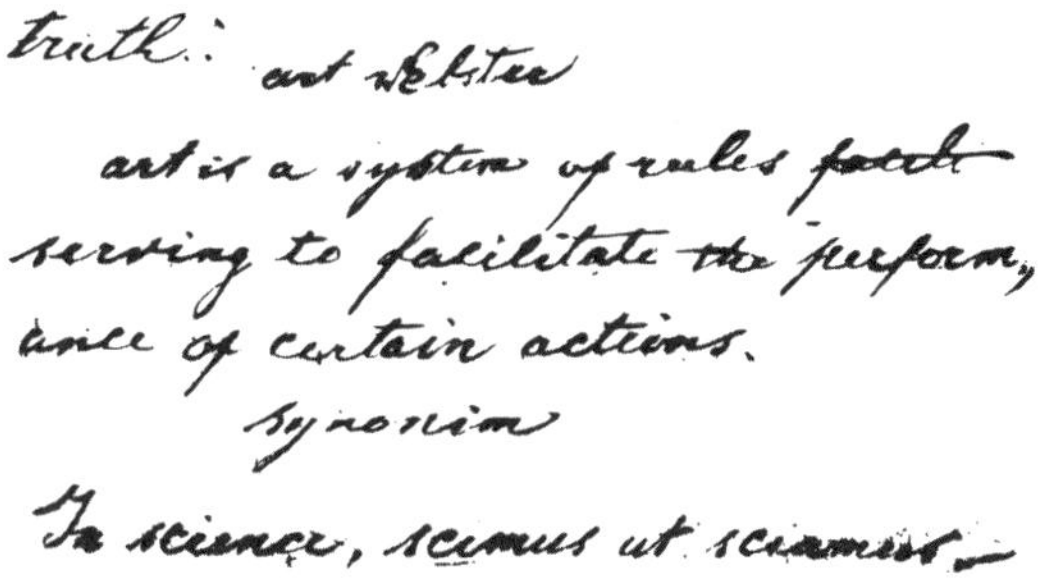
truth: art Webster
art is a system of rules
serving to facilitate the perform-
ance of certain actions.
synonim
In science, scimus ut sciamus

図❶「百學連環覺書」より

それなら最初からそう言って済ませればよかったかもしれませんが、そういうわけにもいきません。私たちは、西先生の「百学連環」講義をただ読むだけでなく、この講義を通して、一九世紀末の日本に欧米の文化が流れ込んだ次第、あるいはそれが従来日本にあった漢籍を土台とした知と、どのように混ざり合ったり合わなかったりしたのかということを眺めようとしているからです。

実際、出典を追跡してみた結果、西先生が『ウェブスター英語辞典』を介して、ベイリーやベイコン卿、つまり、一七世紀、一六世紀にまで言葉の上でつながっている次第が見えました。英米で培われた言葉が、一冊の辞書を通じて日本に渡ってきたわけです。ところでウェブスターの英語辞典は、明治期の日本でも活躍した辞典の一つでした。その辺りのことにご興味ある向きは、早川勇氏の『ウェブスター辞書と明治の知識人』（春風社、二〇〇七）をお勧めします。

では、「百學連環」の続きを読んで参りましょう。

『ウェブスター英語辞典』からARTの定義を引き、日本語で語釈をしてみせた後で、西先生はさらにこんなふうに述べます。

> 元來學と術とは混雜しやすきものゆゑに synonym なるものありて、文字の意味を分明に區別せさるへからす。則ち羅甸語に In science《於テハ》, scimus《知ル》 ut sciamus《知ラル、ヿヲ》, in art, scimus《知ル》 ut producamus《生スルヿヲ》.
>
> （「百學連環」第五段落第三〜四文）

最後のラテン語交じりの文は、行の左側に言葉が添えて補足されています。訳してみます。

> 元来、「学」と「術」は混同しやすいものだ。そのため、〔辞書には〕同義語というものがあるのであって、文字の意味をはっきりと区別しなければならない。ラテン語で「学では、知ルタメニ知リ、術では、ツクルタメニ知ル」という。

「学」と「術」とでは、その動機や目的が違っているというわけです。知るために知るのか、なにかをこしらえるために知るのか。訳文には明示しませんでしたが、ラテン語の scimus、sciamus、producamus は、いずれも一人称複数形の動詞です。

それにしても、「学」と「術」のこうした区別は、なぜラテン語で記されているのでしょうか。文章の出典とともに検討してみることにしましょう。

アートとサイエンスは紛らわしい？

西先生は、『ウェブスター英語辞典』から ART の定義を引用した後で、改めて「学問（Science）」と「術（Art）」の違いを明確にするためにラテン語交じりの説明を引用しました。現代語訳を添えて、改めて提示しておきましょう。

> In science, scimus ut sciamus, in art, scimus ut producamus.

〔学では、知ルタメニ知リ、術では、ツクルタメニ知ル〕

（「百學連環」第五段落第四文）

では、この文はどこから来たのでしょうか。そう思って調べてみると、やはり『ウェブスター英語辞典』から取られていることが分かります。

ありがたいことに、『ウェブスター英語辞典』の最初の版である一八二八年版と、後の改訂版である一九一三年版の内容を電子化して閲覧に供している「NOAH WEBSTER'S 1828 AMERICAN DICTIONARY」というウェブサイトがあります。（連載当時）

ここでSCIENCEの項目を調べてみると、問題の一文が一九一三年版に書かれているのが分かります。一八二八年版では、Scienceの五つの定義が示された後に、ちょっと面白いことが書かれています。ここでは日本語に訳出しておきましょう。

注記——作家たちは、「アート」と「サイエンス」という語について、しかるべき区別と正確さでもって使い分けることに必ずしも注意を払ってきたわけではない。〔例えば〕音楽はアートであり、同様にしてサイエンスである。一般に、アートとは実践や実演にかかるものであり、サイエンスとは抽象や理論的な原理にかかるものだ。つまり、音楽の理論はサイエンスであり、音楽の実演はアートである。

（『ウェブスター英語辞典』、一八二八年版、SCIENCEの項への注記）

英語において「アート」と「サイエンス」の区別が必ずしも厳密になされているわけではないという語用の一端が垣間見えますね。現在の日本語でカタカナとして使われる「アート」と「サイエンス」では、むしろ別の事柄としてはっきり分けられていますから、そういう観点からすると、右でウェブスターが書いていることはかえって分かりづらいかもしれません。

ここまで見てきたように、いま私たちが確認しようとしている「アート」と「サイエンス」は、「術」と「学」と訳したほうが適切であるような言葉でした。上の「注記」の「アート」と「サイエンス」を「術」と「学」に置き換えて読むと、もう少しその混同しがちな雰囲気を味わいやすいかもしれません。あるいは「学」と「術」がつながった「学術」という言葉は、人によって「学」や「学問」と区別されずに使われる場合もあるようですから、似たような混乱が日本語においても見られるとも言えましょうか。

さて、『ウェブスター英語辞典』の一九一三年版では、SCIENCE の項目はどうなっているでしょうか。定義の詳細は省きますが、やはり五つの定義を示した後で、いくつかの補足がなされています。

一つは☞で始まる注記で、「サイエンス」の分類が説明されています。「サイエンスには、応用（applied）と理論（pure）がある」というわけです。これについては、「百學連環」をもう少し読み進めたところで、改めて問題になってきますので、そこに譲ります。

次に「比較サイエンス、帰納的サイエンス」という言葉が並びます。言い換えれば「比較的学問、帰納的学問」ですね。ここでは別の項目、「Comparative と Inductive を見よ」と参照先が示されていますが、これも後ほど話題になりますのでおきます。

いま注目しておきたいのは、その次に置かれた段落です。「Syn.」つまり「同義語」という項目があって、まずは Science の同義語《シノニム》として三つの言葉が掲げられています。ここにご注目ください。

Literature; art; knowledge.

これはどういうことでしょうか。

図❷『ウェブスター英語辞典』の一九一三年版より

Sci'ence (sī'ens), *n.* [F., fr. L. *scientia*, fr. *sciens*, *-entis*, p. pr. of *scire* to know. Cf. CONSCIENCE, CONSCIOUS, NICE.] **1.** Knowledge; knowledge of principles and causes; ascertained truth or facts.

If we conceive God's sight or *science*, before the creation, to be extended to all and every part of the world, seeing everything as it is, . . . his *science* or sight from all eternity lays no necessity on anything to come to pass. *Hammond.*

Shakespeare's deep and accurate *science* in mental philosophy. *Coleridge.*

2. Accumulated and established knowledge, which has been systematized and formulated with reference to the discovery of general truths or the operation of general laws; knowledge classified and made available in work, life, or the search for truth; comprehensive, profound, or philosophical knowledge.

All this new *science* that men lere [teach]. *Chaucer.*

Science is . . . a complement of cognitions, having, in point of form, the character of logical perfection, and in point of matter, the character of real truth. *Sir W. Hamilton.*

3. Especially, such knowledge when it relates to the physical world and its phenomena, the nature, constitution, and forces of matter, the qualities and functions of living tissues, etc.; — called also *natural science*, and *physical science*.

Voltaire hardly left a single corner of the field entirely unexplored in *science*, poetry, history, philosophy. *J. Morley.*

4. Any branch or department of systematized knowledge considered as a distinct field of investigation or object of study; as, the *science* of astronomy, of chemistry, or of mind.

☞ The ancients reckoned seven sciences, namely, grammar, rhetoric, logic, arithmetic, music, geometry, and astronomy; — the first three being included in the *Trivium*, the remaining four in the *Quadrivium*.

Good sense, which only is the gift of Heaven,
And though no *science*, fairly worth the seven. *Pope.*

5. Art, skill, or expertness, regarded as the result of knowledge of laws and principles.

His *science*, coolness, and great strength. *G. A. Lawrence.*

☞ *Science* is *applied* or *pure*. *Applied science* is a knowledge of facts, events, or phenomena, as explained, accounted for, or produced, by means of powers, causes, or laws. *Pure science* is the knowledge of these powers, causes, or laws, considered *apart*, or as pure from all applications. Both these terms have a similar and special signification when applied to the science of quantity; as, the *applied* and *pure mathematics*. *Exact science* is knowledge so systematized that prediction and verification, by measurement, experiment, observation, etc., are possible. The mathematical and physical sciences are called *the exact sciences*.

Comparative sciences, Inductive sciences. See under COMPARATIVE, and INDUCTIVE.

Syn. — Literature; art; knowledge. — SCIENCE, LITERATURE, ART. *Science* is literally *knowledge*, but more usually denotes a systematic and orderly arrangement of knowledge. In a more distinctive sense, *science* embraces those branches of knowledge of which the subject-matter is either ultimate principles, or facts as explained by principles or laws thus arranged in natural order. The term *literature* sometimes denotes all compositions not embraced under *science*, but is usually confined to the *belles-lettres*. [See LITERATURE.] *Art* is that which depends on practice and skill in performance. "In *science*, *scimus ut sciamus;* in art, *scimus ut producamus*. And, therefore, *science* and *art* may be said to be investigations of truth; but one, *science*, inquires for the sake of knowledge; the other, *art*, for the sake of production; and hence *science* is more concerned with the higher truths, *art* with the lower; and *science* never is engaged, as *art* is, in productive application. And the most perfect state of *science*, therefore, will be the most high and accurate inquiry; the perfection of *art* will be the most apt and efficient system of rules; art always throwing itself into the form of rules." *Karslake.*

サイエンスの同義語

「リテラチャー」と言えば、つい「文学」と訳したくなる言葉です（このこと自体いろいろな問題を含むわけですが）。こともあろうに「サイエンス」が「リテラチャー」と同義なの？　というわけです。ここは、「百學連環」を読む私たちにとっても興味深い箇所なので、少し足をとめて見ておくことにしましょう。訳文を掲げてみます。

同義語——リテラチャー、アート、ナレッジ。「サイエンス」とは文字通りには「知識（knowledge）」のこと。だが、よく使われる意味としては、体系立っていて秩序ある知識の配置を指す。さらに詳しい意味としては、「サイエンス」には、知識の諸分野が含まれており、そうした知識は、根本的な原理、もしくは自然の秩序に従って配置された原理や法則によって説明される事実などを対象としている。

（『ウェブスター英語辞典』、一九一三年版、SCIENCE の同義語）

原文はここで切れずそのまま続きますが、一旦ここで区切ります。まずは「サイエンス」の同義語の一つとして掲げられた「ナレッジ（知識）」との関係が説かれていますね。ここで「おや？」と思うのは、同義語としては「リテラチャー」「アート」「ナレッジ」という順序で並べられているにもかかわらず、説明は「ナレッジ」から始まり、次に見るように「リテラチャー」が続き、最後に「アート」が登場することです。なぜかは分かりませんが、頭の片隅に疑問を置いておきましょう。

それはともかく「サイエンス」を「学」もしくは「学問」と捉えれば、「知識」と同義であるという説明は納得しやすいと思います。では、次に「リテラチャー」の説明です。

「リテラチャー」という言葉は、「サイエンス」の名の下に包括されないあらゆる構成物を意味することもあるが、多くは「文学（belles-lettres）」に限定される。〔Literature の項目を見よ〕。
（『ウェブスター英語辞典』、一九一三年版、SCIENCE の同義語）

ここで注意すべきことは、そもそも literature という言葉は、いわゆる「文学」に限定されない幅広い意味を持っていたということです。この英語がラテン語の litteratura に由来することは、言葉の姿からも分かりますね。

このラテン語は「文字を書くこと」「著作物」「文献」あるいは「アルファベット」「文法」、そして「学問」「学識」という意味を持つ言葉でした。文字という表現に関わることであり、その分野やジャンルを狭く限定する概念ではなかったのです。ですから、上記のように「サイエンス」の同義語として「リテラチャー」が掲げられていることに不思議はありません。

ただし、そこでも述べられているように、「リテラチャー」は「文字で書き記されたもの」が広く含まれますから、必ずしも「学問（サイエンス）」に限定されるとは限らないというわけです。それが後世、「サイエンス（科学）」と「リテラチャー（文学）」を対立するもののように捉えるようになってしまったのはどうしてか。根深い問題です。

そして最後に「アート」の説明に移ります。ご覧いただくと分かりますが、三つの類義語の中でも「アート」に費やされている文字が最も多くなっています。見てみましょう。

「アート」は、実演における実行や技能にかかるものだ。「学では、知ルタメニ知リ、術では、ツクルタメニ知ル。したがって、「サイエンス」と「アート」は真理の探究であると言えるだろう。しかし、「サイエンス」では、知識のために探究するのに対して、「アート」では制作のためにそうする。つまり、「サイエンス」はいっそう上位の真理に関わるものであり、「アート」は相対的に下位の真理に関わるものである。また、「サイエンス」は、「アート」のように生産への応用にはけっして関わらない。したがって、「サイエンス」の最高に完全な状態とは、最も高度かつ正確な探究であろう。対する完璧な「アート」とは、最も適切かつ効果的な規則の体系であろう。アートとは、常に自らを規則という形にするものなのだ。」

カルスレイク

（『ウェブスター英語辞典』、一九一三年版、SCIENCE の同義語）

ここは少し込み入っています。読み解きにかかる前に一つだけ先に言うと、二文目からが引用文になっており、その冒頭には、あの西先生が引用していたラテン語交じりの一文が現れていることに注目したいところ（右の訳文では、ラテン語部分をカタカナで記しています）。では、ここには何が書かれているのでしょうか。詳しく読んでみましょう。

ラテン語の引用元

「アート」に関する解説の末尾に「カルスレイク」と添えられています。これは辞書の執筆者によるものではなく、カルスレイクからの引用であることを示したものです。

調べてみると、ウィリアム・ヘンリー・カルスレイク（William Henry Karslake）『論理学研究への手引き（Aids to the Study of Logic）』（2vols, 1851）の第一巻からの引用であることが分かります。残念ながら、同書そのものは確認できませんでしたが、出典については別の文献で確認できました。

実は『ウェブスター英語辞典』で引用されているのとまったく同じ文章が、他の書物にもそのまま引用されているのです。ここで注目しておきたいのは、ウィリアム・フレミング（William Fleming、一七九一―一八六六）『哲学語彙 精神・道徳・形而上学に関する――引用と参照つき 学生用（The Vocabulary of Philosophy, menetal, moral, and metaphysical: with quatations and references; For the use of students)』（一八五七）です。

これは、グラスゴー大学のウィリアム・フレミングが、学生の学習のために編んだ哲学事典です。副題に見えるように、語彙の解説に加えて先哲が書いた文章からの引用が添えられています。

この『哲学語彙』の SCIENCE の項目を見ると、さまざまな引用を交えながら、その意味と用例が提示される中に、例の"In *science*, *scimus ut sciamus*; in art, *scimus ut producamus*."で始まる文章が引用文として現れます。そして、その引用文の末尾に次のように出典が示されているのです。

――Karslake, *Aids to Logic*, b. i., p. 24.――V. ART, DEMONSTRATION.

（The Vocabulary of Philosophy, p.453）

書名は若干省略されていますが、上記した『論理学研究への手引き（Aids to the Study of Logic）』を指しています。このようにきちんと出典が明示されているおかげで、西先生が『ウェブスター英語辞典』

から引用している文章の出所が分かりました。この『哲学語彙』はなかなかよくできていて、カルスレイクの引用には次のような注もついています。訳出してお示ししましょう。

この「サイエンス」と「アート」の区別は、アリストテレスが提示したものである。『分析論後書』i., 194, ii., 13.を見よ。

（前掲同書、p.453、注§）

またしてもアリストテレスの名前に出合いました。無理からぬことです。ヨーロッパの学術史を眺めてみると、学術を分類するさまざまな試みがなされてきましたが、その最初期の試みの一つがアリストテレスによるものだからです。アリストテレス先生の影響は、時代によって強くなったり弱くなったりしていますが、このように一九世紀半ばの学術書にもその力は及んでいるのです。では、アリストテレスは「サイエンス」と「アート」をどのように区別しているのでしょうか。西先生の「百學連環」からさらに遡ることになりますが、ここをしっかり押さえることで、以後の読解にとっても、大きな手助けを得られると思います。次にアリストテレスの議論を見てみることにしましょう。

追記――その後、カルスレイクの『論理学研究への手引き』第一巻を見ることができました。ついでながら、右では省略した形で記した同書の書誌もお示ししましょう。『論理学研究への手引き――サイエンスの対象と部門について簡潔に概要を提示する試み 第一巻 純粋分析論理（Aids to the Study of Logic: Being an Attempt to Exhibit a Simple View of the Object and Divisions of the Science, Book I. Pure Analytical Logic）』というタイトルです。

さて、右で見たフレミングによる引用で示されている通り、二四ページに問題の文章があります。それは『ウェブスター英語辞典』一九一三年版で引用されているのと同じ文章であることを確認できました。

ここではもう一つ確認できたことをご報告します。カルスレイクの本では、私たちも先ほど眺めた、『ウェブスター英語辞典』に引用されているアートとサイエンスの区別について論じた文章の末尾に、こんな注がついています。古典ギリシア語混じりですが、カルスレイクの周到ぶりを感じられる箇所ですのでそのままお示しします。

This distinction of Science and Art is in fact given in Aristotle. See Post. Analytt. ii. 19. 4. ἐκ δ᾿ ἐμπειρίας ... ὁ ἂν ἐν ἅπασιν ἓν ἐνῇ ἐκείνοις τὸ αὐτό, τέχνης ἀρχὴ καὶ ἐπιστήμης, ἐὰν περὶ γένεσιν, τέχνης, ἐὰν δὲ περὶ τὸ ὄν, ἐπιστήμης. cf. Eth. i. 7. καὶ γὰρ τέκτων καὶ γεωμέτρης κ. τ. λ. and ii. 13. θεωρητέον δὴ καὶ τῷ πολιτικῷ, κ. τ. λ

(W. H. Karslake, Aids to the Study of Logic, Book I, 1851, p. 24, note i)

「この「サイエンス」と「アート」の区別は、アリストテレスが提示したものである」というわけです。どこかで見た文ですね。それもそのはず、フレミングによる引用につけられていた注と同じ文言です。つまり、フレミングは注も含めて引用していたことが分かります。

ただし、フレミングによる注の引用は、カルスレイクによる注をそのまま引用したものではありません。一つには、カルスレイクが引用しているアリストテレスの文章（ギリシア語）が省略されています。

また、カルスレイクは“Post. Analytt. ii. 19. 4.”、“cf. Eth. i. 7.”、“and ii. 13.”と、『分析論後書』第2巻19.4からの引用を示した後で、それに続けて「比較参照せよ（cf）」として、『ニコマコス倫理学』第1巻7、第2巻13からの短い引用も示しています。

これに対して右で見たように、フレミングは“Poster. Analyt., i., 194, ii., 13.”、つまり『分析論後書』第1巻194、第2巻13としていました。比べると分かるように、フレミングはカルスレイクが三つ示した引用のうち二つ目を省略しているので、どちらも『分析論後書』が出典であるかのように見えてしまいます。また、一つ目の出典は巻数が違っていますね。これはおそらく書き写しのミスだと思われます。

本書の元となった連載執筆時は、カルスレイクの原文を見ることができず、フレミングの本を手がかりに追跡しました。そこでこのフレミングが示した参照箇所を『分析論後書』に探そうとして、見つけられないまま次節を推測に基づいて書いたのでした。

――などということをなぜくどくどしく書いているかというと、フレミングに責任転嫁をしたいわけではなくて（半分くらいはそうなのですが！）、出典を正確に示さないと後世の人が困ることもあるよ、という例として顚末を記したのでした（私も気をつけます）。

また、こうしたことは追記ではなく、右の文中でフレミングを参照したくだりを削除して、カルスレイクを参照して書き直せばよさそうなものです。それも考えたのですが、ご覧のようにそうしませんでした。というのも、本書は「百學連環」を読み解きながら、その過程で考えたり探索する右往左往ぶり、これが旅なら道中の出来事も含めて楽しもうという姿勢で書いているからであります。探索の結果をこのような形でお示しした次第です。

なお、カルスレイクが引用しているアリストテレスの文章については、次節で改めて検討します。というわけで、改めて、次にアリストテレスの議論を見てみることにしましょう。

アリストテレスの区別——「エピステーメー」と「テクネー」

西先生が引用した「サイエンス」と「アート」の違いを論じたラテン語交じりの文章は、どうやら『ウェブスター英語辞典』からの引用であり（これについてはもう一点確かめねばならないことがありますが次節に回します）、同辞典はカルスレイクの著作からそれを引用しており、カルスレイクの見立てにはアリストテレスの『分析論後書』という古い先例がある——そんな様子が見えてきました。これまた大いなる伝言ゲームです。

では、アリストテレスは「サイエンス」と「アート」の違いについて、どう考えているのでしょうか。先ほどの『哲学語彙』の示唆に従って、『分析論後書』を覗いてみます。

ただし『哲学語彙』に示されていた『分析論後書』のページ数は、どの版のものか分からないため、直接参考にはできませんでした。以下に示すのは、『哲学語彙』が示している箇所と一致するか否かは分かりませんが、『分析論後書』に見られる「サイエンス」と「アート」の違いに触れた箇所です。同書第二巻第一九章にこういうくだりがあります。

生成するものについては技術の端初が、存在するものについては知識の端初がある。
（アリストテレス『分析論後書』第二巻第一九章、100a10、加藤信朗訳、『アリストテレス全集』

第一巻、岩波書店、一九七一、七七〇ページ）

この訳文で「技術」と訳されている語は、ラテン語訳では artis、ギリシア語原文では τέχνη（テクネー）です。「知識」のほうは、ラテン語訳が scientiae で、ギリシア語が ἐπιστήμη（エピステーメー）です。なお、右の邦訳では「エピステーメー」は「知識」の他に「科学」とも訳されています。

この引用から、アリストテレスが、「テクネー（技術）」と「エピステーメー（知識）」を区別している様子が見えますね。「テクネー」はつくられるものに関しており、「エピステーメー」は存在するものに関するのだというわけです。

この『分析論後書』という書物は、知識やその学問的な論証がどのように成り立ちうるかということを論じたものですが、「知識（エピステーメー）」や「技術（テクネー）」がなにかということそのものについては述べていません。

そこで、アリストテレスの別の著作で補います。『ニコマコス倫理学』にうってつけの説明があります。まず「エピステーメー」に関する議論から見てみましょう。

われわれが学問的に知る対象とは、「他の仕方ではけっしてありえないもの」である、と想定している。（中略）「学問的に知られるもの（エピステートン）」とは必然によって存在するものである。（中略）

学問的知識とは、「論証にかかわる状態（アポデイクティケー・ヘクシス）」であり（中略）人が、あるものを一定の仕方で信じていて、しかもその諸原理が彼に認識されているとき、その場合に、彼は学問的に知っていると言えるのである。

（アリストテレス『ニコマコス倫理学』第六巻第三章、1139b、朴一功訳、西洋古典叢書、京都大学学術出版会、二六〇―二六一ページ）

途中を省略していることもあって、少し分かりづらいかもしれません。ここでの関心に沿ってまとめ直すとこうなります。人が学問的知識（エピステーメー）を持っていると言えるのはどういう場合か。それは、必然によって存在するものについて、その諸原理を論証できるかたちで認識している場合だ、というわけです。ここで「必然による存在」というのは、現代風に言い直せば、法則に従う自然や数学などのことです。アリストテレスは、他のなにかのためではなく、知るために認識することを哲学の営み（知るのを愛すること）だとも言っています（『形而上学』982b）。

他方で「技術」についてはどうか。同じ『ニコマコス倫理学』で、こう述べています。

あらゆる技術は事物の生成にかかわるのであり、技術の行使というのは、存在することも存在しないことも可能な事物、そしてその原理がつくる人の側にあって、つくられる作品の側にはないような事物、そうした事物がどのようにすれば生じるのかを「理論的に考察する（テオーレイン）」ことを基礎とする。すなわち、技術は、必然によって存在したり生成したりするものごとを対象とせず、また自然によって存在するものごとも対象としないのである。なぜなら、自然によって存在するものは、みずからの内に存在の原理をもっているからである。

（アリストテレス『ニコマコス倫理学』第六巻第四章、1140a、朴一功訳、西洋古典叢書、京都大学学術出版会、二六二―二六三ページ）

ここでは「技術（テクネー）」というものが、事物の生成、つくることに関わっていると述べられています。先に見た「学問的知識（エピステーメー）」が対象とするような「必然によって存在するもの」や「自然によって存在するもの」とは区別されているのがポイントです。このアリストテレス先生による区別こそが、前節まで見てきたような「サイエンス（学）」と「アート（術）」の区別に響いていることがお分かりになると思います。

ついでながらもう一つ気になるのは、そうしたアリストテレスの見立てが、彼が書いたであろう古典ギリシア語ではなくラテン語訳で引用されていたことです。これはなぜでしょうか。推測に過ぎませんが、二つばかり考えられることがあります。一つには、ヨーロッパにおいて長きにわたり種々のラテン語訳でアリストテレスが読まれてきた伝統があるからではないかと思います。また、英語の science や art の淵源は、古典ギリシア語の「エピステーメー」と「テクネー」にあるにしても、語の形の上からも直感的に見てとりやすいのは、そのラテン語訳である scientiae と artis だという事情も働いているのかもしれません。

とにもかくにも議論の源である古典ギリシアの様子を見ましたので、再び西先生のほうへと引き返しましょう。「百學連環」そのものの読解に戻ります。

追記——前節の「追記」で確認したように、カルスレイクはアリストテレスの著作からギリシア語原文で三つの引用をしていました。その箇所を邦訳で見ておきましょう。

これらすべての事柄の内にある同一の事柄が静止するとき、技術と知識の原理が生じる。つまり、生成については技術の、「あるもの」については知識の原理がある。

(『分析論後書』第二巻第一九章、高橋久一郎訳、『アリストテレス全集』第二巻、岩波書店、二〇一四、五二〇ページ)

これは右の本文でも「ここではないか」と推定した箇所でした。

大工と幾何学者
(『ニコマコス倫理学』第一巻第七章、朴一功訳、西洋古典叢書、京都大学学術出版会、二〇〇二、三〇ページ)

ここは面白いですね。前後の文脈が分からないと意味も不明ですが、大工と幾何学者が直角を求める場合を比較しています。要するに大工はものをつくる仕事のために直角を求めるが、幾何学者は真理を知るためだというわけです。大工がアート、幾何学者がサイエンスの例と思えばよいでしょう。

政治家もまた〔魂について〕研究する必要がある
(『ニコマコス倫理学』第一巻第十三章、朴一功訳、西洋古典叢書、京都大学学術出版会、二〇〇二、四九ページ)

これも断片的で分かりづらいですが、もとの文章では、政治家は医者と同様に人間の魂についてよく知っている必要があるという議論をしている箇所です。

つまり、『ニコマコス倫理学』からの引用は、私の推測とは違い、具体例を提示していたのでした。

どの『ウェブスター英語辞典』か

西先生が「百學連環」で講じた「学（Science）」と「術（Art）」の説明は、その根を辿ると遥か昔、古代ギリシアのアリストテレスによる見立てに至ることを見てきました。再び話を明治に戻してゆきましょう。

と言いながら、「百學連環」そのものに立ち戻る前に、もう一つだけ確認しておかなければならないことがあります。西先生が参照した『ウェブスター英語辞典』の版はどれかという問題です。出典も分かったことだし、「どれでもいいじゃないか」と言いたくなるかもしれませんが、そうは問屋が卸さないのです。二つばかり問題があります。

一つは、同じ『ウェブスター英語辞典』と題されていても、版を重ねるごとにテキストは変化しています。ですから、どの版から引用しているかということは見過ごせないという事情があります。

もう一つ、こちらのほうがいっそう大きな問題なのですが、ここまでの議論には、実は一つ重大な空白が残されているのです。

すでにお気づきの方もいるかもしれません。ここまでの検討で私たちが参照していた『ウェブスター英語辞典』は、一九一三年のものでした。でも、思い出しましょう。そもそも「百学連環」講義はいつ行われたものだったか。あるいは西先生の生没年を。

そうです。「百学連環」講義には、明治三年（一八七〇—七一年）という日付がありました。また、西先生は一八九七年に没しています。つまり、一九一三年版を参照しているはずはありません。

ここまでのところでは、西先生が引用した"In science, scimus ut sciamus, in art, scimus ut producamus."という文章が『ウェブスター英語辞典』の一九一三年版にあることを基に検討を重ねてきました。また、その際一八二八年版にはこの文章が見られないことも確認しました。せっかく手がかりが得られたと思ったのに、このままでは辻褄が合いません。

では、西先生が参照しえた『ウェブスター英語辞典』はどの版か。特定はしきれていませんが、手がかりがあります。以下、西暦の数字に気をつけながら進めて参りましょう。

面白いことに一八五六年に刊行された『英語発音並びに定義辞典――ウェブスター・アメリカ辞典縮約版 (A pronouncing and defining dictionary of the English language: abridged from Webster's American dictionary, with numerous synonyms, carefully discriminated)』という辞書のSCIENCEの項目 (p.405) には、一九一三年版とほとんど同じ文章が現れますが、上記したラテン語の部分は含まれていません。縮約版だけに最小限の記述ということかもしれません。

しかし、一八六五年に刊行された『アメリカ英語辞典 (American Dictionary of the English Language)』では、カルスレイクから引用した文章が「SYN (シノニム)」として提示されています。

引用元となったカルスレイクの本は一八五一年刊行ですから、一八五六年版でも引用しようと思えばチャンスはあったわけです。しかしそうはなっていません。ちなみに先にご紹介したフレミングの『哲学語彙』は一八五七年の刊行でした。カルスレイクからの引用箇所が大きく重なっていることからも、『ウェブスター英語辞典』の編纂者が目ざとくフレミングの本を見て、カルスレイクの引用文を自分の辞書にも入れた……という空想も働きますが、定かではありません (当時の辞書編纂者たちが、お互いにお互いの辞書を利用し合っていたのは事実です)。

それはともかく、目下検分できた範囲では、この一八六五年版であれば西先生が参照する可能性がありそうです。一八六五年は「百学連環」講義の五年前、西先生がオランダ留学から帰国した年でもあります。本書では仮に、西先生がこの一八六五年版を参照していると想定します。

ただし、一八五六年の縮約版と一八六五年の辞書の間には、おそらく他にもいくつかの版がつくられているでしょうから、これをもって西先生が参照した版そのものだと断定するわけにはいきません。どの『ウェブスター英語辞典』かを特定する問題は、今後の調査課題とすることにして、「百學連環」の読解に戻ることにします。つまり、西先生は知ってか知らでか、アリストテレスの伝統に連なる「学術(Sciences and Arts)」の見立てを下敷きの一つにしていたというわけでした。

追記――西先生が使った『ウェブスター英語辞典』はどの版か。この問題について、その後もう少し調べてみました。一八二八年版をはじめ、一九〇〇年前後までに刊行された一五種類程度の版でSCIENCEの項目を読み比べることができたのに加えて、早川勇氏による『ウェブスター辞書の系譜』(辞游社、二〇〇四)から多くのことを教えられました。同書は書名の通り各種『ウェブスター英語辞典』を分類整理した労作です。

結論からいうと、右で「一八六五年版」と呼んでいる辞書は、その前年に刊行された一八六四年版を重版したもので、内容は同じようです。この一八六四年版は、それまでの『ウェブスター英語辞典』をもとに大きな改訂を施した画期をなす版でした。そして、この版は毎年版を重ねたようです。

また、もう一つ注目したいことがあります。この一八六四年版の系列に連なるとみられる辞書が、

図❷『ウェブスター英語辞典』からの引用文に関する略年表

西暦	和暦	関連事項
1828	文政11	『ウェブスター英語辞典』の最初の版刊行 「百學連環」に引用されている文は掲載されていない
1851	嘉永3-4	カルスレイク『論理学研究への手引き』 『ウェブスター英語辞典』のSCIENCEの項目にSYNとして引用されている文の出典
1856	安政2	『ウェブスター英語辞典縮約版』 「百學連環」に引用されている文が掲載されている。ただしラテン語文はない
1857	安政3	フレミング『哲学語彙』 『ウェブスター英語辞典』に引用されているカルスレイクの文と同じ文が本書にも引用されている
		西周、蕃書調所で働く
1862		西周、幕命で津田真道らとオランダ留学
1864	文久／元治	『ウェブスター英語辞典』1864年版 画期をなす改訂がなされた版で、1865年版も本書を増刷したもの
		西周、沼津兵学校初代校長に就任／『万国公法』翻訳刊行
1865	元治／慶応	『ウェブスター英語辞典』1865年版（1864年版の増刷版） 「百學連環」に引用されている文が掲載されている。カルスレイクからの引用も含む
		西周、オランダ留学から帰国
1870	明治2-3	「百学連環」講義が行われる
1897	明治30	西周没
1913	大正2	『ウェブスター英語辞典』1913年版 「百學連環」に引用されている文が掲載されている。カルスレイクからの引用も含む

葵文庫に収録されています。この文庫は、静岡県立中央図書館に設置されたもので、蕃書調所や開成所をはじめとする江戸幕府の機関がもっていた蔵書を収録するものです。西先生は安政四年（一八五七年）から蕃書調所で働いていましたから、これらの『ウェブスター英語辞典』を見ていた可能性があります。とはいえ、辞書がいつどの機関に収蔵されたかまでは不明ですので確定とはいきませんが、あくまで可能性にとどまります。葵文庫所蔵の『ウェブスター英語辞典』については、早川勇『辞書編纂のダイナミズム――ジョンソン、ウェブスターと日本』（辞游社、二〇〇一、三七八ページ以下）にも解説がありますので、ご興味ある向きはご覧あれ。

いずれにしても、西先生が参照していた『ウェブスター英語辞典』は、一八六四年版かその増刷版（発行年は違うけれど内容が同じもの）であることが分かりました。本書では、連載時の推測によって一八六五年版という言い方をしています。以下でも基本的にはそのまま「一八六五年版」としますが、必要に応じて一八六四年版と読み替えてかまいません。

医学・医術を具体例にして

久しぶりに「百學連環」本文に戻ってきました。「学（Science）」と「術（Art）」は混同しやすいものだが、区別せねばならないということで、ラテン語交じりの引用文が現れたのでした。では、続きを読んでゆきましょう。次の文はこうです。

――學とは原語の通り、あるとあらゆるを分明に知り、其根元よりして、既に何等の物たるを知るを――

云ふなり。
術とは生することを知ると原語の通り、何物にても成り立所のもの、根元を知り、其成り立所以を明白に知るを云ふなり。

（「百學連環」第六段落、第七段落第一文）

訳します。

「学」とは〔今示した〕原語にあるように、あらゆる物事を明確に知り、その根源からそれがなんであるのかを知ることである。
「術」とは、生じることを知るという原語の通りで、あらゆる物事について成立するものの根源を知り、その成り立つわけを知ることである。

以上は、前段まで英語で述べたことを、西先生の言葉で言い直しているくだりです。要すれば、「学」とは対象がなんであるかを知ることであり、「術」とは対象がどのように出来ているかを知ることだというわけです。前節で見たアリストテレスの区別とほとんどそっくり重なっていることが分かります。

主にここで読んでいる「甲本」では次に英文が現れますが、「乙本」を見ると、その英文の手前に具体例が挟まれています。学と術の区別について、西先生がどのように捉えていたのかを知るための好材料ですので、見ておきましょう。

學と術とを區別して一ツのものに譬へむには、彼處《カシコ》に一人の病人あり、軍中にて足ヲ銃丸にて打たれしと言ふ、故に今醫者を招きて療治するに、醫者の人體の筋骨皮肉五臟六腑の組立を知るは學なり、さて其銃丸に打たれし足を治せんに、元より筋骨の組立はよく知る所なれは、其の銃丸を如何して抜き取り得へきを工夫し得て、是を療治す是卽ち術なり、

（「百學連環」乙本より）

訳せばこうなるでしょうか。

「学」と「術」を区別する譬えを一つ述べよう。ここに一人の病人がいる。戦争で足を銃で撃たれたという。そこで医者を呼んで治療する。医者は人体の筋骨や皮肉、五臓六腑の仕組みを知っているが、これは「学」である。さて、その銃で撃たれた足を治すにあたっては、もとより筋骨の仕組みをよく知っているから、銃弾をどのように抜き取るかということを工夫して治療するわけだが、これを「術」というのである。

講義などで物事を抽象的に説明して終わると、聞いた側の理解や知識が上滑りしてしまうことがあります。そこで、このように具体例を提示すると、ようやく地に足がつくわけです。これはものを説明する際に留意すべき点の一つでありますが、アリストテレスなども、実に見事にこの方法を活用しています。

この例にこと寄せて言えば、人体の解剖学的知識や病理についての知識は「医学」であり、そうした知識に基づいて病を治療する行いが「医術」と言えるでしょう。ここで例に取られている医術は、江戸の蘭学の時代にも中心的な位置を占めた学術であり、西先生の家も父の時義が津和野藩の藩医であった

ことも思い起こされます（ただし、西周は藩命によって還俗しています）。

真理への二つの関わり方

前節で見た「学」と「術」の区別の後に、再び英語の引用が現れます。次のような文章です。

> Therefore science and art may be said to be investigations《穿鑿デ》 of truth《眞理》, but science inquires《望ムニ》 for the sake《爲》 of knowledge, art, for the sake of production《生スル事》, and science is more concerned with《道理係ル》 the higher truth, art with the lower.
>
> （「百學連環」第七段落第二文）

訳します。

> したがって、「サイエンス」と「アート」は真理の探究であると言えるだろう。しかし、「サイエンス」では、知識のために探究するのに対して、「アート」では制作のためにそうする。つまり、「サイエンス」はいっそう上位の真理に関わるものであり、「アート」は相対的に下位の真理に関わるものである。

実は、私たちはこの文章をすでに一度見ています。先に『ウェブスター英語辞典』（一九一三年版）の「SCIENCE」の同義語の説明を訳した際、そこにこの一文も含まれていたのでした。確認のため、もう一度引用しておきましょう。

「アート」は、実演における実行や技能にかかるものだ。「学では、知ルタメニ知リ、術では、ツクルタメニ知ル。したがって、「サイエンス」と「アート」は真理の探究であると言えるだろう。しかし、「サイエンス」では、知識のために探究するのに対して、「アート」では制作のためにそうする。つまり、「サイエンス」はいっそう上位の真理に関わるものであり、「アート」は相対的に下位の真理に関わるものである。また、「サイエンス」は、「アート」のように生産への応用にはけっして関わらない。したがって、「サイエンス」の最高に完全な状態とは、最も高度かつ正確な探究であろう。対する完璧な「アート」とは、最も適切かつ効果的な規則の体系であろう。アートとは、常に自らを規則という形にするものなのだ。」

カルスレイク

(『ウェブスター英語辞典』、一九一三年版、SCIENCE の同義語)

これは『ウェブスター英語辞典』がカルスレイクの書物から引用した文章の一部でした。そしてこの文は一八六五年版にもあります。ラテン語交じりの文章については、すでに検討しました。西先生は「学では、知ルタメニ知リ、術では、ツクルタメニ知ル (In science, scimus ut sciamus, in art, scimus ut producamus.)」に続く文章も、続けて『ウェブスター英語辞典』を参照しているようです。

この引用で言われていること自体は、これまで角度を変えながら確認してきた「学 (science)」と「術 (art)」の違いですので、重ねて解読するまでもないでしょう。注目しておきたいのは、サイエンスとアートが、「真理 (truth)」に対する二つの関わり方として区別されているということです。

次の段落も見ておきます。こう続きます。

學は則ち上への方へ穿鑿し遂けるを云ふなり。術は則ち之に反して下の方へ穿鑿し極むるを云ふなり。

（「百學連環」第八段落第一～二文）

現代語に訳してみます。

「学」とは上の方へと綿密に調べ尽くすことである。「術」とは、それとは反対に、下の方へと綿密に調べ尽くすことである。

お気づきかもしれませんが、この文は、右で再引用した『ウェブスター英語辞典』の文章に含まれている「つまり、「サイエンス」はいっそう上位の真理に関わるものであり、「アート」は相対的に下位の真理に関わるものである」という部分に相当しています。ここは西先生が英文を訳して述べたのだと考えられます。

それにしても「上の方（higher）」「下の方（lower）」という垂直方向の喩えには、どんな含意があるのでしょうか。「形而上」「形而下」といった対語も連想されます。とはいえ、ここを読んだだけでは「上下」という表現の含意は分かりません。

追記――このことを考える手がかりは、他ならぬカルスレイクの本にありそうです。例えば、『論理学研究の手引き』第一巻の二三ページには次のような表現が見えます。

サイエンスは、事物について、より上位でより普遍的な原理を探究し、アートは、より下位の普遍性と個別具体的な事実を探究するものだ。

他の箇所でもカルスレイクは、抽象度について「より上位の（higher）」という形容を用いていています。要するに、ここでは事物のとらえ方について垂直方向のモノサシが思い描かれている。そして、上のほうに行くほど抽象的、下のほうに行くほど具体的という見立てがあるようです。

言われてみれば、日本語でも「抽象度が高い」という具合に、抽象度なるものを高低、上下という空間に関する言葉で形容しますね。これは連想に過ぎませんが、地上から出発してどんどん空に昇ってゆく気球から地面を見ているとしましょう。この時、視野はどんなふうに変わるか。地面に近いほど地上の様子が具体的に見えます。はじめは地面が、あるいは町が、さらには都市が。しかし、高度が上がるにつれて、地上の細部は見えなくなります。

抽象度を高低という空間の譬えで表現することが、いつ頃から行われるようになったのか、大変興味ある問題ですが、ここではカルスレイクの用法が分かったことで満足しておきましょう。

第6章　観察と実践

観察と実践

さて、西先生が『ウェブスター英語辞典』に依りながら、「学（science）」と「術（art）」の意味や区別を検討する様子をじっくり見てきました。以上を踏まえながら、西先生は少しずつ話を転じてゆきます。続きを読みましょう。

> 又 theory《観察上》, practice《實際上》 學に於ても又術に於ても、觀察、實際共になかるへからす。學{觀一實}術{觀一實}。
>
> （「百學連環」第八段落第三〜四文）

theory と practice という新しい語がお目見えです。文末は、便宜上このように記しましたが、実際には上図のように、「學」の字の下に「觀」と「實」が並ぶように記されています（図❶）。訳しておきましょう。

図❶

また、「theory（観察）」と「practice（実際）」という区別がある。学についても、術についても、いずれも観察と実際の双方がなければならない。つまり、学｛観察―実際｝術｛観察―実際｝ということである。

現代では、theoryと言えば、すぐ「理論」と言いたくなるかもしれませんが、theoryとは語源からして「見る」ことに関連する語です。古典ギリシア語ではθεωρία（テオーリアー）、ラテン語ではtheoria（テオーリア）。語の形だけ見ても、英語のtheoryが、これらの語に連なるものであることが分かります。古典ギリシア語の「テオーリアー」は、「見ること」「見られるもの」「考察」「探究」といった訳語が充てられる語です（もう一つ、神にまつわる面白い意味もあるのですが、ここでは省略します）。「理論」という意味は、人が対象から見てとったこと、ということかもしれません。

ちなみにtheoryの横に英語のtheater（theatre）を並べてみるとよいでしょう。theaterもまた古典ギリシア語のθέατρον（テアートロン）に由来しますが、これは「劇場」、つまり「見る場所」という意味でした。θέα（テアー）と書けば、「見ること」「光景」といった意味になります。

ですから、西先生がtheoryを「觀察」というふうに「見る」ことに結びつけて訳しているのは、そのような意味でも妥当だと思います。

他方のpracticeは、現在でも「実際」とか「実践」などと訳しますね。なにかを行うという意味です。

さて、こうした「觀察」と「實際」とが対で持ち出され、この二つのことは、「学」と「術」それぞれになければならないというわけです。文末には漢字を組みあわせて、図が示されていますが、こう表現すると四者の関係がぱっとイメージできますね（図❶）。

theoryとpractice、私たちに馴染みの言葉で言えば「理論」と「実践」は、現在でもしばしば対立的に使われることがあります。例えば、手許の英和辞典でtheoryを引くと二つ目の定義にこう見えます。

（実践に対する）**理論**；（学問的）原理；［or a ～］理屈，空論（↔practice）

（『ジーニアス英和大辞典』、大修館書店）

また、practiceの最初の定義はこうです。

（理論に対して）**実行**，実施；実地，実際（↔theory）

（前掲同書）

「理論」と「実践」とが互いに「対する」ものであると説明されています。

しかし、どうして「理論（観察）」と「実践」は対立するのでしょうか。日常でも「あいつは理論〔理屈〕ばかりで実践が伴わない」と言ったりしますね。こう言った場合は、口先（言葉）だけで、実行していないという意味になります。私などは、つい「観察すること」もまた「実践すること（行うこと）」だし、「実践」によって「観察」もできるのでは、などと考えてみたくなります。

この二つの対比は、なにも最近始まったことではありません。例えば、二〇〇〇年以上前にこんなことを書いている人がいます。

哲学を真理の学と呼ぶこともまた正当である。なぜならば理論学〔テオーレティケー〕の目的は真理であり、実践学〔プラクティケー〕のそれは行為〔エルゴン〕だからである。

ご覧のように理論と実践は、目的が違うとはっきり区別しています。頭を使って真理を探究し、言葉で理論をつくりあげることもまた行為ではないかと考えると、話がややこしくなってきますが、それはまた後ほど検討するとして、一旦この整理を受け入れておきましょう。

ところでこれは誰の言葉でしょうか。すでにピンと来ているかもしれません。本書でもはやお馴染みの（？）アリストテレス先生が『形而上学』で述べていることなのでした（訳文は、岩崎勉訳『形而上学』、講談社学術文庫、一〇三ページからお借りしました）。ついでながらアリストテレスは、諸学術を大きく三つに分けて考えています。上の引用文に現れる「理論学」「実践学」に加えて「制作学〔ポイエーティケー〕」の三つです。

西先生が『ウェブスター英語辞典』に依りながら区別している「観察（theory）」と「實際（practice）」という言葉もまた、遡ればアリストテレスの学術観に根があるらしいことが分かります。

誤用にご注意

次に西先生は、「觀察」と「實際」の違いについてもう少し説明します。

觀察とは、萬事其理を極めるヲ云ヒ、實際とは業サに就て極むるを云ふなり。theory なる文字を英國誤りて speculation《観想》 或は hypothesis《思ヒ定メル》 なる字意に代へ用ゆることあり、注意せさるへからす。

（「**百學連環**」**第九段落第一～二文**）

訳してみます。

> 「観察（theory）」とは、万事についてその理《ことわり》を極めることを言うのであり、「実際（practice）」とは、業《わざ》を極めることを言うのである。イギリスでは、theory という語を、間違って speculation や hypothesis という語の意味で使うことがあるので、これは注意しなければならない。

「理《ことわり》」を極めるか、「業《わざ》」を極めるか。そういう違いだというわけです。条理を頭で理解するか、実際に手足を動かしてなにかをつくったりなしたりするかという違いです。

前節でも述べたように、理を極めることも一種の技ではなかろうかと思ったりもします。それはともかく、このように「観察」と「実際」を分けるのは、古典ギリシアから受け継がれている発想でした。なぜそう分けるのか。このことを考えるには、アリストテレスの議論をじっくり分析してみる必要がありますが、それはもう少し先に行ってからにしましょう。

さて、「百學連環」を読み進めるにつれて、だんだん分かってきました。西先生が英文交じりで説明している場合は要注意です。これは別の本から訳述している可能性があります。

そういうつもりで探してみると、これもまた『ウェブスター英語辞典』に類似した表現が見つかります。「theory」の見出しの一番目の定義とその注釈は、次のような文章です。太字にした箇所にご注目。

1. A doctrine, or scheme of things, which terminates in speculation or contemplation, without a view to practice; **hypothesis; speculation.**

☞ **“This word is employed by English writers in a very loose and improper sense. It is**

with them usually convertible into hypothesis, and hypothesis is commonly used as another term for conjecture. The terms theory and theoretical are properly used in opposition to the terms practice and practical. In this sense, they were exclusively employed by the ancients; and in this sense, they are almost exclusively employed by the Continental philosophers." Sir W. Hamilton.

（『ウェブスター英語辞典』一八六五年版、「THEORY」の項目、強調は引用者）

先の西先生の言葉と完全に一致するわけではありませんが、太字にした箇所は重なっているように見えます。つまり、定義1の末尾に hypothesis と speculation が掲げられている。そして注釈として、ウィリアム・ハミルトン卿からの引用文が添えられており、その最初の二文が西先生の発言に近いのです。その箇所を訳してみます。

この〔theory という〕語を、イギリスの作家は大変ゆるく、不適切な意味で使っている。普通、「仮説（hypothesis）」という語と言い換えられている。そして、「仮説」という語は一般に「推測（conjecture）」というもう一つ別の語として使われている始末だ。

ご覧のようにハミルトン卿は、イギリスで物書きが「理論（theory）」という語を、本来それとは別の意味を持つ「仮説（hypothesis）」と同じような意味の語として使っているが、それは不適切だと指摘しています。

西先生は、先に見た箇所で「イギリスでは、theory という語を、間違って speculation や hypothesis という語の意味で使うことがあるので、これは注意しなければならない」と述べていました。ハミルトン卿の指摘と重なる部分はありますが、卿は speculation について言及していません。ひょっとしたら、西先生が参照した版の『ウェブスター英語辞典』では、speculation もそのような扱いだったのかもしれません。

それこそ推測を逞しくすれば、上に引用した theory の定義の末尾に「hypothesis; speculation」と掲げられていること、そしてハミルトン卿が「不適切にも hypothesis と混同されている」と指摘していることを考え合わせて、speculation も同様であると捉えたとも考えられそうです。

speculation も根を辿ると、「見る」ことに関わる言葉ですが、もっぱら「推測」と訳されるようです。そういう意味では、西先生が言う通り、必ずしも「理論（theory）」とごっちゃにしてよい語ではなく、妥当な指摘だと思います。さて、次はまた話ががらりと転じます。

第7章 知行

知行とはなにか

さて、ここから話の調子が変わります。まずは読んでみましょう。

學術の根源なるものあり。知行の二ツ是なり。知行はいかにしても區別あるものにして、一ツとなして見る能はさるものなり。
（「百學連環」第一〇段落第一～三文）

「知行」という言葉が出てきました。訳してみます。

学術の根源がある。「知行」の二つがそれである。知と行はどうあっても区別されるものであって、両者を一つのものと見ることはできない。

しばらく英語交じりの文章が続いた後ということもあって、突如漢語調が前面に出て、少し面食らいます。学術の根源は「知」と「行」の二つだというわけです。

直前で、ヨーロッパ流の学術観を紹介して、「学」にも「術」にも「観察（theory）」と「実際（practice）」があると論じていたところ。そこに「知」と「行」が並ぶと、なんとなく脈絡がつくようにも感じます。つまり、「知」と「観察」が、「行」と「実際」がそれぞれ対応するという感じです。なにやら話はつながっている。けれども、なぜ知行が持ち出されてきたのかは、まだ分かりません。あくまで「感じ」と述べた所以です。

しかも、面白いことに、「知行はいかにしても區別あるものにして」と来ました。少し強く読み込めば、「知」と「行」は絶対に区別されるものだと言いたいようにも思えます。あたかも西先生の目の前に「いや、知と行は一つなり！」と異論を唱える相手がいるかのような力みよう、という空想が思わず働きます。

なにが言われようとしているのか、たいそう気になりますが、解釈する前に、もう少し西先生の言葉に耳を傾けてみます。こう続きます。

知の源は五官の感する所より發して、外より内に入り來るものなり。行は其知に就て内より外に出るを云ふなり。

（「百學連環」第一〇段落第四～五文）

「五官」というわけですから、人間の心身も視野に入ってきました。現代語にしておきましょう。

「知」の源は、五官〔感覚器官〕が感覚するところから始まって、〔人間の〕外から内へと入ってくるものである。「行」はその知に従って内から外に出るものを言うのである。

どうやら先ほど持ち出された「知」と「行」の違いが論じられているようです。人間を一種の境界面とすれば、「知」と「行」が互いに逆向きに動く様が描かれていますね。つまり、「知」は外から感覚を介して人間に入ってくるもの。「行」は知に従って内から人間の外へと出てゆくもの。少し前に上下という垂直方向の喩えが出てきましたが、今度は内と外です。しかも出入りするのですから、知行は運動するなにものかでもあるようです。

もう一つ気になるのは、「行」は「知」に従うと指摘されているけれど、逆はそうした関係が指摘されていないというところ。「知」は「行」に「就」いたりしないのでしょうか。

などなど、謎が謎を呼ぶ展開ですが、実はこれ、明治知識人の面目躍如たる議論なのです。西先生は、たんにヨーロッパの「新しい」学術を学んだだけでなく、それ以外の、あるいは、それ以前の教養も具え併せていることが、いま読んでいるくだりには現れているのです。

それはなにか。さらに読み進めながら検討して参りましょう。

仮想敵は誰か

続きを見てみましょう。

故に知は先にして、行は後にあらさるへからす。知は過去にして、行は未來なり。

(「百學連環」第一〇段落第六〜七文)

訳します。

したがって、知が先にあり、行は後にある他はないはずだ。知は過去であり、行は未来なのである。

前節では、「知」と「行」が、どちらかというと空間的な喩えで論じられていました。ここでは「知」と「行」の時間的な順序が述べられています。仮に、まず外から「知」が入ってきて、それに続いて内から外へ「行」が出て行くのだと考えるなら、この順序は妥当に思えます。また、それを言い換えれば、「知」は過去であり、「行」は未来となるのでしょう。

ただ、なんとなくではありますが、知と行とをそれほどすぱっと割り切ることはできるだろうかという気もします。例えば、ドイツ語を学んでこれを活用して会話するという場合、ドイツ語の言葉や文法や文化を知ることが先にあって、それからようやくその知に基づいてドイツ語で話すという行いが可能となります。このような場合であれば、西先生の図式にわりあいすんなり当てはまるようです。

他方で、普段の私たちは「知」と「行」とを常に同時に並行させていないでしょうか。環境から五官を通じてさまざまな変化を感知しつつ、同時になにかを行っているとも考えられます。こうしたことについて、西先生はどう考えているのか、そうした疑問を念頭に置きながら、検討を進めてみましょう。

ここで本文を読み進める前に、欄外に置かれた「朱書」を見ておきます。面白いことが書かれています。

歐陽明の說に知行合一といふあり。然れとも爲メになす所ありていふものにして敢て合一なるものにあらす。

訳せばこうなるでしょうか。

王陽明に「知行合一」という説がある。とはいえ、〔この説は〕為にするところがあって主張されているものであり、〔知行が〕合一しているわけではない。

ここで「知行」という言葉の来歴が垣間見えましたね。王陽明《おうようめい》（王守仁、一四七二―一五二八）の名前が見えることからお分かりのように、これは朱子学・陽明学の伝統に由来する考え方なのでした。先に読んだ箇所で、西先生がやや力を入れて（とは読み手の印象ですが）「知行はいかにしても區別あるものにして、一ツとなして見る能はさるものなり」と述べていたことを思い出しましょう。この主張と、最前見た欄外の朱書が呼応しています。

大雑把に言ってしまえば、王陽明は、朱子学において「知行」が分離して扱われていたのに対して、そんなふうには分けられまい、「知行」は一つと見るべきだと反論したわけです。

このことを考慮すると、西先生は朱子学の側に立っていることが分かりますね。力を入れた主張は、王陽明的な発想を、一種の仮想敵としたものだったことが垣間見えてきます。

知は広く、行は細かく

この議論は、なおしばらく続きます。どう展開するか見てみることにしましょう。

又知は廣きを以てし、行は細かなるを以てす。
（「百學連環」第一一段落第一文）

またしても「知」と「行」の違いが論じられていますね。訳します。

また、知は広さをその特質とし、行は細かさをその特質とする。

今度は広いか細かいかという違いです。これはいわば空間の譬え。知は広さ、行は細かさに関連づけられていますが、これはどういうことでしょうか。

続く箇所で具体例が挙げられます。これを見てみれば、知行の区別ということで、西先生がなにを念頭に置いているかがはっきりするかもしれません。少し長めになりますが、ここはまとめて読むことにします。

之を或る店に至りて筆を撰ひ求るに譬ふ。其を撰ふに、十本の中より撰ひ出すより、寧ロ百本の中より撰はゝ其善ものを得へし。其善ものを得て直に之を取り用ゆ、是則ち行なり。故に知は廣からんことを欲し、行は細かならんことを欲す。總て行は其知を以て善きを知り、之を直に行ふを云ふなり。學術と知行とは最も能く似たりと雖モ、自から其區別なかるへからす。知行は學術の源なり。
（「百學連環」第一一段落第二〜八文）

訳してみましょう。

以上のことを、ある店に行って筆を選んで買い求めることに譬えてみることにしよう。筆を選ぼうと思ったら、十本から選ぶより、百本から選んだほうが、よりよいものを得られる。そのよい筆を手に入れて、すぐこれを手にして使うこと。これがつまり「行」である。このように「知」はいっそう広いことが望ましく、「行」はいっそう細かいことが望ましい。あらゆる「行」は、「知」によってよいものを見分け、それをただちに行うことである。「学術」と「知行」は大変によく似ているものではあるが、自ずから区別されるべきものなのだ。つまり、「知行」は「学術」の源なのである。

こういうくだりを読むと、具体例の大切さが身に沁みますね。「知行」という抽象的な語だけではいささか捕らえどころに困る議論も、たいへん分かりやすくなっています。西先生が挙げている例は「筆」選びでしたが、筆を他のものに置き換えれば、これは誰もが経験のあるところでしょう。

筆を買いに行く。できればよりよいものを選びたい。このとき十本の候補から選ぶのと百本の候補から選ぶのと、どちらがよりよいものに遭遇できそうか。世の中にはどんな筆があるかということを、できるだけ幅広く見知っているほうがよいだろう、というわけです。つまり、幅広い「知」があってこそ、それに続いていっそうよい選択が行える、という次第。

ただ、この譬え話を読む限りでは、「行」がなぜ「細かさでもってなされる」のかは、今ひとつ分かりません。ここは、「乙本」のほうが説明として整然としています。同じ箇所を比べてみておきましょう。

譬へは今或る店に至りて、筆を撰ひ買ヒ求むるに、其を十本の中より撰ひ出すよりも寧ロ百本の中より撰はゝ、其善きものを得へし、是その知は廣からんことを欲する所なり、其善ものを得て直に取り用ゆるも、其用ゆる所の精密ならされば益なし、故に行は約かなるを欲するなり、（以下略）

ここでは「知」と「広さ」、「行」と「細（約）かさ」の関係がきちんと述べられていますね。つまり、せっかく百本からよい筆を選んだとしても、「その筆を使う際に、精密な用い方をしなければ意味はない」というわけです。

また少し余計なことを申せば、しかしどれだけたくさんの筆を目の前にしたとしても、そこからよい筆を選ぶには、実際にいろいろな筆を使って字を書いてみるという「行」の経験がなければ、実はうまく選べないのではなかろうか、などと思ったりもします。

つまり、「知」ということのうちには、経験という過去の「行」もまた反映しているのではないか。もう少しはっきり言えば、「先知後行」と言うけれど、「知」は「行」の結果としても蓄積されるのではないか。そんな疑問も浮かんできます。

しかし他方で、ヘブライ語の知識がない人には、ヘブライ語で書かれた文章が読めないという場合もあります。この場合、ヘブライ語の「知」を得て初めて、ヘブライ語を読むという「行」が可能となるわけですから、「先知後行」がきれいに当てはまりそうです。

温故知新

続きを見てゆきましょう。西先生が「学術」という西欧由来の発想に対して、「知行」という儒学の考え方を並べて検討しているところでした。こんなふうに議論は展開してゆきます。

温古知新の道理なるあり。溫古とは徒らに古事を穿鑿するにあらす。廣く古へよりして善惡の事を溫ね、折中して今に行ヒ用ゆ。是則ち知新なり。古を溫ね今世を明察す。

（「百學連環」第一二段落第一〜五文）

訳してみます。

「温故知新」という道理がある。「温故」とは、いたずらに古いことを根掘り葉掘り調べることではない。広く過去の善悪に関わることを研究し、よいところを取り合わせて現在において行い用いることだ。これがつまり「知新」である。要するに、過去を知った上で今の世における真相を見抜くのである。

「温故知新」は日本でもよく知られている『論語』の一節ですね。なぜここで引用されているかと言えば、直前で学術の根源である「知行」の特徴を説いていたことに関係しています。つまり、「知は廣きを以てし」と、知は広さが大切であると論じられていたのでした。

「温故知新」には、直接「広さ」についての言及はありません。しかし、その言わんとするところは、現在のことだけでなく、過去のことも視野に収めるべしということ、時間的な広がりの中でものを捉えることでした。西先生が「廣く古へより」と、「廣さ」という語を補って論じている所以です。

さて、このくだりを記した欄外に次のような一文が見えます。

夫子云欲訥於行宜なるかな。

これもまた『論語』からの引用ですね。ここで「夫子」とは、孔子のこと。訳せばこうなるでしょうか。

孔子が「〔君子は〕実行はすみやかにしたいと望むものだ」と言っているが、誠にもっともなことだ。

『論語』の「里仁第四」に見える「子曰、君子欲訥於言、而敏於行」からの引用だと思われます。西先生がここで省略している「訥於言」を復元しておけば、「君子は、口は重たくとも、実行はすみやかにしたいと望むものだ」というわけです。『論語』では、「言うこと」と「行うこと」の関係で、後者を重んじるという対比がなされています。「学而第一」には、「敏於事而愼於言」、つまり、「事に敏にして言に愼み」というくだりもありました。

続きをもう一段落読んでおきましょう。

孔子の語に信レ古好レ之ト、後儒誤りて徒らに古へを好ムとなすと雖も、是全く温古知新の道理にして、廣く古への善惡を知りて其善を撰ひ、當今世の形勢に就て行ふを云なり。故に此語は古に通するを好ムと云ふ意なり。
又尚古の語あり。是亦同意なり。

（「百學連環」第一三段落～第一四段落）

現代語にしてみます。

孔子の言葉に「信じて古えを好む」とあるが、後世の儒者は間違ってこれを「いたずらに古いことを好む」と解釈した。だが、この言葉は「温故知新」の道理そのものであって、広く過去の善いもの悪いものを知った上でそこから善いものを選び、現在の状勢の中で実践することを言っているのである。つまり、この言葉は「過去に通じることを好む」という意味なのである。
また、「尚古」という言葉もあるが、同じ意味だ。

もはや贅言は不要でありましょう。私たちとしては、温故知新を重視する西先生が百学を見てゆく際に、こうした発想をどのように活かしているかということが気になります。例えば、歴史学の位置づけや、あるいは古代の言語の扱いなどにも、こうした考え方が反映されていると思います。続けて見て参りましょう。

日新成功

「温故知新」の重要性を説いた西先生は次にこう述べます。

日新成功と云ふあり。日に新たなるを好しとすと雖も、廣く古を知らすんは日新に至るの道なし。故に知は廣からされは行ヒかたし。十分の知を以て十分の事を行ふことは最も難きものなり。十分の知を以て五分の事を行はゝ始めて可なり。故に知は常に大なるを要す。
（『百學連環』第一五段落）

訳してみます。

「日新成功」と言われる。日々新しくなることはよいとして、広く過去を知らなければ、日々新たになりようもない。だから、知は広くなければ行いがたいのである。十分な知でもって十分なことを行うのは、最も難しいことだ。〔そうではなく〕十分な知でもって五分のことを行うというのであればどうにかとんとんであろう。だから、知はいつでも大きくあることが必要なのである。

「日新成功」の「日新」は、『大学』の「伝二章」に見える「苟日新、日日新、又日新」の句を連想させます。「苟《まこと》に日に新たに、日日に新たに、また日に新たに」と読み下されるこの一文は、湯王（古代中国殷王朝の創始者）の洗盤に刻まれた言葉だとか。いつまでも古いままでいるのではなく、日ごと新しく新鮮であれというほどの意味でしょうか。

そうすれば「成功」ですから、功を成すであろうという次第。もっとも『大学』のいま見た箇所には「成功」という言葉はありません。いずれどこからか持ってこられたのか、「日新成功」という言い回しがあったのか、勉強不足で詳らかにできておりませんが、西先生が言わんとすることは分かります。

要するに、「温故知新」という主張について、少し角度を変えながら繰り返し強調しているわけです。

では、「十分な知でもって十分なことを行うのは、最も難しいことだ」とは、どういうことでしょうか。ここにはなにか「知」と「行」に関する西先生の見立てが働いていそうです。

本当はここも筆選びのような具体例が欲しいところですが、残念ながらそうした例示がありません。そこで、西先生の言葉を、自分なりに言い換えながら考えてみることにします。

まず、「十分」と「五分」という数字は、ものの喩えではありますが、あくまでも検討のために一旦文字通り素直に受け取ってみます。すると、こんなふうに考えてみることができます。

【文】十分な知でもって十分なことを行う
【式】知：行＝10：10

でも、これは最も難しいことだというわけでした。

【文】十分な知でもって五分のことを行う
【式】知：行＝10：5

このくらいであればなんとかなるという次第。

仮にこの一〇対五という比率を書き換えればこうなりますね。

知：行＝2：1

これを数式にすると、こうなります。

$$行 = \frac{1}{2}知$$

なんだか怪しげな話になってきましたが、要するに「知」に対して「行」は半分くらいだというわけです。

なぜわざわざ数式にしたのかというと、こう書き直すことで、西先生の最後の言葉「知はいつでも大きくあることが必要なのである」の意味がはっきり目に見えるからです。

この式の「知」に、ある値を入れると、「行」はそれを二で割った分だけになる。例えば、「知」に一〇〇を入れれば、結果として「行」は五〇になる。「知」をその五倍の五〇〇にすれば、「行」は二五〇となる。つまり、より大きな「知」を入れたほうが、結果的にはより大きな「行」が得られるということです。

もちろん先ほども申したように、これは検討のために敢えて行った計算に過ぎません。別に西先生は、「知」と「行」の比率を「こうだ」と定めているわけでもありませんでした。ただ、こう考えてみることで、「知は広ければ広いほどよい行が得られる」という含意は、すっきり理解できるように思います。

また、先にも見たように、「知」は外から人間に入ってくるもの、いわば「入力（input）」であり、「行」は「知」を介して、人間の内から外へ出るもの、「出力（output）」という見立てでした。この図式をいまの話に重ねれば、「知」という「入力」が多ければ多いほど、「行」という「出力」も多くなる、というふうにも読み替えられそうです。

このように「温故知新」に関わる西先生の主張を機械的に読んでみましたが、そこで言われていること自体はシンプルです。言葉を補って言えば、「身につける知は狭いより広いほうがいい」ということであります。

考えてみれば、「百学連環」という希有壮大な知のマップを広げてみようじゃないかというわけですから、「温故知新」はこの企ての屋台骨であるとも言えましょう。

ただし、筆選びの例から窺えるように、そこには「より多くの選択肢（筆／知）があれば、いっそうよりよいもの（筆／知）を選べる可能性が高まる」という前提がありました。これは本当にそうなのかという疑問も含めて、引き続き考えて参ります。

まとめを兼ねて、本節で読んだ文章をさらに言い換えておきます。

十分に知ったうえで知っていることを活用し尽くしてなにかを完璧に行うのは難しいことだ。せいぜい知っていることの半分も実行できたら御の字であろう。だからこそ、「なにかをうまく行おうと思ったら」なるべく広い知を持っていることが大切なのである。

知は上向と下向で

儒学の伝統に根ざした学術の検討が続きます。

知は其の上向を知るのみならす、又其の下向を知らさるへからす。善を知るときは又其害を知るか如き、表裏兩なから之を知らさるへからす。

（「百學連環」第一六段落第一～二文）

訳します。

知については、上に向かう場合を知るだけでなく、それが下へ向かう場合についても知らなければならない。例えば、「善」について知るのであれば、同時に「害」についても知るようなもの。〔知の〕表裏を両方とも知るのでなければならない。

知について「上向」「下向」とはどういうことか、と思って読んでゆくと、「善」と「悪」の例が持ち出されます。西先生は、ことさら「上向」と「善」、「下向」と「悪」と対応させているわけではありませんが、語の並び順からいってもそう対比させてよいでしょう。

ここでもまた上下という垂直方向の区別が現れています。そういえば『論語』には「上知」「下愚」といった対語もありました。どちらかと言えば上方向は優れたもの、価値の高いものを、下方向は劣ったもの、価値の低いものを意味している様子が窺えます。

これまでよく検討してみたことがなかったのですが、古今東西のさまざまな文化において、上下に対するこうした価値づけはどんなふうになされてきたのでしょう。例えば、天上にある天国と地下にある地獄。王座は高きにあったり、上座下座も「上>下」という優劣観を前提にしています。なぜ上が優れ、下が劣るという対応になるのか。たいそう気になるところですが、ここでは措きます。

さて、西先生の例に則って言えば、知については、善いことだけ知ろうとしても足りないのであって、同時にその反対とされる悪いことについても知るべきであるというわけです。

もう一つ例を出しましょう。ときどき、ものを知るらしい人物が「Xはよくないから読まないほうがいい」と学生や若人にアドヴァイスしているのをお見かけします（Xには任意の人名や書名が入るとお考えください）。

これは一見すると親切な助言です。助言の主は、ひょっとしたら自分でXを読んでみて、「ああ、こりゃダメだ。こんな本に付き合うのは、おおいなる時間と手間の無駄だ……」と感じることがあったのかもしれません。そうした自分の実感を込めて、まだそれを体験していない人に向けて、上のようなアドヴァイスをしたということころでしょうか。

でも、こういう場合、助言を受け取る側としては、ちょっと立ち止まってみる必要があります。もしこの親切な助言を鵜呑みにして、「そうかXはよくないのか。じゃあ読まずにおこう」と思い込む学生がいるとしたら、よほどおめでたいことです。学術の徒としてはかえって問題でしょう（先達の言うことをよく聞いてエライと誉められるかもしれませんが……）。なぜなら、自分の眼や頭で現物を確認することなく、伝聞や他人の下した評価で価値判断をしてしまおうというわけですから。他の場合はともかくとして、学術の領域においては致命的です。

この場合、「そうか、Aさん〔助言主〕はそう感じたのか。どれ、実際のところはどうだろう。自分の眼で確かめよう……」と考え、実践することのほうが、学術の取り組みとしては大切です。その上で、現在の自分はどう判断するかと考えてみればよいわけです。

西先生はここで「知は広いほうがよい」というここまでの主張の意味を敷衍しています。ともすると、人はよい（とされる）ものだけを知りたがり、悪い（とされる）ものを知りたがらない。そういう傾向に対して警告を発しているようにも読めます。「よいもの」だけを知ろうとする態度は一見合理的ですが、「悪いもの」との対比でこそ、いっそう「よいもの」のことが判るし、逆も真なりであることを考えると、本当に「合理的」かどうか怪しくなってきます。

ここで西先生が例に採っている善し悪しという価値判断は、相対的なもの（状況によって変化しうるもの）だけにいっそう対比や比較が重要になります。なぜなら、よりよく比較するためには、新旧も含めた広い知を視野に収めて検討せよというのが西先生の持論だからです。

そう考えると、先のAさんの「助言」は、果たしてよい助言たり得ているのか。むしろAさんは、学生にこう言ったほうがよかったのではないでしょうか。「私はXについて、とてもよいとは思えない。でもそれはそれとして、君も自分で読んでごらんよ。なにがダメかを実感できれば、自分がその愚を繰り返さないためのよすがにもなるからね。それに、どうかしたら、こう言っている私の判断のほうにこそ問題があるかもしれないのだから」と。

君子は和して同ぜず

「知と行」を検討中の西先生は、続いてこう述べます。

君子は和而不同、小人同而不和と、是則ち表裏なり。故に學は善惡ともに知らされは其用なりかたし。其等を知り而して行ふ、之を術と云ふ。

（「百學連環」第一六段落第三〜五文）

訳してみます。

［『論語』に］「君子は和して同ぜず、小人は同じて和せず」というが、これはつまり表裏のことだ。こういうわけで、学では、善も悪もどちらも知らなければ、うまく役立たないのだ。そのことを知り、そして行うこと。これを「術」と言うのである。

これは『論語』の「子路第十三」からの引用です。「君子」と「小人」が対比されていますね。徳の高い人は和して同ぜず。つまり、他の人たちと協調（協力）はするけれど、だからといってむやみと同調（雷同）するわけではない。それに対して、徳の低い人は同じて和せず。つまり、他の人たちに同調はするけれど、協調はしないというわけです。

この両者、つまり君子と小人は、表裏だと西先生は言います。どういうことでしょうか。両者はやることが逆なんだから、表裏だろうと言えばそうなのですが、私などはつい意味に引きずられてしまいます。そこで頭を整理するために、こんなふうに書き換えてみました。

	A	B
君子	○	×
小人	×	○

わざわざこんなことをせずともよさそうなものではありますが、ここまで形式化してしまうと、表裏であることもよく見えます。また、このように表現してみると、現実にありうるかどうかは別として、論理的にはAもBも○の場合、AもBも×の場合もありうるということも目に入りやすくなります（それぞれどういう場合なのかは、読者諸賢の考える楽しみのために措きます）。

しかし、なぜここで「和而不同」が引用されたのでしょうか。単に表裏関係の例として持ち出されたのか、それとももう少し別の意図があるのか。そういえば、「表裏」という表現は、前節で読んだ文章にもありました。訳文をもう一度読んでみます。

> 知については、上に向かう場合を知るだけでなく、それが下へ向かう場合についても知らなければならない。例えば、「善」について知るのであれば、同時に「害」についても知るようなもの。
> 〔知の〕表裏を両方とも知るのでなければならない。
>
> **（「百學連環」第一六段落第一〜二文の現代語訳）**

こと知に関しては善悪（害）や表裏を共に知るべし。これが西先生の主張でした。
「知る」ということに即して考えるなら、この「和而不同」のくだりで、君子と小人の両者が併置されていることがポイントではないかと思います。もしここで小人の例を出さず、君子についてだけ「和して同ぜず」と記されていたらどうでしょうか。上に掲げた表で言えば、「君子」の行だけがあって、「小人」の行がない状態です。

もちろん、「君子和而不同」だけでも、ここから「そうではない状態」を推し量ることはできます。しかし、「小人同而不和」が併置されてこそ、「君子和而不同」がどういう状態であるかということが、いっそうはっきりするのも確かです。要するに比較によって「君子」と「小人」が互いに強調し合うのです。『論語』では、しばしばこうした対比が用いられています。例えば、「為政第二」にはこんな文言が見えます。

子曰、君子周而不比、小人比而不周
（子曰わく、君子は周して比せず、小人は比して周せず）

ここで「周」とは、分け隔てなく広く交わりを持つこと。「比」とは、特定の相手と馴れ合う付き合いのこと。やはり両者が対比されることで、君子の広さと小人の狭さがくっきり浮かび上がっています。文章の構造としても、「君子和而不同、小人同而不和」と同じ形をしていますね。

このように考えてくると、西先生が引用した『論語』の一節もまた、それ自体が「君子」のみならず「小人」をも「知る」という形で、「上向」と「下向」の両方を知るという姿勢をとっていることが分かります。西先生は、『論語』もまた、物事の表裏を視野に入れているということを示唆したかったのかもしれません。

知（学）としては表裏、善悪を共に弁えた上で、それを活用してなにごとかを成すこと。それが「術」

であるというわけです。例えば、ある技術を使ってなにごとかを成そうという場合、その良い点と悪い点、メリットとデメリットを共によく知り、勘案した上で実践に移すこと。こう言えば当たり前のことのようでもありますが、毎日あちこちで起きていることを見ていると、あながち当たり前とも言い切れないのが人間の世界であります。

さて、「知と行」にまつわる儒教の文脈からの検討はここで一旦おしまいです。西先生の議論はまた欧文脈に戻ってゆきます。

江戸の「学術」——貝原益軒の場合

さて、「百學連環」の先を読み進める前に、「学術」という言葉について、ちょっと補足してみます。これまでのところ、ご覧のように西先生は、「学術」という漢語を、Science and Art という英語に対する訳語として採用していました。他方でこの言葉、古くは『続日本紀』(巻第九) にも見え、古くから漢語として使われていた様子が窺えます。

今回はそこまで遡りませんが、貝原益軒（一六三〇—一七一四）の文章と引き比べてみたいと思います。益軒は、江戸前期を生きた儒者。晩年に書いた『養生訓』で、いまでも広く知られていますね。

彼は、当世風に言えば、江戸の「啓蒙思想家」とでも言うべき存在でした。儒学にまつわる著作はもちろんのこと、歴史書や風土記の類、『大和本草』のような現在でいう博物学書や、『和漢名数』といった辞典、『和俗童子訓』を初めとする教育書などなど、それこそ百学連環の博さを誇る知識人です。

儒者たるもの、漢文で著述をするのが当たり前だった時代に、一般読者の便宜を考えて、仮名交じりの文章でたくさんの教科書を残してもいます。

この益軒先生が書いたものに目を通してゆくと、実は、ここでこだわっている「学問」や「学術」といった言葉が頻出するのです。論より証拠。例えばこんな具合です。

道を学ばんと思はば、初学より道に深く志しをたてて、明師に従ひ、良友に交はり、学術を択ぶを主《むね》とすべし〔。〕学術とは、学びやうの筋を云ふ。学びのすぢ悪しければ、一生つとめても、道をしらず。一たび迷ひぬれば、よき道に立ち帰りがたし。故に、まづ、学術を択ぶべし。

(『大和俗訓』)

「学術」という言葉が見えますね。ただし、この「学術」は、西先生の翻訳語としての用法とは少し違っています。「学術とは、学びやうの筋」のこと。学び方の筋道、流儀あるいは素質といったところでしょうか。いまでも「筋がいい」とか「筋が悪い」と言います。

そういえば、西先生は「百學連環」の中で、「術の字は其目的となす所ありて、其道を行くの行の字より生するもの」と説明していました。「筋」という言葉も、筋道であるとか、筋が通るなど、道を移動してゆく趣きがあります。「学術とは、学びやうの筋」という言い方でも、「術」と「筋」とが同義語として意識されているようにも見えます。

こういうわけですから、益軒先生の言う「学術」とは、「学と術」ではなく、「学の術」なのです。「学ぶための術」という意味ですね。

彼は、「術」についてもたくさんの言葉を残しています。例えば、「術」をこんなふうに定義します。

人の身わざ多し。其事をつとむるみちを術と云。万《よろず》のわざつとめならふべき術あり。其術をしらざれば、其事をなしがたし。

（『養生訓』）

これは自分の心身をきちんと世話して、長く生きるための「術」を説いた『養生訓』の一節です。人間の世界には、万の技があるけれど、技を身につけるには術を知らねばならないというわけです。それこそ「蓑をつくり、笠をはる」ことから、医術や学術まで、いかにして術を習得し、よりよく生きるかということを益軒先生は論じます。

加えて術を身につけるために必要な素養をこんなふうに述べてもいます。

諸芸をまなぶに、皆文学を本《もと》とすべし、文学なければ、わざ熟しても理にくらく、術ひきし。ひが事多けれど、無学にしては、わがあやまりをしらず。医を学ぶに、殊に文学を基《もとい》とすべし。文学なければ、医書をよみがたし。医道は、陰陽五行の理なる故、儒学のちから、易の理を以て、医道を明《あき》らむべし。しからざれば、医書をよむちからなくして、医道を知りがたし。

（『養生訓』）

つまり、どんな技や芸を学ぶにしても、「文学」を押さえなければならないという助言です。ただし、ここで「文学」というのは、現代とは意味が違っています。益軒先生のいう「文学」とは、文字通り「文の学」のこと。言葉の学ですね。

言葉に精通しなければ、言葉で書かれた知識に接して、これを吸収することも覚束ない。医学を修めるにも、とりわけ文学が基本である、という次第です。これはいまにも通じる議論ですね。もう少し先に進むと西先生も、これと似たような議論を展開しますので、その折りにまた、この益軒先生の言葉を思い出すことにしましょう。

そして、これで最後にしますが、もう一つ見逃すわけにいかない言葉があります。益軒先生は『大和俗訓』でこう主張しています。

学問の法は、知行の二を要とす。此の二を力《つと》むるを、致知力行とす。致知とは、知ることを極むるなり。力行とは、行ふことを力むるなり。（中略）知を先とし、行ひを後とす。萬のこと先《まづ》知らざれば行ひ難し。故に前後を云へば、知るを先とす。知るを行はん為なり。知つても行はざれば用なし。故に軽重をいへば、行ふを重しとす。知ると行ふとの二は、一を欠くべからざること、鳥の両翼の如く、車の両輪の如し。学問は、知と行と並び進むをよしとす。

（『大和俗訓』）

そう、これは「知行とは何か」の節から読んできた西先生の言葉ともぴったり重なり合う議論なのです。益軒先生もまた、朱子学の発想を下敷きにしながら、このように考えたのでした。余談ながら、彼は最晩年に『大疑録』という本を書いて、朱子学を懐疑的に検討し直したりもしており、誠に興味が尽きない人物です（『大疑録』の草稿は若き日にすでに書いていたとも）。

さて、こうして眺めてみると、西先生は西欧の学術を摂取しながらも、他方で伝統的な学問である儒学、朱子学にも棹さしていたことがいっそうくっきりと見えてきます。おそらく「学術」という言葉も、こうした先哲の用法を念頭に置いて使っていたのでしょう。

第8章 学術

「単純の学」と「適用の学」

儒学の観点からの議論を終えて、西先生は再び欧文脈に戻ってゆきます。

theory, practice の如く學に二ツの區別あり。Pure《單純》 Science and Applied《適用》 Science. 單純の學とは理に就て論し、適用の學とは實事に就て論するなり。之を算術に依て譬ふときは、2+2=4 pure. 是則ち單純の理に當てゝ用ゆるなり。2犬+2鳥=4匹 applied. 是亦學なりと雖も、業《實事》に就て用ゆるを云ふ。是則ち學の區別なり。

（「百學連環」第一七段落）

訳してみましょう。

「観察（theory）」と「実際（practice）」の区別と同じように、「学」には二つの区別がある。Pure Science と Applied Science の二つだ。「単純の学（Pure Science）」とは、理について論じるものである。「適用の学（Applied Science）」とは、実際の事について論じるものである。これを算術で喩えてみよう。「2+2=4」という場合、これはpure（単純）である。つまり、〔数学の算術の知識を〕単純の理に対して使っている。また、「2犬+2鳥=4匹」という場合、これはapplied（適用）だ。こちらも学ではあるけれども、業《わざ》（実際の事）に対して使っているのである。これがつまり、学の区別である。

「学」と「術」の定義、そして「知行」の検討を終えて、今度は「学」と「術」の内訳をさらに見てゆこうというところ。まずは学について、このような区別が導入されました。

いくつか補足しながら見ておきます。

theory と practice については、「観察と実践」の節で見たように、西先生が「学」にも「術」にも、「theory（観察）」と「practice（実際）」という区別があると論じていましたね。

そして、「学（Science）」にも「Pure」と「Applied」という二つの区別があるというわけです。この区別がなにに由来しているかということは、もう少し読み進めてから検討することにします。英語が持ち出されていることから、なんとなく出所の推測はつきそうです。

さて、Pureといえば、よく「純粋な」と訳されたりもします。ここで西先生は「單純」としていますね。現在の英和辞典でも、pureを引くと、「きれいな」「純粋な」「高潔な」「潔白な」と並んで、「(学問など) 純粋の、理論的な」とか「全くの」「単なる」などの訳語が並びます（『リーダーズ英和辞典第二版』）。この言葉だけでは、いま一つ意味が判然としないところですが、次に併置されるAppliedと対にすると腑に落ちます。

西先生はAppliedを「適用」と訳しています。現在では「応用」と訳す場合が多いかもしれません。つまり、当世風に言えば「応用学」ですね。「適用（応用）」が、より具体的な話だとすれば、「単純（純粋）」とは、より抽象的な話だと捉えることもできるでしょう。

両者の区別をいっそうはっきりさせるため、西先生は具体例を出しています。「單純の學」のほうでは「2+2=4」という数学で見慣れた形の式が提示されています。それぞれの数字には、単位などがついておらず、いわば抽象的な数同士の関係を示した式。

もう一つの例はちょっと面白いですね。「2犬+2鳥=4匹」という具合に、こちらはそれぞれの数字の後ろに名詞や単位がついています。目の前に二匹の犬と二羽の鳥がいて、「さて、ここには全部で何体の動物がいるかな？」と問われているような場面でしょうか。

現代における学術の例で補足するなら、例えば「理論物理学」と「応用物理学」といった区別を思い出してみてもよいでしょう。前者は「Theoretical Physics」、後者は「Applied Physics」ですから、Pure とは違う言葉遣いです。でも、意味としてはほぼ同じと考えられます。

理論物理学では、例えば、まだ実際に存在することが確認されていない素粒子を、理論の上で「こういう条件の下で存在しているはずだ」などと予測したりします。応用物理学では、例えば、シリコン半導体のように、電子部品の生産につながるものを研究していたりします。もっとも、こうした区別は、便宜のためのものですから、いつでも両者の境界をはっきり線引きできるとは限りません。

西先生が解説している「單純の學」と「適用の學」も、多様な学術を整理して把握するための見立てだと、まずは捉えておきたいと思います。この発想は、後に「百学」の内実を一覧してみるときに役立つことになります。

「技術」と「芸術」

西先生は、「学」に続いて「術」についても、二つの区別をします。少し長くなりますが、まとめて見てみます。

術に亦二ツの區別あり。Mechanical Art《器械技》 and LiberalArt《上品藝》. 原語に從ふときは則ち器械の術、又上品の術と云ふ意なれと、今此の如く譯するも適當ならさるへし。技は支體を勞するの字義なれは、總て身體を働かす大工の如きもの是なり。藝は心思を勞する義にして、總て心思を働かし詩文を作る等のもの是なり。mechanical は trade と同し。則ち商ヒと云ふ字なり。英に於て Mechanical Art と云ふあり。商賣と云ふと同し。
又 Useful《必要》 Art and Polite Art.《開磨の字にして則奇麗の意なり。》
又 Industrious《勉強》 Art and Fine《奇麗》 Arts. 此の如く術に於て種々の語ありと雖も大概意を同ふし、只二ツの區別あるのみなり。

（「百學連環」第一八〜二〇段落）

では、訳してみましょう。

「術」にも二つの区別がある。つまり、Mechanical Art と Liberal Art の二つだ。原語に従うなら、「機械の術」と「上品の術」という意味だが、このように訳すのは適切とは言えない。それぞれ

「技術」と「芸術」と訳してよいだろう。「技」とは、手足や体を働かせるという意味の字であり、例えば大工などのように身体を働かせるものはすべてこれに該当する。「芸」とは、精神を働かせるという意味であり、例えば詩や文章を作ることなどがすべてこれに該当する。mechanical は trade と同じである。つまり、「商い」という字だ。英語に Mechanical Art というものがある。これは「商売」のことである。

また、Useful Art と Polite Art という区別もある。

さらに、Industrious Art と Fine Arts という区別もある。このように、「術」についてはいろいろな語があるが、大まかには同じような意味であり、いずれにしても二つに区別されるということである。

「術」については、随分とヴァリエーションが豊かですね。都合三組の対が現れています。表の形で整理してみます（表①）。

この表では、西先生が訳語を特に示していないものについても、仮に訳して提示しておきました。Polite Art と Fine Art をどちらも「美術」としており、区別できていないのは苦しいところ。また、西先生は、Fine Arts だけ複数形にしていますが、表では単数形に揃えてあります。さらに、思うところがあって、Industrious を Industrial としました。理由は次節で述べます。

どちらかと言えば、Aには実用に重きを置いたアートが、Bには必ずしも実用を志向しないアートが並んでいるといってもよいでしょう（もっとも、なにをもって「実用」とするか次第ではありますが）。

さて、気になるのはこうした英語による「術」の区別の出所です。とはいえ、もうお察しかもしれません。私たちは以前、西先生が『ウェブスター英語辞典』を参照しているらしいということを検討しました。実は右の区別もまた『ウェブスター英語辞典』の「ART」の項目に現れるのです。次節では、その原文を確認することにしましょう。

『ウェブスター英語辞典』の定義

さて、先ほど見た「術」の二分類は『ウェブスター英語辞典』にも現れると述べました。その内容を検討してみましょう。

じつを言うと、私たちは既にその文章を一度目にしています。「術の定義の出典を追う」という節で引用した件の文章を、改めて眺めることにしましょう。こんな文章でした。

2. A system of rules, serving to facilitate the performance of certain actions; opposed to *science*, or to speculative principles; as the *art* of building or engraving. Arts are divided into *useful* or *mechanic*, and *liberal* or *polite*. The mechanic arts are those in which the hands and body are more concerned than the mind; as in making clothes, and utensils. These arts are called *trades*. The liberal or polite arts are those in which the mind or imagination is chiefly concerned; as poetry, music and painting.

In America, literature and the elegant *arts* must grow up side by side with the coarser plants of daily necessity.

(Noah Webster, American Dictionary of the English Language, Vol.I, 1828. 文中のイタ

表❶

A	B
技術（Mechanical Art = Trade）	芸術（Liberal Art）
手芸（Useful Art）	美術（Polite Art）
工芸（Industrial Art）	美術（Fine Art）

リック体は原書のもの）

文章全体の検討は後ですることにして、ここではまずイタリックになっている部分を見ておきたいと思います。とりわけ「アート（術）」を分類する言葉にご注目ください。こういう順に並びます。

- useful
- mechanic
- liberal
- polite

先ほど検討した西先生の分類（表）と比べると、二つばかり少ないことに気づきます。そう、Industrial と Fine が見あたりません。これはどうしたことでしょうか。

右で引用した文章は、一八二八年版の『ウェブスター英語辞典』に載っていたものでした。ここで思い出したいことがあります。「どの『ウェブスター英語辞典』か」という節で検討した推測です。私たちは『ウェブスター英語辞典』のいくつかの版を比べて、断定はできないけれども、どうやら一八六五年版であれば、「百学連環」講義の内容と一致することが多く、時期的にも西先生が参照しえたのではないかと述べました。

そこで「ART」の項目について、一八六五年版から引用してみます。

2. A system of rules serving to facilitate the performance of certain actions ; opposed to *science*,

or to speculative principles; as, the *art* of building or engraving.
☞Arts are divided into *useful*, *mechanic*, or *industrial*, and *liberal*, *polite*, or *fine*. The *mechanic arts* are those in which the hands and body are more concerned than the mind, as in making clothes and utensils. These arts are called *trades*. The liberal or polite arts are those in which the mind or Imagination is chiefly concerned, as poetry, music, and painting. Formerly the term *liberal arts* was used to denote the sciences and philosophy, or the circle of academical education; hence, degrees in the *arts*; master and bachelor of *arts*.
（Noah Webster, An American Dictionary of the English Language, Thoroughly revised, and greatly enlarged and improved by Chauncey A. Goodrich and Noah Porter, 1865, p.78. 文中のイタリック体は原書のもの）

この一八六五年版では、先の一八二八年版には見えなかった Industrial と Fine も登場していますね。「百學連環」の理解にとっても大切な文章なので、全体を日本語に訳しておきます。

2．〔アートとは〕特定の行為を容易に行えるようにする規則の体系である。「サイエンス」や理論に基づく原理とは対照的なもの。例えば、建築のアートや彫刻のアートなどがある。
☞アートは、「手芸（Useful）」「技術（mechanic）」「工芸（industrial）」と「芸術（liberal）」「美術（polite）」「美術（fine）」に分けられる。「技術（Mechanic arts）」とは、精神というよりは、もっぱら手や体に関わるもので、例えば服や日用品をつくることなどである。こうしたアートは「手仕事（trades）」とも呼ばれる。これに対して「芸術（Liberal Arts）」あるいは「美術

(Polite Arts)」とは、もっぱら精神や想像力に関わるものであり、例えば詩や音楽や絵画など〔をつくること〕である。かつて「リベラル・アーツ」という言葉は、学問(sciences)や哲学、あるいはアカデミーでの教育の全系統(circle)などを意味するために用いられていた。このため、アートの学位といったり、アートの修士や学士号というものがあるのだ。

前節と同様、polite と fine をいずれも「美術」と訳すなど、若干苦しいところもありますが、大筋の意味は取れると思います。これを先の西先生の言葉を重ねて読むとどんなことが見えてくるか。次にこのことを検討してみることにしましょう。

術の区別を比べる

次に先ほど引用した『ウェブスター英語辞典』(一八六五年版)の「ART」の項目と、西先生による「術(art)」の説明について比べながら検討してみます。

まず、あちこち行き来する手間を省くため、検討の材料を改めて並べておきましょう。まずは「百學連環」で「術」の区別をしているくだりです。

「術」にも二つの区別がある。つまり、Mechanical Art と Liberal Art の二つだ。原語に従うなら、「機械の術」と「上品の術」という意味だが、このように訳すのは適切とは言えない。それぞれ「技術」と「芸術」と訳してよいだろう。「技」とは、手足や体を働かせるという意味の字であり、例えば大工などのように身体を働かせるものはすべてこれに該当する。「芸」とは、精神を働かせるという意味であり、例えば詩や文章を作ることなどがすべてこれに該当する。mechanical は trade と同じである。つまり、「商い」という字だ。英語に Mechanical Art というものがある。これは「商売」のことである。
また、Useful Art と Polite Art という区別もある。
さらに、Industrious Art と Fine Arts という区別もある。このように、「術」についてはいろいろな語があるが、大まかには同じような意味であり、いずれにしても二つに区別されるということである。

（『百學連環』第一八～二〇段落の現代語訳）

それから『ウェブスター英語辞典』はこうでした。

2.〔アートとは〕特定の行為を容易に行えるようにする規則の体系である。「サイエンス」や理論に基づく原理とは対照的なもの。例えば、建築のアートや彫刻のアートなどがある。☞アートは、「手芸（Useful）」「技術（mechanic）」「工芸（industrial）」と「芸術（liberal）」「美術（polite）」「美術（fine）」に分けられる。「技術（Mechanic arts）」とは、精神というよりは、もっぱら手や体に関わるもので、例えば服や日用品をつくることなどである。こうしたアートは「手仕事（trades）」とも呼ばれる。これに対して「芸術（Liberal Arts）」あるいは「美術（Polite Arts）」とは、もっぱら精神や想像力に関わるものであり、例えば詩や音楽や絵画など〔をつくること〕である。かつて「リベラル・アーツ」という言葉は、学問（sciences）や哲学、あるいはアカデミーでの教育の全系統（circle）などを意味するために用いられていた。このため、アートの学位といったり、アートの修士や学士号というものがあるのだ。

さて、両者をいま一度改めて見直してみると、どんなことが見えてくるでしょうか（『ウェブスター英語辞典』を、以下では「ウェブスター」と略記します）。

まず気づくのは、西先生は「術」の分類を、A) Mechanical & Liberal、B) Useful & Poilte、C) Industrial & Fine と対にしているのに対して、ウェブスターのほうではとりたてて対にしてはいないということです。

敢えて言えば、ウェブスターでは、useful、mechanic、industrial が同系列のようにこの順に並べられ、それに続いて別系統のようにして liberal、polite、fine が並んでいることから、a) Useful & Liberal、b) Mechanic & Polite、c) Industrial & Fine という対を想定することはできます。

すると、西先生とウェブスターとで、対が一致しているのは C と c だけで、残りは入れ違いになっていることが分かります。

ただし、ウェブスターのほうでもそれに続く部分では、Mechanic に対して、Liberal or Polite と対応させています。取り扱いの大きさから言えば、Polite よりは Liberal が主であるとも読めるでしょう。すると、ウェブスターは Mechanic と Liberal を対にしているとも考えられます。

これは推測に過ぎませんが、西先生はこの Mechanic と Liberal の対応を念頭に、上で見た「百學連環」での説明を組み立てたのではないかと思います。そして、六つあるアートの分類のうち、先に述べたように C と c は一致していますから、残った二つを組み合わせると、これが B のように Useful & Polite となるわけです。

そのつもりで、西先生が講義のためにつくった覚書の該当箇所を覗いてみると、果たしてそのように六つの「術」が並べられている様子が見えます（図❶）。

ついでに図を見ておくと、industrious の下に nuttige、fine arts の下に schoone kunsten、さらに行をかえて schöne と記されています。nuttige はオランダ語で「有用な」といった意味、schoone kunsten は「ファイン・アート」つまり「美術」のことです。schöne は、ひょっとしたらドイツ語の schöne（美しい、美術）のことかもしれません。

いずれにしても「術」を、「体」によるものか、「精神」によるものか、という二つに大別している点で、西先生とウェブスターは一致しています。人間を体／精神という二つの要素で捉える心身二元論の考え方は、こんなところにもひょっこり顔を出しているわけです（実はこれが「百學連環」でも後に大きな問題となります）。

また、この区別が大事なのであって、上で検討したようなどれとどれが対であるかといったことは、講義の下敷きであるウェブスターの記述から考えても、二の次と見てよさそうです。

さて、次に面白いのは「mechanical」は「trade」と同義であると説明するところです。これもまたウェブスターに見える説明ですが、西先生は「trade」を「商売」と訳しています。ウェブスターの現代語訳では「手仕事」と訳してみました。

ここでもう一つ目に留まるのは、ウェブスターでは一貫して「mechanic」と記しているのに対して、「百學連環」では「mechanical」と書いていることです。これは些細な違いではありますが、ちょっと気になります。

試しに先ほどの覚書（図❶）を見てみると、そこには「mechanic & liberal」とありますね。ということは、西先生は『ウェブスター英語辞典』を調べて、手元の覚書には同辞典と同じように「mechanic」と記した。けれども、講義の際に「mechanical」と述べたか、この講義を筆記した永見がそう記したか。そ

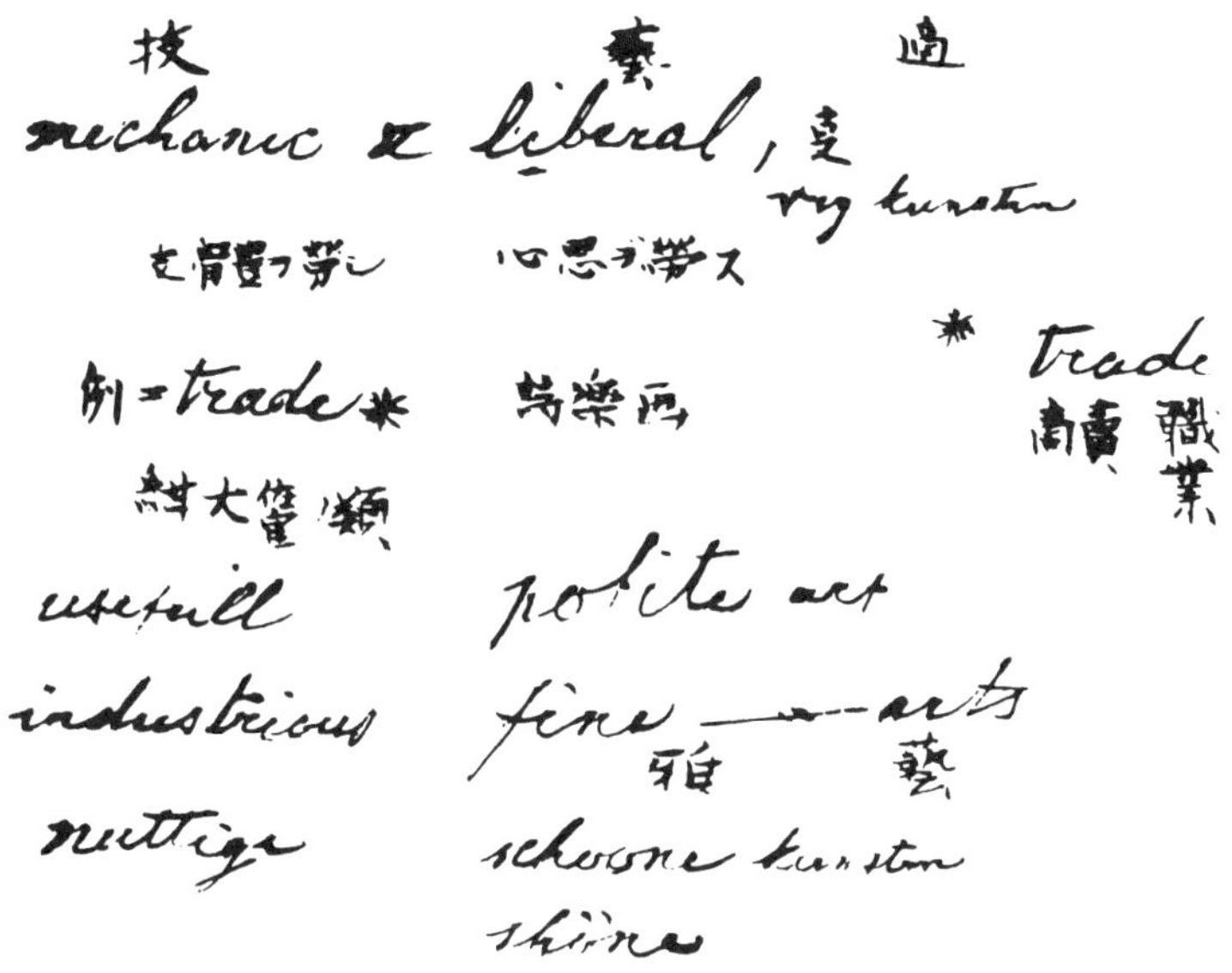

図❶「百學連環覺書」より

んな経緯を想像してみることができます。

ついでのことながら、この大変似ている二つの言葉、mechanic と mechanical を『オックスフォード英語辞典（OED）』で調べてみると、mechanical のほうは一五世紀の用例が出ており、mechanic のほうは最も古い用例がそれより百年下って一六世紀です。

また、OED の mechanic の項目にこんなことが記されています。

> 形容詞としては、MECHANICAL に比べてずっと後になってから使われるようになった。使われ始めた時分は、いくぶんラテン語に近い感覚〔意味〕だった。

これらの語源に当たるラテン語は mechanicus です。語の形からいっても、mechanic のほうがラテン語に似ているというわけでしょう。

さて、ここではウェブスターの項目で、西先生が触れていないところまで訳出しておきましたが、そこに現れる「リベラル・アーツ」については、後ほど「百學連環」でも俎上に載せられることになります。

実は「リベラル・アーツ」とは、「百学連環」という言葉そのものとも深い関わりのあるものでした（例えば、「円環をなした教養」の節を参照）。西先生の講義に沿いながら、追々改めて考えてみたいと思います。

万民の学術／真の学術

さて、講義はこのように続きます。

凡そ世上の萬民術をなさゝるものなし。術の上には必す學あるなれは、世間悉ク學者ならさるなし。譬へは一郷の中に名主あり、元ト政事學より出さるへからす。農夫或は紺屋等は化學より出て、大工あり器械學に出るなり。此の如く天下の人皆學術の人ならさるハなし。

（「百學連環」第二一段落第一〜五文）

訳してみます。

およそ世間では、誰もがなんらかの術をなすものだ。そして、術の上には必ず学があるのだから、世間には学者でない者はいないという次第。例えば、ある村里にはその土地の長がいるが、もとはといえば政事学に基づいている。また、農夫や紺屋（染め物業）は化学に、大工は器械学に基づいている。このように、天下の人は誰もがみんな学術の人なのである。

言われていることに不明なところはないと思います。ことさら学術の徒という者でなくても、誰もがなんらかの術に従事しており、その術は必ず特定の学と関連しているというわけです。

ここで欄外に政事学に関する注記が付されています。こんな文言です。

總て取極りをなすもの政事學の科なり。

つまり、ここで西先生が「政事學」と呼んでいるのは、なんらかの取り決めをすること全般に関わっているとの由。ついでに言えば、「百学連環」講義の本編でも、「政事學」が登場しますが、そこでの「政事學」は、英語の Politics に対応しています。当世風に訳せば「政治学」ですね。続けて読みます。

然れとも眞の學術に至りては文學〔字〕の資なかるへからす。文學は學術にあらす。文學の功德と云ふあり。第一今日より古へに通し、第二に四海に通す。通達の道必す文學の功德ならさるなし。

(「百學連環」第二一段落第六〜一〇文)

では、現代語にしてみます。

しかしながら、本当の学術については、文学のたすけが欠かせない。ただし、文学そのものは学術ではない。文学［を身につけておくこと］には御利益がある。第一に現代から過去に通じ、第二に世界に通じる。なにかしらの物事を時間と空間を超えて通じさせるためには、必ず文学の力が必要なのである。

先ほどの万民がなす術やそれに関わる学に対して、ここでは「真の学術」、本当の学術が並べられています。そして、それには「文学」が是非とも必要だというのです。そういえば、貝原益軒も「文学なければ……」と言っていました（「江戸の「学術」——貝原益軒の場合」一七三ページ）。

ここで注意すべきは「文学」です。現在なんの注釈もせずに「文学」といえば、たぶんほとんどの場合、小説や詩、あるいはその評論や研究などを指すでしょう。さらに「文学研究」などと言われたりすることもありますね。これは literature に対応する訳語でもあります。

しかし、ここで西先生が言っている「文学」は、そうしたものを指していません。そのもっと手前、「文字」や「言葉」のことなのです。また、時代を遡ると、中国や日本において「文学」という言葉は、広く「学問」を意味していました。英語の literature にしても、古くはやはり「学問」を意味し、さらに言えば、letter（文字）に関する知識といった意味で使われていたようです。

そう読めば、「文学そのものは学術ではない」という、読む人によっては、ちょっとショッキングかもしれない文言も誤読せずに済みます。要するに、文字や言葉そのものは学術の道具であって、「〜学」という形をしてはいるけれど、なにかの学術ではないよ、というほどの意味でありましょう。この発想は、アリストテレスの学術分類にも通じるものがありますが、それについてはまた機会を改めて述べることにします。

第9章 文学

文学なくして真の学術となることなし

前節で読んだ箇所にそのまま続けて、西先生は次のように語ります。

又上の二語に反するあり。後来をして今をしらしめ、彼れをして我レを知らしむ。此の如く文學の功徳たる既に四通となるなり。故に文學なかるへからす。又文學なくして眞の學術となることなし。

（「百學連環」第二一段落第一一〜一五文）

訳します。

それから、上に述べた二つのことの逆もある。後の人に現在のことを知らせ、彼らに私たちのことを知らせるのである。このように文学には過去から現在へ、世界からここへ、現在から未来へ、ここから世界へと物事を通じさせる御利益がある。だから文学は必要なのである。また、文学がなければ本当の学術とは言えない。

ここで「文学」とは、文字や言葉の学のことでした。先に読んだ箇所では二つのメリットを掲げていましたね。いま読んだ箇所に合わせて言い直せば、こうなります。

一. 現在の人が過去のことを知ることができる。
二. ここにいながらよそのこと、世界のことを知ることができる。

つまり、文学のおかげで、時間と空間を超えてものを知ることができるという話でした。

さらにそれに加えてその逆もある。

三. 現在のことを未来の人に知らせることができる。
四. よその人たちにここの人たちのことを知らせることができる。

というわけです。一、二とは逆向きのこともできるぞ、それこれも文学あってのことだ、という次第（図❶）。

こうした文字の恩恵については、図書館や書店やインターネットの各種アーカイヴを覗けば、否応なく分かります。私たちが、古代メソポタミアや古代インドの神話、プラトンの著作、中国の賢人たちの言葉に触れることができるのも、それが文字で記され、物質として現在まで伝存しているからです。

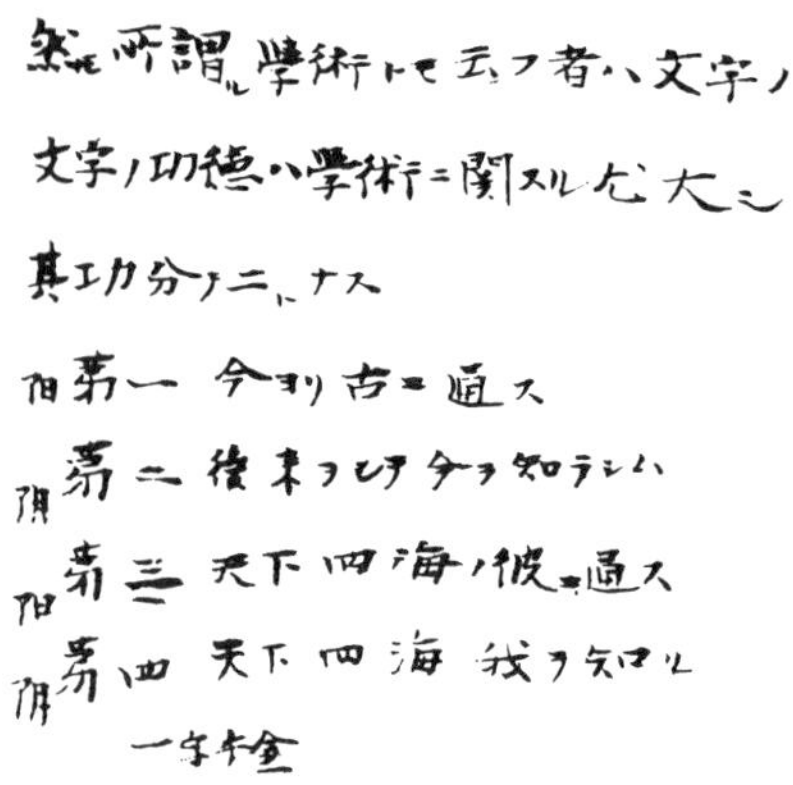
然ルニ所謂ル學術ナトモ云フ者ハ文字ノ資ニナリシニハ非ス
文字ノ功徳ハ學術ニ関スル尤大ニ
其功分ツテ二ニナス
陽 第一 今ヨリ古ヲ通ス
陰 第二 後来ヲシテ今ヲ知ラシム
陽 第三 天下四海ノ彼ヲ通ス
陰 第四 天下四海我ヲ知ラシム
一字千金

図❶「一字千金」！「百學連環覺書」より

言うまでもありませんが、文字として記されなかった言葉、人と人が口頭で語り合った言葉は、そのつど空気のようにかき消えて、時間や空間を大きく超えることはありません(現代なら録画、通信、放送という手段で、話し言葉も時空を超えることができますが)。

こうした言葉の力に与ることなくしては、学術は成り立たないというのも頷けます。そして、言葉の力に頼らずに行われている学術は、おそらくありません。このことは、あまりにも当たり前過ぎて、かえって顧みられることが少ないかもしれませんが、何度でも思い出し、吟味してよいことです。

例えば、学術を「理系」と「文系」に分けて考えることに慣れ過ぎてしまっていると、全ての学術が「理」か「文」のどちらかに分けられると誤解してしまうかもしれません。例えば、言葉に関わる「国語」は、「文系」の学術だという誤解がその最たるものでしょう。

しかし、まったくもってそんなことはないわけです。理系の学術といえども、対象や現象について、何で記述するかといえば、それは言葉や文字で記すわけです(必要に応じて図を用いるとしても)。

これが屁理屈でないことは、当の科学者たちも言葉の重要性を指摘していることから分かります。例えば、植物学の泰斗、牧野富太郎(まきの・とみたろう、一八六二―一九五七)は、『植物記載学後篇』(一九一三)という本の中で、やはり言葉の重要性を力説しています。

植物を記述(記載)するには、文字と絵画を使います。中でも文字について牧野はこう注意を促します。

文字ニヨリテ〔植物ヲ〕記載スル場合ハ、寫生畫ニ於ケルト、少シク趣ヲ異ニシテ居ル。卽チ文字ノ吟味及ビ其ノ使用法、換言スレバ、文字ニ關スル知識ト、文章ヲ綴ル事ニ關スル知識トヲ、十分ニ會得シテ居ラネバナラヌ。

（『植物記載学後篇』、大日本博物学会、一九一三、三六ページ）

ある植物、例えばツツジがどのようなものかを正確に記述しようと思ったら、記述に使う文字（言葉）について、知識と使い方を十分身につけていなければとてもできない相談だというわけです。この指摘は、西先生の「文学」の重要性についての指摘と一脈通じていると思います。

これは植物が対象の場合ですが、対象が天体であれ、動物であれ、化学物質であれ、脳細胞であれ、素粒子であれ、それを言葉でどう記述するかという点では同じです。例えば、量子論を進展させたニールス・ボーアやハイゼンベルクたちなども、しばしば言葉で自然現象をどう捉えるかという議論をしていました。

つまり、理系の学術であっても、言葉の知識や用法をけっして疎かにするわけにはいかない次第です。

文学の力

「文学」にまつわる議論が続きます。先に読んだ箇所から段落をかえて、こう続きます。

> 衆說を網羅すと云ふ語あり。此の如く悉ク知るときは至善を得、至善を得て之を行ふときは則ち日新富有の道興る。故に今人は古人より賢ならさるへからす。弟子は師に勝らさるへからす。
>
> （「百學連環」第二二段落）

訳してみましょう。

多くの人びとの説を網羅するという言い方がある。このように、ことごとく知り尽くせばそれが最善であり、最善〔の知〕を得た上でことを行えば、日ごとに新たになり、あらゆるものを含むほど豊かであるような道が拓けるものである。であれば、現代の人は昔の人よりいっそう賢いはずであろう。また、弟子は師よりも優っているはずなのである。

西先生は、文学（文字）それ自体は学術ではないと断っていました。また、明言こそしていませんが、文学は学術を助ける道具だとみなされていると捉えてよいと思います。

そして、この文学には時間や空間を超えて知を伝えるという利点がある。その利点を活用すれば、これまでに考えられ、記された先達の知を広く集め知ることもできる。これは「知は広く、行は細かく」の節で検討した箇所で主張されていたことの再論でもあります。

「衆説を網羅す」という言い回しは、いまではあまりお目にかかりませんが、当時の文献などでときどき見かけます。ある事柄、ある対象について知ろうと思う場合、まず先達がそのことについて、なにをどのように論じたかを網羅しようではないか、というわけですね。

ここで思い出されるのは、やはりアリストテレスです。彼の書いたものを見ると、たいていの場合、冒頭でそのテーマについて先達の考えたことが羅列され、検討に付されています。

例えば、『形而上学』では、「存在」という根本的な問題が扱われるのですが、その冒頭で、先哲たちがこのことについて、なにをどう考えたかという既存の知が網羅されています。タレスは世界が水から成ると言ったとか、誰それはまた別の考え方をしたという具合に。

この「衆説を網羅す」というスタイルは、現在の学術論文でも採用されていますね。先人たちはこの問題について、こんなことを調べ、考えて、明らかにしてきた。そうした先行研究を手がかりとして、そこに自分はさらなる知を加えよう、という進め方です。ときにこうした学術のあり方は、「巨人の肩に乗る」と表現されることもあり、言い得て妙です。

さて、もう一つ「日新富有」という見慣れない表現がありました。これは漢籍の引用だと思います。例えば、『易経』の「繫辞上伝」に「富有之謂大業、日新之謂盛徳」などと見えます。読み下せば、「富有これを大業といい、日新これを盛徳という」となるでしょうか。あらゆるものを含む（富有）ことは大きな働き（大業）であり、日々新しくあることは徳の盛んなことである。

これは本来、天の道（万物の道理）はなにか、それを知るとはどういうことかを説く「繫辞上伝」の文脈で理解されるべき言葉ですが、ここで西先生は短く「日新富有」とだけ言っています。おそらく頭には、このくだりやその前後が思い浮かんでいたのではないかと思います。というのも、「繫辞上伝」冒頭では、道（万物の道理）とは何か、それを知るとはどういうことかといったことが主題となっているからです。ここでは、西欧学術を論じながら、西先生の脳裡で漢籍の叡智が駆動している様が窺えます。

さて、そうした「日新富有」の結果、道が興るというわけですが、この「道」は「学問」と読んでもよいでしょう。

先に「日新成功」という表現が用いられていたことも思い出されます（「日新成功」一六三ページ）。

そして、このような文学の力を借りるなら、人は先人よりも賢くなれるはずだというお言葉は、少々耳が痛いような気がします。明治賢人たちの書き残したものを読んでいると、私などは到底及びもつかないと舌を巻くばかりだからです。

世界三大発明

「文学」の効能を説いた西先生は、ここから話を少し具体化してゆきます。

文事《化》の學術に資けあること極めて大なるものなり。西洋一千四百年來獨逸にて和蘭とも云ふ printing《印刷術》 則ち版木を發明し、後チ又 stereotypography《版活字》 活字版を發明せしより、大に世界に通し人智を増加するに至れり。是を西洋三大發明の一とす。其の三大發明とは一は一千四百四十年來コロンビゥスなるもの亞墨利加の地を發明し、二はガルリヲンなるもの地球の運轉を發明せしこと丶合せて三大發明とす。

（「百學連環」第二三段落第一～四文）

では訳してみます。

文化には、学術にとって極めて大きなたすけとなるものがある。西洋では一四〇〇年以来、ドイツにおいて（オランダとも言われている）「印刷術（printing）」、つまり版木が発明された。後には「活字版（stereotypography）」を発明し、これがおおいに世界に伝わって、人知は増大することになったのである。これを西洋三大発明の一つと数える。三大発明とは、〔これに加えて〕一つには一四四〇年以後コロンブスという人がアメリカの地を発見したこと。二つにはガリレオという人が地球の運動〔自転〕を発見したことであり、これらを合わせて三大発明というわけである。

ご覧のように話が西洋文化に転じています。文字に関連することとして、印刷術の重要性が指摘されていますね。

ヨーロッパの印刷術といえば、グーテンベルクと彼が印刷したいわゆる『四二行聖書』などが想起されるところです。ここで西先生が「オランダとも言われる」と補足しているのは、江戸幕府がオランダ国王から贈られたという印刷機や、本木昌三らが植字判一式をオランダから導入したこと（嘉永元年＝一八四八年）などを念頭に置いているのではないかと思います。

西先生は、printingを「印刷術」と訳し、「つまり版木」と言い換えを施しています。版木とは、日本でも従来行われていた木版印刷で使われるもの。印刷したい文字や絵を、木の板に彫ったものを指す言葉です。おそらく聴講者の理解を助けるための譬えとして持ち出されているのだと思います。

また、ここでstereotypographyという言葉も登場していますね。現在では、どちらかというと、stereotypeという言葉のほうが馴染み深いでしょうか。ステレオタイプ（ステロタイプ）といえば、ともすると原義が忘れられて、「紋切り型」といった意味で使われることが多いかもしれません。

しかしこれは、元来、印刷用語でした。つまり、鉛版などを使った印刷方法や、その鉛版のことを指す言葉です。試しに『オックスフォード英語辞典』でstereotypeの項目を覗いてみると、印刷方法・工程としてのステレオタイプという語は、一八世紀末頃が初出のようです（ただし、Google Booksで調べてみると、さらに遡れるようです）。

面白いことに、一九世紀半ば頃には、「変化することなく続けられること、一貫して繰り返されること」という意味も登場しています。活版印刷のよさは、それまでの写本と違って、写し間違えや一行の文字数の揺らぎなどとは無縁で、ほとんど同一の文書を大量に複製できることでした。そこから、「変化しないこと」という譬えとして用いられるようになったわけです。ただし、用例を見てみると、「変化しないこと」が必ずしも悪い意味だけで使われてはいなかったようです。

ついでに語源を見ておくと、stereotype は、stereo と type から成ります。stereo は、例によって古典ギリシア語の στερεός（ステレオス）に由来しており、これは「硬い」とか「丈夫な」「固体の」「難しい」「立体の」といった意味でした。ここから、「立体音響」を意味するステレオ（フォニック）と、活字のステレオタイプが、なぜ「ステレオ」という語を共有するのかということも分かります。

type のほうも、語源は古典ギリシア語の τύπος（テュポス）で、「打つこと」「型でおした跡」「型」「彫りつけられたしるし、文字」「姿」といった意味です。ステレオタイプとは、まさに「硬いもので打たれた文字」ということなのでしょう。

さて、西先生の講義では、それに続いてもう一つ面白いことが述べられていましたね。「世界三大発明」というわけですが、これは現代の私たちから見ると、ちょっと変な気分になる内容です。世界史などで「世界三大発明」というと、よく登場するのは、「火薬」「羅針盤」「活版印刷術」です。つまり、ある種の技術的な製作物ですね。ところが、西先生が挙げている「発明」のうち、残る二つは「アメリカ大陸」と「地球の運動〔自転〕」です。

語感からすると、「アメリカ大陸」と「地球の自転」については、「発明」というより「発見」という言葉を使いたくなるところ。これについては、『明治のことば辞典』（惣郷正明、飛田良文編、東京堂出版、一九八六）で「発明」の項目を覗くと、事情が見えてきます。

この辞書は、見出しの語について、明治年間に刊行された各種辞書における定義を並べてみせてくるという、たいそうありがたいものです。「発明」の項目にも、多数の辞書の定義が並んでいます。「ミヒラク」や「コシラヘハジメ」といった説明が多い中に、『布告律令字引』（明治九年）の「発見（ミタス）

に同」という定義が見えます。また、『言海』（明治二四年）でも「始メテ考ヘ出シ、又、見出スコト、新工夫。発見」とあります。つまり、「発明」と「発見」は同義語として使われていたようなのです。

明治二六年の『日本大辞書』では、両者を分けてこんなふうに解説しています。

1始メテ工夫シ見出スコト。＝創造。専ラ英語、Invention ノ対訳トシ、同ジク英語、Discovery ノ対訳トシテ発見トイフ語ヲ当テル。発明ハ前人ノマダ知ラヌコト、又ハマダ世ノ中ニ現レテ井ヌモノヲ創メ出スコト、即チ蒸気機械ナドヲ創造スル類。発見ハソレトハ違ヒ、既ニ世ニアツタモノヲ唯見出スノニイフ。閣龍ガ亜米利加ヲ発見シタ類。2スベテ、サカシクアルコト。＝賢クアルコト。＝リコウ。＝怜悧（今既ニ廃語）。

「発明（Invention）」と「発見（Discovery）」を別の語として整理しています。また、西先生が「発明」として言及しているコロンブスの例も「発見」の例として出ています。

「三大発明」の残る二つをなんとするかは別にしても、印刷術の発明がどれほど大きな価値を持つものと捉えられているかが窺える表現です。

東西の活版印刷事情

続いて西先生は、こんなふうに述べます。

印刷術發明の根源は、蟲の古木を食せしより起ると云ふ。此の發明漢に於ては宋の時代、本朝にては延喜の後ちなるへし。其發明以前は西洋にても寫本を以て通せしと云ふ。西洋にては第一に活字版を發明し、和漢は之に反せり。

（「百學連環」第二三段落第五～八文）

訳します。

印刷術の発明は、虫が古木を食べたことに始まるという。この発明は、中国では宋の時代〔九六〇―一二七九年〕、我が国では延喜〔九〇一―九二三年〕以後のものである。活字版が発明される以前は、西洋でも写本によっていたという。西洋では、まず活字版を発明したわけだが、和漢はそうではなかった。

活版印刷の歴史に触れたくだりです。西洋と中国、そして日本の場合を簡単に比較していますね。ここで補助線として、石井研堂（一八六五―一九四三）の『明治事物起原』に見える「印刷および各種版式」の項目を少し覗いてみます。

『明治事物起原』は、明治文化のあらゆる側面について、その起源を探り記述するという壮大な試みです。どこを開いてもまことに興味の尽きないこの本の中でも、こと印刷についてはかなりの紙幅を割いて解説を加えていることから、研堂が重視していた様子が窺えます。

「印刷および各種版式」というその項目は、「印書局」や「印刷局」といった明治政府が附設した部局のはじまりを説明した上で、まずはこんなふうに活版印刷の価値を称揚しています。

維新以来、もっともわが国の文化上殊勲ある者をあぐれば、活版印刷のごときは、まづその首位を占むべきこと、何人も異論なきところなるべし。人心の更新、実業、軍事、政法の勃興、ことに新聞紙の発達、すべてこれ活版印刷のお蔭を蒙らざるものなし。その偉力真に測るべからざるなり。

(『明治事物起原』第一一編農工部、ちくま学芸文庫版、第六巻、四九ページ)

例えば、新政府は、つぎつぎと発する法令の類を日本の津々浦々に通達する際、活版印刷をおおいに活用したわけです。印刷物が身の回りに当たり前のようにあふれている現代の私たちからは、いささか想像しにくいところではありますが、研堂の力を込めた賞讃に改めて注目したいと思います。

さて、右の引用箇所に継いで、研堂は活版印刷の歴史に触れています。西先生の議論と重なる部分でもあります。

本邦古来活版を使用せざるにあらず、支那宋朝の慶暦中(一〇四一年)に畢昇の発明せし膠泥活版、朝鮮の高麗末期(一三八七年)恭譲王以後の銅活字など、東洋系活版の影響を受けし木活字、銅活字等にて書籍を印行せしことは、徳川初期にもつとも盛んなり。されども、明治の文化を裨益せし活版は、これ等東洋系のものにあらずして、西洋系の活版なり。ゆゑに以下、ただこの西洋系の活版が今日の盛を致せる起原を探求すべし。

(前掲同書、四九―五〇ページ)

この後ろでは、さらに切支丹版にも触れていますが、それは徳川幕府の禁教とともに途絶したため、今日（当時）の活版印刷への影響は小さいと顛末を記しています。西先生が「漢に於ては宋の時代」と述べているのは、おそらく研堂がここで解説している畢昇を念頭に置いてのこと。いずれにしても、こうした経緯がありはしても、西洋から入ってきた活版印刷によってこそ、明治以後の出版が興隆したという次第です。

出版の自由

西洋における印刷術の発明を解説した後、西先生はそこから生じた出来事について語ります。

西洋右の發明に依りて一千五百年來文華《化》大に開ケ、一千七百年來に至りて liberty《自在》 of press《印刷》 印刷自在と云ふこと起れり。則ち下の趣意を以て The free right《權》 of publishing《世ニ公ケニスル》 books, pamphlets《書物ノ小ナルモノ》 or papers《新聞紙ノ類》, without previous《豫シメ前以テノ》 restraint《取極メ》 or censorship《見改メ》, subject《屬シタル》 only to punishment《罰》 for rebellious《一揆ヲ起ス》, seditious《動亂》 or morally《風俗ノ》 pernicious《壞亂スル》 matters《事》.
原語の通り一揆動亂を起し、或は風俗を亂たす等の外は、總テ書物新聞の類を自在に世に公ケにするの權を平民に免せり。故に文華益々盛むにして學術大に開ケり。其自在の權を免せしは英國を以て始めとす。唯リ佛國に於ては其權を今尙ホ平民に免すことなし。故に今日ノ國亂に及ふ、猶是等に依る多かるへし。
其他歐羅巴中皆な其の自在を得て、文化益々盛なり。

（「百學連環」第二四～二六段落）

では、英文を含めて現代日本語に訳してみましょう。

西洋では、右の発明によって一五〇〇年来、文化がおおいに開けた。一七〇〇年頃にいたって、印刷の自由ということが持ち上がった。つまり、その趣旨は次のようである。「書物、小冊子、新聞を事前の禁止または検閲を受けることなく出版する自由な権利。ただし反乱〔誹謗〕、煽動、道義上有害な問題に対する処罰は免れない。」この英語の引用にある通り、一揆や動乱を起こしたり、風俗を乱すような場合を除いて、あらゆる書物や新聞などを自由に公刊する権利を市民に許した。このため文化はますます盛んとなり、学術もたいへん開けたのである。そうした自由の権利を許したのは、イギリスが初めてであった。フランスでは、そうした自由な出版の権利について、いまだ市民に許していない。今日の国の乱れは、こうした事情によるところが大きい。その他のヨーロッパ各国では、同様の自由を得て、文化がますます盛んとなっている。

活版印刷術の発明・普及に伴って、それまでの写本では考えられないほどの速さと規模で、印刷物を頒布できるようになったわけですが、それはよいことばかりではありませんでした。

反面で、そうした出版の動きに対する規制や禁止も強まったのです。ヨーロッパでは、印刷術の登場以降、ローマ教皇庁を中心とした禁書の動きが強化されます。『禁書目録（Index librorum prohibitorum）』が編まれ、数々の書物が禁書の扱いを受けたのです。これは、二〇世紀に至るまで続きます。

同じように、国家による出版物の検閲も行われていました。例えば、ここで引き合いに出されているイギリスでは、一六世紀に教会や国王によって、書物の事前検閲の統制がしかれたのをはじめ、一七世紀においても、言論に対する圧政が取られていました。例えば、『失楽園』で知られるジョン・ミルトン（一六〇八―一六七四）は、一六四三年に制定された検閲法に対して、その翌年『言論・出版の自由――アレオパジティカ』を書いて批判を加えています。

ミルトンは、イギリスにおける検閲令が、ローマ教皇庁による禁書政策、異端審問所に端を発していると位置づけて、次のように述べています。

　彼らは異端の書物だけではなく、自分の好みに合わないものをすべて禁書処分にし、削除目録という新しい煉獄に投げ込んだのです。さらに蚕食をひろげ全部たべるために最後に発明したのは、いかなる書物、パンフレットあるいは文書も（略）、二人か三人の貪欲な修道士が認め許可しなければ、印刷はまかりならぬという命令でした。
（ジョン・ミルトン『言論・出版の自由――アレオパジティカ』、原田純訳、岩波文庫、一九ページ）

細かいことですが、ここで「書物、パンフレットあるいは文書」と訳されている箇所の原文は、"book, pamphlet, or paper."であり、西先生の講義中で引用されている英文に現れる順序と同じです。

さて、同じイギリスの例では、ミルトンから二世紀後のジョン・スチュアート・ミル（一八〇六―一八七三）になると、このように状況が変化しています。彼の『自由論』（一八五九）を見てみましょう。

　腐敗した政府や専制的な政府に対抗するものとして、「出版の自由」を擁護しなければならない時代は過ぎ去った。そう考えてよい。民衆と利害が一致しない議会や政府が、民衆に見解をおしつけたり、民衆の耳に入れてよい学説や意見を限定したりすることには、もはやことさら反対論を展開する必要もないだろう。また、その方面については、過去に多くの論者が何度も、きわめて説得力のある形で論じているので、ここで特に主張したいこともない。

出版の自由にかんして、イギリスの法律は、現在でもチューダー王朝の時代［一四八五～一六〇三］と変わらず抑圧的であるが、内乱の恐怖で大臣や裁判官たちが一時パニックになって冷静さを失うような場合を除けば、この法律が政治的な議論にじっさいに適用される危険性はほとんどない。

（ジョン・スチュアート・ミル『自由論』、斉藤悦則訳、光文社古典新訳文庫、四二ページ）

以前にも述べたように、ミルは、西先生（一八二九―一八九七）の同時代人でもあり、「百学連環」講義でも、後に言及される人物の一人です。西先生は、こうした状況を念頭に置いていたのかもしれません。

また、ここで引き合いに出されているフランスは、「百学連環」講義の当時、いわゆる第二帝政期に当たります。言論の自由が実現するのは、その次の第三共和政下で「新聞の自由に関する法律」（一八八一）が公布されてのことだと言います。

さて、講義に戻りましょう。引用されている英文の出典は、もうお分かりかもしれません。私たちにはお馴染みとなった『ウェブスター英語辞典』（一八六五年版）の「Press」の項目から取られたものです。

Press の項目（一〇三二ページ）の末尾に、“Liberty of the press”という解説が付されており、西先生が引用しているのとほぼ同じ文章が現れます。ただし、上で見た「百學連環」（甲本）で rebellious（反抗的な、反体制的な）としているところは、『ウェブスター英語辞典』では libelous（誹謗中傷、不当に表現する）と見えます。後で気づいたのか、「乙本」では辞書同様に libelous となっていました。

出版の自由によって、文化が盛んになるという見立てが述べられているわけですが、皮肉なことに、「百学連環」が講義された少し後、明治八年（一八七五年）になると、日本では「讒謗律《ざんぼうりつ》」と「新聞紙条例」が公布され、政府による言論弾圧の体制が整えられることになります。

西先生も同人として参加していた学術雑誌の「明六雑誌」では、これを受けて福澤諭吉が「明六雑誌の出版を止るの議案」を提示します。諭吉はこう述べています。

> 本年六月発行の讒謗律および新聞条例は、我輩学者の自由発論とともに両立すべからざるものなり。この律令をして信に行われしめなば、学者はにわかにその思想を改革するか、もしくは筆を閣して発論を止めざるべからず。
>
> （福澤諭吉「明六雑誌の出版を止るの議案」、『明六雑誌』下巻、岩波文庫、所収）

これはなにも過去の話ではありません。その後も現在に至るまで、さまざまな形でこの問題はくすぶり続けていると言ってよいでしょう。

文は貫道の器なり

出版の自由を巡る議論に続いて、今度は新聞に話が及びます。

一千八百年來に至りては Newspaper 新聞紙大に盛むに行はれ daily, morning, evening, weekly, monthly, periodically の如く、日々に、朝夕に、月々に、一週毎に、四季《四季》毎に新聞紙を發せさるなし。故に英國なとにては平民新聞に依りて學フの外、別に學問は爲さすと云ふに至れり。

（「百學連環」第二七段落）

では、訳してみましょう。

一八〇〇年代に至って、新聞がおおいに盛んとなった。日刊、朝刊、夕刊、週刊、月刊、季刊というように、新聞が発行されない日はない。このため、イギリスにおいては、市民は新聞によって学ぶほかに、これといって学問をしないということである。

定期的に刊行される新聞としては、一七世紀のドイツ、イギリス、フランスなどで各紙が発行されました。しかし、ここまでのところで見てきたように、出版や言論の自由に対しては、大きな制限も課せられていたわけです。

実際に新聞がどのように読まれていたのかというところまでは、調べをつけることができませんでしたが、新聞を読めば事足りたという話は印象的です。思えばインターネットはもちろんのこと、テレビもなければラジオもなく、新聞もそれほど盛んでなかった時代に、一般市民のもとに定期的に社会や政治の出来事を報じる印刷物が届くということは、人がものを知り、考えるという環境においてたいへん大きな変化であり、影響があったに違いありません。この点については、今後の課題にしたいと思います。

さて、段落を変えてこのように続きます。

文と道とは元ト一ツなるものにして、文學開クときは道亦明かなるなり。故に文章の學術に係はる大なりとす。凡そ世上文章家たるものは殆ント其道に近かるへし。韓退之云文は貫道の器なりと。文盛んならすんは道開くるの理なし。貫道とは文章たるものは道を連貫して後世まても傳はるを云ふ。

（「百學連環」第二八段落第一～六文）

訳してみます。

文と道とはもともと一つのものであり、文学が開けるとき、道もまた明らかになるのである。このため、文章は学術と大いに関係している。およそ世上、文章家たるものは、ほとんどがその道に近いはずである。韓退之（韓愈）は「文とは、道を貫く器である」と述べた。文が盛んにならなければ、道が開けるはずもない。ここで「貫道」とは、「文章というものは、道をずっと貫いて後世にまで伝える」という意味である。

印刷術の話を終えて、話が「文」や「文学」に戻ってゆきます。

西先生は、「文と道とはもともと一つのものである」と、その関係の強さを強調しています。「道」と言われているのは、後に読む箇所で言及されるように「学術」と言い換えがきく概念のようです。つまり、「文と学術とはもともと一つのものである」という次第。

ここでまた漢文脈が現れます。韓退之（七六八―八二四）、韓愈という名前のほうが通りがよいかもしれません。中国唐代の文学者、思想家です。彼の言葉として「文者貫道之器也」という表現が伝わっています。

この文句は、『朱子語類』などに見えるものですが、どうやら韓愈の文集である『昌黎先生集序』が出典のようです。西先生は、講義録では「文は貫道の器なり」としていますが、「覺書」を見ると、出典と同様「文者貫道之器也」と記しています。

人は、文によってある対象を捉え、脳裡で結び合わされた知を表現し、同時代の空間的な広がりの中で伝え、さらには時代を超えて後世にまで伝えるのである以上、学術にとって文はなくてはならないものです。西先生が「貫道」という言葉について説明したくだりは、そのことを強調しているのでしょう。

文は道を載せる

さらに続いて文章と道の関係が論じられます。

> Literature《文章》 たるものは道、即ち學術に大に關係するものなれは、箇條ニ依て人を撰はさるへからす。古來漢に於ては詩文章に就て人を枚擧せり。後宋の時代に至り其議論も起れりと雖も、尚ホ文事に依て人撰なすに至れり。
>
> （「百學連環」第二八段落第七～九文）

訳してみます。

「文章（Literature）」というものは、道、つまり学術と大変関係が深いものだ。だから、この観点から人を選ぶべきだということになる。古来中国では、詩と文章の能力にしたがって人を取り立ててきた。宋の後期になって、このことについて議論が持ち上がったものの、それでも文事によって人を取り立てることになった。

ここでも欧文脈と漢文脈が交差していますね。英語と漢語をつきあわせるところから、日本語の意味を生じさせるという一種のアクロバットが演じられているといってもよいでしょう。つくづく現代にまで至る「日本語」の不可思議さ――英語と漢語のあわいにあって、日本語はどこにあるのか――を感じさせる議論です。

前節で読んだ箇所に続いて「文章」と「道」の関係が説かれているわけですが、ここで西先生の脳裡では、周敦頤《しゅうとんい》（Zhōu Dūn yí、一〇一七―一〇七三）が『通書』文辞に記した「文所以載道也」、つまり「文は道を載せる所以なり」や、『朱子語類』に見える「道者文之根本。文者道之枝葉」、つまり「道は文の根本なり。文は道の枝葉なり」といった文章論が連想されていたかもしれません。

私は、三浦國雄氏の『「朱子語類」抄』（講談社学術文庫、二〇〇八）に周敦頤や朱子の文章論を教えられて、上記のような文章を「百學連環」の隣に並べてみようと思ったのでした。同書によれば、朱子は『通書解』において、「文所以載道也」とそれに続く文をこう説いているといいます。西先生の議論を理解するための補助線になりそうなので、引いてみます。

「文とは道を載せるものだ。ちょうど車が物を載せるように。だから車をつくる人は必らず輪や轅を装飾し、文をつくる人は必らず言葉を立派にする。すべて人々が愛好して使ってほしいと願ってのことである。しかし自分が装飾しても人が使ってくれなければ、あだな飾りであって何の役にも立たない。まして物を載せない車、道を載せない文に至ってはいうまでもない。美しく飾り立ててもいったい何になるというのか。」

（『通書解』訳文、三浦國雄『「朱子語類」抄』、講談社学術文庫、五一八ページ）

文を車に譬えていますね。文という車をこしらえて、それに道という物を載せて進んでゆくという次第。文（車）がなければ道（物）を運んで進むことはできない。この譬えを借りると、文と道の密接な関係が腑に落ちます。また、いま読んでいる「百學連環」の議論には直接関係しませんが、車（文）をいくら美しくしても、物（道）を載せないのでは詮無いという指摘も面白いところ。

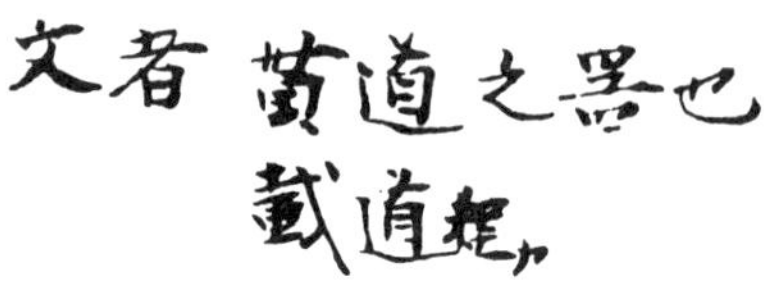

図❷「百學連環覺書」より

実は、こう書いていてはたと思い至ったことがあります。

西先生が筆でしたためた講義メモの「百學連環覺書」には、前節と本節のくだりに関係ある書き付けが見えます。二行あるうちの一方は、前節で読んだ「文者貫道之器也」なのですが、その「貫道」の下に四つの文字が並べられているのです（図❷）。

私は不勉強でこれがよく読み取れずにいたのですが、『「朱子語類」抄』を読み、まさに三段落前の文章を書いているうちに、「あ！」と思って「百學連環覺書」の該当箇所を見直しました。そう、直前までどう読めばいいのか見て取れなかった文字が、「載道程カ」（最後の「カ」はおそらくカタカナの「カ」）と見えるではありませんか。それ以上のことは記されていないため、推測の範囲を出ませんが、「貫道」の意味を「載道」という程の意味か、と読み替えているのだろうと思われます。

偶然といえば偶然なのですが、別の方面から掘り進めたトンネルが、思わぬところで通じたようなうれしさを感じた次第です。本来ならこんな経緯はお示しせず、結果的に分かったことを記せばよかりそうなものですが、テキストを精読してゆく過程をお見せするこの本では、そうした試行錯誤の痕跡も表にしてみたいと考えてのことでありました。

文章の力――日本の場合

続いて日本の場合に議論が及びます。

日本にても古昔の役人たるものは、多く菅江の兩家に取れり。是卽ち文章ある故なり。文章の學術に關係する最も大なりとす。後ち王室衰へ、文章地に墮ち傳らすと雖も、楠公の如きは聊か文章ある人なるへし。故に名將の名を得たり。卽ち楠公の語に非理法權天、此五字に至りても楠公素より纔かの文事あるのみなるか故に、更に語ヲ爲さすと雖も、其意に至りては實に千古の金言と云ふへし。

（「百學連環」第二八段落第一〇～一五文）

訳してみます。

日本においても、昔の役人たるものは、その多くが菅原家と大江家から輩出されたものだ。これはなぜかといえば、彼らに文章の才があったからである。文章こそが、学術に関係する最大のものとされていたのだ。後に王室が衰えて、文章も地に堕ちてしまい、後に伝えられなくなってしまったけれど、楠木正成などはいくらか文章の心得がある人であったようだ。そのために彼は名将と呼ばれたのである。正成公に「非理法権天」という言葉があるが、この五文字にしても、正成公に幾分かの文章の心得があったからこそ〔残せた言葉なの〕であって、これ以上の言葉を残さなかったとしても、その言わんとしたことはまさに永遠の金言というべきものになっているのである。

ご覧のように、日本の事例が紹介されています。

原文に見える「菅江の両家」とは、訳文に示したように菅原家と大江家のこと。この両家は、上代の大学寮に置かれた「文章道」という学科の指導者たる「文章博士」の地位を代々継ぐようになった家でした。当時の大学寮は、朝廷の機関であり、いってみれば役人の養成所のようなものです。

例えば、大江匡衡（おおえのまさひら、九五二―一〇一二）の詩文集『江吏部集』には、「菅江両家始祖建立文章院東西曹」といった注が見えます。「文章院」とは、大学寮の建物のこと。当世風に云えば研究棟とでもなりましょうか。東曹は大江家が、西曹は菅原家が管轄したということを、この文章は示しています。西先生の話も、こうした経緯に触れているのでしょう。

このくだりには、欄外に注記があり、そこにはこう記されています。

大江廣元ヲ以て本朝封建の始祖とす。其働キ全ク文章の助ケに出るなるへし。方今徳川氏ヲ廢し郡縣の體ニ移リシモ、文章の大なる助ケあるなり。然れとも其據ロは一朝一夕の變遷スル所ニ非サルなり。蓋シ其の根元は水戸黄門ノ日本史ヲ作ルにあり。後チ尚ホ山陽先生の如キモノあるに依レリ。

訳せばこうなるでしょうか。

大江広元をもって本朝における封建の始祖とする。その業績は、まったくもって文章の助けによるものである。この頃、徳川氏が廃されて、郡県制度に移行したが、ここでも文章が大きな助けとなっている。とはいえ、その機縁は、一朝一夕で移り変わってしまうようなところにあるのではない。思うに、その根源は水戸黄門による『大日本史』の編纂にある。その後にも、頼山陽先生の〔『日本外史』の〕ようなものがあることに依っているのである。

これもまた国政において文章の果たした役割について述べた補足のようです。大江広元（おおえのひろもと、一一四八―一二二五）については、おそらく彼が鎌倉幕府において、源頼朝の下で公文所（後、政所）という文書管理機関の別当（長官）として活躍したことが念頭に置かれているのでしょう。また、水戸黄門こと徳川光圀（とくがわ・みつくに、一六二八―一七〇一）の『大日本史』と頼山陽（らい・さんよう、一七八一―一八三二）の『日本外史』は、いずれも幕末の志士たちの思想に大きな影響を与えたとされている書でした。西先生も、ここでこれらの書が時代を動かしてゆく力となったことに触れています。

非理法権天

さて、朝廷の機関である大学寮では、中国のやり方を模倣しつつ、文章・学術の専門家、あるいは将来役人となる人間を育てていました。いわば「文章経国」の発想でありましょう。

文章経国とは、中国は魏の文帝（曹丕、一八七—二二六）が『典論』に記した「文章經國之大業、不朽之盛事」に由来する言葉です。つまり、「文章は経国の大業にして、不朽の盛事なり」、「文章は国を治めるための重大な事業であり、朽ちることのない盛大な仕事である」と、文章の重要性を説いています。日本でも、中国式の律令と共に儒教を取り込んで、文章の道を経国に用いようとしていたのでした。しかし、西先生によれば、王室（朝廷）の衰退とともに、文章も地に堕ちてしまいます。平安時代から鎌倉時代へと移り変わってゆく辺りの変化が念頭に置かれているのでしょう。

この辺りの事情を知る上で、私が頼りにしている書物の一冊に、桃裕行『上代學制の研究』（目黒書店、一九四七）があります。各種史料に基づいて、大学寮制度の起こりから、その内実、平安後期に衰微してゆくまでを見渡した研究書です。

同書によると、従来、大学寮の教官である博士などは、おおよそ実力に応じて選ばれていたとの由。しかし、平安時代中頃から、官職の世襲化が生じるのと軌を一にして、大学寮の教官も世襲化が進み、形骸化したといいます。前節で見た「菅江両家」はその例でした。

さて、文章が地に堕ちて、後に伝えられなくなったという後にも、楠木正成（くすのき・まさしげ、一二九四—一三三六）のような人があった、と少し意外な名前が現れます。正成といえば、後醍醐天皇の倒幕の動きに呼応して戦い、後には足利尊氏に敗れて死んだ武士です。南北朝のいずれが正統かという問題とも関わるため、死後も毀誉褒貶激しい人物ですが、西先生の講義ではご覧のように「名将」という具合に肯定的に捉えられていますね。

ここで西先生が言及している「非理法権天」とは、正成が旗に掲げていたという言葉。「非は理に勝たず、理は法に勝たず、法は権に勝たず、権は天に勝たぬ」という具合に、文頭から文末に向かって、より勝るものが並べられた一文です。だから、天道にこそ従うべしという意味を五文字に凝縮しているわけでした。

ただし、どうやら「非理法権天」が正成の旗印であるという話は、後世につくられたもののようです。法制史研究者の瀧川政次郎（たきかわ・まさじろう、一八九七―一九九二）に『非理法権天――法諺の研究』（青蛙房、一九六四）という著作があります。同書の巻頭に置かれた論考で、この「非理法権天」の出典について考察されています。

著者は「非は理に勝たず」から「権は天に勝たず」まで、似た表現が現れる漢籍などと比較しながら、その意味を検討した上で、最後に「非理法権天」と楠木正成の関係について述べています。

結論をかいつまんで言えば、「非理法権天」とは、その内容からして正成が旗に掲げていたとしてもおかしくはないけれど、そうだとすれば『太平記』などにそのことが書かれていないのは疑問である。これは、正成が掲げたのではなく、江戸時代の楠流軍学者たちが、正成に帰したのではないか。これが瀧川氏の推測です。

なお、氏は「非理法権天」という表現の出所も探ったようですが、漢籍には見あたらず、日本で造られた標語であろうとも見ています。彼が目にした最も古い類似表現としては、『尤草紙』下巻、第二七「おさる〻物のしなじな」（寛永一一年＝一六三四年）に次の一文があるとの由。

ひはもとより理におさる。理は法度におさるゝ。法度も時のけんにおさる。けんは天道におさるゝ。

西先生の頃には、まだこうした疑義が挟まれていなかったのかもしれません。

このように、西先生は、日本の歴史において文章の力が発揮された例を挙げたわけですが、そこでは見てきたように、菅江両家と楠木正成の二つの例が取り上げられています。前節で、これに関して欄外に書かれた少し長めの補足も覗いておきましたが、そこではさらに大江広元、水戸黄門、頼山陽の三者にも言及されていましたね。ひょっとしたら、西先生は、講義の後日、菅江両家と楠木正成の例だけでは少し物足りないと思い直して筆を入れたのかもしれません。

さて、ここからまた話は西洋の学術と文章のほうへと戻ってゆきます。

西洋古へは學術を七學と定めり

中国、日本の歴史に見られる文章の実際的な力を確認した後、話は西洋学術のほうへと戻ってきます。

凡そ天下の事文章に係はらさるはなし。文章に係はる是即ち學術に係はるなり。西洋古へは學術を七學と定めり。Seven Sciences. Grammar, Logic《致知學》, Rhetoric《文章學》, Arithmetics《算術》, Geometry《幾何學》, Astronomy《星學》, Music《音樂學》.

（「百學連環」第二八段落第一六〜二〇文）

では、西先生の言葉を訳してみます。

およそ天下のことで、文章に関係しないものはない。文章に関係するということは、要するに学術に関係するということである。西洋ではかつて、学術を七学と定めていた。七学とは、文法、論理学、修辞学、算術、幾何学、天文学、音楽学である。

こうしたいわゆる「自由七科」については、本書「円環をなした教養」の前後でも検討したところでした。

続きを読みましょう。ここで段落が改まります。

右七學は上古希臘より定め傳はるなれは、學術も古く此時に創るを知るへし。其中最も文章に係はる語學、音樂學等を主とし、其他を餘派とす。當今尚ホ其學科悉く盛なりと雖も、古への如く七學と定めあることなし。

（「百學連環」第二九段落）

訳します。

右に挙げた七学は、古代ギリシアに定められ伝わったものであり、学術もその時代につくられたということを確認しておこう。その中でも、最も文章に関係の深い語学、音楽学が中心であり、その他は余のものである。現在でもなおこうした学科はいずれも盛んではあるけれど、古のように〔学術といえば〕七学という定めはない。

古代ギリシアにおいて「エンキュクリオス・パイデイア」と呼ばれていた「基本的な教育課程」が、後にローマに入って「自由学芸（自由七科、リベラル・アーツ）」となった次第については、右に触れた箇所でも確認したところ。その「エンキュクリオス・パイデイア」なるギリシア語が、英語に音写されたのが「エンサイクロペディア」であり、その英語を漢語で訳したのが「百學連環」というわけでした。

ここで面白いのは、文章に関係の深い学術として、語学だけでなく音楽学も名指されているところです。普通、自由七科に含まれる音楽は、どちらかというと「数学」の一種として捉えられています。それは先ほどの西先生の説明に現れた七つの学問の並び順でも分かるところ。七つの学術はこう並んでいましたね。

文法、論理学、修辞学、算術、幾何学、天文学、音楽学

このうち前の三つが当世風に言えば、いわゆる「文科系」で、残る四つが「理科系」ということになりましょう。音楽は数学的な構造物であり、理科系の学術に数えられていました。

ここで西先生がなにを念頭に置いて、このような位置づけをしたのかは分かりません。ひょっとしたら、古代あるいは中世の音楽学について、詩の韻律に関わるような側面を見ていたのかもしれません。あるいは、学術の言葉でもあったラテン語で歌われた教会音楽、聖歌との関連を見てのことかもしれません。

それはともかくとして、こうした自由七科という教養のセットは、時代が下って近代に近づき、学術が細分化されるに従って崩れてゆくことになります。

ところで、それでは西先生の「百學連環」における学術分類はどうなっているかということに少し眼を向けておきましょう。西先生は、学術全体を大きく「普通学」と「特殊学」に二分し、それぞれの分類の下に中間的な分類を置いています。並べると次の通りです。

普通学
・歴史
・地理学
・文章学
・数学
特殊学
・心理上学
・物理上学

そして、さらにこれらの分類の下に細分化された学科が並びます。「普通学」や「特殊学」など、それぞれの意味については、ここで読んでいる「総論」でも説明されており、本書が終わりに近づく頃に明らかになる予定です。

ここで見ておきたいのは、西先生が、学術全体を六つに分けているところ。自由七科のうち、文章に関する学術と数学は、この分類にも姿が見えています。天文学は、一見すると姿がありませんが、「物理上学」の下に置かれています。ただ、「音楽学」だけは、この学術マップのどこにも姿を見せていないのが気になります。これはどういうことなのか、頭の片隅に疑問を置きながら、先へ進んで参りましょう。

追記——ここでは「最も文章に関係の深い語学、音楽学が中心」という文を、右のように解釈しました。つまり、「最も文章に関係の深い」という形容が「語学」と「音楽学」の二つにかかると読んだわけです。本書をまとめる過程でこの箇所を読み直し、ひょっとしたら「最も文章に関係の深い」のは「語学」であって、「音楽学」はそれとは別に並べられている可能性もあると思い直しました。その場合、語学が文科系の学、音楽学が理科系の学の中心的なものと見なされているのかもしれません。いずれにしても、なぜ他ならぬ音楽学なのかという点については不勉強で分かりかねました。これもまた今後の課題です。

ヒューマニティーズ

文章の話が続きます。

西洋《に》文章のことを Belles-lettres《好文字》と云ふあり。英語 Humanities《人道》或は Elegant Literature《高上ノ文章》. 英國文章《字》をヒマニッチと云ふ意は則ち Mental Civilization《心ノ開化》なる意にして、凡そ文字なるものは心を開くものなれは、文字をヒマニッチ即ち人道と云ふに至れり。心の開くは是道の明かなるなり。心の開くは文字に關係する最も大なりとす。

（「百學連環」第三〇段落）

Belles-lettres の右側には「佛語」と、これがフランス語である旨が記されてもいます。

では、訳してみます。

西洋では文章〔に関わる学〕のことを、「文学（Belles-lettres）」と呼ぶこともある。英語では「人文学（Humanities）」あるいは「純文学（Elegant Literature）」とも言う。イギリスで文章を「人文学（Humanities）」と呼ぶのは、つまり、知的〔精神的〕な開化という意味である。およそ文章というものは、人間の心を開くものであり、このため文章〔に関わる学〕のことを、「人文学」と言うに至ったのである。心が開けるということは、その〔人間の精神に関する〕道が明らかになるということだ。心が開けるということは、なによりも文章と深く関係していることなのである。

このくだりの現代語訳は、やや苦しいところがあります。Humanities を、西先生のように「人道」とできれば話も早かったのですが、今日では「人道」という言葉は、「人として守るべき道」といった道徳的な意味を連想させます。「ヒューマニズム」も同様かもしれません。

そこで、ここでは Humanities を現代風に「人文学」としています。大まかには、自然現象を研究対象とする自然科学（人文学に対照させて言うなら天文学）に対して、人間やその作物を研究する領域といってよいでしょう。

その人文学と文章の学の結びつきは、例によってローマ以来の自由学芸、さらには古代ギリシアのエンキュクリオス・パイデイア（百学連環）まで遡る話でもあります。

というのも、現在私たちが「人文学（あるいは人文主義）」という場合、その大きな淵源は、ルネッサンス期に興った一連の学術の動きに求められます。この、一四世紀から一六世紀にかけてイタリアを先駆としてヨーロッパに巻き起こったとされる文化の動きは、古典古代、ギリシアやローマの学術技芸を復興しようとするものでした。「ルネッサンス（Renaissance）」とは、「再生」を意味するフランス語ですが、「文芸復興」であり「古典再生」のことでしたね。

一四世紀のイタリアに端を発するルネッサンスは、ペトラルカをはじめとして、一連の人文主義者たちを生み出します。彼らは、ギリシア、ローマの古典文献の復刻、判読、研究を通じて、従来とは違った新しい形で人間の本性を探究しようとしたのでした。

そこでは、当然のことながら、古典をよりよく読むための学術もまた、大いに称揚されることにもなります。人間研究において、文章は切っても切れない関係にあると西先生が言うのも、そうした歴史的経緯を念頭に置いているのかもしれません。

文章学をやるならこの五学

文章学の内訳に迫ってゆきます。

文章に五ツの學あり。Rhetoric《文章學》, Poetry《詩》, History《歴史學》, Philology《語原學》, Criticism《論辨學》. Belles-lettres《義理上ニ原ツキテ書ク文章ナリ》を學ふものは、此の五學をなさゝるへからす。又語原學はClassic《上等ノ》 Language, Greek and Latin 此の二語の中何レニても學ふを好しとす。其他Sanscrit《天竺ノ語學》, Hebrew《猶太》, Persian《百兒西亞》, Arabian. カラシックなる希臘羅甸二語を學ふの上、當今尚ホ四學を爲さゝるへからす。

（「百學連環」第三一段落）

このくだりも、印刷された版面は、いささか込み入っています。補足しておきましょう。

まず、Rhetoric から Philology にかけて、その行の右側に「話スㇷ゚ノ術ト辭書ニ見ユレハ奇麗ニ文章ヲ書ク學ナリ」とあります。これはおそらく Rhetoric（修辞学）に対する補足でしょう。レトリックとは、古典ギリシアやローマにおいて、説得力をもってよく話すために必要な技術をまとめた学術でした。

Rhetoric、Philology、Criticism は、現在では「修辞学」「文献学」「批評」と訳されていますね。

では、このくだりを現代語に移してみましょう。

文章に関して五つの学がある。つまり、修辞学、詩学、歴史学、文献学、批評である。文学（Belles-lettres）を学ぶ者は、この五つの学を学ぶ必要がある。また、文献学については、古典語、つまり、古典ギリシア語とラテン語のうち、どちらかの言語を学ぶのが望ましい。その他、サンスクリット、ヘブライ語、ペルシア語、アラビア語もある。古典語である古典ギリシア語とラテン語を学んだ上で、最近では、さらにこの四言語を学ばなければならない。

ここで少し奇異な感じがするのは、文章に関する学として、並ぶ五つの中に「歴史」が含まれていることでしょうか。

というのも、現に西先生が「百学連環」講義本編（いま私たちが読んでいる「総論」に続く部分）で「文章学（Literature）」を論じているくだりで、文章学の下に置かれているのは、次の五つの学なのです。

語典（Grammar）

形象字（Hieroglyph）と音字（Letter）
文辞学（Rhetoric）
語原学（Philology）
詩学（Poetry）

「語典」は、いまなら「文法」と言うところです。また、二つめに挙げられている「形象字」「音字」というのは、文字の学と言ってよいでしょう。

いずれにしても、このように「文章学」の中に「歴史学」は入っていません。「歴史学」は、「西洋古へは學術を七學と定めり」の最後に見た学術分類の中では、「普通学」の筆頭に「文章学」とは別に置かれていました。また、ついでに申せば、「批評（Criticism）」は「修辞学（Rhetoric）」の下に分類されています。

では、西先生が「文章学」に含めた五つの学は、どういう出所のものなのかと思って、「覺書」を覗いてみると、ありました。英語でこう書かれています。

including especially rhetoric, poetry, history, philology, and criticism, with the languages in which the standard works in these departments are written.

（「百學連環覺書」）

こうなれば、もう私たちにはお馴染みのあの本が念頭に浮かぶことでしょう。そう、『ウェブスター英語辞典』です。すでに何度も見ているこの辞書の一八六五年版で、Belles-lettres の項目（一二三ページ）

を引くと、上記の「覺書」と同じ文章が現れます。ついでに申せば、同辞典の Belles-lettres の項目では、上記した西先生の「覺書」の文章の前に、

Polite or elegant literature;

とあり、「覺書」に引用されていた文章の後ろには、

the humanities.

と続きます。これらの同義語は、前節で読んだ箇所において言及されていた言葉なのでした。つまり、西先生は、『ウェブスター英語辞典』の項目を参考に、この箇所を論じているわけです。

語学については、次節で検討することにしましょう。

源を正す学としてのサンスクリット

文章を学ぶには五つの学を修める必要があるとした上で、西先生はさらに文献学について、古典語を学ぶべきことを説いていました。中でも、サンスクリットに関しては、次のように説明が続きます。

凡そ西洋の源は天竺にあるなれは、當時の言語は皆サンスキリットより出てたり。併シ方今各國言語の變化ありと雖も、其源は皆ナ一ツなり。故にサンスキリットは其源を正す學なり。譬へは

father《英》, vader《蘭》, père《佛》, pater《希》, pitar《天竺》の如く古昔は言語一ツのものなるか故に、今尚ホ其音を同ふせり。是を正すか爲めに當今はサンスキリットまても學を極むるを主とす。

（「百學連環」第三二段落）

では、訳してみます。

およそ西洋の源はインドにあるのであって、現在の言語はいずれもサンスクリットに起源をもつ。現在では各国の言語は〔互いに違うものへと〕変化しているといっても、その源は一つなのだ。したがって、サンスクリットは、その源を正す学である。例えば、father（英語）、vader（オランダ語）、père（フランス語）、pater（ギリシア語）、pitar（サンスクリット）といったように、これらはかつて言語が一つだったために、現在でも音が同じなのである。これを〔その語源に遡って〕正すために、いまではサンスクリットまで学び極めることが主流である。

サンスクリットとは、古代インドの言語の名称でした。日本語では、「梵語」とも呼ばれます。上記のように、サンスクリットには、ヨーロッパの諸語と音の上でよく似た語彙が見られます。ついでながら、西先生が挙げていない言語について、いくつか補えば、

pater（ラテン語）
padre（スペイン語）
Vater（ドイツ語）

といった各言語についても、こうして並べてみると、類似していることがお分かりになると思います。一八世紀の終わり頃に、サンスクリットと古典ギリシア語やラテン語の類似を指摘して、これらの言語に共通の祖語が存在する可能性を論じたのは、イギリスの裁判官ウィリアム・ジョーンズ（William Jones、一七四六―一七九四）でした。いまで言う、比較言語学の試みです。いわゆる「インド・ヨーロッパ語族（印欧語族）」というまとめ方は、このような類似性から推定されたものです。西先生の議論も、そうした比較言語の流れを受けているのでしょう。ヨーロッパ諸語の元を辿る場合、サンスクリットを見る必要があるという指摘がなされている次第です。また、サンスクリットは、仏典の漢訳などを通じて日本語にも流れ込んでいます。

さて、以上で「学術技芸」の部を読み終えました。ここで一旦、全体マップに戻りましょう。本書冒頭の「総論の構成　その一――「学術技芸」」から「真理」で、いま私たちが読んでいる「総論」がどのような構成になっているかを眺めておきました。

そこでは、「百學連環」の内容に即して、『西周全集』編者の大久保利謙氏が作成した目次を検討しました。その大きな項目だけを改めて引用すると次の通りです。

緒言　百学連環の意義
学域
学術技芸（学術）
学術の方略 Means

新致知学

真理

つまりここまでの読解で、第三の「学術技芸（学術）」までを読み終わったことになります。次節からは、次の「学術の方略」のほうへと進んで参りましょう。

第10章 学術の道具と手法

学術と文章の関係

ここから話は文章を離れて、別のほうへ向かってゆきます。その転換点となるくだりを読みましょう。

> 右說く所は文章の學術に關係する大なるものなれは、文章あらされは學術開くるの理なしと云ふとも、併シ文章は學術なるものにあらす。其解は end《的》, means《方略》, measure《策》, medium《媒》. 總て事を爲す必す目的なかるへからす。其目的立て之を行ふ則ち方略なり、策なり、媒なり。故に學術は元來別つなるものにして、文事を以て學術と云ふにはあらす。其目的を行ふ卽ち學術にして、方略及ヒ策、媒等ハ文事なり。故に文事なきときは學術の助けあることなし。併學術を達するは唯タ文章のみならす、又他に種々あるなり。
>
> （「百學連環」第三三段落〜第三四段落第一〜六文）

例によって英語の左側に漢語が添えられています。

また、そうは記されていませんが、「方略」は「てだて」、「媒」は「なかだち」と読むことができます。

では、現代語訳にしてみましょう。

さて、右に述べてきたように、文章は学術とおおいに関係しているものであって、文章がなければ学術は開けない道理である。しかし、文章自体は学術ではない。そうではなくて、〔文章は〕ある目的、手段、方策、媒体という点で働くものなのである。

何事かをなすには、必ず目的がなければならない。目的を立てて、それを遂行するのは手段であり、方策であり、媒体である。つまり、〔文章とは〕もともと学術と別のものであり、文章があればそれで学術というわけではない。ある目的を目指して物事を行うことが学術であり、その手段、方策、媒体となるのが文章なのである。だから、文章がなければ学術は助けとなるものがない。とはいえ、学術を行う手立ては文章だけではなく、他にもいろいろなものがある。

ここしばらくは文章について論じられてきました。しかし、文章そのものは学術ではないというわけですね。文章とは、学術を進めるために不可欠の手段、方策、媒体であると区別されています。「文章があればそれで学術というわけではない」と訳したところは、学術は文章で表現されるけれども、文章で表現されるものは学術に限らないという意味合いもありそうです。例えば、小説や日記や事務用の文書もまた文章を用いて記されますが、これらはだからといって学術というわけではない、ということです。

また、ちょっと注意が必要なのは、文章そのものは学術ではなく、ある目的のために使われる手段、方策、媒体だとしても、そのこととは別に「文章に関する学術」はありうるということです。それは、ここまで言語に関わる各種学術について論じられてきたことからもお分かりの通りです。

というわけで、文章や言語に関する考察から、学術の手段や道具について話が進みます。上で読んだ文章から段落を変えず、次のように続きます。

其助けとなるへきものは mechanical instrument《器械學ノ器械》 是なり。其器械を用ゆるの學は第一に格物學、天文學、化學、礦學、地質學等にて、是等は唯タ口説にて道理を述るのみにては分解なし難き故に、各器械を以て其道理を分明になすなり。故に器械は文章と同しく學術を助くる大なりとす。

（「百學連環」第三四段落第七～九文）

訳してみます。

その助けとなるのは、機械装置である。機械を使う学には、まず物理学、天文学、化学、鉱物学、地質学がある。これらの学では、言葉で理屈を説明しただけでは分かりづらいので、いろいろな機械を使ってどういうことかを明らかにする。つまり、機械もまた文章と同じように学術をおおいに助けるものなのである。

主に理系の学術が挙げられていますが、これは現在でも同様ですね。実験装置や観測装置など、いろいろな道具が使われています。また、いまではコンピュータも欠かせない道具の一つです。こうした学術の道具についての議論が続きます。

学術に関わる施設

続きを読んでみましょう。

器用に二ツの區別あり。direct, indirect. 上の一ツは直チに用立ツものなり。又下の一ツは漸々に廻り〳〵て助けとなるを云ふなり。又其上にinstitution《設建物》なるあり。その設けとはschool, university《大學校》, 或はacademy, college, gymnasium. 皆學校の名にして、即ちインスチチュションなるものなり。唯夕教に依て名の區別あり。

（「百學連環」第三四段落第一〇〜一六文）

訳してみます。

機械の用い方には、直接と間接の二つの区別がある。直接とは、直ちに役立つものだ。間接とはめぐりめぐって助けとなるもののことである。また、その上に「施設（institution）」がある。具体的には、学校、〔総合〕大学、学士院、単科大学、ギムナジウムなどがある。これらはいずれも学校の名称であり、施設である。教えることに応じて名称も区別しているのである。

西先生は、ここで器械の直接・間接の使い方について具体例を出していないため、具体的になにを念頭に置いているのかは不明です。

institution を西先生は「設建物」としていますね。設け建てられた物ということでしょうか。現代語訳のほうでは「施設」としてみました。「機構」や「制度」という意味合いも重なる話です。

また、各種学校についても、仮にこのように訳してみましたが、ギムナジウムが体育館のことなのか、ドイツ式の高等学校を指すのかは決めかねるところであります。

ただ、この箇所は、学術に関連する道具や機械の延長上で、さらに大きな施設・制度である各種の学校に言及していることは明らかです。ここは、このくらいで満足することにして、先に進みましょう。

上の説明の後、改行せずに次のように続きます。

> 其他 museum《博物館》, museum of antiquity《博古館》. 上なるものは凡そ世界中ありとあらゆる物を集めて、以て四方に通するに便りし、下なるものは太古の萬物を集めて、以て溫古の便に供す。
>
> （「百學連環」第三四段落第一七〜一八文）

例によって英単語の左側に漢語が見えます。

museum of antiquity の左に添えられた「博古館」とは、いまではあまりお目にかからないかもしれない言葉です。古い時代のものを博く集めた館ということになりましょうか。とはいえ、現在でも例えば、住友家のコレクションを収蔵する「泉屋博古館」（昭和三五年設立）という施設があります。

また、これは『日本国語大辞典』の「博古館」の項目で教えられたのですが、『米欧回覧実記』にこんな用例があります。

南亜米利加ノ智利ハ、銅ノ名所ニテ、此国ノ土人、古昔ノ銅器トテ、各国ノ博古館ニ陳ネルヲ

ミル
（久米邦武編『特命全権大使 米欧回覧実記』第二編英吉利国ノ部 第三十四巻 新城府ノ記下、田中彰校注、岩波文庫、第二分冊、二七〇ページ）

これは、岩倉使節団が明治四年（一八七一年）から明治六年（一八七三年）にかけて行った海外視察の記録『米欧回覧実記』の一部です。ニューキャッスルで銅の精錬場を見学するくだりで、上のような話が出たのでした。「智利」は「チリー」とルビが振られています。チリは銅の名産地で、原住民が使っていた古い銅器が、各国の博古館に並んでいるというわけです。

さて、少し寄り道しましたが、先の文章を訳してみます。

その他に博物館や博古館がある。博物館とは、およそ世界中のあらゆるものを集めて、世界を知るための便宜とするものである。博古館は、太古の万物を集めて、古きを知るための便宜を提供するものだ。

museum という言葉をどう翻訳するかということは、それ自体問題を含んでいます。日本語では主に「博物館」と「美術館」という言葉を使い分ける一方、その基にある英語はいずれも museum でした。区別する場合、Art museum と記す場合もありますが、例えば、「グッゲンハイム美術館」と訳される施設は、Guggenheim Museum だったりもします。

それはさておき、西先生の見立てでは、ここで触れられている二つの施設は、どうやら空間と時間の観点から区別がなされているようです。つまり、

博物館　世界中
博古館　太古

という具合に、アクセントの置き方が違います。「博物館」ではどちらかというと過去とは言わずに「世界中」といい、「博古館」ではどちらかというと世界中とは言わずに「太古」といっていますね。

さまざまな専門博物館

博物館についての説明が続きます。少し長いですが、まとめて読んでみましょう。

上の博物館中に coin《貨幣》なるありて、世界中古今の貨幣を集め置けり。又、mechanical, geographical.《地理館》萬國の地圖は勿論、其他其地の形勢を約カにして見に顯はし示すなり。又、agricultural.《耕具館》凡そ耕作に係はる萬國の器械を集め置き、耕作を爲ス者は其便なるものに就て耕作を勵むに供す。其中幷に種々の肥シとなるへきものを集め置けり。亞墨利加の海岸數十里の間に鳥の多く集る所あり。其地の鳥の糞を肥しとなるか故に各國の交易に供すと云ふ。
又 zoological《動物學ノ》《鳥獸學ノ》 garden 及ひ botanical《草木》 garden.
世界中ある限り鳥獸草木を集め置き、其地の實際を示す。又、anatomical.《解剖館》人體及ひ五臟六腑は勿論、種々の病根腫物の類を悉ク集め置クなり。是等は多く醫の爲めに供するものなり。又、reading's.《新書館》會社を結ひて世上新版の書籍類を悉く買集め置き、其社中は之に就て閲し、他人は金少シ斗を出して見ることを得る。

（「百學連環」第三四段落第一九〜三二文）

この箇所は、『西周全集』第四巻では適宜改行されていますが、ここでは一つの段落として読みます。では、現代語に訳してみます。

上に述べた博物館には、貨幣〔博物館〕というものがあり、そこには世界中古今の貨幣が集め置かれている。また、器械〔博物館〕、地理〔博物館〕というものもある。万国の地図はもちろんのこと、その他にも土地々々の形勢を手短にまとめて見てとれるようにしてある。また、農業〔博物館〕もある。およそ耕作に関する万国の器械を集め置いて、耕作する人が自分にとって最も便利な機械を採用して耕作に励めるようにしているのだ。そこには併せて肥やしになるものも集め置いてある。アメリカの海岸数十キロメートルにわたって、鳥が多く集まる場所がある。鳥の糞は肥やしになるので、その地ではこれを各国との交易に用いているという。また、動物園や植物園というものもある。世界中のあらゆる鳥獣草木を集め置き、〔そうした動植物が生息する〕その地域がどのような状態であるかを示すものだ。また、解剖〔博物館〕もある。人体や内臓はもちろんのこと、さまざまな病変組織の標本などをことごとく集めて置いてある。これらは多くの場合、医学に役立つものだ。

また、新書館というものもある。これは、結社を組織して世間で刊行される新しい書籍を端から買い集めて置くもので、会員は自由に閲覧できる。会員でない人もお金をいくらか払えば見ることができる。

ご覧のように各種テーマを限定した専門博物館について、いろいろな種類のものが列挙されています。
ところで「博物館」という言葉には、西先生以前に用例があります。参考のために石井研堂の『明治事物起原』を覗いてみましょう。「第七編　教育学術部」の「博物館」の項目です。

> 万延元年『村垣日記』閏三月二十九日の条に、「大統領へ送りし品々、大統領の所持にはならず、その事どもを記録して、百物館に納る事のよし」。また四月十四日の条に、「スミスヲエヲといへる、奇品、又究理の館なるよし、百物館と同じく、石造の高堂なり」とあり、今日ならば、百物館とはいはず、みな博物館といひしならん。
>
> （石井研堂『明治事物起原』、ちくま学芸文庫、第四巻、三二三―三二四ページ）

ここで『村垣日記』と書かれているのは、江戸幕府が派遣した万延元年遣米使節の副使を務めた村垣範正（むらがき・のりまさ、一八一三―一八八〇）による日記です。後に書籍として刊行された『万延元年第一遣米使節日記』（大正七年）には、「副使村垣範正記述航海日記」と題して収録されています。「百物館」とは現在では聞き慣れない言葉ですが、『論語』（陽貨第一七）や『春秋左氏伝』（宣公三年）といった漢籍にも「百物」という語が見えます。「百学連環」の「百」が「全ての学」を尽くすといった意味合いを持つ表現であるように、この場合の「百」にもそうした意味が込められていると思います。「百物館」とは、これはこれで言い得た表現ではないでしょうか。

研堂はこれに続けてもう一つ、今度は福澤諭吉（一八三五―一九〇一）の例を紹介しています。

文籍中に、始めて博物館と記せしは、慶應二年版福沢氏の『事情』なり。いはく、「博物館は世界中の物産、古物、珍物を集めて人に示し、見聞を博くする為めに設くるものなり。禽獣は皮を取り、皮中に物を塡めて、其形を保ち、皆生物を見るが如し、小魚虫は、火酒に漬けしものも有り」と、博物館の新語を出せり。

（石井研堂『明治事物起原』、ちくま学芸文庫、第四巻、三二四ページ）

福澤諭吉は、咸臨丸に乗ってこの使節に随行した一人でした。アメリカや、後にヨーロッパにも渡り、そこで見聞したものを何篇かにわたってまとめたのが『西洋事情』です。

彼はさすがと言うべきか、この施設についてかなり具体的に説明しています。研堂がここに引いているのはその一部です。「博物館は世界中の物産、古物、珍物を集めて人に示し、見聞を博くする為めに設くるものなり」と、「世界中」の「古物」を含むものを対象としているという具合に、前節で読んだ西先生の説明と重なっています。

また、福澤の『西洋事情』の該当箇所を読んでみると分かるように、彼はたくさんの具体例を挙げて博物館について詳しく説明しています。ここにその要素だけを抽出すれば、こんな具合です。

- ミネラロジカル・ミュヂエム
- ゾーロジカル・ミュヂエム
- 動物園
- 植物園
- メヂカル・ミュヂエム

西先生が挙げている博物館と重なるところもありますね。また、動物園、植物園、医学博物館という並び順が両者に共通しているのも面白いところです。

特許局が博物館？

博物館の話に続いて、今度はまた別の施設が紹介されます。読んでみましょう。

> 亞墨利加に Patent Office《保狀衙門》とて、古今の發明せしものを集むる廳あり。凡そ新タに發明せしものは其役所に差シ出し、其發明する所の品に依り、幾年之を專業と爲すことの許シを受け、其年間は敢て之を製することを他人に許さす。蓋シ是れ發明に至るまでの辛苦と雜費とを其人に復せしむる意なり。此の如き法なきときは、偶々發明せしは却て損はかりを得るなり。此法ある唯タ亞墨利加のみならす萬國皆しかり。佛國其役所を octroi と云ふ。又 Copyright《著述の權》なるあり。新タに著述せし書なとは其年數を限りて之を他人に開版することを許さす。其の中に Hereditary《子孫讓リ》なるものあり。其著述人の心に依りて之を子孫或は他人に讓るの權あり。右總てインスチチュションの中にして、皆大に學術を助け人智を開くに至れり。
>
> （**「百學連環」第三五段落〜第三六段落**）

フランス語の octroi は、現代の辞書を引くと、「（恩恵の）授与」「（昔の）物品入市税」などと見えます。

では、訳してみましょう。

アメリカには特許局（パテント・オフィス）といって、古今の発明品を集める役所がある。新しく発明したものをこの役所に提出すると、発明したものによって、それについて定められた期間、独占的な営業を許され、その間は許可を得た者以外はそれを製造できない定めである。というのも、発明者が発明に至るまで費やした手間暇と金銭とに報いるためである。このような法がない状況では、たまさか発明することがあったとしても、〔発明者は模倣者に真似されるばかりで〕かえって損してしまうばかりである。こうした法があるのは、アメリカだけでなく、万国に同じようにある。フランスではこの役所をオクトロワと言う。また、著作権（コピーライト）というものがある。新しく著述した書物などについて、決められた期間内は他の人が〔勝手に〕出版することを許さない〔という権利である〕。その中に相続権というものがある。作者の意志によって、著作権を子孫や他の人に譲るという権利である。こうしたことはいずれも制度の一種であり、これらはどれも学術を大いに助けて、人智を進展させるものだ。

今度は特許局が話題に上っています。博物館に続いて特許局が並ぶのは、なんだか変な気がしないでもありません。というのも、現在ではもっぱら博物館とは知識の殿堂と言いましょうか、事物を集積・整理して、来館者の閲覧に供する場所です。他方で、特許局とは、発明品の権利を管理する役所です。なぜ特許局がここに並ぶことになるのでしょうか。

幕末から明治初期の文献を見てみると、この二つのものが並ぶことは、それほどおかしなことではなかった様子が見えてきます。

前節では、話が必要を超えてややこしくならないように省略しましたが、実はそこで紹介した万延元年の遣米使節がアメリカで見聞した「百物館」（「副使村垣範正記述航海日記」）とは、museum の訳語ではありませんでした。

彼らが「百物館」と訳し、また同行した別の人が「博物館」（通詞の名村五八郎）、あるいは「物品館」（日高圭三郎）、「器械局」（森田清行）と称した施設は、ここで西先生が紹介しているパテント・オフィス、現代で言うところの特許局だったのです。

特許局といえば、西先生も述べているように、人が発明したもの、人工物がある場所ではないか、とつい思ってしまいます。実際のところはどうだったのでしょうか。この件については、椎名仙卓氏の『日本博物館発達史』（雄山閣、一九八八）に詳しく整理・解説されています。ここでは要点のみご紹介すると、どうやら当時のアメリカの特許局には、蒸気機関や各種機械装置、日常品などが陳列されている他に、哺乳類の牙、鳥類標本、海草類まで置かれていたようなのです。そこで、椎名氏はこうまとめています。

結局、この Patent Office は、特許に関する資料が中心であったが、世界各地から収集された民族資料や自然史資料も陳列されており、今日的な表現での〝総合博物館〟の形態をもつ施設であったということがいえるのである。

（椎名仙卓『日本博物館発達史』、雄山閣、一九八八、二〇ページ）

そこに陳列されていたもののうち、どこに注目したかによって、「器械局」とも「物品館」とも「百物館」とも、そして「博物館」とも呼べる施設だった様子が窺えます。余談になりますが、遣米使節団の一行は、特許局をゆっくり見たかったようですが、丁髷のサムライたちを珍しがった現地の人びとにつきまとわれて、かえって見物される側になってしまったようです。

椎名氏によれば、「博物館」という呼称が日本語で通用するようになったのは、文久二年（一八六二年）の遣欧使節団が、ヨーロッパ各国で museum を見学した後のこと。前節で引用した福澤諭吉の『西洋事情』も、そうした視察の見聞した成果でありました。

これもまた椎名氏も指摘していることですが、その「博物」という語は、『史記』や『左伝』などの漢籍に見える漢語です。そういえば、晋の張華に『博物志』の一〇巻がありました。同書は、森鷗外や南方熊楠も読んでいた書の一つです。博物館のように、森羅万象を総合的に集め、整理し、捉えようとする試みは、欧米のみならず中国の書物の世界にも見られた志向の一つでした。「百学連環」という、博く学術を見わたさんとする博物ならぬ博学的な試みもまた、どこかでそうした発想を下敷きにしているのかもしれません。

学たるものに実験あり

学術に関わる施設の話が終わり、次の話題に移ります。

> 凡そ學たるものは唯タ道理を書物上にて知るのみにては可ならす。皆實驗に入らさるへからす。其實驗に二ツあり。Observation《實驗》, Experience《試驗》. 實驗とは現在にして眼のあたり彼より來るものなり。

試験とは將來にして己レより穿ち求むるなり。凡そ尋常の學者空理に亙るは實際に入らされはなり。學者苟も實際に入るを要すへし。

（「百學連環」第三七段落）

では、訳してみましょう。

およそ学というものは、単に道理を書物で知るだけで済むものではない。実際の経験が必要である。その実験には二種類がある。実験〔観察〕と試験の二つだ。実験〔観察〕とは、現在そのとき目の前で対象から来るもの〔を知覚すること〕である。試験とは、これから生じることを自らよく穿鑿することである。普通の学者が空理に及んでしまうのは、実際の物事のありさまに取り組まないからである。仮にも学者であるならば、実際の物事のありさまに取り組まなければならない。

ご覧のように、話は「実験」へと移っています。「実験」とはつまり「実際の経験」です。西先生が「實驗」と訳した Observation は、現在では「観察」「観測」などと訳される言葉。物事のありようを、よく知覚することですね。

例えば、植物を観察するとか、天体を観測するとか、森羅万象のなにごとかについて、それがどういうものか、どのような構造をしているか、どのように変化するものかといったことを感覚を通じて知ることです。場合によっては、望遠鏡や顕微鏡その他の道具を使って、人間の裸眼や素の身体では知覚しえないものを観察することもあります。現代語訳では、先に出てきた「実験」と区別するためにも、括弧書きではありますが「観察」と加えてみました。

もう一つの Experience は、今なら「経験」や「体験」と訳される言葉です。ただし、この英語の語源に当たるラテン語の experientia という名詞には、「経験」の他に「試み」「試験」という意味がありますし、その動詞形 experior は、「試す」という訳語が充てられます。つまり、なにかを実際に試してみることです。そういう意味でも「試験」という訳でよいでしょう。

ここで面白いのは、「観察」と「試験」について、「現在」と「将来」という時間の要素で説明しているところです。「観察」はただいま現在のことであり、「試験」はどうなるか、これから行ってみる将来のこと。

また、「観察」は、対象（客体）から観察者（主体）へ伝わるという向きであるのに対して、「試験」は、試験者（主体）から対象（客体）へ働きかけるという向きがあることにも注意したいと思います。

時間と作用の向きという二つの点において、なにか「観察」と「試験」とが、対置されている様子が窺えます（表❶）。

表❶

Observation 実験 （観察）	Experience 試験
現在	将来
対象 → 観察者	対象 ← 試験者

そして、学者の中に空理に陥ってしまう人がいるのは、観察や試験といった実際の経験（実験）によって、事物そのものに当たらないからだ、というわけです。

こうした西先生の見立てには、ひょっとしたらオーギュスト・コント（Auguste Comte、一七九八―一八五七）の発想が重なっているかもしれません。ここで私たちが読んでいる「百學連環」の「総論」でも、あとでコントの「実証主義」という考え方が論じられるはずです。このコントという人は、「実証」「観察」「経験」を重視した学問論を主張しているのです。

その学問の見立てを要約すれば、彼は人間の知識が三段階を辿ると考えています。つまり、「神学

（虚構）段階」「形而上学（抽象）段階」「科学（実証）段階」です。

神学段階というのは、例えば、神話の世界がそうであるように、自然現象を神という虚構で説明するような段階です。雷はゼウスが投げる武器だという「説明」などがこれに該当すると思います。

形而上学段階というのは、神様のような超自然的なものに頼った説明こそしませんが、本当にそうかどうかとは別に、物事を抽象的な理屈で説明しようとする態度のことです。例えば、地球は宇宙の中心に静止した特別な天体であり、太陽その他の星々がその周囲を回っている、といった考え方を思い浮かべてもよいでしょう。

ここまでの二つの段階は、コントによれば、観察よりも想像を優先する態度です。

第三段階の科学段階で、ようやくこの優先順位が逆転して、人間が考える「こんなふうになっているのではないか」という想像より、実際に観察されることが優先されるようになる、というわけです。例えば、さまざまな観察・観測結果から、地球が太陽の周囲を回っているということを実証する態度です。想像が観察によって訂正される段階です。

「およそ学というものは、単に道理を書物で知るだけで済むものではない。実験が必要である。」という西先生の議論もまた、実証（実際による証明）の必要を強調する点において、コントの発想に重なっているのではないかと感じた次第です。

空理に趨るを防ぐためなり

およそ学たるものには実験があるという議論が続きます。

又 Empiric と云ふあり。即ち希臘の Εμπειρικος なり。此語古昔は用へすと雖も、近來は學術の中なかるへからさるもの〔に〕し〔て〕貴ひ用ゆるなり。こは物をあてはめるといふ字義にして experience と意を同ふし、即ち實事に就て學ふを云ふなり。かく近來専ら Empiric と云ふを用ゆるも、蓋シ學者徒らに文事等を學術となし、空理に趨るを防く爲めなり。故に Literature, instrument, institution, these all are the means《方便》 of《テ》 investigating《穿鑿》 one end. 即ち其目的とは The one end is called truth《眞理》.

（「百學連環」第三八段落）

では、訳してみましょう。

また、Empiric〔経験主義〕というものもある。これは、古典ギリシア語の Εμπειρικος（エンペイリコス）に由来する。この語は、古くは使われていなかったものだが、近年の学術では欠かせないものとして貴ばれている。これは「ものをあてはめる」という意味であり、experience と同じ意味を持つ。つまり、実事について学ぶことを意味しているのである。近年もっぱら Empiric のほうが使われるのは、学者がいたずらに文章など〔のみ〕を学術とみなして空理に向かってしまうのを防ぐためである。したがって、文章（Literature）、装置（instrument）、制度（institution）、これらはいずれも一つの目的を探求するための手段である。その目的とは、つまり「真理」のことである。

ここでは、前節の「実験」「観察（Observation）」「試験（Experience）」の議論に続けて Empiric という語が俎上に載せられています。Empiric については、古典ギリシア語の語源を確認していることもあって、訳さず原語のままにしておきました。

そのἘμπειρικός（エンペイリコス）は、「経験がある」という意味の言葉で、伝聞などの知識だけではなく自分で経験したという含意があります。またこの言葉は、西洋における医術の歴史にも見えるもので、理論を重視する「方法派（メトディコイ）」に対して「経験派（エンペイリコイ）」という立場がありました。西暦二〜三世紀に活躍した人に、セクストゥス・エンペイリコスという医者もいました。

こうした言葉に根を持つ英語の Empiric は、「経験主義者」と訳されます。ただ、面白いことには、辞書でこの項目を引くと、「経験主義者」だけでなく、「経験だけに頼る人」、さらには古い用法として「藪医者」「偽医者」という否定的な意味も併記されています。

西先生の説明の文脈では、書物だけに頼った知識や理屈だけでは足りず、経験や実験による実証が大切だというふうに強調されています。本書で読んでいるくだりでも、経験主義という言葉には、文事だけで学術でござい と称す学者に釘を刺す意義があるのだと論じられていますね。

しかし、いま見たように、「経験主義（Empiric）」にも問題なしとは言えないわけです。なぜ経験主義が悪口にもなるのかといえば、人間が獲得する知識のうちには、一人の人間が自分で経験できる範囲とそうでない範囲があるからだと思います。つまり、自分の経験に基づいて物事を判断するのはよいとしても、それだけでは足りない。なぜかといえば、自分が知らないだけで、他の誰かが明らかにしたり、実証したりした知識のうちにも、確かな知識、知っていれば活用できる知識がありえるからです。例えば、レントゲン写真やｆＭＲＩのような脳の画像を自分で見て経験するとしても、その意味を読み解く知識や理論を知らなければ、どうにもなりません。

そうであるにもかかわらず、経験だけにこだわって、自分が経験していない知識を全て退けてしまうとしたら、果たしてそれで十分な対処ができるだろうか。こうした経験主義に対する批判が、「経験だけに頼る人」や「藪医者」という意味の裏にあるのではないかと思います。

西洋哲学の文脈では、これも古来、経験主義（empiricism）と合理（理性）主義（rationalism）の対立として、連綿と議論が闘わされ、変奏され続けてきた大きな問題でもあります。大まかに言えば、前者はその名の通り、経験を重んじる立場であり、後者は個々の経験よりも、個物全般に該当するような普遍的なもの、一般的なものを重視する立場です。

物事はいつも理論（一般的な説明）通りになるとは限らない。さりとて、理論的な見方を持たずに目の前の経験だけで事が足りるのか。ここには、世界や森羅万象を理解し、記述しようとする学術の全領域に関わる根深い問題があるのです。

話を整理する都合上、仮に「理論」と「経験」という言葉にそれぞれの立場を代表させるとすると、問題はこの両者をどう関係づけるかということになります。まさに学術の「連環」が問われる場面というわけです。さて、この巨大な問題について、西先生はどのように考えているのでしょうか。

本節で読んだ箇所では、ここ数節にわたって論じられてきた、文章（Literature）、装置（instrument）、施設（institution）について、最後に総括されています。これらは全て真理を探究するための手段であるという次第です。そして、話は少しずつ学術の目的である「真理」のほうへと向かってゆきます。

不立文字

経験の重要性を論じた後で、話はいま一度、文事に及びます。どんな議論か見てみましょう。

前にもいへる如く、眞理の目的を達するは文事にして、大に學術を助けて之か方略となり、媒となりて眞理を見出といへとも、又徒らに文字に沈溺するときは却て眞理を見出すの害となることあり。即ち達磨梁武帝時代天竺より入來る。の說に不立文字と云ふあり。是ノ語の依て來る所は恐らくは古へ天竺釋迦の前ニ婆羅門釋迦に至りて此說を破れり。なる宗旨ありて、其學に八千頌と云ふ種々の詩文の如きもの許多〔あり〕しか、此等は却て煩雜、眞理を見出すの害となるを知るに依る所なるへし。

（「百學連環」第三九段落第一～三文）

では、現代語に訳してみます。

前にも述べたように、真理の目的を達するのは文章であって、学術をおおいに助けて、その手立てとなり、媒介となって、真理を見いだすに至る。しかし、いたずらに文字〔だけ〕に夢中になって深入りすれば、かえって真理を見いだす妨げとなることもある。例えば達磨梁の武帝時代にインドから来たに「不立文字」という説がある。この語はどこに由来するか。インドで釈迦が現れる前に、バラモン釈迦にいたってこの説を論破したという宗教があり、その学に「八千頌」という様々な詩文のようなものがたくさんあった。だが、これはかえって煩雑であり、真理を見いだす妨げとなったことを知っておそらくは、「不立文字」と言うに至ったのだろう。

学術を営む上では、文事、文字や文章は欠かせない手立てにして媒介である。こうした文章のメリットは、ここまでのところで十全に論じられていました。そこで今度は、いわば文事の問題点に注意が向けられていています。

前節までは、経験や実証の重要性が説かれたわけですが、その際、文事だけで学術をすれば空理に走ってしまう恐れもあるという指摘がありましたね。ここでもその議論を受けて、さらに文事の問題点が俎上に載せられているわけです。

「不立文字」とはまさにその象徴のような言葉です。インドから、南北朝時代の中国に来た菩提達磨(Bodhi-Dharma)は、禅宗の祖とされる人物で、「不立文字」は彼に帰される言葉でした。

例えば、鎌倉時代に凝然（ぎょうねん、一二四〇—一三二一）が書いた『八宗綱要』には「達磨西来、不立文字、直指人心、見性成仏」と見えます。鎌田茂雄氏の訳をお借りすれば、「達磨が中国へ来て禅宗を伝えた。その教えは文字によることなく、直ちに人心を見て、自己の本性を徹見して成仏することを説いた」となります。

文字を立てずに、人の心を直に指す。文字を媒介すると、媒介物であったはずの文字に囚われてしまって、その文字で表していたはずの人心をかえって悟りがたい。だから、文字を媒介せずに、直に人心に向き合え、とでもなりましょうか。

「直指人心」とは、それ自体たいそう難しそうなことであります。そこで、禅の理解にはよい譬えではありませんが、こんな例を並べてみたいと思います。料理をする際、レシピに記された分量を正確に守ろうとするあまり、実際に調理されつつある料理の味を確かめないとどうなるか。最終的に自分にとっておいしくないもの（味が濃すぎるなど）ができてしまうかもしれません。大切なことは、レシピに書かれていることではなくて、目の前でできあがりつつある料理の味そのものです。もちろん、言葉で説明されなければ、料理のしようもありませんが、さりとてレシピ通りで万事ＯＫというわけにもいかないという次第です。

さて、西先生は、不立文字の話に続けて、なぜそんなことが言われ出したのかという理由を推測していますね。要するに、言葉ばかりが繁茂して、その影でかえって真理が見えなくなってしまうということがあったからだろうというわけです。実は、上で引用した『八宗綱要』の文章はこう続きます。訳文と共に示してみます。

達磨西来、不立文字、直指人心、見性成仏、不同余宗森森万法相違法義、重重扣論。

達磨が中国へ来て禅宗を伝えた。その教えは文字によることなく、直ちに人心を見て、自己の本性を徹見して成仏することを説いた。他の諸宗のように五位七十五法とか百法というように繁雑な法相をたてて、それぞれの差別を明らかにしたり、三性三無性とか一念三千とか十重唯識などというような複雑な議論を立てるのとはまったく別である。

（凝然大徳『八宗綱要』鎌田茂雄全訳注、講談社学術文庫、四三三―四三四ページ）

凝然が禅宗と比較しているのはバラモン教でこそありませんが、結果的には同じようなことを述べていることが分かります。いずれにしても、不立文字とは、文字に頼り過ぎた状況に対する批判でもあったという見立てでした。いったい西先生の議論は、どこへ向かってゆくのでしょうか。

書籍上の論

前節で言及された「不立文字」がさらに敷延されます。

併シ全く不立文字と達磨の說も既往將來の工夫もなく、餘りに過きたる語にして、適宜とも爲しかたし。然れとも達磨以來儘《マヽ》眞理を講究する人の出て來り、其後チ隋王通、文仲子なとの如きは聊か眞理ヲ知るものといひつへし。

（「百學連環」第三九段落第四～五文）

この段落はまだ続きますが、ここで一旦区切ります。訳してみましょう。

しかし、不立文字と達磨の説は、過去や未来への工夫があるわけでもなく、あまりにも行きすぎた語であって、適切とは言い難い。とはいえ、達磨の後に、真理を探究する人がまま現れて、後の隋の王通（文中子）などは、いくぶん真理を知っているといえるだろう。

前節で見た達磨のものとされる「不立文字」の論について、西先生は評価を与えています。「不立文字」とは、物事を認識する際、文字に立てないという考え方でした。しかし、それはそうかもしれないが、これでは後にも先にもしようがないではないか、という次第。

では、達磨の後はどうかというので、話は中国の文人たちに及んでゆきます。まずここで言及されているのは、文中子。これは隋の時代の人で、名は王通《おうとう》（Wang Tong、五八四―六一七）。彼の言行録『中説』が知られています。

西先生は、文中子は、いくらか真理を知っているだろうと評していますが、この説明だけではその真意は分かりません。続きを見てみることにしましょう。

其餘以前の儒者たる唯徒らに書籍上の論にして、更に眞理に就くもの鮮なしとす。蘇長公及ひ周茂叔の如きは全く佛にして、卽ち語錄の學派なり。語錄なるものは不立文字の意より來りて文章に就て論することなく、眞理を講究せし語を錄せしものなり。宋の程子等の如きに至りては、語錄なるものを大に制せり。後チ明の薛瑄、陽明の如きも亦其流派とす。

（「百學連環」第三九段落第六〜九文）

現代語にしてみます。

その他、それ以前の儒者はどうかといえば、ただいたずらに書籍の上での議論をしており、真理を志向するものは少ない。蘇長公や周茂叔などは、まったくもって仏教である。つまり、語録の学派だ。語録というのは、不立文字の意から来るもので、文章志向、つまり文章を目的化して論ずるのではなく、真理を探究する語を採録したものである。宋の程子に至っては、語録をよくものした。後の薛瑄や陽明などもまた、その流派である。

では、他はどうか。ここで西先生が「儒者」、儒教に関わる人びとについて検討しようとしていることが分かります。そして、言ってしまえば机上の空論が多いと批判しているわけです。これは、もちろんここしばらく読んでいる実験や実証の話を念頭に置いてのこと。それを踏まえて言い直せば、実験や実証とは関係なく、儒者は本の上だけで話をしているという指摘になりましょうか。

そこで何人かの名前が並べられています。まず、蘇長公と周茂叔です。蘇長公は、北宋の文人、蘇軾《そしょく》（Sū shì、一〇三六―一一〇一）、号を東坡居士《とうばこじ》と言いました。また、周茂叔は、周敦頤《しゅうとんい》（Zhōu Dūn yí、一〇一七―一〇七三）で号は周濂溪《しゅうれんけい》。北宋時代の思想家です。『太極図説』などで知られています。これは、一種の宇宙論で、後に朱子学にも大きな影響を与えることになります。

そういえば、西先生が Philosophy に対して、「哲学」という訳語を造る際、参照していたのはこの周濂渓の『通書』に見える「士希賢」、つまり「士は賢を希う」でした。そこで、「賢哲たることを希う」、つまり「希哲学」と訳し、やがて頭の「希」が取れて「哲学」となった顚末はよく知られているかもしれません。

元の意味を保存するという点では、この「希《こいねがう》」という動詞的な語が落ちてしまったのは、思うに痛恨事であります。なぜなら、この「希」は、原語の philo-（φιλο-）、φιλέω つまり「愛する」「好む」という部分に該当するわけですから。「哲学」では単に sophia（σοφία）、「知」の学という話にもなりかねません。プラトンの描いたソクラテスは、知ることを希って、そうした知を持っていると称する人びととの対話を求めたのでした。この動詞の欠落はけっして軽い話ではないのです。

加えて言えば、知識人の間に漢文の素養があったうちはまだしも、やがて「哲学」という字面が、それだけでは十全な意味を喚起しなくなり果てたいまでは、「哲」の字が漢籍において担っていた意味が連想されることは少なく、意味の分かりづらい語になってしまったようにも思います。

話を戻せば、西先生は、蘇長公と周茂叔は、語録の学派だと言っています。「語録」と言えば、『毛沢東語録』や『松下幸之助語録』など、人によっていろいろなものを連想するかもしれません。いずれにしても、これらの用法は、つまるところ、ある人物が語ったことを集めた書物という意味です。

しかし、西先生がこれを「佛（仏教）」だといささか非難がましく（と、私には見えるのですがいかがでしょう）述べていることに目を留めなければなりません。

実は「語録」というのは、もともと禅僧の言葉を書き留めた書物を指しています。これが後に、人物の発言集のような一般的な意味になってゆくわけです。そして、禅僧といえば、前節で登場した達磨に関わる話でもありました。つまり、インドから中国へ禅を持ち込んだのがこの達磨でした。だから、西先生はここで語録の学派をまるきり「佛」じゃないか、と言うのです。

そして、程子、つまり程顥《ていこう》（Chéng Hào、一〇三二―一〇八五）と程頤《ていい》（Chéng Yí、一〇三三―一一〇七）の兄弟に至って、語録が大いに活用されたと話は続きます。この兄弟は、先に名前の挙がった周茂叔に学んだ人たちでもあります。後の朱子学の基礎を築いた彼らの著作は『二程全書』にまとめられており、そこには語録も入っています。彼らが提起した「理気」の区別や「窮理」については、後に「物理」や「心理」が論じられるところで、詳しく触れたいと思います。

西先生は、さらに薛瑄《せっせん》（Xuē Xuān、一三八九―一四六四）と王陽明《おうようめい》（Wáng Yáng míng、一四七二―一五二八）という具合に、時代を下りながら、語録という形式を使った文人を想起しています。

いずれにしても、文脈から推し量るに、ここに挙げられた人びとは、まとめてしまえば机上論派、非実証的な文人たちだ、ということになりそうです。ただし、私たちとして忘れてならないことは、西先生自身が、かつてそうした儒学の伝統にどっぷりと浸かり、漢籍の素養を身につけているということです。そうであればこそ、儒学的発想とは異なる西洋諸学の骨法が、いっそう身に沁みていたはず。それは、初めから確立されたものとして、「そういうものだ」という具合に当然視され、受容されるのとは、まるで次元の違うことです。

江戸の儒者の場合

前節は、儒者はもっぱら書籍上の論ばかりで、あまり真理について考えないという話でした。大きくまとめれば、言葉（文章）と真理の関係が問題とされているところです。では、続きを読むことにしましょう。改行せずにこう続きます。

我か國にては中江藤樹、熊澤蕃山、其他新井白石、貝原篤信の如きは又其餘派とす。又徂徠、長胤伊藤、鳩巣の如きは學派を異にし、文事を以て重するに至れり。其後三助先生古賀彌助、尾藤良助、柴野彦助。且つ山陽先生の如きに至りては眞理文章相合するといふへし。然れとも猶腐儒の境界を脱すること能はす。若し山陽先生實に眞理を知るの人なるときは、其著はす所の書籍なとは和文を以て書すへきに、何故にか徒らに苦しむて漢文を以て記せしや。其漢文を以て記せるか故に、自からも大なる辛苦を得、讀者も亦多くの労を費し、且つ漢文に暗きものは更に何等の物たるを知ること能はす。

（「百學連環」第三九段落第一〇～一五文）

訳してみます。

わが国では、中江藤樹、熊澤蕃山、その他、新井白石、貝原篤信〔益軒〕などもまた、その余派である。また、荻生徂徠、伊藤長胤〔東涯〕、室鳩巣などは別の学派であり、文章を重んずるに至った。その後、三助先生古賀彌助〔精里〕、尾藤良助〔二州〕、柴野彦助〔栗山〕それと頼山陽先生などに至っては、真理と文章は互いに一致すると主張している。しかしながら、それでもなお、腐儒から脱することはできていない。もし山陽先生が、本当に真理を知る人であるなら、彼が著す書籍は、和文で記すべきところ、無駄に苦しんで漢文で記しているのはどうしてだろうか。漢文で記すために、筆者自身も大いに苦しいいし、読者のほうもたくさんの労を費やすことになる。さらに、漢文に通じていな

＝い者にしてみれば、〔漢文で書かれたものを手にしても〕なにも知ることができないのである。＝

前節での中国の儒者についての話から、今度は日本の儒者たちに目が転じられています。しかも、ここに並ぶ名前は、いわゆる「日本思想史」に登場する錚々たる面々。一人一人について解説する暇はありませんが、いずれも江戸時代の儒学者たちです。「三助先生」とは、いまではあまり馴染みのない表現ですが、古賀、尾藤、柴野の三人は、「寛永三博士」などとも称された儒者でした。

そして、ここで西先生が、具体的に的を絞って評価を与えているのは、頼山陽（らい・さんよう、一七八〇―一八三二）です。明治維新にも大きな影響を及ぼしたと言われる『日本外史』を著した人物。その山陽は、真理と文章は一致すると述べているというわけです。

「然れとも」と続く文章では、少し面白いことが主張されています。「それでもなお、腐儒から脱することができていない」じゃないか。つまり、もし本当に真理と文章が一致すると考えているなら、腐儒から脱していてもいいはずだ。だがそうはなっていないぞ、という批判です。

「腐儒」というのは、「役立たずの儒者」というほどの罵りでした。真理と文章が一致すると考えているのなら、役立たずの儒者ではい続けられないはずだと迫っているわけです。さらに裏を返せば、腐儒は文章、言葉にばかり耽溺して、真理を見ようとしない。儒学はもっぱら「書籍上の論」じゃないかという批判は、前節で見たように、中国の儒者について言われたことでしたが、それを踏まえているのでしょう。

さらに西先生は、山陽先生につっかかってゆきます。ここも大変興味ある論が展開されているところ。というのも、もし本当に真理を知る人であるなら、漢文ではなく和文で記すべきではないかというのですから。

私はこのくだりを読んで、西先生の主張になんとなく違和感を覚えました。例えば、こんな具合に考えた場合、どうなるでしょう。いや、真理を知っているということと、それをどんな言語で記すかということは、直接は関係ないのではないか、何語で書こうが真理は真理ではないか、と。

ここで検討することなく用いている「真理」という言葉については、別途確認が必要です。しかし、今はさしあたり問わずにおきます。宇宙や世界について、それがどうなっているかということについて、真の理《ことわり》、本当の仕組みのことを「真理」と呼んでいるのだと考えておきます。

そうした真理を、どのような手段で表現するのか。西先生は、そのことを問題にしています。しつこいようですが「實に眞理を知るの人なるときは、其著はす所の書籍なとは和文を以て書すへき」との主張には、どういう見立てが働いているのでしょうか。本当に真理を知っているのであれば、漢文ではなく和文で書くべきであるとは、どういうことなのでしょうか。西先生の本意は、まだ見えません。このことを気に留めながら、右の文章の残りを読むと、話は意外なほうへと進んでゆきます。

つまり、漢文で書くと、書き手も苦しいはずだし、読み手も苦労が多いぞというのです。そして、当然のことながら、漢文が読めない人にとっては、ちんぷんかんぷんで、そこに真理が表明されていたとしても、なんにも分からないではないか、という次第。

この批判自体は、たぶん当たっているのでしょう。いえ、ひょっとしたら自ら漢文で著述もしている西先生は、和語で考えているのに漢文で記すことの辛さや違和感について、ご自分の経験から語っているのかもしれません。また、日頃使っている和文とは異なる漢文を読む辛さについては、読者のみなさんも身に覚えがあるかもしれません。

ただし繰り返すと、読み書きが辛いことと、真理を知っていることとには、一体どういう関係が前提とされているのか。西先生の議論の展開では、そこが少し分かりづらいように思います。真理と文章をめぐる話は、どうなるでしょうか。

文章は諸人の解し易きを主とする

文章は改行せずに、次のように続きます。

> 若し和文を〔以て〕するときは廣く萬民に遍ふして、其益大なるへし。我か國以來文章を書く、苟も和文を〔以て〕せさるへからす。併シなから學者漢文を知らすして可なりと云ふにはあらす。必すしも學ヒ得て漢文も書くことを得るを要せさるへからす。唯タ著す所の文章は諸人の解し易きを主とするか故に、漢は漢の文字を以てし、英吉利は英吉利の文字を以てし、法朗西は法朗西、我か國は我か國と、其國民の解し易きを以て肝要とすへし。西洋にても以前は Bacon《英の大儒者》 Hugo de Groot《和蘭の大儒者》 Montesquieu groceus《〔マ、〕》《佛の大儒》 の如きも羅甸の文字を以て文章を著せり。猶我か國の山陽先生に至るまて儒者たるものは、漢文を重むし用ゆるか如し。
>
> （「百學連環」第三九段落第一六〜二一文）

上記の文中、groceus の右には〔マ、〕、左には gruce と添えられています。この語が何を意味するのかは分かりません。ベイコンやグロティウスを「儒者」としているのはちょっと面白いですね。この場合、「儒者」とは儒学者のことではなく、和漢における儒学者に該当する学者というほどの意味だと思います。

では、訳してみましょう。

もし和文を使えば、広く万民に遍く行き渡るので、その利益は大きいはずだ。我が国ではこれ以後、文章を書くにあたっては、和文を使うべきである。とはいえ、学者は漢文を知らなくてよいわけではない。必ずこれを習得して、漢文も書けるようにしておかねばならない。ただ、文章を書く場合には、人びとが分かりやすいものであることをもっぱらとする。したがって、中国では漢字で、イギリスではイギリスの文字で、フランスではフランスの文字で、我が国では我が国の文字で、その国民が分かりやすいことが肝要である。西洋でも、以前はベーコン《イギリスの大学者》、フーゴー・グロティウス《オランダの大学者》、モンテスキュー《フランスの大学者》なども、ラテン語で文章を著していた。ちょうど我が国において、頼山陽先生に至るまで、儒者たるものが、漢文を重んじて使ったのと同様である。

いかがでしょうか。現代人にとっては、さほど問題なく理解できる主張だと思います。かえって、どうしてかつては日本の論者が日本語ではなく、漢文でものを書いていたのかということのほうが、疑問になるかもしれません。

西先生は、日本でものを書くのであれば、日本語で書いたほうがよいと言っているわけです。その理由として挙げられているのは、そうすれば、広く国民に読まれるからだということですね。日本語ならぬ漢文で書いた場合、当然のことながら読者は限られます。漢文を読む訓練を積み、素養のある人にしか読めません。そうではなくて、日ごろ日本語（和文）を使っている人びとであれば、誰でも読めるように日本語で書くべきであるという次第で、至極分かりやすい話です。

ただ、ここで参照されているように、西洋においても、かつては学術の領域では、ラテン語が使われていました。国や民族は違っても、一種の共通語《リンガフランカ》として使われていたのでした。

それに対して、例えば、フランス語であればデカルト、イタリア語ならダンテ、ドイツ語ならルターといった人びとをはじめ、ラテン語のみならず、いわゆる「俗語」によって表現を試みる人びとが現れ、やがてそれが大勢となってゆく過程があります。

例えば、マルティン・ルターの場合、従来カトリック教会が、『聖書』のテキストや読み方（解釈）について統制していたのに対して、これを人びとが日常的に使うドイツ語に訳し、また、『聖書』の読み方を刷新することで、権威によって囲い込まれていたキリスト教そのものを解放していったのでした。

従来のラテン語を脱して、自分たちの母語で表現するということには様々な側面があります。ただ、共通して言えるのは、ラテン語の訓練や素養を必ずしも積んでいない人びとに向けて、書物や知を開いてゆくということです。ここで議論するには手に余りますが、こうしたいわゆる「俗語革命」は、それまでの政治や宗教や学術の権威が、無条件には成立しない時代への変遷と裏腹の出来事だったのではないかと思います。

これは西先生たちが生きた江戸から明治へという転換期の日本でも経験されたことでした。明治期日本の場合、それに加えて、西洋由来の新しい概念、それまでの日本語に存在しなかった概念を、どうやって日本語に採り入れてゆくかというもう一つ大きな課題もありました。それは、現在もなお私たちが使っている日本語の姿をつくった時代でもあります。

それなら、漢文はきっぱり捨て去って、和文だけで行けばいいではないかと思いたいところですが、西先生は但し書きを付けています。学者については、引き続き漢文も使えるようにしておく必要があると言います。

その理由は明確に述べられていません。ただ、推測すれば、この「百学連環」講義でも繰り返し述べられてきたように、過去の学知を知り、現在や未来に活用するという温故知新の精神があるでしょう。単に漢文の素養を捨て去ってしまえば、過去の蓄積を丸ごと捨て去ることになりかねません。

それに、まさに西先生がそうであったように、西洋の新しい言葉や概念に対応するためにも、漢語は大いに役立ちました。先に「哲学」という言葉について少し見たように、Philosophyを「(希)哲学」と訳すことによって、フィロソフィーを日本語として採り入れるだけでなく、それを漢籍に蓄積された叡智とも関連づけることができたわけです。

しかし、もし人が漢文の素養を失ってしまえばどうなるか。「哲学」という字を見て、それはPhilosophyの訳語だとは思っても、周濂渓の『通書』という文脈を想起することはなくなります。西先生は、そうした事態になることを懸念していたのでしょうか。

これは推測に過ぎませんが、現在、外来語を単にカタカナで音写して済ませることの多くなった一つの要因は、もしかしたら、私たちが漢文の素養を失ってしまったことにあるのかもしれません。

追記――「百物」という言葉が『論語』に見えることについて、竹中朗氏からご示唆をいただきました。記して感謝いたします。

第11章 論理と真理

新致知学——真理を探究する方法

前節では、文章は万民が広く読めるように、漢文ではなく和文で書くべきだという主張がなされました。ここから議論は、その重要な中味である「真理」のほうへと進んでゆきます。

> さて眞理を見出すの方略《テダテ》になるへきは文章、器械、設け等種々ありと雖も、其を如何して講究見出すへきかを知らさるへからす。其は玆に新致知學の一法といふあり。其元トは A Method of the New Logic にして、英國の John Stuart Mill なる人の發明せし所なり。其著はす所の書籍は System of Logic とて随分大部なるものなり。是よりして學域大に改革し、終に盛むなるに及へり。
>
> （「百學連環」第三九段落一三〜一四文、第四〇段落第一〜三文）

一旦ここで区切りましょう。訳すとこうなるでしょうか。

〓さて、真理を見いだすための手立てになるのは、文章、器械、施設など、さまざまなものがある。〓

しかしながら、それをどのようにして講究し、見いだしたらよいかを知らなければならない。ここに「新論理学」という方法がある。もともと〔英語で〕A Method of the New Logic といい、英国のジョン・スチュアート・ミルという人が発明したものだ。彼が著した書物は『論理学体系(System of Logic)』といい、かなりの大著である。これによって学域がおおいに改革され、ついに盛んになったのである。

ここ数節の議論で「真理」というものが徐々に浮上してきました。さまざまな学術の手立てについて説明しながら、西先生は、「真理の発見」こそが目的であることを忘れると空理空論に堕してしまうと注意を促し、その文脈で儒学者に対する批判を展開したのでした。それでは、問題の真理をどのように発見できるのかという話題に転じてゆきます。

そこで西先生が引き合いに出すのは、本書でもすでに何度か登場しているイギリスの哲学者、J・S・ミル（John Stuart Mill、一八〇六―一八七三）です。西先生の生没年（一八二九―一八九七）を見ると分かるように、二人は同時代人でした。この「百学連環」講義が行われた明治三年の時点で、ミルは存命中です。

また、その『自由論（On Liberty）』が、中村敬太郎（正直）によって『自由之理』として刊行されたのは、明治五年（一八七二）のことでした（原著は一八五九年刊行）。その自伝をはじめ、いまでも新しい訳が出されて読まれ続けています。

それはさておき、ここで注目されている『論理学体系』は、一八四三年に刊行された大著です。原題は、A System of Logic, Ratiocinative and Inductive; Being a connected view of the principles of evidence and the methods of scientific investigation と言います。こうした長ったらしい書名は、ヨーロッパの学術書の

一種伝統とでもいうべきものでした。

大關將一訳（春秋社、一九四九）の書名をお借りすれば、『論理學體系：論證と歸納 證明の原理と科學研究の方法とに關する一貫せる見解を述ぶ』となります。

ところで「論理学」と言えば何を連想するでしょうか。おそらく、「数学」の時間に習うベン図や「AならばB」といった論理式、「∀」「∃」のような記号、あるいは「かつ」「または」といった論理積や論理和などが思い出されるのではないでしょうか。もしそのような印象が強すぎてしまうと、ここでなぜ真理を論じるのに論理学が問題になるのか、少々分かりづらいかもしれません。

しかし、ミルの書名にも見えるように、事は「証明の原理」と同時に「科学研究の方法」にも関わっています。現に、同書の中でミルは、論理学をこんなふうに定義しています。

私たちは、論理というものを、真理を追究しようとする人間の理解力の働きぶりを扱う学問《サイエンス》と定義すべきではないか。

(A System of Logic Vol. I, 1843, p.5より訳出)

まさに西先生が問題としている真理の探究に関わって、論理を研究しようという次第です。

ちなみに、ここまで「論理学」という言葉を使ってきましたが、西先生は「致知学」と訳していますね。「知に致る学」というわけで、一つの見識が現れていると思います。論理学のほうは、「理を論ずる学」ということで、これはこれで理に適っているように思えます。

原語の Logic は、例によってギリシア語の λόγος（ロゴス）に由来します。また、λογικός（ロギコス）といえば、論理学という意味にもなります。論理学の歴史もヨーロッパにおいては、やはり古典ギリシア時代から続くものでした。ミルの試みは、その旧来の論理学に対する新しい論理学ということで、西先生はこれを「新致知学」と訳したのです。

いま私たちが読んでいるのは「百學連環」の冒頭に置かれた「総論」です。それに続く本論、つまり百学の各々について解説した部分では、「致知学」はどこに位置づけられているかというと、実は「哲学」の下に分類されています。

西先生は、ミルの論理学のどこに可能性を見たのでしょうか。

得モ缺マジキ論理学

先を読み進める前に少し補助線を引いてみます。西先生は、その著作や翻訳書の中で、しばしば論理学に言及しています。関係の大きなところで言えば、明治七年に刊行した『致知啓蒙』があります。当世風に言えば『論理学入門』となるでしょうか。

同書は、論理学の語義と歴史を概観してから、その内実についての詳しい解説が展開されるという構成をとっています。その巻頭で、西先生はこう述べています。

學テフ語ヲ、言ヲ異テ說ナバ、大學ニ知ヲ致ストナム云ヘル、是ゾイト能適ヘル。

（『致知啓蒙』第一章「原學大旨」）

訳せばこうなりましょうか。

「学」という言葉を、言い換えるなら、『大学』に「知を致す」という表現がある。これは誠に適切なことである。

西先生がlogicを「致知」と訳したことは前節で見た通りですが、その訳語の出典が『大学』であることがここから分かります。『大学』の冒頭は、学問の仕上げとして学ぶべきは徳であると主張された後、徳を身につけるために必要な事柄、その根本が次々と辿られるという面白い流れになっていました。今、その要点だけを抽出すれば、徳→国→家→自分→心→誠意→致知→格物という順序です（『大学』では、この順序が示された後に、今度は「格物」から「国」や「天下」へと戻ってゆきます）。

ここで特に注目したいのは最後の二つです。「知を致すは物に格るに在り」、つまり、知に致ろうと思えば、その前に事物に格《いた》る必要があるという次第。

このくだりは、ここまでの西先生の講義に即して言えば、言葉で学をなすといえども、言葉だけに惑溺してはならず、必ず実証、実験が必要であるという議論にも重ねて読める箇所です。といっても、『大学』自体に、西洋学術の経験主義がそのまま重ねられるということではなく、西洋学術を見知った目で読めば、そうした重ね読みをしたくなるというほどの意味であります。

話を戻せば、西先生が「学」を「致知」と言い換えていることに注目しておきたいと思うのです。「知を致す」ことが「学」である。その「致知」をlogicの訳語に選んだということから、西先生が「学」と「致知学（論理学）」の間に非常に強い関係を見ていたことが窺えます。

その一例として、先ほどの『致知啓蒙』冒頭の続きを見ておきましょう。こう続きます。

此書ハ、欧羅巴ノロジカ〔拉 logica、佛 logique、英 logic、日 logik、蘭 redeneerkunde〕テフ

學ヲ、論ツラヒテ、吾人ノ致知ノ法ヲ、示サムトテ、マヅロジカテフヲ、支那ノ語ニ飜シテ、致知学ト名ケツ。（略）サテ致知學テフハ、此日本ノ國ニモ、支那ニモ、昔ヨリ、サル學ビノナキモノカラ、人イト嘲ミ思フベケレド、學ビノ道ニ、心ヲ寄ナム者ハ、何ノ學ビニモアレ、得モ缺マジキ、手解キノ學ニテ、中ニモ、形而上ノ論ラヒニツキテ、此學ビノナカリセバ、數ノ學ビナクシテ、格物ノ學ヲ、事トスルガ如クナルベシ。

（『致知啓蒙』第一章「原學大旨」）

ご覧のように、ヨーロッパ諸語に見えるlogica（ラテン語）を、中国語を使って「致知学」と名付けたという旨が述べられています。略した箇所では、『大学』で言う「致知」には、論理学のような「致知ノ術」はないという比較がなされています。

そして、上記のように、従来、日本にも中国にも論理学というものはなかったため、余人はこれを「嘲《あさ》ミ思フ」、つまり、軽んじたけれども、学に従事しようという程の者であれば、不可欠の学問であると、その重要性を主張しているのです（論理学が当時どのように軽んじられたのかは興味のあるところです）。論理学を学ばずに形而上に関わる議論をするのは、あたかも数学を知らずに物理学をやるようなものだというわけです。

これに続いて、西先生は、古代ギリシアのアリストテレスが論理学の父であるという淵源から始めて、古典ギリシア語におけるロゴスの意味を説き、ハミルトンがこれを「思慮の法の学」と定義したことなどに触れます。このように従来の論理学を巡る文脈を確認した上で、ジョン・スチュアート・ミルこそが、『論理学体系』においてこの学問の面目を新たにしたと位置づけています。

その要点は、「新タニアル理リヲ、發明スルコトニ、用ヒタリ。是ゾ、近頃ノ致知學ノ新シキ發明ナル」、つまりミルは論理学を、新しい理を発見することに使った点で注目に値すると言われているのでした。

では一体、ミルの論理学の新しさ、「新しい理の発見」とは、どのように成されるものなのでしょうか。それこそが問題なのでした。

なぜ「演繹」というのか

西先生は、ミルの新しい論理学のポイントを、このように説明します。

> 其改革の法たる如何となれは induction《帰納の法》 なるあり。此の帰納の法を知るを要せんには、先つ以前の deduction《演繹の法》 なるものを知らさるへからす。演繹とは猶字義の如く、演はのふる意、繹は糸口より糸を引キ出すの意にして、其一ツの重なる所ありて種々に及ほすを云ふなり。
>
> **（「百學連環」第四〇段落第四～六文）**

では、訳してみましょう。

> その改革の方法とはどのようなものかといえば、induction というものがある。この帰納という方法を知ろうと思えば、まずそれ以前の deduction というものを知らなければならない。演繹とは、その字義のように、「演」は「のべる」という意味、「繹」は「糸口から糸を引き出す」という意味であり、一つの重なるところがあって、それを種々のものに及ぼすことを指している。

当然のことながら、ここは西先生にとっても勘所らしく、しばらくこの論理学の二つの方法についての解説が、具体例を交えながら続きます。真理に迫る方法としての論理学は、百学の連環を考える上でも、大きな意味を持つところでありましょう。私たちもここは少し丁寧に読んでみたいと思います。

さて、西先生は、改革の方法として「インダクション」という語を紹介して、これを「帰納」と訳してみせます。ただし、帰納を理解するためには、その前に「ディダクション」、「演繹」を知る必要があるという具合に整理し直します。

この「帰納」と「演繹」という言葉は、現在でも使われている語ですね。これは、西先生が訳したものだと言われています。この「百学連環」講義の数年後、明治七年に刊行した『致知啓蒙』でも、一旦は「鉤引〔deduction〕」「套挿〔induction〕」と訳した上で、「演繹」「帰納」としています。「鉤引〔deduction〕」は、「鉤《かぎ》」で「引く」。つまり、なにかを引き出してくるイメージでしょうか。「套挿〔induction〕」は、「套《とう》」ですから、同じようなものを重ねて、「挿《はさ》む」ということになりましょうか。これらの訳語は、なにか動的な印象を与えますね。

ところで、『哲学・思想翻訳語事典』（石塚正英＋柴田隆行監修、論創社、二〇〇三／増補版、二〇一三）によれば、『英和対訳袖珍辞書』（一八六二）では deduction を「引減スルコト、推テ出来ルコト」、inductive を「引起ス」と訳しているとのことです。また、『和英語林集成』（一八六七）では、deduction は「ヒクコト」と訳し、induction については項目がないようです。これらの翻訳でも、動きの感じられる訳語が選ばれているのが目に止まります。

「百學連環」に戻りましょう。先ほど訳した箇所で、西先生は、まず「演繹」の説明をしています。「演」という字は、音で「エン」、訓で「のべる」と読みました。「演説」「講演」などの語にも使われているように、引き延ばすことが原義です。

それから「繹」は、音で「エキ」、訓で「たずねる」でした。西先生も説明しているように「糸口から糸を引き出す」という意味があります。糸口とは、(巻いてある) 糸の先っぽのこと。『英和対訳袖珍辞書』や『和英語林集成』の訳語と方向は似ていますが、「演繹」は漢語として引き締まっているように感じられます（そんなことはないでしょうか）。

「其一ツの重なる所ありて種々に及ほすを云ふなり」は、ここだけ見ると少し分かりづらいですが、なにか重《おも》なるところがあって（これについては次節でもう少し検討します）、そこから引き出されたものが、あちこちに及ぼされるという説明です。演繹というのは、そういうものだという次第。

ここはまだ論理そのものを説明しているというよりは、譬えを使ってなにごとかの動く様子を示しているようにも見えます。なにが動いているかと言えば、明示はされていませんが、ここまでの議論を踏まえて補足すればこうなるでしょうか。つまり、人間が言葉を使って真理を探究して思考を働かせる際、その思考がどのように作動するか。その思考の働き具合を説明しているのだ、と。

ちなみに「演繹」の原語である deduction は、もともとラテン語の deductio に由来する語です。deductio には、「運び去ること」「植民」「差し引き」といった意味があります。その動詞形は、deduco で、日本語では「引き下ろす」「率いる」「(船を) 出帆させる」「連れ去る」「移動させる」「追い出す」「減らす」「(糸を) 紡ぐ」といった訳語が充てられます。ついでながら面白いのは、deductor で「教師」や「指導者」という意味にもなることです。

西先生の訳語や、比較のために見た二つの辞書の訳語は、どうやらこのラテン語の原義を反映しているようでもありますね。

次に具体例を提示して「演繹」の説明が試みられます。

演繹を猫とネズミに譬える

西先生は、演繹の概要を理屈で説明した上で、今度はそれを具体的な譬えで重ねて説きます。こんな具合に。

之を猫の鼠を喰ふに譬ふ。猫の鼠を喰ふや、先ツ其の重なる所の頭より始め、而して次第に胴四足尾に至るなり。古昔聖賢の學も孔子は仁智と言ヒ、孟子は性善を說く。孔子の如きは更に論しかたしと雖も、孟子言へハ必稱堯舜と、卽ち性善を說くものにして、仁智と言ひ、性善と言ふも皆重なる所の記號《カンハン》にして、是よりして幾緖の道理を引き出すなり。古來儒《學》者たる者その理にして、經書《孟子》を學ふ者は之を重とし、歴史《論語》は歴史《論語》を重とし、總て其重とする所よりして種々の道理を引き出す、是則ち猫の鼠を喰ふ演繹の法なり。

（「百學連環」第四〇段落第七～一一文）

では、訳してみましょう。

これを猫がネズミを食べる場面に譬えてみよう。猫がネズミを食べる場合、まずその重要な部分である頭からとりかかり、それから次第に胴、四足、尾へと至る。昔から、聖賢の学においても、孔子は仁智と言い、孟子は性善を説いた。孔子のほうは今となっては論じるのは難しいが、孟子のほうは、口を開けば必ず堯と舜を引き合いに出して、性善を説く。「仁智」といい、「性善」といい、これはいずれも重要な部分についての記号であり、ここから様々な道理を引き出すのである。古来、学者たる者は、〔そうしたものを〕理にして、経書を学ぶ者であれば経書を重要なものとするし、歴史を学ぶ者は歴史を重要なものとする。いずれの場合でも、その者が重要だとするところから種々の道理を引き出すのである。これがつまり、猫がネズミを食べる演繹の方法である。

なんとも意外な譬えが出てきました。西先生は、演繹法を猫がネズミをどうやって食べるかということに譬えています。ここで「重なる所」をどう読むかで、少し迷いました。最初、私は「かさなる所」と訓読みをしたために、はて、どういう意味だろうかと首をひねったのでありますが、これは恐らく「おもなる所」「じゅうなる所」と読むべきでしょう。要するに、何を重要なもの、重きを置くべきところ、勘所とするかというわけです。ここから翻って考えれば、「かさなる所」と読んだとしても、種々のものにおいてかさなっている部分という具合に理解できそうです。

この譬えは、ここだけを読むと、ちょっと意味が分かりかねます。猫がネズミを食べるとき、ネズミにはいろいろな部位があるけれども、その重要な部分である頭から食べるだろう、それと同じように演繹法は……というのですが、私はかえって混乱してしまいました。みなさんはいかがでしょうか。この譬えの意味は、後に帰納法について同様の譬えが持ち出されるところで、腑に落ちるかもしれません。

ただ、この譬えを読んでこうも思いました。ひょっとしたら、ここで大切なことは、厳密な理解というよりも、そのままでは捕らえどころのない抽象的な話を、身近で誰でも想像できるような、具体的な姿形で思い浮かばせることかもしれない、と。さらに進んで想像を逞しくすれば、この譬え自体が、一種、記憶の便宜にもなりそうです。

古代ギリシア以来、西洋で長い伝統を持っていた記憶術では、覚えたいことをただ覚えるのではなく、脳裡に強烈なイメージとセットにするというコツがありました。「演繹法」という極めて抽象的な、言語や論理の操作を、猫がネズミを食べる場面に譬えれば、受講者は「演繹法」といえば、なにはさておき、この猫とネズミのことを思い出すかもしれません。現に私自身、「百學連環」の中でも、この譬えは忘れがたいものの一つになっています。

さて、西先生は、そのように譬えて、聴講者にとても具体的なイメージを与えた後で、今度はまた別の角度から例を出します。ご覧のように、中国古典、儒学の例です。

孔子や孟子を思い出してみよと西先生は言います。恐らくこの講義を聴いていた人びとにとって、孔子や孟子は、現在よりもずっと身近な例であったでしょう。江戸時代の藩校などでも、孔孟は教科書として使われ続けていました。孔子は「仁智」と言うし、孟子は「性善」と言う。そして、彼らはいわばこの一つの鍵概念から、様々な道理を引き出してくる。というわけで、猫とネズミの譬えから、もう少し本来の演繹に近い例を出しています。

ところで、「記號」に「カンハン」とルビが振ってあるのが、少し気になります。「カンハン」とはおそらく「カンバン」のことだと思います。これは何々だ、と号（しるし、名前など）を記したものということでしょうか。同じ箇所を、「百學連環」の「乙本」で見てみると、やはり「記號」に「カンバン」とルビが添えられており、さらにその右に白丸で圏点が三つ振ってあります。その上、その行の上部余白に「據り處」とあり、この文字にも黒丸が三つ振ってあります。

いま仮に、「記號」を「據り處（拠り所）」と置き換えて、当該箇所を読むと、こうなります。

仁智と言ヒ、性善と言ふも、皆重なる所の一の據り處にして、是より幾諸の道理を引き出すなり

（「百學連環」乙本）

「仁智」や「性善」という鍵概念を重要な「拠り所」として、ここから様々な道理を引き出す。これは、「記號」に比べて、私たちにもいささか腑に落ちやすいのではないでしょうか。

書籍の奴隷となりかねない

参考までに現在の辞書ではこの「演繹」という言葉をどのように説明しているか覗いておきましょう。『新明解国語辞典 第七版』（三省堂）には、こう見えます。

——する（他サ）　一般的な原理から、論理の手続きを踏んで個個の事実や命題を推論すること（考え方）。↕帰納

「一般的な原理」、つまり個々の物事ではなくさまざまな物事に共通して該当するような基本となる理《ことわり》から、論理のやり方によって個別の事実や命題を推して論じることだ、というわけです。この語釈で「一般的な原理」と書かれているところが、西先生の言う「其の重なる所」に該当するわけです。

もう一つ、『新潮現代国語辞典 第二版』（新潮社）も見てみます。

（「繹」は引く、引き伸ばす、の意）（名・スル他動）㊀一つのことから意味を押し広げて述べること。㊁（deduction）一般的な原理から特殊な事柄を経験によらず必然的・論理的結論として

推論すること。↕帰納〔西・致知〕

この語釈では、いわば広義と狭義の二つが示されています。広義のほうは、論理とは少し離れて、一つのことをもとにして、そこから意味を広げてゆく様だというわけです。狭義のほうは、『新明解国語辞典』と同様に、論理学における「演繹」の意味を示しています。その語釈は、『新明解』とほぼ同様ですが、一点目を惹くのは、「経験によらず」という一文でしょうか。論理だけによって推論を行うということを、さらに強調する表現になっていますね。

末尾に添えられた〔西・致知〕とは出典名です。これは先に触れた西先生の『致知啓蒙』のことです。また、どちらの辞書も「演繹」を「帰納」とセットで見るようにと指示していることにも注意しておきましょう。西先生も、演繹と帰納の二つを並べて論じているのでした。

では、以上の語釈を念頭に置きつつ、西先生の講義の続きを読んで参りましょう。

凡そ學たる演繹歸納の二ツにして、古來皆演繹の學なるか故に、前にもいへる如く其一ツの據ありて、何もかもそれより仕出す。故に終に其郭を脱すること能はすして、固陋頑愚に陷るなり。是即ち實知なることなくして唯書籍手寄りの學にして、己レ書籍を役すること能はす、却て是か奴隷となり役使せらるゝなり。

（「百學連環」第四一段落第一〜三文）

ここで区切りましょう。訳してみます。

一般に学には、演繹と帰納の二つ〔の方法〕がある。古来、どれもこれも演繹の学だったため、前にも述べたように、一つの重要な拠り所があって、なんでもかんでもそこから引っ張り出すという具合である。だから、結局その囲いを脱して高く抜きんでることができず、見聞が狭く頑固なため道理に暗いという状態に陥ってしまうのだ。これはつまり、実際の知にならず、ただ書籍だけを手がかりとするような学であって、これでは書籍を自分の役に立てることはできず、かえって反対に自分のほうが書籍の奴隷となって使役されてしまうことになる。

ご覧のように、西先生は従来の演繹による学の問題点を指摘しています。先に見た現代の日本語辞典の語釈を借りて言い換えれば、演繹という方法では、経験によらず、一般的な原理から論理によってなんでもかんでも引っ張り出すというやり方をする、となるでしょうか。だから、拠り所にした「一般的な原理」という「郭（囲い）」から出ることができないのだ、というわけです。

しかし、それでは「実知」ならぬ本のみを手がかりとする知、机上の知になってしまう。そうなれば、本に収められた知を使うどころか、本の奴隷になってしまうではないか。いろいろなことを連想させる指摘ですが、それは措くとして、これは先に見た「書籍上の論」に通じる議論ですね。

ここで「実知」とは、これまでの議論の文脈を踏まえるなら、実験や実証で確認された知ということになるでしょう。上のほうで見た『新潮現代国語辞典』の「演繹」の語釈にあった「経験によらず」という言葉とも呼応するところであります。

陽明は心を主とするけれど

目下のところ、学問において真理に近づくための手段である「致知学（論理学）」の内実を検討しているのでした。その新しい論理学には、従来の演繹法だけでなく、帰納法もある。そこでまずは演繹法について議論をしているところ。前節は、その弊害を検討したのでした。

つまり、一つの拠り所とする原理から、いろいろなものを引き出すのが演繹法ですが、この方法には、「実知」によらず、書籍上の学でいくらでもものを言えてしまう危険性があるという次第です。

では、続きを読みましょう。

かく弊あるか故に後〔チ〕陽明の如き人ありて學は實知と云ふを論せり。其語に主心とて學は心を主とするにありと云へり。又云良知良能と。かく學は心を主として實知にありといへり。然れとも其知たる五官より發する所の知にあらす、唯我か善しと知る所を以て推シ及ほすか故に、其弊害又大なりとす。大鹽平八郎の如き皆其餘派なり。

（「百學連環」第四一段落第四～九文）

訳してみます。

このように弊があるので、後の陽明のような人が、「学とは実知である」と論じたのだった。その言葉に「主心」というのがある。つまり、学は心を主とすることにあるという次第。また、「良知良能」とも言った。このように、学とは心を主として実知にあるというわけである。とはいえ、その場合の「知」というものは、五官から生じる知ではなく、ただ自分が善いと知っている（思い込んでいる）ことを基準に、それで物事を推し図ってしまうため、その弊害も大きい。大塩平八郎のような人たちは、いずれもその類である。

ご覧のように、演繹法に弊害があることを踏まえて、西先生はもう一つの例を持ち出しています。以前、「知行合一」を論じた際にも登場した王陽明の考え方です。

西先生によると、陽明は学とは実践知（実知）であると論じたわけです。この限りでは、ここで批判されている演繹のような机上の知とは違っているようです。

その陽明の説として、「主心」と「良知良能」という二つの考え方が引き合いに出されています。陽明は、時代の学問であった朱子学を学びつつ、それに対する違和感を糧に、新たな考え方を提出した人でした。どのような学問であれ、ある対象や条理をどのように把握するかということが大きな問題となります。強調して言えば、この宇宙、この世界をどうやって知り、把握できるかということが大きな課題です。

学術の歴史とは、言ってみれば、この巨大な対象のうち、ある部分について、それがどのようなことであるのかを明らかにしようとする営みであります。中国における学問のさまざまな伝統においても、この問題に対してどこに軸足を置くか、何を主とするかという点において、多様な立場がありました。

ここで西先生が引いている陽明の発想は、他ならぬ人間の「心」を中心として考えるというものです。「百學連環」の文脈に沿ってもう少し言ってしまえば、自分の心の外にある知、例えば書物に書かれた知を中心とするのではなく、自分の心、その心が実際に経験したものをこそ重視せよということになるでしょうか。

もう一つの「良知良能」とは、孟子に由来する考え方です（『孟子』尽心章句上）。つまり、人間が生来持っている知る能力、知能を指します。

ここまでなら、恐らく西先生も文句はなかったのではないかと思います。

しかし、陽明が「良知良能」という場合の「知」の内実に問題ありというのです。陽明の言う「知」とは、五官、感覚を介して生じるものを指すのではなく、「唯我か善しと知る所」、ただ自分がよいと知ることを指している。「善し」というのは、道徳的な判断と言い換えてもよいかもしれません。何事かが善いか否かという判断が、陽明の言う良知良能だというのです。そして、それでは弊害がとても大きいと、やはり批判しています。

西先生が、道徳的な知（判断）に対して、「五官から生じる知」を対置していることに注意しておきましょう。何事かについて、私の心の中でそれを善いか否かと判じるのでは、必ずしも妥当な判断になるとは限らない。その判断自体が、現実と無縁の思い込みかもしれません。そうではなく、自分が感覚すること、経験することに基づく知があるはずだ。これまでの議論からも分かるように、西先生の考える「実知」は、実際の経験、実験や実証に基づく知でしたね。ですから、陽明の考え方に不満を持つのも宜なるかな、であります。

さて、この段落のおしまいに大塩平八郎（おおしお・へいはちろう、一七九三―一八三七）の名前が現れます。大塩平八郎といえば、救民のために幕府に反旗を翻した大塩の乱で知られる人物です。彼は、元幕府の役人であり、陽明学者でもありました。

陽明学の問題点を難じているという文脈が文脈だけに、西先生は、大塩平八郎についても、否定的な評価を下しているようにも見えますが、さて、これだけの材料では心中までは察しかねるところです。

以上でとりあえず「演繹（deduction）」の話は終わって、続いて「帰納（induction）」に移ってゆきます。果たして、帰納とはいかにして、新しい発見をもたらすのでしょうか。

帰納法を人の肴を食うに譬える

帰納法に話が移ります。

さて induction 卽ち歸納の法は、演繹の法に反して是を人の肴を食ふに譬ふ。人の肴を食するや其美なる所を少シツ、食ひ、終に肴の食すへき所を食ひ盡すなり。かくの如く、眞理を其小なる所より悉く事に就て、外より内に集るなり。

（「百學連環」第四二段落第一〜三文）

訳してみます。

さて、帰納法（induction）は、演繹法とは反対に、人が肴を食べることに譬えてみよう。人が肴を食べる場合、おいしいところを少しずつ食べてゆき、最後には食べられるところを食べ尽くす。このように、真理について小さなところから始めて、その全てについて事にあたって、外から内に集めるのである。

ご覧のように、今度は「帰納法」が論じられます。「演繹法」も、猫がネズミを食べる方法という、私たちから見るとユニークな譬えが使われていました。今度は猫ではなく、人がものを食べる順序が例に挙げられています。この箇所については、「百學連環覺書」にもメモがありますので見ておきましょう。こう書かれています（『西周全集』第四巻、三二〇ページ）。

人喫大魚ヲ喫スルノ法ト■リ
箸ニテ身ヲムシリ骨ハ残スヘシ

つまり、人が魚を食べる際、身を食べて骨は残すというわけです。ここで「身」と「骨」をどう解釈するかがポイントでしょうか。これが帰納法の説明であることを考えると、「身」は個々の具体例であり、「骨」はそうした具体例をとりあげていった挙げ句にあらわになる真理である、とも読めそうです。もしこう読めるとすると、先に見た演繹法に関する猫がネズミを食べる順序という譬えは、重要なところ（真理）から出発して、その他の部分に進むということになりましょうか。

私は、ここから「かくの如く……」といって、話を「真理」のほうへとつなげる西先生の豪腕に、思わず「先生、どんな如くでありますか！」とツッコミを入れつつ笑ってしまいました。が、落ち着いて考えると、「帰納法」という耳慣れなかったであろう概念を、こんなふうにして具体的なイメージと結びつけて説明する工夫とその配慮に感銘を受けもしたのでした。

それはさておき、こうして具体的なイメージを見せた上で、西先生は、帰納法を改めて抽象的なレヴェルで説明し直しています。演繹法では、まず勘所（原理）を押さえて、そこからいろいろな場合を引き出したのに対して、帰納法では小さなところから着手して、あれこれいろいろと見ながら、真理のほうへと迫ってゆくという見立てですね。

続けて、こんなふうに講義は進みます。

此の歸納の法を知るには only truth なる眞理無二と云ふことを知らさるへからす。凡そ宇宙間道理に二ツあることなし。是に外なるものは卽ち僞りなるものなり。譬へは彼處に三人の人のあり、一羽の烏あるを見て一人リは之を鷺なりと云ひ、一人リは之を鷹なりと云ひ、一人リは之を烏なりと云ふか如く、烏を烏と云ふは卽ち眞理にして、其他の鷺なり鷹なりと云ふは皆僞りなるなり。烏は何方にありて幾百萬ありても烏は烏、鷺は鷺、鷹は鷹なり。火は何處にありても熱きもの、水は何處にありても冷なるものなり。是卽ち眞理無二なる所にして、其眞理を歸納の法にて寄せ集め、火の熱きは火の眞理、冷なるは水の眞理と類に依て知らさるへからす。

（「百學連環」第四二段落第四～一〇文）

ご覧のように、なおも帰納法の説明が続きます。現代語にしてみます。

この帰納法を理解するには、「真理はただ一つ（only truth）」ということを知る必要がある。およそ宇宙における道理に二つはない。これに該当しないものは偽りのものだ。例えば、あちらに三人の人がいるとしよう。一羽のカラスがいるのを見て、一人は「あれはサギだ」と言い、もう一人は「あれはタカだよ」と言い、一人は「いや、カラスだろう」と言う。こんな具合に、カラスをカラスと言うのが真理であって、それ以外の「サギだ」とか「タカだ」というのは、どれも偽りなのである。カラスはどこにいようが、何百万羽いようがカラスはカラスであって、サギはサギであり、タカはタカである。火はどこにあっても熱いものであり、水はどこにあっても冷たいものだ。要するに、これが「真理はただ一つ」ということである。その真理を、帰納法によって寄せ集めて、火が熱いのは火の真理、水が冷たいのは水の真理という具合に、同種の事物によってわかるはずなのである。

ここで「真理」について一言挟まれています。なぜ真理かといえば、「新致知学——真理を探究する方法」の節でも触れたように、そもそもここで論理学（演繹法、帰納法）が俎上に載せられているのは、帰納法こそが新しい真理を見いだす方法だと考えられているからでした。

右の西先生の説明に少し言葉を補って言えば、ある事柄について真理（本当のこと）は一つだけであって、複数の真理があったりはしないものだ、と主張しているくだりです。厳密に検討すると、ここにはいろいろと考える余地があるかもしれませんが、まずは大まかに「真理」という考え方を説明しているのだと受け取ってよいでしょう。

その上で、例によって西先生は具体例を出していますね。この例には、特に分かりづらいところはないと思います。カラスはカラスであって、同時に他の鳥であることはないという次第。ついでのことながら、ここで登場している「鳥《カラス》」は、ジョン・スチュアート・ミルの『論理学体系』でも、「もし色が白いという以外の点では、黒いカラスと変わりのない鳥が観察されたら、それはカラスと言うべきか否か」という具合に例として用いられている鳥でした。

カラスの例に次いで、火や水の性質の例が引き合いに出されて、最後に帰納法とは、同種の事物を集めてみて、そこから真理を見いだす方法であることが述べられています。

この点についても「百學連環覺書」のメモが理解を助けてくれます（『西周全集』第四巻、三二〇ページ）。

歸納ハ類ヲ引テ一位ニ入レ而テ其同一ヲ求ムル法ニ
鷄烏鷺燕鶯鳩孔雀 足二本

帰納とは似たものを並べてそれらに共通のものを見いだすことであるとして、鳥を七種類並べた後で、いずれも「足は二本」と具体例が書かれています。複数種類の鳥から、共通点を抽出しているわけですね。

リンゴと万有引力

前節のカラス、火、水の例に続けて次のように論じられます。

西洋古昔ニュトンなる人、林檎の實の樹より地に落しを見て地球の引力あるを發明せしか如く、地に落るは唯林檎のみならす、石にもあれ、木の葉にもあれ、總て空より上へ落ることなく皆下に落るは地球引力あるの眞理なり。
（「百學連環」第四二段落第一一文）

では、訳してみましょう。

＝西洋に昔、ニュートンという人がいた。彼はリンゴの実が樹から地面に落ちるのを見て、地球に＝

引力があることを発見した。そのようにして、地面に落ちるのはリンゴだけでなく、石もそうなら、木の葉もそうであり、どの場合も空から上に向かって落ちるということはなく、すべて下に向かって落ちるのは、地球の引力があるという真理によるのである。

これはアイザック・ニュートン（Isaac Newton、一六四二―一七二七）についてよく知られている逸話ですね。本当にニュートン本人がそう述べたかどうかは別として、現在でもニュートンといえば枕詞のように引き合いに出されるお話です。真偽はともかく、一度聴いたら忘れがたく、それだけよく出来た話だとも言えるでしょう。

西先生は、目下のところ論理学の帰納法について解説しているところでした。その流れの中で、このようにニュートンの逸話が持ち出されています。

この例のポイントは、個別具体例と真理の関係を示しているところです。つまり、リンゴは地面に向かって落ちる。それはリンゴだけじゃない。石でも、木の葉でも、その他なんでもそのようにして地面に落ちる。こうした具体的な個々の事例が成り立つのは、一般に地球に引力があるという真理によるのだ、という具合です。

ちなみに、「引力」については「百學連環」第二編の「第二 Physical Science 物理上學」の冒頭に置かれた「第一 Physics 格物學」の中でも、「引力とは萬有互に引くの力にして、譬へは地球に萬有悉く落るか如し。」（『西周全集』第四巻、二六四ページ）と改めて説明されています。

また、ニュートンについても、同じ「第一 Physics 格物學」で、「格物學の隨一と稱する人」として紹介し、「英國の Lincolnshire なる地の產にて、inflection, gravitation 重力を發明し、且つ Philosophiæ Naturalis Principia Mathematica 數學上の格物論と譯する書を著せり。」（前掲同書、二六八ページ）と手短に要点を述べています。

さて、話を戻しますと、講義は次のように続きます。

fact なるあり。何事にもあれ許多を集めて其中眞理一ツなるを知るなり。譬へは今試に石を投けても地に落ち、木の葉を投けても地に落ち、綿を投けても鉛を投けても鐵を投けても悉く地に落るを知る。是卽ち fact にして、悉く地に落るは眞理の一ツなるものなり。

（「百學連環」第四二段落第一二～一五文）

現代語に訳してみます。

「事実（fact）」というものがある。何事であれ、多くの事例を集めて、それらの事例に〔通底している〕真理が一つであることが分かるということだ。例えば、いま試しに石を投げれば地面に落ちる。木の葉を投げても地面に落ちる。綿を投げても、鉛を投げても、鉄を投げても、ことごとく地面に落ちることが分かる。これはつまり「事実（fact）」であり、なんであれ地面に落ちるということは、真理の一つなのである。

演繹法では、拠り所となる原理から、さまざまな場合が説明されるため、「實知なることなくして唯書籍手寄りの學」に陥る弊があるという指摘を改めて思い起こしましょう。ここで述べられているのは、それとはいわば逆に、たくさんの「事実（fact）」を集めて、そこから「真理」を見いだすという考え方です。ことさらにそういう言葉は使われていませんが、帰納法が「経験」や「実知」を重んじる発想であるということも強調されていると思います。
西先生にとって、帰納法がたいへん重要であることは、これに続く部分で、学術の各種方面の具体例を出しながら検討が続けられることからも窺われます。

帰納法——政治学の場合

前節までの議論を踏まえて、具体的な学術を例に、帰納法の説明が続きます。

西洋も古昔は皆演繹の學なりしか、近來總て歸納の法と一定せり。今物に就て眞理の一二を論せんには Politics 政事學なるあり。其中一ツの眞理は liberty 卽ち自在と譯する字にして、自由自在は動物のみならす、草木に至るまて皆欲する所なり。譬へは茲に魚あり、之を一ツの小なる溝に育ふ。然るに今其溝と他の川河と相通せしむるときは、魚尚ホ其小なる溝に在ることを欲せすして必す他の廣き川に逃れ出るなり。又草木の枝の既に延んとする所に障りあるときは、必す其障りなるものを避けて他に延ひ出るなり。

（「百學連環」第四二段落第一六～二一文）

一旦ここで区切って訳してみましょう。

西洋でも、昔はすべて演繹の学ばかりだったが、近年ではすべて帰納法だということで一定している。ここで、具体例を挙げて真理を一つ二つ論じてみよう。例えば、政治学（Politics）というものがある。政治学における真理の一つはliberty、つまり「自由」と訳されるものである。この自由自在であるということは、動物だけでなく植物に至るまで、皆が欲するものだ。例えば、ここに魚がいるとしよう。この魚を小さい溝で飼う。ところで、その溝が他の川とつながっている場合、魚はそれでも狭い溝にいようとは思わず、必ず広い川へと逃れ出て行くものだ。また、草木の枝にしても、伸びてゆこうという場所に邪魔するものがあれば、必ずその邪魔なものを避けるようにして、他のほうへと伸びる。

いかがでしょうか。果たして魚が広いところを好んだり、草木が邪魔のないところへと枝葉を伸ばしたりすることが、政治学の「自由」という概念とどう関わるのか。そういう疑問は生じますが、西先生が、例によってイメージを喚起する具体例を出していることに注意したいと思います。「自由（liberty）」という抽象概念を、誰もが日常的に見知っている動植物を例にして、まずはイメージさせているわけです。

西先生は、ご覧のようにlibertyを「自在」と訳していますが、ここでは「自由」としました。また、politicsも「政事学」を現代語訳では「政治学」としています。

さて、続きを読みましょう。上の文章から改行なく次のように続きます。

人は又其類ヒにあらすして最も自由を得ると雖も、唯タ之を縛して動かさゝるは法なり。其法たるや自在の理に戻るへからす。是に戻るときは必す亂る。譬へは今法を制して奪掠と殺害とを禁す。是則ち法の眞理にして人々之を何とか云はんや。然るに又酒を飲むことゝ遊ふことゝを一切禁するときは、其自在の眞理に戻るか故に、其法忽ち破れて必す行はるゝの義なし。唯タ人の天性自在と云ふに基きて背くことなき是即ち政事學中唯タ一箇の truth なるなり。其眞理たる古今更に變ることなきものなれは、法を制するにも試法と云ふを以て是を古に考へ、今に鑑ミて其一ツの眞理を得さるへからす。

（「百學連環」第四二段落第二二一～二二九文）

訳します。

また、人はそうした類とは違って、最も自由を享受しているものである。とはいえ、この自由な人間を縛って動かないようにするものとして法がある。この法というものは、自由という道理に背くようなものであってはならない。法が自由の道理に背くような場合は、必ず問題が生ずることになる。例えば、いま法を制定して略奪と殺人を禁じることとする。これは法の真理であって、人びとはこのことについてとやかく言うだろうか。だが、酒を飲むことや、遊ぶことを一切禁じた場合、自由の真理に背くために、その法はすぐに役立たずとなって、必ず守らねばならないという義務もなくなってしまう。人が生まれながらに持っている自由というものに基づいてそれに背かないことが、要するに政治学においてただ一つの真理（truth）なのである。これが真理であるということは、今も昔も少しも変わらないことであるのだから、法を制定する場合にはその試し方として、それを一方では過去について考えてみて、他方では現在の状況に照らしてみて、そこから一つの真理を得るようにすべきなのである。

このくだりまで読むと、先ほどの魚や草木の自由に関する議論が、人間の自由を持ち出すための下ごしらえだったことが分かります。人間はとても自由な存在だけれど、その自由は法律によって制限されている。ただし、法律はなんでもかんでも制限してよいわけではない、という話ですね。

ここで西先生が述べていることを、「帰納法」という文脈を踏まえて言い換えてみると、こうなるでしょうか。法律で人の自由を制限する場合、そうした制限が人間の歴史において、過去から現在まで、どの程度普遍的なものであるかをチェックせよ。そのようにして、多数の事例を見た上で、そこに共通する真理を見いだすようにしなければならない、と。

ところで、ここで西先生が政治学と法学をあまり区別せずにいることが気になるかもしれません。「百學連環」第二編の「政事學と法學」を扱ったくだりでは、政治学も法学も、もとは経済学から出たものであるとまずは述べています。そしてさらに、これらはいずれも哲学から枝分かれしたもので、「哲學に於て昇進し法學に至る、之を政事學といふなり」（『西周全集』第四巻、一八三ページ）と、ことさら政事學と法學を区別していないようなのです。

次はまた別の例が引き合いに出されます。

諸学における真理の例

帰納法と真理についての議論が続きます。具体例として、前節の政治学を筆頭に、諸学術における真理の例が登場します。この畳みかけるようなくだり、少し長くなりますが、区切らずまとめて読んでみましょう。

—格物學の眞理の一ツは地球の引力なり。器械學の一ツの眞理は車の回轉する必す輪に避心力ある—

か如く、天文學の一ツの眞理は星の回轉するものは必す回轉し、恒星は幾星ありても運轉せさる如く、化學の一ツの眞理は均一の量なり。こはequivalentとて其元素の同しきなり。譬へは鐵に酸素の和する必す赤き銹《サビ》生し、銅に和する綠色を生するか如き、其酸素の和する必す元トありて、一匁和するか、或は二匁或は三匁と、其元の變して一匁五分なと丶和するの理なし。地質學の一ツの眞理は地球の中心カラニーッテンより上向の地膚に至るまて幾層の層なりありて、土は土、石炭は石炭、石は石と◎の如く何處にても其層り同しきものなり。又Pneumatics即ち氣學の眞理は何處にても上へなれは上へほと地上よりは空氣の層り少くなるなり。算術の眞理は二二か四の如く、何國にても二ツか二ツ集まれは四となるなり。幾何學の一ツの眞理は直線の二線十字に横切るときは如何しても角度を生するなり。是皆眞理の一ツにして、大略此の如きものなり。故に學たるものは苟も無二の眞理を捕へて胸中に深く知らさるへからす。

（「百學連環」第四二段落第三〇～三九文）

では、訳してみます。

物理学の真理の一つは地球の引力である。器械学〔力学〕の一つの真理は、車が回転する場合には必ず遠心力が生じるということ。天文学の一つの真理は星の回転するものは必ず回転すること、恒星はどれだけあっても〔見かけの上では〕運行しないということ。化学における一つの真理は均一の量ということだ。これは「当量（equivalent）」というもので、元素〔が過不足なく反応する物質の量〕が同じであることを指す。例えば、鉄に酸素が化合すると必ず赤い錆が生じ、銅に化合すると緑青が生ずるように、〔ある物質が〕酸素と化合する単位というものが必ずある。つまり、一グラム化合するか、二グラム、あるいは三グラムかであって、その単位が変化して一・五グラムなどと化合することはない。地質学における一つの真理は、地球の中心〔カラニーッテン〕より上の地殻に至るまで何層もあり、土は土、石炭は石炭、石は石と◎のように、どの場所でもその重なり方は同じということである。また、気体学（Pneumatics）における真理は、どこにおいても高くなればなるほど、地上と比べて空気の層が薄くなるということだ。算術の真理は、2×2=4（ににんがし）のように、国を問わず二つが二つ集まれば四つとなるという次第。幾何学の一つの真理は、二つの直線が交わる場合、必ず角度が生じるということである。これらはいずれも真理の一つであり、おおまかには以上のようなことだ。つまり、学というものは、まことに無二の真理を捉えて、心中で深く知るということに他ならないのである。

まず、訳文について、いくつか補足しておきましょう。現代語訳では、「匁」を「グラム」と置き換えました。本来であれば、一匁＝約三・七五グラムですが、ここでは厳密な数値ではなく、整数比になることがポイントなので、敢えてこのようにしています。

また、地質学のところに現れる「カラニーッテン」なる言葉については、以前から分からずにいたのですが、いまもって推測がつかずにおります。まずこれは何語なのかというところから始まって、地質学の用語なのかそうでないのか、各種言語の辞書や当時の地質学の書物などをひっくり返してあれこれ調べてはいるのですが、浅学の悲しいところ、これだという解釈に手が届いておりません。いずれにしても、「百學連環」講義ノートの原本を見る機会に恵まれたら、真っ先に確認したい箇所の一つでありま す。

図❶

それから、これは原文と訳文の双方に対して、もう一点補足です。文中で「◎」と記した箇所は、上のような図〈図❶〉が文字のように挿入されているところです。層が同心円状に重なっているような図ですね。

さて、いかがでしょうか。登場した学術を並べてみると、以下の通りです。

物理学
器械学〔力学〕
天文学
化学
地質学
気体学
算術
幾何学

ご覧のように八つの学問分野が並んでいます。これらの学術は、いずれもこの「百学連環」講義の本論で、それぞれについてもう少し詳しく論じられるものです（ただし、「地質学」については、西先生の「覚書」はあれど、講義記録には見えません）。

また、一見些末なことかもしれませんが、この並び順は、西先生が「百學連環」の本論で諸学術を説明してゆく順序にかなり似ています。「物理学」から「気体学」までの並び順は、「気体学」を「器械学」の後ろに入れれば、講義本編の順序と重なります。この並び順にどのような意味があるのかということも気になるところですが、それについてはこの「総論」精読の最後に考えてみたいと念じております。

それぞれの「真理」の例は、ご覧の通りの内容で、現代でも中高生ぐらいまでの課程で教えられる知識に類することではないかと思います。つまり、それだけ基礎的で重要なことであります。これは想像に過ぎませんが、これだけの「真理」を矢継ぎ早に列挙してみせる西先生の口吻に接して、聴講者たちは圧倒されたのではないでしょうか。なにしろ、自ら進んで学んだりその機会を得た人は別として、当時の多くの日本の人にとって、こうした西洋の新知識は目新しいものだったでありましょうから。

このくだりが興味深いのは、前節で読んだ政治学の例を除くと、ほとんどが現在で言うところの「理系」の学問であることです。これは、西先生が「百學連環」において学問全体を分類する際の「心理上学」と「物理上学」という分類で言えば、後者に該当します（数学は、これとは別の分類が施されています）。なぜ物理上学の例が多いのか、いささか気になるところです。

また、こうした「真理」の例は、ここでの本題である「帰納法」と、どのような関係にあるのでしょうか。これらの「真理」は、帰納法によって発見されたということなのでしょうか。いまのところは、まだはっきりと明示されてはいません。

「リンゴと万有引力」の節でも述べたように、以前のトピックに比べて、この「帰納法」に関する議論では、たいへん多くの言葉が費やされています。講義の一つの山場と言ってよいでしょう。というわけで、先ほどの疑問を念頭に置きながら、先を見てみることにします。

第12章 真理を知る道

学は真理を求め、真理を応用するを術という

目下は論理学の話、なかでも演繹法と帰納法の違いを確認した上で、そうした論理学を駆使する学問が探究する「真理」をめぐって講義が進められているところでした。前節では、諸学における真理の例がいろいろと挙げられましたね。

改行を挟んで、次のように続きます。

かく萬物皆其眞理あり。故に此眞理を求むるか爲めに物に就て講究し、師に就て見聞し、心に信して動すへからさる、是其眞理にして、是を講究見聞することは是皆學なり。其一ツの眞理を知るときは物に就て行ふ最も容易なりとす。

（「百學連環」第四三段落第一〜三文）

訳してみましょう。

――このように万物には、全て真理がある。だから、その真理を求めようと思ったら、具体例にあたっ

て深く調べ、先生から見聞し、〔そうして知り得た真理を〕心に信じて動かしてはならないのである。これがその真理であり、真理を深く調べることは、すべて学である。一つの真理を知ろうという場合は、具体例にあたって取り組むのが一番やりやすい。

前段落では、さまざまな学における真理の例を紹介していました。その議論を受けて、では真理なるものは、どうしたら探究できるのかを述べています。

物について深く調べろとは、以前論じられていた「書籍の奴隷」となってしまうような学のやり方、机上だけの論では駄目だという指摘を念頭に置いて読むべきところでしょうか。物や現象、それらの経験によって真理を探れというわけです。また、当然これまで判明していることなどは、先生に教えてもらうという手もあります。西先生はここで、改めて真理を探究する営みこそが「学」なのだと述べ直しています。

このように話をまとめた上で、再び具体例が並べられます。ここも少し長くなりますが、切らずに読んでみます。前節の具体例との違いに注目するとよいでしょう。

譬へは卽ち格物學にて地球の眞理は引力にして、其引力あるか故に地球の圓體を航海し廻るといへとも他に落ることとなし。之を知る是を術と云ふ。器械學の車輪に避心力あるは眞理なれは、今洗濯する所の衣類等を乾かさんと欲して、是を輪の周りに結《ユ》ヒ付急に回轉するときは、其避心力のあるか故に水分四方に迸《ホトバシ》り出て、忽ち乾くに至るか如き、之を行ふ是を術といふ。天文學に於ては太陽引力あるか故、地球及ひ其他衆星を引寄せんとし、地球及ひ其他の衆星は避心力あるか故に、引くと離るゝとの力相合して太陽の周くりを回轉す、是其眞理。又恒星は常に動かさるか故に、大凡大洋に航海するものは此恒〔星〕を目的とし、其度を測りて己レの居場所を知る、是即ち術なり。化學に於て鐵は元ト柔撓なるものなり。今是に炭素を加へるときは即ち鋼となる、是其の眞理。之を行ふは即術にして、物理大略此の如きものなり。

（「百學連環」第四三段落第四〜一一文）

それでは、訳してみます。

例えば、物理学では地球には引力が働くということが真理である。この引力があるおかげで、地球の球体上を航海して回っても、どこか〔地球の外側〕へ落っこちてしまうことはない。こうした次第を知ることを「術」という。器械学〔力学〕では、車輪に遠心力が働くのは真理である。そこで、洗濯した衣類などを乾かそうという場合、洗濯物を輪の周りに結びつけて急回転させると、遠心力が働くために〔衣類の〕水分が四方に迸り出てすぐに乾く。こうしたことを行うのを「術」という。天文学では、太陽に引力が働いているため、地球やその他の惑星は引き寄せられる。しかし、地球や惑星は遠心力が働いているため、〔太陽が〕引く力と〔遠心力で〕離れる力が合わさって、太陽の周りを回転している。これは真理である。また、恒星は常に動かないので、およそ大洋を航海する人たちは、この恒星を目印にして、その角度を測って自分の現在地を知る。これは「術」である。化学では、鉄はもともと柔らかく曲がるものだ。だが、これに炭素を加えると鋼となる。これは真理である。こうしたことを実際に行うのが「術」である。物の理とは、おおまかに言ってだいたいこのようなものである。

ご覧のように、前節で読んだ具体例と同じ真理について、同じ順序で、いま一度、諸学における真理の具体例が説明されています。
ただし、前節と違うのは、さらに具体的な状況や場面が付け加えられていることです。例えば、力学の遠心力について、洗濯物を乾かす方法が例に採られていますね。そんなふうに乾かす方法があったとは知りませんでしたが、考えてみれば私たちが使っている自動洗濯機の脱水も同じ仕組みであります。そのようにさらなる具体例、応用例を説明しているわけですが、西先生はそれを「術」という言葉で表しています。遠心力を応用して洗濯物を乾かすこと、恒星の位置を目安にして自分の位置を測ること、鉄を鋼にすること、こうしたことはどれも、諸学における「真理」を応用した「術」であるというふうに、真理と術の関連を指摘しているわけです。

知は力なり、されど……

では、続きを読んで参りましょう。前節の文から改行を入れず、次のように続きます。

さて前にも言ひし如く、政事上の眞理は liberty にして、之に合《カナ》ふときは何れの國か治まらさらん。如何なる民か御せさらん。何事か爲さゝらん。若し一たひ之に戻るときは必す亂る。今民の耕産を奪ふて安居ならさらしめは、其民必す一揆を起さゝるを得す。是レ其眞理に戻る所以なり。

（「百學連環」第四三段落第一二～一七文）

訳しましょう。

さて、前にも述べたように、政治における真理は「自由（liberty）」であり、これにかなう場合には、どんな国も治まるものだ。また、どんな民衆も御すことができようし、何事も実行できるはずである。しかし、この真理に反した場合には、必ず〔世は〕乱れる。民衆が耕しつくったものを奪って、安心して暮らせなくしてしまえば、〔そんな目に遭った〕民衆は必ず叛乱を起こすだろう。なぜなら、こうした行いは、〔政治の〕真理に反するためである。

前節では、もっぱら物理学や化学などの自然科学系の学術を例にとって、真理とその応用である「術（技術）」の関係が説かれたのでした。その延長上で、ご覧のように政治学の真理と、それが現実に及ぼす影響が述べられています。

ただし、少しだけ注意が必要なのは、自然科学の場合とは違って、ここで言われている政治の真理は、「この条件が揃ったら、こうなる」という具合に、必ずしも必然であると言い切れないところです。そこには、人間の心理という、いまだによく分かったとはいえない要素がおおいに関係しています。このことは、いま読んでいる「総論」の最後で改めて大きな問題として迫ってくるはずなので、そこで詳しく考えることにします。

続きを読みましょう。

かく眞理を知るときは萬事容易ならさるなしといへとも、是を知る甚た難しとす。故に學者専ら講究し、物に就て其理を極めさるへからす。

（「百學連環」第四三段落第一八〜一九文）

この後、漢籍を引用した議論が続くのですが、ここで一旦区切ります。訳せばこうなりましょうか。

このように真理を弁えていれば、何事であろうと容易にならないことはない。とはいえ、真理を知ることはとても難しい。だから、学者はひたすら物事を深く調べてその本質を明らかにすることに集中し、具体例にあたってその理《ことわり》を究めなければならないのである。

真理を知っていれば、それを知らない場合に比べて物事がやりやすくなる、というのは遠心力を利用した洗濯物の乾かし方や、航海で星を頼りに現在地を知るといった例を思い出すとよいでしょう。知は力なりというわけです。

ただ、真理を発見することは容易ではない。それは、例えば、太陽が地球の周りを回っているのか、地球が太陽の周りを回っているのか、という問題がどんな具合に争われたかという経緯を思い出してみても感得されるところです。

必ずしも人間の目に見えることや知覚すること（毎日太陽が東から昇って西へ沈んでゆく）が、そのまま真理（地球のほうが太陽の周囲を回っている）とはいえず、知覚されることとは別に実際はどうなっているかという真理を理解しなければならない、そういうことがたくさんあります。

それだけではありません。例えば、地動説を採ったガリレオ・ガリレイがローマ教皇庁に目をつけられたように、学術における真理（知識）が、社会におけるその他の要素によって制限される場合もあります。それのみならず、当の学者のコミュニティの内部で、多くの人によって従来の通説が真理と考えられて、反証が見過ごされてしまったり、黙殺されてしまうこともあるでしょう。

この講義で西先生が繰り返す「物に就て」とは、そうした人間的な事情ではなく、明らかにしたいと思う対象自体に取り組む必要を説くキーワードであります。

真理の価値を漢籍で言うと

前節では、真理を知ることで、術への応用もできるし、物事が容易になるという指摘がなされました。いわゆる「知は力なり」を力説しているくだりであります。改行を入れず、話は以下のように続きます。

そを講究して其眞理を知るときは開物成務、厚生利用、又孔子の語に飽食暖衣逸居の處に至るも亦容易なりとす。又養生喪死而無憾、或は書に黎民於變時雍との如き、此ハ是レ學たるの極にして、及ひかたしといへとも、其眞理を得るに至りてハ何そ其及ひ難きを患へん。又甚た容易なりとす。

（「百學連環」第四三段落第二〇〜二二文）

訳してみましょう。

それを研究してその真理を知れば、さまざまなことが開発されて、事業も成し遂げられるし、物を役立てて生活を豊かにすることもできる。さらに、孔子が言う「十分に食べて、暖かい服を着て、気楽に暮らす」という境地も容易に実現できる。また、「家族を養うにも、死者を弔うにも、心残りがないようにできる」し、あるいは『書経』に言われる「人びとは変わり、互いに親しみ合うようになった」という具合にもなる。もっとも、これは学の極みであって、そこまで行くのは大変なことだとしても、真理を得るところまでこぎ着けられるなら、〔極みまで〕至るのが難しいといって嘆くことがあるだろうか。とても容易なことだろう。

ご覧のように、漢籍からの引用が畳みかけるように繰り出されています。では、なにが言われているのか。整理し直してみると、次の五つの文句が現れています。括弧内には、引用元と思われる書物を掲げてみました。

・開物成務(『易経』繫辞上)
　さまざまなことが開発されて、事業も成し遂げられる。
・厚生利用(『書経』大禹謨　ただし『書経』では「利用厚生」)
　物を役立てて生活を豊かにすることができる。
・飽食暖衣逸居(『孟子』滕文公章句上　ただし『孟子』では「煖衣」)
　十分に食べて、暖かい服を着て、気楽に暮らす。
・養生喪死而無憾(『孟子』梁恵王章句上)
　家族を養うにも、死者を弔うにも、心残りがないようにできる。
・黎民於變時雍(『書経』堯典)
　人びとは変わり、互いに親しみ合うようになる。

話を進める前に、漢文そのものについて補足してみます。『孟子』「滕文公章句上」から採られていると思われる「飽食暖衣逸居」は、原文を見ると、面白いことに、必ずしもよい意味で述べられていません。前後を含めて引用すれば、こうなっているのです。

人之有道也、飽食煖衣、逸居而無教、則近於禽獣

（『孟子』滕文公章句上）

小林勝人氏の訳をお借りすれば、こんな意味になります（ただし、一部かなを漢字に書き替えました）。

人間の通有性として、衣食が十二分でぶらぶら怠けていてなんら教育を受けないと、殆ど鳥や獣と大して違わないものだ。

（『孟子』小林勝人訳注、岩波文庫、上巻、二一三ページ）

なんだか耳の痛い言葉ですが、西先生の引用の仕方（切り取り方）とは、意味がだいぶ違いますね。『孟子』では、どちらかといえばネガティヴな文脈ですが、西先生の引用では、「無教」以下が含まれておらず、どちらかといえばポジティヴな意味となっています。

もっとも、「百學連環」のこのくだりでは、学を術として応用するという議論をしています。つまり、「無教」ではなく、むしろ「有教」の場合を論じているのですから、「鳥や獣」とは違う状況です。

さて、話を戻して、西先生が何を述べているのかを検討しましょう。

上で整理した五つの漢文は、いずれも人の生活に関わることでした。どの場合も、言ってみれば生活の質が向上したり、問題なく暮らすという状態を表していますね。

つまり、議論の大きな流れとしては、物事を研究して、それがどのような性質であるかという「真理」を突き止めれば、これらの漢文に示されているような状態も実現できるというわけです。

ただし、真理を知ることで、直ちにこうした効果が現れるわけではないでしょう。ここまでの講義を踏まえて補うなら、西先生の議論を、このように整理できると思います。

物事を研究する
↓
真理を知る
↓
真理を応用して術をなす
↓
生活が向上する

つまり、「学」によって獲得された真理が「術」として応用・活用されることで、その結果として人びとの生活がよくなりうるという次第です。ただし、少々細かいことを言えば、最終的に生活が向上するか否かは、術の活用の仕方次第でもあります。いずれにしても、こうした議論によって、学が術として活用されて、役立つ側面が強調されていることに注目しておきたいと思います。福澤諭吉が「実学」を強調したことも連想されるところです。

こうして西洋の学術と真理の価値を論じるなかで、漢籍の教養が併置されているわけです。このような論の組み立てによって、舶来の、まだ見慣れぬ学術や真理なるものが、聴講者たちにとって、身近なこととしてイメージされるという効果があったのではないかと想像します。

観念を連環させる

漢籍からの引用が続きます。漢文がそのまま引用されている箇所は、先に現代語訳で示す読み下し文をご覧になってから見直すと、馴染みやすくなるかもしれません。こんな具合です。

孟子曰ク居天下之廣居、立天下之正位、行天下之大道、得志與民由之、不得志獨行其道、富貴不能淫、貧賤不能移、威武不能屈、此之謂大丈夫、との語の如く、其眞理を得るときは天下の高位高官に昇り、天下の政權を執るも何ぞ恐るゝことあらん。富貴何ぞ心を淫《ミ》たすことを得ん。貧賤何ぞ心を移すことを得む。威武爭テか心を挫くことを得んや。是卽ち眞理を得るにありて、其元たる行大道にあり。其大道卽ち眞理なり。

（「百學連環」第四三段落第一二三〜一二八文）

一旦ここで区切りましょう。では、現代語に訳してみます。漢文の部分は、一旦読み下し文に移してあります（小林勝人訳注の『孟子』岩波文庫版に拠ります）。

孟子はこう言っている。「天下の広居に居り、天下の正位に立ち、天下の大道を行い、志を得れば民と之に由り、志を得ざれば独り其の道を行い、富貴も〔其の心を〕淫す能わず、貧賤も〔其の節を〕移うる能わず、威武も〔其の志を〕挫く能わざる、此れをこれ大丈夫と謂う」と。このように、真理を得たなら、天下の高位高官に昇って天下の政権を執ったとしても、恐れることはなにもない。富や地位によって心が乱されてしまうこともない。貧しく身分が低いとしても心変わりしてしまうこともない。権力や武力の争いで志を挫かれることもない。つまり、真理を得るに際して、その元である行いが、正しい道にあるからだ。その正しい道こそが、要するに真理なのである。

ご覧のように『孟子』からの引用です。これは、「滕文公章句下」に見える一節で、「大丈夫」とはどういう人物かという議論がなされているくだり。その文脈を少し覗いておきましょう。景春という人が、大丈夫というのは、その人がひとたび怒ると諸侯が恐れをなし、その人が安居していれば平穏になる、そんな人のことではないかと問いかけます。これに対して孟子は、そうじゃないだろうと、本当の大丈夫とはどういう人物であるかを説くわけです。

上の現代語訳では読み下し文にした箇所を、やはり小林勝人氏の訳文によって、いまいちど眺めてみます（一部、漢字をかなに開いて引用しています）。

まことの大丈夫とは、といえば、仁という天下の広い住居におり、礼という天下の正しい位置にたち、義という天下の大道を行なうもので、志を得て世に用いられ〔卿・大夫ともな〕れば、天下の人民とともにこの正しい道を行ない、志を得ないで民間におるときには、自分ひとりでこの道を行ない、いかなる富貴〔で誘惑して〕もその心をとろかし乱すことはできず、いかなる貧賤〔で責め苦しめて〕もその操を変えさすことはできず、いかなる威光や武力〔で圧迫して〕もその志を枉げさすことはできぬ。こういう人こそ、まことの大丈夫というものである。

（『孟子』、小林勝人訳注、岩波文庫、上巻、二三三ページ）

以上を要約すれば、大丈夫とは、富や地位に惑わされたりせず、権威や武力に屈したりせず、正しい道を行う人、というほどの意味になりましょうか。たしかに、景春の描いた大丈夫像とはまるで違っています。

さて、西先生は、『孟子』を漢文で引用した後で、それをもう一度丁寧に嚙み砕いてみせ、最後に孟子の言う「大道」と「真理」とを結びつけています。真理を得ようと思えば、正しい道を行っていなければ得られない。だから、その正しい道こそが真理なのである、という具合です。

ここでもまた、西先生は、西洋学術における「真理」を説明するために、聴講生たちにとって、いっそう馴染みが深いであろう漢籍の知を援用し、「大道」という概念に連環させています。

この骨法は、漢籍の教養が失われて久しい現代においては、そのままでは通じないものかもしれません。いえ、漢文の読み方であれば、高校の古文漢文の時間にも習うことでしょう。しかし、ここで西先生がやってみせていることは、そういう次元のことではないのです。

ちょっと想像してみましょう。いま、西先生が居室で「百学連環」講義の準備をしているところです。手もとには帳面と筆があり、そこには真理や truth についてのメモが見えます。先生はといえば、先ほどから思案中。「さてさて、この話を皆に深く感得してもらうには、やはり彼らもよく知っておる話に譬えるにしくはないだろう。どのくだりがこれに相応しいか……お、あれだ、あれだ……」

西先生は、さらさらと筆を動かし横書きで漢文をしたためます。見てみると、そこには「是孟子立天下之正位、行天下之大道……」と、先ほど私たちが読んだ文章が綴られています（図❶）。

この想像の場面のポイントは、「あ、あれだ」というところにあります。「この真理なるものを説明す

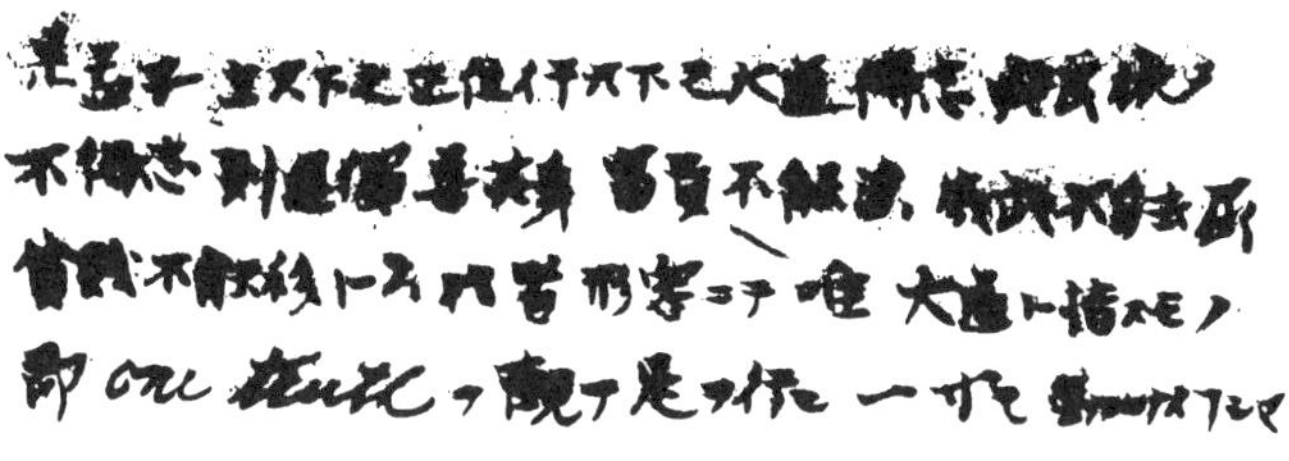

図❶「百學連環覺書」より

るために、漢籍から別の例を並べよう」という問題に取り組んでいる。このとき、記憶のなかから、「あ、『孟子』のあのくだりがいいぞ！」と思いつく。つまり、連想を働かせているわけです。

これは一見すると至極当たり前のことのように見えてしまうかもしれません。しかし、かつて読んだ漢籍について、いま自分が取り組んでいる問題に相応しい部分を思い出せるとは、一体どういうことでしょうか。

それは、その文章を、記憶に刻み込まれるほど繰り返し復読し、自在に思い出せるほど自家薬籠中のものにするような読み方によって、初めて可能になることだと思います。実際、江戸時代の教育方法を調べてみると、そのようにして漢籍をものにしていた様子が窺えます。

もちろん、ここに書いた西先生の脳裡での出来事はまったくの想像です。しかし、西先生が、「たしか『孟子』のあの辺に、なにか関係する話があったな」と書物を繰ってメモを取ったのだとしても、「真理（truth）」と『孟子』を脳裡で連環させたことに違いはありません。

ものを読み、解釈する際、誰の脳裡でも、こうした連想が生じていると思われます。ただ、そこに違いがあるとすれば、目の前に置いている文章を見て、そこから何を連想できるかということです。そもそも記憶のなかに連想の種がなければ、思い出すことはできません。『孟子』を読んだことがない人には、西先生のような連想はできない相談です。また、私のように通り一遍読んだことがあるだけでも、そんなふうには参りません。ここには、ものを読むということの大きな秘密が横たわっているのだと思います。

西流ノート術

さて、西先生が『孟子』を引用して、真理の効能を説くくだりを読みました。そこで「百学連環」講義のための「覺書」から、『孟子』の抜き書きがしたためられている箇所を画像でご紹介しました（図❶）。私はうっかり見逃していたのですが、安田登さんのご指摘によって、この漢文が横書きで記されていることに注意を向けていただきました。ありがとうございます。

そう言われて眺め直してみると、西先生の「覺書」は、ほとんどが横書きです。おそらく、欧文を中心にして、そこに和文や漢文を並べてゆく都合上、そのような書き方になったのだと思われます。

本書では、「百学連環」講義録の「総論」をじっくり読んでゆくことが主題ですので、「覺書」は必要最小限でしかご紹介しておりませんでした。ここで少しばかり道草をして、ひとつ「覺書」のメモの仕方を覗いてみることにしましょう。この「覺書」は、『西周全集』第四巻の二九七ページから五八七ページまでと、三〇〇ページ近い分量を占めています。

さて、西先生のメモは、多くの場合、先ほど述べたように横書きが中心です（図❷）。

ここでは、横書きの和文中に欧文を書いている例を掲げてみました。和文も欧文も左から右へと進むので、無理なく読むことができます。これは、私たちもしばしば用いる書き方ですね。

「覺書」全体をよく見てゆくと、横書きだけではなく、いろいろなヴァリエーションがあることが分かります。まずは、縦書きの例を見ておきましょう（図❸）。

ここに書かれているのは人名です。これは漢文や和文の従来の書き方として私たちも見慣れたものですね。カタカナでルビが振ってあります。

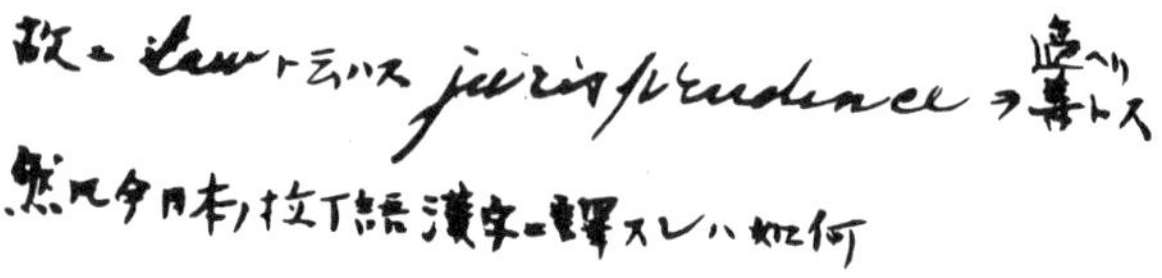

図❷「百學連環覺書」より

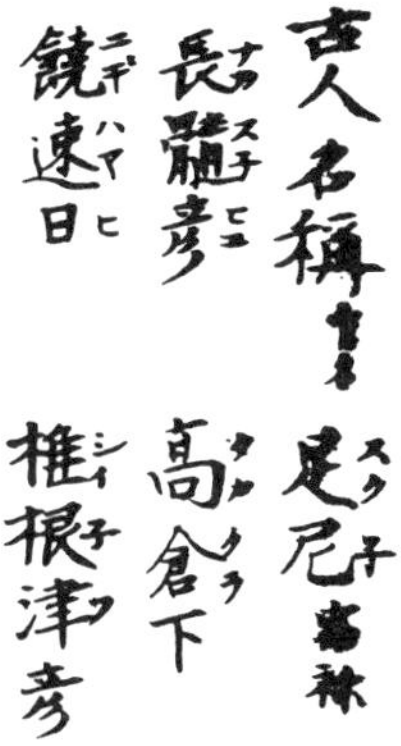
古人名稱
長髓彦
饒速日
足尼
高倉下
椎根津彦
図❸「百學連環覺書」より

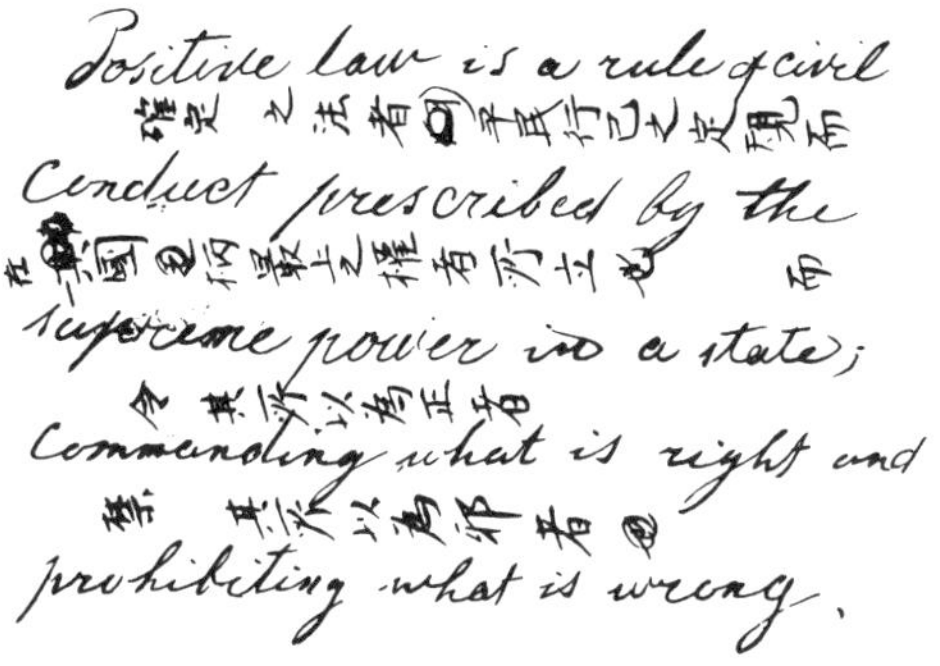
Positive law is a rule of civil
Conduct prescribed by the
supreme power in a state;
Commanding what is right and
prohibiting what is wrong.
図❹「百學連環覺書」より

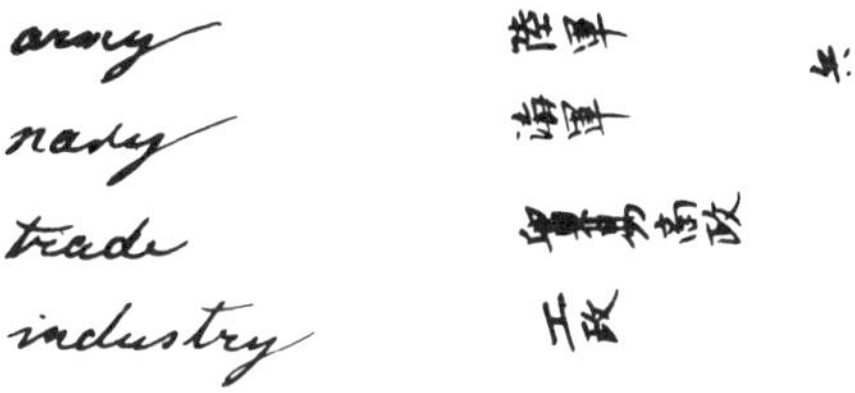
army
navy
trade
industry
陸軍
海軍
図❺「百學連環覺書」より

さて、次は横書きした欧文に、漢文を寝かせた形で併記した例です（図❹）。

このように記すためには、まず欧文を横書きで書いた後に、紙を右に九〇度回転して、縦書きで漢文を書いてゆく必要があります。これは、言ってみれば欧文筆記の横書きと、漢文筆記の縦書きを両立させる配置です。しかし、一方を読んでいるあいだは、他方は文字が寝てしまうので、読みづらくなります。二種類の言語が併記されていながら、視覚の上では分離されているといってもよいでしょう。

もう一つ、欧文の横書きに対して、和文を寝かせて配置している例を見てみましょう（図❺）。

これは、明治期の英和辞書などにも見られる表記法です。現代の英和辞書などを見慣れている眼で見ると、army と同じように「陸軍」を横書きすれば見やすいのにと感じるところです。やはり、欧文とは別に和文を記す際、紙を九〇度回転させる必要がありますから、意識してこのように書いていたと思われます。

今度は、和文の縦書きの規則に欧文を従わせる配置です（図❻）。

実際には向かって右側の文は、さらに下のほうに長々と続

図❻「百學連環覺書」より

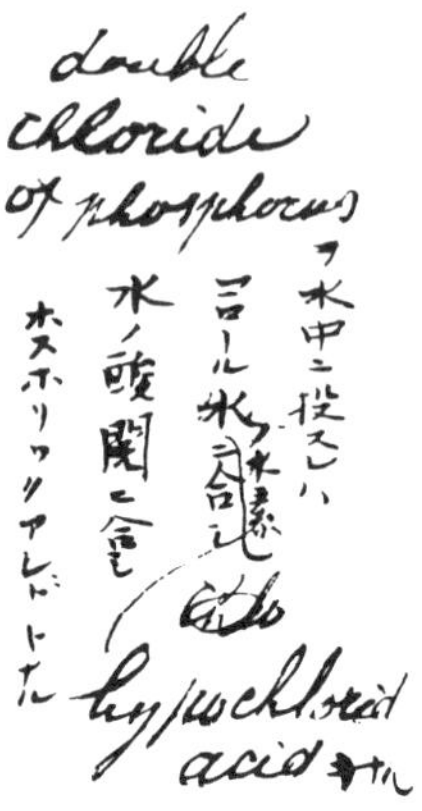

図❼「百學連環覺書」より

いた後に、ここに見えている左側の行に続いていますが、この図では文章の下のほうを省略しています。

ご覧のように漢字カタカナ交じり文中に欧文を書いています。欧文は文字を立てて書くわけにもいかないので、縦書きの和文に対して右に九〇度寝かせてあります。和文を書くときは縦書き、欧文を記すところにさしかかったら、一旦紙を左に九〇度回転させて書き、再び和文を書くために元に戻し……という具合に、紙の向きをそのつど変える必要があって、大変そうです。「覺書」の中では、あまり多くありませんが、このような書き方もされていました。

さて、最後は欧文は横書きで、和文は縦書きで記しながらも、書く人も読む人もいちいち紙を回転させなくてよい配置の仕方です（図❼）。

しかし、この文章を読む人は、まず欧文の流れに沿って左から右へと三行にわたって“double chloride of phosphorus”と読んだ後、今度は縦書きの文の流れに沿って、「ヲ水中ニ投スレハ／コロール水ニ合シ……」と、今度は上から下へと四行にわたって和文を読むことになります。

面白いのは、欧文の phosphorus という単語の末尾のすぐ下に、「ヲ水中ニ……」と文が続いてゆくように書かれていることです。つまり、この欧文と和文は、一連の文として、配置の上でも途切れずにつながっているわけですね。自分のための「覺書」なのだから、文の流れや配置は自由でよいわけですが、初めてこの書き方に触れた折りは、「こんな書き方もあるのか！」とたまげてしまいました。

——と、いくつかの例を見てみました。西先生がメモに使っている言語は、日本語、中国語（漢文）、

図❽「百學連環覺書」より

英語を中心に、単語のレヴェルでは、古典ギリシア語、ラテン語、フランス語、ドイツ語、オランダ語なども混ざっています。もしここにアラビア語やヘブライ語のように右から左へ向かう言語が入ってきたらどうなっていたのかと気になるところですが、そうした言語は見つけられませんでした。

　こんな具合に複数言語を同一紙面にどう並べるかということについては、明治期前後の英和辞書などを見ても、さまざまな工夫があって、実に興味深いところです。

　文字を記す方向についてご関心のある向きには、日本語の表記のなかに横書きが現れて定着してゆく過程を詳しく追跡した屋名池誠氏の『横書き登場——日本語表記の近代』（岩波新書、二〇〇三）もお奨めします。

　最後におまけで、西先生によるイラストを一つ（図❽）。これはなんの動物を描いたものか、お分かりになるでしょうか。

恐るべき藪医者

前節では、少し読解の手を休めて、西先生のノートを覗いてみました。では、続きを読んでゆくことにしましょう。目下のところ、漢籍を引きながら、真理の効能について説いているところでした。話はこんな具合に続きます。

然るに世の多く政権を執るに係はる者、唯其眞理を得さるか爲に其職に在て、事に就て行ふに恐れ、勞すること許多そや。其元トとする所を知らすして、政を施すにも徒らに古來傳ふる所の規則なとに據り、近世の西洋の事なとを見聞し、其を徒らに信して自分流義に斟酌して行ふか故に、瞭然たる白日に出ること能はす、唯暗夜に物を探るか如くなるへし。

（「百學連環」第四三段落第二九〜三〇文）

訳してみます。

ところが、世の政権を執ることに係わる者の多くは、そうした真理を得ない。そのために、仕事をするに際しても、具体的な事物に即して実践するのを恐れ、苦労することがどれほど多いことか。〔政治を行うにあたって〕その元となること〔真理〕を知らないままで、政治を行うにしても、むやみに昔から伝わる規則などに則ったり、近頃の西洋事情などを見聞し、訳もなくそれを信じて得手勝手に解釈して行ったりする。だから、はっきりとものが見えるはずの太陽の下に出ることができず、ただ暗い夜のなかでものを探るような体たらくなのである。

本書の現代語訳のチェックをお願いした木村直恵先生に教えていただいたのですが、この箇所に関して「覺書」に面白い文が見えます（『西周全集』第四巻、三二二ページ）。

徒ラニ古來カラノ仕來リヲ少シ斟酌シタリ他邦ノ政事上ノ外形ノ所斗少マ子ヲシテ天下カ太平ニ治ラムヿヲ欲スルハマア木ニ縁リ魚ヲ求ムル所シヤコザラヌ

と、こんな具合にござる体の調子よい文で書かれているのです。これは果たしてメモを書いているうちに西先生が乗ってきたことの現れなのかどうか、想像を逞しくする他はありませんけれど、私などは少し西先生の肉声に触れたような気持ちがしました。

さて、ここでは政治が例に取られていますが、他の場面や状況にも言えることだと思います。何事かをなす際に、それが妥当なことか否かではなく、昔からやっていることだから、規則だからとか、前例がないからといった話は、いまでもあちこちで耳にするところです。

また、舶来の新しいアイディアを鵜呑みにして担ぎ回るということについて、この時代すでにこうして釘を刺していたというのはなんだか面白いことです。いえ、より切実だったのかもしれません。そういえば、もう少し後のことですが、福澤諭吉や夏目漱石なども、口を揃えて同じことを注意していました。果たして、それから一〇〇年の後のいまはどうでしょうか。

そのように注意を促した上で、西先生は具体例を使って説明を続けます。

是を當今の庸醫に譬ふれは古來據る所の書は傷寒論なり。然るに近來西洋の醫藥なるキニー子、オヒユム、モロヒ子なとの功能あるを徒らに聞き、而して其據る所の傷寒論中の藥種に調合して是を病人に用ゆるときは、其病に利なきのみならす、其人を害する許多そや。是卽ち其病に由りて藥種の功能ある所以の眞理を知らさるに據る所なり。恐れさるへけんや。

（「百學連環」第四三段落第三一～三四文）

現代語にしてみます。

さて、このことを、近頃の藪医者に譬えてみよう。彼らが昔から拠り所にしているのは『傷寒論』である。ところで、近年西洋の医薬品であるキニーネ、オピウム〔アヘン〕、モルヒネに効能があると聞き、そうして拠り所とする『傷寒論』の薬と調合し、これを病人に使ってしまう。〔そんなことをして〕病気に効果があるどころか、病人を害してしまうといったことがどれほど多いことか。なぜこうなるかといえば、病気によって薬の効果がある理由について真理を知らないからである。なんとも恐ろしいことではないか。

ご覧のように具体例としては、医術が例に取られています。少し補足すると、ここで書名の挙がっている『傷寒論』とは、中国は漢の末期（三世紀はじめ）に張仲景《ちょうちゅうけい》（Zhāng Zhòngjǐng、二世紀中ごろ―三世紀初め）によって編まれたとされる医学書『傷寒雑病論』に由来する書物です。

現在でも風邪のときに飲む葛根湯のような漢方の処方も、同書に見えるものです。古い書物ではありますが、日本では例えば、江戸時代に古医方派の医者たちは、『傷寒論』を研究していました。

また、キニーネは、キナの樹皮から取れるマラリア治療薬。アヘンは、ケシ由来の薬品で鎮痛・催眠などの作用が、モルヒネはアヘンの主成分で、鎮痛作用と共に陶酔感をもたらす作用がある薬品です。アヘンとモルヒネは、いずれも中毒症状をもたらすもので、西先生との一九世紀つながりで言えば、トマス・ド・クインシーの『阿片常用者の告白』（一八二二）やコナン・ドイルが創作した名探偵シャーロック・ホームズがモルヒネ中毒だったことなども思い出されます。

それはそうと、西先生は、薬がなにに対してどのように効くのかということを、正しく理解しないまま、洋方と漢方を混ぜて処方してしまう医者の姿を描いてみせたのでした。それもこれも、薬と病気（人間の身体の状態）の関係について、真理をよく知らないまま事を進めてしまうからだ、というわけです。

こんな恐ろしい例を出されては、講義を聴いたほうとしても記憶に深く刻まれるのではないでしょうか。

そういえば、円朝の『怪談牡丹燈籠』では、医者でもないのに行きがかり上、治療の真似事をすることになった人物に、「実は己ア医者は出来ねへのだ　尤傷寒論の一冊位は読だ事は有が」（『円朝全集』第一巻、岩波書店、一二二ページ）と言わせていました。藪医者、偽医者と『傷寒論』を結びつける表現は、いつ頃から見られるものか存じ上げないのですが、こうした言い回しから、『傷寒論』が医事と結びついた一種の教養であった様子も窺われますね。

もっとも、気を付けなければならないことは、『傷寒論』が問題なのではなく、それを訳も分からず使おうとする藪医者のほうに問題があるということであります。

真理を知る二つの道

真理とその価値をめぐるやや熱のこもった説明を終えて、講義は「真理」に焦点を当てながら、次の話題に転じてゆきます。

さて其眞理を知るに二ツの區別あり。positive result《陽表效》, negative result《陰表效》にして、善を知り、又惡を知り、用を知り、又不用を知るか如き、不用のものも知るといふ義なり、其表裏の理を知る是なり。

（**「百學連環」第四三段落第三五文、第四四段落第一文**）

現代語に訳せばこうなるでしょうか。

さて、その真理を知ることについては、二つの区別がある。つまり、positive result と negative result である。これは、善を知るとともに悪も知り、役立つことを知るとともに役立たないことを知るという具合に、〔必ずしも有益なことだけではなく〕無益なことについても知るという意味である。言い換えれば、物事について、その表裏の理を知るということに他ならない。

ご覧のように、今度は、真理を知る際の二つの仕方が話題となります。その二つが、positive result と negative result というわけです。これは一体どういうことでしょうか。

上で述べたように、西先生はこれらの言葉に「陽表效」「陰表效」という、私たちからすると見慣れぬ訳語を当てています。positive と negative が、「陰陽」という中国思想に由来する対義で捉えられている様子が窺えますね。

これらの語は、現在でも、例えば、「ポジティヴ・シンキング」「ネガティヴ・シンキング」という具合に、対で用いることがあります。この場合は、「積極的」「消極的」とでも訳すべき意味でありましょう。

それから、医学などの領域では、「陽性」「陰性」を、positive、negative と表したりしますが、漢方の方面でも病の状態を「陽証」と「陰証」と区別するようです。また、これとは別に数学の世界では、positive、negative という語で「正の数」「負の数」を表します。

ものは試しと、Google Books で、一九世紀の書物に対して、positive result と negative result の二つの語で検索をかけてみると、果たせるかな、数学書（主に代数関係）や医学書がずらりと並びます。

西先生が、こうした同時代の書物や雑誌をどこまで目にしていたかは分かりませんが、表現自体はこのように使われていた様子が窺えます。ここではそれが、真理を知る仕方について使われているのでした。

さて、残る result という語には、「效」という語が当てられています。当世流に記せば「効」のこと。これは、力が発揮された結果、物事の結果としてあらわれるしるしといった意味です。現代の英和辞典などでは、「結果」「成果」などと訳されることが多いでしょうか。

これだけでは、「陽表效」「陰表效」という言葉で、西先生がなにを言わんとしているのかは、まだ分かりません。

ただ、「善を知るとともに悪も知り、役立つことを知るとともに役立たないことを知る」という例が手がかりになるでしょうか。ここで「善を知ること」が「陽表效（positive result）」に、「悪を知ること」が「陰表效（negative result）」に対応していると思われます。さらに「用」「無用」という例が重ねて例示されています。つまり、「陽表效」は「役立つことを知る」、「陰表效」は「役立たないことを知る」に対応しています。

これはどういうことか。そのことが、目下読んでいる文章の最後に示されています。言葉を補って言い換えれば、物事の真理を知る道には、その表裏の両面から知る二通りがあるということです。「表」だけ知るのが真理に迫る道ではなく、それと同時に表には現れない「裏」を知ることもまた真理に迫る道である。このように整理されています。

素朴に考えれば、なにが善であるかを知ろうという場合、善ではないものも知らなければ知りようがありません。果たして西先生は、そのようなことを説明しようとしているのでしょうか。

図❾

「陰表」を天文学で譬えると

前節では、真理を知る二つの道として、positive result と negative result という言葉が現れました。西先生は、例によって具体例で補足します。

> 譬へは天文學に於て銀河の傍に■の如き、星にもあらす、世界にもあらす、細かなる霧斑と云ふあり。こは恒星の如き用を助くるものにあらされは、是を知る即ち陰表なり。
>
> （「百學連環」第四四段落第二一〜二三文）

一旦ここで区切りましょう。■には、上のような図（図❾）が描かれています。訳してみます。

> 例えば、天文学では、銀河のそばに■のようなものがある。星でもなければ世界でもなく、細かい霧斑である。これは、恒星のようになにかの役に立つものではない。つまり、このようなもの〔役に立たないものについて〕知ることが、「消極（negative）」ということである。

ご覧のように、具体例として天文学が取り上げられています。率直に申せば、このくだりを読んで、よく分からないことが二つありました。一つは、「世界」という言葉の意味です。もう一つは「霧斑」です。順番にもう少し詳しく述べてみます。

まず「世界」から。ここでは宇宙観察で見られる或る対象（霧斑）が論じられています。言葉だけでは足りないと思ったのでしょう。西先生は、図を示したようです。この図は、筆先で点を打って描かれているのではないかと思います。宇宙を見ると、なにかは分からないけれど、銀河の近くに点々としたものが見えるというわけです。

では、これはなにか。「銀河の傍に」というのですから、銀河ではないのでしょう。それから「星にもあらず」ですが、これもひとまずはよいですね。なにを言っているのかは分かります。問題は次です。西先生は「世界にもあらず」と言うのです。単に私の言葉の使い方（経験）にないというだけなのですが、いったい先生がなにを言わんとしているのか、分かりかねました。

もちろん「世界」という言葉の意味は分かります。人が住んでいる場所、宇宙、地球など、いろいろな意味で使われてきた言葉です。ただ、ここでの文脈に照らすと、「宇宙」ではないでしょう。また、西先生は「地球」という言葉も別の場所で使っていますから、Earth のことでもないと思われます。

こういう場合、この言葉を西先生が、他にどんなふうに使っているかを見てみるとよいかもしれません。そこで、「百学連環」講義では、「世界」という言葉がどのように使われているのか、確認してみます。ここでヒントになりそうなのは、「百學連環」本編に見える次のようなくだりです。

有疆は無疆の中にありとは、譬へは家は國の中にあり、國は世界の中にあり、世界は地球の中にあり、地球は宇宙の中にありと知るか如く、都て限りあるものは疆りなき中にあるものなり。

（「百學連環 第二編上」、『西周全集』第四巻、一五四ページ）

宇宙から家までが入れ子のようになっている様子が描かれています。ちょっと図式的に書き直すとこうなります。大なり記号は、上にあるものが、その下にあるものを含む、という意味で使っています。

宇宙 ＞ 地球 ＞ 世界 ＞ 国 ＞ 家

この中に「世界」という言葉が見えますが、置かれている位置を見る限りでは、私たちが普段使っている意味と同様に捉えてよいでしょう。

もう一つ例を挙げると、博物館について触れた箇所では、「凡そ世界中ありとあらゆる物を集めて」「世界中古今の貨幣を集め置けり」「世界中ある限り鳥獣草木を集め置き」と説明していました。これも、上記と同じような用法です。

もし「世界」という言葉を、このように読んでよいとしたら、「星にもあらす、世界にもあらす」とは、素直にそのまま受け取ればよいのかもしれません。つまり、「星ではないし、〔そうした星のなかにある〕世界でもない」というふうに。

ただ、そうはいっても一抹の違和感は残ります。なぜだろうと考えてみると、やはりここでは宇宙を見上げたときに目に入る天文現象の話をしているからです。ですから、「銀河」や「星」や「太陽」といったものが並ぶのであればすんなり読めるのですが、そこにひょっこり「世界」という言葉が現れると、ちょっとびっくりしてしまいます。一種のカテゴリー・ミステイク、つまり分類基準が異なるものを同じ分類に属するものとして並べているような感じがするのですね。

そこで、もう一つの解釈の可能性としては、「世界」という言葉をもっと抽象的に捉えられるかもしれません。例えば、「世界」を仏教用語として見た場合、「世」は時間を、「界」は空間を指しています。その先で、どんなものを想定するかは別にして、なにかしらの時空間を構成する場や環境のようなものを「世界」と呼ぶわけです。

しかし、我ながらこう考えてみて思ったのですが、もし西先生が「世界」をこのような意味で使うとしたら、いつものように別の譬えや言い換えで補足するとも思われます。こんな具合で、この文脈において「世界」という言葉がどういう意味で用いられているのか、分からずにいるのでした。

最後にもう一つ可能性があるとすれば、当時の天文学（星学）の用語に「世界」という言葉があったとも考えてみました。

すっきりせず申し訳ありませんが、「世界」の意味は分からないまま、もう一つの不明点である「霧斑」について検討してみたいと思います。

「霧斑」とはなにか

続きを見てみることにしましょう。問題は「霧斑」です。これはなんでしょうか。

銀河のそばにある点々状のものということで私が連想したのは、現在でいう「星雲（nebula）」です。西先生が「百学連環」を講義した頃は、西洋流の天文学に関わる用語自体も、訳語を試行錯誤する途上にあったと思われます。あるいは江戸時代の天文学で使われた言葉との関係なども追跡すると面白そうですが、いまはその暇がありません。ただ、西先生の「霧斑」という表現を理解するのに参考になりそうな文献を二、三覗いておくことにしましょう。

一つは、エドウィン・ハッブル（Edwin Powell Hubble、一八八九―一九五三）が一九三六年に刊行した『銀河の世界（The realm of the nebulae）』です。「百学連環」講義の半世紀以上後の書物ですが、こんな記述が見られます。

天文用語の星雲（nebula）は、太陽系のふちの外にある天球上の恒常的な、雲のような斑点のことを表わす言葉である。これらの天体のとらえ方は頻繁に変わったが、その名前は生き残った。かつては、すべての星雲が星の集団か系であると信じられていたが、後にいくつかは、ガスや塵でできていることが明らかになった。新しい理論が発達し、いろいろな新しい名前が提案されたが、一般には生き残っていない。

（ハッブル『銀河の世界』、戎崎俊一訳、岩波文庫、一九九九、三七〜三八ページ）

ご覧のようにハッブルは、「星雲」を「雲のような斑点」と表現しています。西先生の「霧斑」を「霧のような斑点」と言い換えてみれば、両者が同じものを指しているように思えてこないでしょうか。

桜井邦朋氏の『新版 天文学史』（ちくま学芸文庫、二〇〇七）によれば、ヨーロッパにおける星雲の研究は、一八世紀末のウィリアム・ハーシェル（Frederick William Herschel、一七三八―一八二二。天王星の発見者としても知られます）やシャルル・メシエ（Charles Messier、一七三〇―一八一七）たちによる星雲のカタログ作成で本格化し、一九世紀を通じて続けられ、二〇世紀に大天体望遠鏡ができて急速に発展したということです。

その過程では、後に星雲ではないと分類される天体も星雲に数え入れられることもあったといいますから、なにを星雲とみなすかという定義も変化してきたのでしょう。そのことは、上のハッブルの言葉からも窺えますね。

もう一つ、今度は日本で書かれたものを見てみましょう。おそらく明治末期に書かれた横山又次郎講述『天文學大意』という書物があります。

この講義がいつ行われたものなのか、同書からは不明なのですが、著者の横山又次郎（よこやま・またじろう、一八六〇―一九四二）の生没年や表紙に見える「東京専門學校史學科第一回一學年講義」といった文言から、一九世紀末頃のものではないかと推測できます。

東京専門学校とは、現在の早稲田大学の前身で、一八八二年（明治一五年）創立、一九〇二年（明治三五年）に早稲田大学へと改称しています。また、東京専門学校の文学部に史学科が増設されたのは、一八九八年（明治三一年）のこと。

それはさておき、この本の中に「霞雲星」という項目があります。「霞雲星」という周囲を微白色の光に取り巻かれた恒星について述べた後で、こんな具合に説明が続きます。

> 又天ニ星霧ト稱スルモノガアル、星霧トハ矢張リ微白色ノ一小光デ、其ノ大多數ハ强力ノ望遠鏡デナケレバ見エヌノデアル、斯カル星霧ハ最强力ノ望遠鏡ヲ以テ見レバ六千以上アルノデアル、星霧は極メテ遠距離ニアル多數ノ星デアル、又星霧ノ如キモノデ多數ノ星デナク霞ノ如キモノ、ミヨリナレルモノガアル、之ヲ霞點ト云フノデアル、底デ霞雲星ト星霧ト霞點トノ三者ハ一目シテハ似テ居ルモノデアルガ實際ハ相異ナルモノデアル
>
> （横山又次郎『天文學大意』、三二一〜三二二ページ）

ここで「星霧」とは、たぶん「星雲」のことでしょう。さらに「星ではなく霞のごときもの」として「霞點」なるものが挙げられていますが、これは宇宙塵や星間ガスなどの星間物質を指しているように思われます。

この説明では、西先生の「霧斑」にも通じる「星霧」という表現が見えますね。およそ以上のことか

ら、「霧斑」とは「星雲」のことではなかろうかと推測したのでした。

ただ、西先生が「こ〔霧斑〕は恒星の如き用を助くるものにあらされは」というふうに、霧斑を恒星とは別のものと捉えているところを考えると、「霧斑」が「霞點」と同じものを指している可能性も否めません。当時、星雲の正体をどのように捉えていたかということも関わってくるはずですが、「百学連環」の講義記録の範囲では、そのことは分かりませんでした。

いずれにしても、天体を表現するために「雲」「霧」「霞」といった気象用語が流用されるのは、面白いことだと思います。

さて、「霧斑」という謎の言葉をめぐって穿鑿して参りました。といっても、ここで重要なことは「霧斑」の正体そのものではありません。西先生は、positive result と negative result の違いを説明するために、「恒星」と「霧斑」を対照させているのでした。「霧斑」というものは、恒星と違ってなんの役に立つか分からない。そういうものを知ることが「消極（negative）」ということだというわけです。

とはいえ、negative について、まだ腑に落ちたとは言えません。この話題については、もう少し説明が続きますので、続けて見てゆくことにしましょう。

消極は積極につながる

「陰表（negative）」の議論が続きます。

陰表たるものは大概此の如しと雖も、又勉めて之を知らさるへからす。其陰表を知るときは、其知る所のもの何れの時か廻り〳〵て終に陽表を知るに至るなり。

（「百學連環」第四四段落第四〜五文）

訳してみましょう。

消極的なものというものは、だいたい以上のようなことではあるが、〔だからといって軽んじるのではなく〕これについて知ろうと努力しなければならない。消極的なものを知れば、そこで知ったことが巡りめぐってついには積極的なものを知ることにつながるからである。

西先生は negative を「陰表」と訳していました。ここでは、いささかこなれないのですが「消極」あるいは「消極的なもの」と訳してみました。

前節では、恒星とは違ってなんの役に立つのか分からない星雲（霧斑）が消極的なものの例として対比されていました。そこで、なんの役に立つかも分からないといえば、「なあんだ、それなら知らなくてもいいんだ」と思ってしまう人もあるでしょう。しかし、西先生はそうではないと注意しています。消極的なものについても知る努力をせよと言います。

なぜかといえば、そのことが、いつか別の機会に、「積極的なもの（positive）」を知ることにつながっていないとも限らないからだ、というわけです。消極的なものが積極的なものにつながっている、連環している可能性がある。今の自分にはその連環が見えているとは限らない。そう主張していると思います。

これは面白い指摘です。なんだか分からないものなら、わざわざ知らなくてもいいじゃないかと考えるのは人情というものかもしれません。ときどき学校などで、子どもたちが「これを勉強したからって、なんの役に立つか分からない（だからやらなくていいと思う）」と主張するのを見かけます。いえ、子どもに限ったことではないでしょう。

役に立たないように見えることを放っておこうという考え方は、一見合理的です。しかし、よく考えてみると、実はそれほど合理的とも言い切れません。なぜかといえば、なるほどただいま現在の私にとっては「役に立たない」ことかもしれないとしても、将来にわたってそうなのかということは、誰にも分かりません。「役に立たない」ということをもう少し正確に言い換えるとしたら、「いまの私にはなんの役に立つか分からない」となるでしょうか。

例えば、小中高と算数や数学が嫌いで、なんの役に立つのか分からないからと勉強しなかった人が、大人になってゲーム会社に入ったとします。コンピュータゲームでは、３Ｄ（三次元）のグラフィックや音響表現、ゲーム世界内での物理的な動き、さまざまな乱数（確率）や論理演算などなど、数学が大活躍します。それだけに、ゲームをつくろうと思ったら、数学を知らないより知っていたほうが断然よいということになります。こう書くと、なんだか都合のよい話をこしらえたように思われるかもしれませんが、いくつもこうしたケースを見てきました。

あるいは、「そんなのは結果論だろう。そのまま死ぬまで数学が必要にならない人だっているに違いない」という意見もありそうです。そう、まさに結果論なのです。なにかが役に立つかどうかということは、いつも結果的にしか分かりません。少なくとも、今の自分に役に立たないからといって、そのまま将来もずっと役に立たないことは約束されないという、実に単純な話であります。しかし、結果的にしか分からないことについて、私たちは事前に「これは役に立たない」と決めたりしているわけです。

ということは、なんでもかんでも知っていないと困るということになりはしまいか。そういう疑問も湧いてきます。理想的にはなんでも知っているに越したことはないのでしょう。とはいえ、死すべき定めの人間、限られた時間と能力と機会のなかでできることは実に限られています。ならば、せめてこのぐらいのことは頭に入れておこうではないか。それが、学術の場合、言うなれば義務教育の課程で取り扱われる各種科目なのではないかと思います。

そこで教えられることは、実際にそうなっているかはともかくとして、「最低限これだけ押さえておけば、将来さらにその先やその上の知識が必要になったときにも、なんとか自分でやってゆけるようになる基礎」のようなことであるはずです。学校を卒業した後も、自力で知識や理解を拡張してゆけるような土台、知のサヴァイヴァルキットとでも言いましょうか。

ですから、そうした知識を授けられる段階では、それぞれのことがなんの役に立つのか分からないのは無理もありません。それはむしろ学校を出て、いろいろな問題に遭遇したときにこそ真価を発揮することだからです。

少し話が脱線しました。とはいえ、西先生が、消極的なものについても疎かにせず、知る努力をすべきだと言っていることの意味は、こういうことなのではないかと思うのです。

宇宙から見れば極微物

「陰表」と「陽表」の話が続きます。これは、真理を知るための二つの道で、それぞれ negative と positive に対応する訳語でした。

凡そ宇宙の大イなる測り知る能はさるものなれは、太陽も、世界も、宇宙より是を見るときは極微物といひつへし。其中世界も数多あるものなれは、其世界の太古より老て破壊するものあり、又は今より成立ものもあるへし。

（「百學連環」第四四段落第六〜七文）

現代語にしてみましょう。

およそ宇宙は広大であって、〔人間にはその全貌を〕はかり知ることはできない。太陽にしろ世界にしろ、宇宙からこれを見た場合、とても小さなものに過ぎない。中には世界もたくさんあり、その世界の中には太古から続き衰えてゆくものもあれば、これから出来てゆくものもある。

そう、西先生は negative な真理への迫り方を説明するために、具体例として「星雲（霧斑）」を挙げていたのでしたね。その天文学、宇宙論の話が続いているわけです。

ここでは、まず宇宙の広大さを述べておいてから、それに対して太陽や世界（この場合は私たちが住む地球を念頭に置けばよいでしょう）がいかに小さなものかという、視覚に訴えるような強烈な対比をしています。

さらに、私たちにとってはそれでも十分広いこの世界と同じようなものは、宇宙にいくらでもあるのだと畳みかけています。

その際、西先生はそうは言っていませんが、まるで「おい、われわれが住み、どうかすると広くて唯一無二の価値あるものだぐらいに思い込んでいるこの世界（地球）というものは、宇宙全体からしてみたら、所詮たいしたものではないのだぞ」とほのめかしているようにも思えます。

そして、ここまではもっぱら空間に関しての話でしたが、それに続けてさらに時間についても言及されています。世界はたくさんある。その中には、古いものもあれば、これから生まれるものもあるだろうという次第です。

要するに、私たちがいるこの世界、地球を、空間と時間の二つの点から、一挙に相対化してみせているると言ってよいでしょう。

それにしても、西先生は、なぜそんなことを言うのでしょうか。ひょっとしたら穿ちすぎかもしれませんが、このくだりを読みながら、こんなふうに解釈できると思いました。

先にも触れたように、「霧斑（星雲）」というなんの役に立っているのか分からないものが組上に載せられました。われわれは「霧斑」をわけの分からないもの（陰表＝消極）だと言うけれど、そういうわれわれがいるこの世界、霧斑に比べたらわけが分かっている地球（陽表＝積極）にしたって、大宇宙からしたら芥子粒のようなものだ。どこに視点を置くかによって、この二つは入れ替わりうるのだぞ――西先生の対比にはそんな意味があるように感じたのでした。

ところで、こうした感覚は、宇宙を舞台とした数々の映画や小説を当たり前のように見たり読んだりする私たちには、むしろ馴染みのあるものかもしれません。それこそイームズたちが撮った映画「Powers of Ten」（一九七七）で、地上を飛び立って宇宙に昇ってゆくカメラから、地球がどんどん小さくなって、やがてほんの小さな光の点になってしまう様子を見れば、「宇宙より是を見るときは極微物といひつへし」という言葉も文字通り実感できるというものです。

あるいは、NASAのマーズ・パスファインダー計画やマーズ・エクスプロレーション・ローバー計画のように、火星に探査機を送り込んで撮影された映像を見ると、地上からは光の点にしか見えない火星に「其中世界も数多ある」ことが分かります。

もちろん西先生が「百学連環」を講義した時分には、そうした映像も技術もまだ存在せず、肉眼と望遠鏡を通じて宇宙を観測していたわけです。

　さて、この箇所についてもう一つ述べてみたいことがあります。ここで宇宙について言われていることは、この講義全体のテーマにも重ねて見ることができそうです。つまり、宇宙と地球や霧斑の対比を、百学（あらゆる学）とその中にある一つの学の関係にも見立てられるのではないでしょうか。

　西先生は、一見なんの役に立つか分からない「陰表（消極）」についてもできるだけ知るべし、なんとなれば、陰表はめぐりめぐって「陽表（積極）」に至るからだと言いました。解釈者の出しゃばりではありますが、この指摘の意味をいっそう鋭くするためにも、もう一言添えて、「ただいま現在の自分には、一見なんの役に立つか分からないことであれ」と読んでみたいと思います。

　百学を一望してみること、諸学の連環を見てみるという「百学連環」の企てには、いろいろな意味と意義があるでしょう。その一つには、視野を一学のみに限定しないということがあるはずです。学者や研究者であれば、百学の中で自分が立っている場所こそが地球のようなものでしょう。そこから見える星屑は果たして意味や価値のないものなのかどうか。百学という宇宙全体からすれば、どの学も「極微物」ではあるまいか。誤解なきよう申せば、西先生は極微に見えるから価値がないと言っているわけではありませんでした。むしろ、いま自分がいる場所から極微に見えて、無価値に見えるものは、本当に無価値なのかと、逆のことを問いかけているのです。

　このように、ここで論じられつつある「積極（陽表）」と「消極（陰表）」という二つの真理への迫り方の関係は、おそらくそのまま人間の知識や学術の体系についても言えるはずです。それはただいま現在の必要でもって、或る学の有益さを捉えてしまうものの見方に対する根底的な批判にもなりえるものです。そういう底意地も持ちながら、この陰表／陽表を巡る議論を、引いては「百学連環」という大きなテーマを、引き続き追ってみたいと思います。

分光分析もまた

続きを読んで参りましょう。

さすれは銀河の傍ラなる霧斑てふは、未た世界にも何にも成立たさる所の元の物《matter》たるを近來西洋にて考へ得たり。是卽ち陰表の終に陽表の理を得たるなり。

（「百學連環」第四四段落第八～九文）

では訳してみます。

そういうわけなので、近年の西洋では、銀河の傍らにある星雲というものは、いまだそこには世界も何も成り立っていない物質であろうと考えるようになった。これはつまり、消極の理から、ついには積極の理が得られたということである。

目下は、なんの役に立つか分からない消極的な理であっても、そこから積極的な理を得られるという議論の途中でした。そこで西先生は、「星雲（霧斑）」という、宇宙について知る上では消極的なものと考えられていたものを例に挙げていたのでしたね。

しかし、近年の西洋では、星雲を地球のような世界が成立する以前の物質であると考えるようになったというわけです。このくだりの「世界」という言葉の使い方を見ていると、これは私たちが普通に連想する地球上の世界というだけでなく、天地のような、ある種の物理的構造を指している様子が窺えます。つまり星雲とは、そういう構造ができる前の物質だという見解が出てきたという次第です。

そんな具合に、最初はなんだか分からなかった星雲でしたが、観測を重ね、考えを発展させてゆくに従って正体が分かってくる。消極の理が積極の理に至るとは、どうやらこのような意味であることが見えてきました。

ここで西先生は、もう一つ、宇宙に関連する別の例を出します。

近來獨逸のブンテンなる人の發明の Spectrum Analysis《觀光分解術》とて、物の元素を目鏡にて分解することを得たり。夫よりして次第に究理し、終に太陽の何物より成立しといふを知るに至れり。其太陽の中、金、銀、鐵、鉛等の元素あるを知ると雖も、更に是を人の取る能はす。さすれは是を知るも陰表に屬すといへとも、我か國俗に天照大神は日輪なりと唱へしも、爭てか金、銀、銅、鐵の沸騰する火炎の中に神のおはすへき理なきを知る。是亦陰表を知るの用ある所なり。

（「百學連環」第四四段落第一〇〜一四文）

訳せばこうなりましょうか。

近年、ドイツのブンゼンという人が発明したスペクトル分析では、物質の元素をレンズによって分解することに成功した。そこから次第に研究を進めて、ついには太陽がどんな物質からできているかということを知るに至ったのである。太陽には、金、銀、鉄、鉛などの元素が含まれていることが分かった。とはいえ、人がこれらの元素そのものを［太陽から直接］採ることはできな

い。そういうわけで、こうしたことを知るのもまた消極に属することである。ところで、我が国で俗に「天照大神は日輪なり」と言うが、どうして金、銀、銅、鉄が煮えたぎっている火炎の中に神がいらっしゃるなどということがあるだろうか。これ〔迷信を退けること〕もまた、消極を知ることが役立つ場面である。

今度は、ドイツの化学者、ローベルト・ヴィルヘルム・ブンゼン（Robert Wilhelm Bunsen、一八一一―一八九九）による分光研究の例です。以前もお世話になった桜井邦朋氏の『新版 天文学史』（ちくま学芸文庫、二〇〇七）を参考に、ここでの議論の文脈をごく簡単に確認しておきましょう（さらにご関心のある向きは、同書をご覧あれ）。

太陽の光をプリズムに通すと現れる光の帯を「スペクトル」と名付けたのはニュートンでした。この太陽光のスペクトルを、どのように解釈したらよいかということが問題となり、数々の探究が重ねられます。そうした研究を Spectrum Analysis と呼ぶのですが、西先生はこれを「観光分解術」と見事に訳していました。「観光」というと、いまでは景色を見に旅することですが、これはそういう意味ではなく、「光を観る」という含意でありましょう。当世風に言えば「分光分析」のことです。

ここで名前の挙がっているブンゼンは、キルヒホッフとともに、太陽スペクトラムから、その光源、つまり太陽がどのような元素からできているかを特定する手法を編み出しました。一八五〇年代のことですから、「百学連環」講義の時点（一八七〇年）から見て、十数年前、まさに「近來」の出来事です。

さて、それに続く議論が、ちょっと面白いところ。スペクトラム分析で太陽の組成が分かります。でも、太陽からそれらの物質を採ってくることはできない。西先生は、だからこの太陽の組成の知識も「陰表（消極）」であるというのです。この説明を読むと、直接知ることはできないが、間接に分かることを

「陰表（negative）」と言っているようにも思えてきます。

そして、最後には、俗に「天照大神は日輪なり」というけれど、ブンゼンたちの研究によって消極的に判明したことと照らし合わせれば、太陽のようなところに神がいるわけがないことが分かるだろうと指摘しています。

ここには、学問（科学）的説明によって、神話的説明を批判するという思考の動きが現れています。後に「妖怪博士」こと井上円了（いのうえ・えんりょう、一八五八―一九一九）が全面的に展開した「妖怪学」を連想させるものでもあります。

サンショ魚とて怪しけなる魚

分光分析に続いて、今度はまた別の例が出されます。見てみましょう。

> 又前にもいへることなれと、Botany《本草學》此學校〔マ、〕は世界のあるとある草木を寄せ集めたれは、其中藥となるあり、毒あり、用あり、不用あり、其毒も不用も悉く集るは皆陰表を求むるか故に、世界に草木の限りあるを知るなり。其陰表を求むるか故に、世界に草木の限りあるを知るなり。
>
> （「**百學連環**」**第四四段落第一五〜一六文**）

「校」の字の右側には「〔マ、〕」とあります。おそらく、「この學は」と読みたくなるところに「この學校は」と書かれていることへの注記でありましょう。乙本を見ても、同じように「校」の字が入っています。詳しくは後で検討することにして、訳してみます。

また、前にも述べたことだが、植物園には、世界に存在する草木を集めている。その中には薬になるものもあれば、毒になるものもある。また、〔人間の〕役に立つものもあれば、役に立たないものもある。なぜ毒になるものや役に立たないものまで、ことごとく集めるのかといえば、これは「消極（negative）」を求めるからである。そして消極を求めるからこそ、世界に存在する植物が有限であることが分かるのである。

今度は植物学の例ですね。西先生はBotanyを「本草学」と訳していました。本草学とは、中国から移入されて日本でも発展を遂げた一種の博物学です。「前にも述べた」というのは、「さまざまな専門博物館」の節で読んだくだりで言及しているbotanical gardenのことでしょう。

ここで問題になるのが「此學校」です。「百学連環」を活字に起こした編者は、上記したように「〔マ、〕」と、一種の疑義を呈する注記を施していました。〔ママ〕とは、「疑義がある、または誤記である可能性があるが、原文がそうなっている」というほどの意味です。では、ここはどう読んだらよいでしょうか。といっても、すでに訳文でお示ししたように私は「植物園」と読んでみました。なぜそうしたのか。少しご説明します。

西先生はやはり「此學校」と述べたのではないかと思うのです。というのは、すぐ後で読む箇所には、植物と対比するように動物の話が出てきます。そこでは「Zoology 禽獸園」と言っているのですね。これは当世風にいえば「動物園」となりましょう。

翻って考えると、植物に関して「此學校」というのも、ヨーロッパで一六世紀頃から設立される植物園を指しているように思われるのです。それらの植物園は、修道院や大学などが、植物の蒐集と研究のためにつくった、いうなれば一種の学術機関でもありました。西先生の念頭には、そうしたものがあったのではないか。そこで、書かれた通り「此學校」を、「植物に関する学校・研究施設」と読んで、簡単に「植物園」とした次第です。

ちなみに日本でも、江戸幕府が一六八四年に「御薬園」なる植物園を設けており、後に「小石川植物園」となるのでした。小石川植物園になるのは一八七五年といいますから、時間の前後関係でいえば、この「百学連環」講義が行われた後のことです。

さて、ここでの「消極（negative）」は、毒のように人間から見て危険なもの、あるいは役に立たないものを知ることを指しています。これは、先に例に挙げられていた「星雲」と似た用法です。そして、そうした役に立たない植物も集めるからこそ、地上に存在する植物全体が分かってくるのだという具合に、「消極」が別の知識につながる様子を説明しています。

この例はもう少し続きますので見てみましょう。

或は Zoology 禽獣園も亦同し意にして、あるとある禽獣魚類を悉く集め、陰表を求むるに供せり。我か國のサンショ魚とて怪しけなる魚を洋語是を salamander とて、卽ち禽獣園の中に取寄せあるなり。

（「**百學連環**」**第四四段落第一七〜一八文**）

現代語にしてみます。

――あるいは、動物園も同じである。ありとあらゆる鳥、獣、魚を集めて、消極を求めているわけで――

ある。我が国でいう「サンショウウオ」という奇怪な魚を、ヨーロッパの言葉では「サラマンダー（salamander）」というが、これを動物園に取り寄せたところがある。

「怪しげなる魚」なんていう形容に触れて、思わず井伏鱒二の『山椒魚』を思い出します。あたまがつかえて棲家の岩屋から出られなくなったあの魚ですね。また、「サラマンダー」といえば、山椒魚のことであると同時に、ヨーロッパでは火の中に棲むトカゲという伝説上の生き物につけられた名前でもありました（さらにはこの名前を冠したゲームを思い出す向きもありましょう）。

ちょっと面白いのは、植物のほうでは、特に具体的な植物を挙げていないのに、動物については他ならぬサンショウウオを持ち出しているところ。動物なら他にいくらでもありそうなものなのに！

これは推測なのですが、西先生は、あのシーボルト（Philipp Franz von Siebold、一七九六―一八六六）のことを思い出しているのかもしれません。例えば、次のような一節をご覧ください。

この鯢魚は［シーボルト］先生が江戸への旅中に於て大金を出して買ひ取りたるものにして、先生は欧州へ齎らして後私有物として之をライデンの博物館に置きしが、当時欧羅巴に於てそれが如何程珍奇にして且貴重なるものなりしかは、嘉永五年倫敦に開設されたる万国博覧会がその為に千ブンドステルリンクを支払はんと申込みたるにても知るべし。

（呉秀三『シーボルト先生――その生涯及び功業』第二巻、東洋文庫、平凡社、三〇五ページ）

これは精神科医の呉秀三（くれ・しゅうぞう、一八六五―一九三二）が書いたシーボルトの評伝に見える一節です。ここで「鯢魚」と呼ばれているのは、山椒魚のこと。シーボルトは生きたまま持ち帰り、博物館に置いたというのです。なんとも数奇な運命を辿った山椒魚があったものです。特に裏付けがあるわけではありませんが、西先生はきっとこの一連の出来事を思い浮かべて、サンショウウオを話題に出したのではないかと想像したのでした。

主人と泥棒

宇宙、植物、動物といった例を使って、消極と積極という、二つの真理への迫り方を説明してきたところでした。西先生は、ここまでの話をまとめて確認するように、もう一例を加えます。

今陽表陰表の二ツを他の事に譬へむには、或家の亭主の痛く盗賊を恐るゝか故に、己レ家の周圍を見廻りて、かゝる所は盗賊かくして入へしといふを知り、其處を堅く防くの手術をしるか如く、其亭主の此處はかくして盗賊の入へしといふを知るは、己レ盗賊をなさんとの意にあらねとも、そは所謂陰表を知るものなり。又盗賊はかくして防くへしといふを知るは卽陽表なり。

（「百學連環」第四四段落第一九～二〇文）

現代語にしてみましょう。

今度は、「積極」と「消極」の二つについて、他の例で譬えてみることにしよう。ある家の主人が、泥棒に入られはしまいかとたいそう心配して、自分の家のまわりを見て歩く。そこで、「こういう場所は泥棒がこんなふうにして入ってくるかもしれない」ということに気づき、その場所からの侵入を防ぐ対処を施した。こんなふうに、主人が「ここからはこのように泥棒が入ってくるかもしれない」と知るのは、自分が泥棒をしようという意図があるわけではなく、いわゆる「消極」を知ることである。また、「泥棒をこのようにして防げる」と知るのは、「積極」を知るということなのである。

ご覧のように、学術を離れて、ぐっと身近な例ですね。しかし、実を言えば、私はこの例が一番難しいと感じました。なかなかややこしく感じたのです。どういうことか、話の道筋を辿り直しながら整理してみます。

まず、消極から。家の主人は、泥棒を働くつもりで調べているわけではないけれど、家に侵入しようとする泥棒の視線で、「ここなら入れそうだ」と発見するのが「消極」だというわけです。

つまり、主人の立場からすると、「どこから侵入できるか」という知見（発見）は、直接自分の役には立ちません。なぜかといえば、繰り返しになりますが、主人は泥棒をしようと意図していないからです。西先生はそのようには言っていませんが、立場をかえて、泥棒する、家に侵入するという目的に照らせば、「どこから侵入できるか」という知見は、直接役に立つ「積極」と言えるでしょう。しかし、主人は家に侵入したいと思って、侵入できそうな場所をつきとめたわけではありません。そこで、この知のあり方は「消極」だということになります。

他方で、主人の立場からすると、「ここから侵入できる」という「消極」の知見を介して、「だから、この場所をこのようにすれば防げる」という知見に至ることは、「積極」の知見だと西先生は言っています。つまり、そもそもの「泥棒に入られたくない」という主人の目的に照らせば、「そのためにはどういう対処をすればよいか」という知見は、直接役立つもの、積極的なものであるということです。

いかがでしょうか。この例に即して考えると、ある知識が「積極」か「消極」か、つまり直接役立つか、直接役立たないかということは、人がどのような問題を解きたいと考えているかということに拠りそうです。

例えば、「ここから侵入できそうだ」という知見は、泥棒を働こうという立場からすると「積極」の知であり、泥棒の被害に遭いたくない主人からすると「消極」の知になります。いわば、知識の「積極」「消極」とは、状況や文脈によって変化しない絶対的なものというよりは、状況や文脈によってどちらにもなる相対的なものであるように思えます。

また、主人にとって「侵入できる場所」という知は「消極」の知であるとしても、そこから「泥棒の侵入を防ぐにはどうしたらよいか」という「積極」の知につながります。これもまた、この一連の議論で大切なポイントでした。というのも、西先生は、物事を知ろうとする場合、直接役立つことが分かっている「積極（positive）」の知だけでなく、直接には何の役に立つか分からない「消極（negative）」の知も探究すべきであることを論じていたのでしたね。そして、それはまさに知を連環において捉えるという姿勢でもあります。

学術を離れたこの例は、なんだか中国の古典に出てくる逸話を読んでいるような気分になるものでもありました。

第13章　知をめぐる罠

惑溺と臆断という二つの罠

ここで少し話が転じます。続きを読んでみましょう。

> さて物に就て prejudice《臆斷》, superstition《惑溺》 の二ツあり。臆斷とは自分流儀に事を決するを言ひ、惑溺とは徒らに事を信するにあり。其二ツの生する所以は眞理を得さるにあり。譬へは今彼處に狐ありて能く人を欺《タブ》らかすといへは、其を徒らに信して實に狐は人を欺くものなりとせり。是を惑溺と言ひ、又人ありて狐の人を欺く能はすといふ所以の理を知らすして、徒らに狐は人を欺くものにあらすとなす、是を臆斷といふ。
>
> （「百學連環」第四四段落第二一〜二五文）

では、現代語にしてみましょう。

さて、物事については「臆断（prejudice）」と「惑溺（superstition）」の二つがある。「臆断」というのは、自分の〔得手勝手な〕流儀で物事を決め込むことをいう。「惑溺」というのは、やたらと物事を信じ込むことである。なぜこの二つが生じるのかといえば、それは真理を得ないからだ。例えば、いま「あそこに狐がいるが、あれは人を騙すぞ」と言われて、それを無闇に信じ、「本当に狐は人を騙すものだ」と思うようになる。これを「惑溺」という。また、ある人が「狐は人を騙したりしない」ということについて、その訳を知らずに、ただ闇雲に「狐は人を騙したりしない」と思うのを「臆断」というのである。

「臆断（prejudice）」と「惑溺（superstition）」という言葉が出てきました。まず、これらの語彙について少し眺めてみましょう。

まず「臆断」ですが、これは日本語としては、「憶測（臆測）で物事を判断すること」でした。つまり、本当かどうかは分からないけれど、自分としてはこうだと思う、思いたい、そこでこう判断するというわけです。もう少し言えば、実際にどうなのかではなく、その判断をする人の頭のなかだけのお話です。

西先生は、この言葉を英語の prejudice の訳語として当てています。この prejudice という言葉は、現在では「偏見」や「先入観」などと訳されることが多いでしょうか。ラテン語の praejudicium に由来して、prae（予めの）、judicium（審理、判断）、つまり「予審」「予断」という意味を持つ言葉でした。

また、「惑溺」は、「惑い溺れること」ですね。なにかに惑い溺れこんでしまう様子を指します。現在では、あまり使われているのを見かけない気もしますが、私たちは相も変わらずいろいろなものに惑溺し続けていますから、あながち無縁の言葉ではありません。こちらは superstition の訳語として使われています。いまならさしずめ「迷信」とでも訳すところですね。

これらの言葉に触れて、はしなくも思い出されるのは福澤諭吉です。西先生とともに明六社の同人でもあった福澤は、例えば『文明論之概略』（明治八年＝一八七五年）などの著作で「惑溺」という言葉を多用しています。

西洋学術の総覧を試みる「百學連環」の文脈に合わせて引くなら、「陰陽五行の惑溺を払わざれば窮理の道に入るべからず」といった福澤の一節は、西先生の関心に響き合うものがあります。また、同書には「臆断を以て先ず物の倫を説き、その倫に由て物理を害する勿れ」という具合に、「臆断」という語もしばしば使われています。

これはたまさか西先生と福澤諭吉という二人の知識人による用例を挙げただけではあります。しかし、二人がともに（少なくとも学術という営みにおいては）「臆断」と「惑溺」とを「真理」を疎外する悪しきもの、退けるべきものと見て、これを唱えている様子は、なにか彼らが向き合っていた状況を浮かび上がらせるようにも思えて印象深くもあります。

さて、「百學連環」に話を戻しましょう。西先生は、人がどうして「臆断」と「惑溺」とに陥ってしまうのか、その理由を説いています。つまり、真理を手にしていないからだというわけです。

これもついでのことではありますが、福澤諭吉も「陰陽五行の妄説に惑溺して事物の真理原則を求るの鍵を放擲したるの罪なり」（『時事小言』明治一四年＝一八八一年）というふうに、「惑溺」を「真理」との関係で用いています。真理と相反するものという認識です。

西先生は、狐の例でこのことを補足していますね。面白いのは、「狐は人を騙すぞ」と信じ込み惑わされるのは「惑溺」で、しかし根拠も分からないまま「狐は人を騙さない」と信じるのは「臆断」だと、この例を両面から使っていることです。

素朴に考えると、「狐が人を騙すなんて、迷信に決まってるだろ」と、「惑溺」を退けて終わりそうなものですが、しかしどうしてそう言えるのかという「真理」を知らずしてそう信じ込むこともまた、本当のところを知らないという意味では「惑溺」と五十歩百歩の「臆断」なのであると釘を刺しているわけです。

これは、真理を探究する学術の徒としては、ぜひとも警戒が必要な二つの態度でありましょう。ポイントは、惑溺を退けても臆断に陥っては元も子もないというところだと見ましたが、いかがでしょうか。デカルトが、確実ならぬ知識は、いったん全て疑わしいものとして退けて、本当に確実であると思えることに基づいて真理に近づこうとした「方法的懐疑」も連想されます。

result と knowledge の区別

臆断と惑溺の話が続きます。

臆斷と惑溺とは學者最も忌む所なれは、必すしも眞理を得て此二ツの病を避けさるへからす。其病を避けんとならは、己レ狐を二ツにもあれ、五ツにもあれ捕へ置きて、欺かすか欺かさぬかを能く〳〵驗ミ、而して始めていかにしても狐は欺らかすこと能はさるものたるを知る。是其の眞理なるものなり。其眞理を知るときは二病は忽ち消滅に至るなり。

（「百學連環」第四四段落第二六～二九文）

訳してみましょう。

臆断と惑溺とは、学者が最も嫌うものであり、真理を得ることによって、この二つの病を避けなければならない。この病を避けようと思ったら、狐を二匹でも五匹でも捕まえてきて、本当に人間を騙すか騙さないかをよく確かめ、その上でようやく狐は人間を騙したりできないということを知るわけである。これがその場合の真理である。この真理を知れば、二つの病はたちまち消滅するのである。

前節の狐の例がここでも活用されていますね。狐は人を騙すぞという迷信がある。このとき、無闇とこれを信じるのも、故なくこれを退けるのも、いずれも臆断と惑溺に囚われていることに他ならない。西先生はそう注意しました。ではどうすればよいのか。

それがここで示されています。思わず笑ってしまったのですが、本当に確認したかったら、本物の狐を調べるしかありません。二匹でも五匹でも、その辺から連れてくればいいというのです。そうして、実際に確かめてみて、はじめて狐は人を騙すものではないということが確認されるという次第。

考えてみれば、私たちが知っていることのうちには、必ずしも自分で確認したわけではない知識もたくさん含まれていますね。例えば、太陽はどんな成分からできているか。教科書などで教えてもらっていれば、知識としては知っていても、たいていの人は自分で確認したわけではないでしょう。そうだとすると、これは臆断や惑溺ではないのか。気になるところです。

講義録はここで改行して、話はこう続きます。

さて negative result と前にいへる negative knowledge とは二ツなから同しやうなれと、そを深く注意して區別せさるへからす。〔子カチフ〕レシユルトは其眞理を知るといへとも不用のものをいひ、子カチフノヲーレジは positive と相關係して眞理を知るときは他の眞理にあらさるを知り、善を知れは又惡を知るか如く、表裏相互に係り合ふをいふなり。

（「百學連環」第四五段落第一〜二文）

現代語にしてみます。

さて、negative result と先に述べた negative knowledge とは同じものに見えるかもしれないが、よく注意して区別しなければならない。「ネガティヴ・リザルト（消極）」は、真理を知ることではあったが、役に立たないものだった。他方で「ネガティヴ・ナレッジ（消極知）」は、positive と互いに関係しあっており、或る真理を知ることによって、〔同じ対象について〕それ以外のことは真理ではないと分かったり、善を知ることによって悪を知るように、互いに表裏の関係にあることを指している。

ここで少し困りました。私は、「陰表（negative result）」を、もっぱら「消極」と訳してきましたが、その際、result をきちんと見届けていませんでした。消極的に分かったこと、消極的に分かった真理というほどの意味で捉えてきたわけです。しかし、ここに至って、西先生が negative result と negative knowledge は違うものだとおっしゃいます。

仮に negative knowledge を「消極的な知」と訳すとすれば、negative result もまた「消極的な結果」などとしっかり区別しなければならないでしょう。「百學連環覺書」では、「裏の効」「裏の知」という言葉が使われています。positiveを「表」、negativeを「裏」という具合に、表裏でとらえているわけです。では、knowledgeとresultはどう違うのでしょうか。

西先生の説明によれば、「消極的な結果」のほうは、真理を知ることではあるけれど、役に立たないものだということでした。これは、「星雲」を例に説明されたものです。

他方で、「消極的な知」は「積極的な知」と相互に関係していると言います。互いに表裏の関係にあるので、一方が分かると他方が分かる、そういうものであるというわけです。

この説明自体は、特に苦労せず理解できます。しかし、以前、西先生が、陰表（消極的な結果）もめぐりめぐって陽表（積極的な結果）を知ることにつながるのだと言っていたことと、どう区別すればよいのでしょうか。少し混乱して参りました。続きを読んで、この困惑が解けることを期待したいと思います。

談虎色変

「消極知（negative knowledge）」は、真理に関わる消極的な知識ではあるけれど、「積極知（positive knowledge）」と裏腹の関係にあるというのが、前節で確認されたことでした。西先生は、これについて具体例を並べています。見てみましょう。

譬へは釋氏の虛誕なるを知るときは孔門の實理なるを知るか如く、其虛たるを一寸知れは其實を又一寸知るか如く、其力能く並ひ係りてゆくものなり。又譬へは三人の人あり、折節虎の話しとなりしか、一人は其以前實に虎に出逢ひて幸に其害を免かれし人なるか故に、其話についても顔色忽ち變せしと諺にいへる如く、其害難を知るか故に又安穩なるを知るなり。

（「百學連環」第四五段落第三〜四文）

訳してみます。

例えば、仏教がデタラメであることが分かると、孔子門下〔の教え〕が実際に即した道理であることが分かるように、あるいは〔ある物事について〕事実ではないことが少し分かれば、事実であることが少し分かるというように、〔消極知と積極知とは〕互いに関係しあいながら働くのである。また、こんな例もある。ここに三人の人がいて、ちょうど虎の話題になった。そのうちの一人は、以前、実際虎と遭遇して、幸いにも害を免れた人だった。それだけに、その人は虎の話を聞いて、たちまち顔色を変えたのだった。と、こんなふうに諺にも言う通り、〔物事について〕害難を知っているからこそ、安穏のなんたるかも分かるわけである。

一つ目の、仏教と孔子の教えの比較は、例としてどうなのか、少し疑問も湧きました。というのも、仏教の教えがデタラメであることは、それとは別の孔子の教えもまたデタラメという可能性を否定しないような気がします。この一つ目の例が成り立つのは、ある事柄について、仏教の教えと孔子の教えのいずれかが正しいという前提がある場合のように思うのですが、いかがでしょうか。あるいはこのくだりは、別の読み方ができるかもしれません。

それに対して、事実ではないことが分かると、それと裏腹に事実であることが少し分かるという例は、腑に落ちるように思います。

例えば、前節で例に出ていた狐が人間を化かすかどうかという話で考えてみましょう。「狐は人間を化かす」という主張（命題）は、真か偽かと考えてよいでしょう。そこで、実際に狐を連れてきて試したところ、（その経験の範囲では）狐は一向に人間を化かしたりしないことが分かった。つまり「狐は人間を化かす」という主張が偽であることが分かった。この結果、それとは裏腹に「狐は人間を化かさない」ということが分かるという具合です。

あるいは、もう少し別の例も並べてみます。コンピュータでプログラムを作って動かしてみると、いろいろな不具合が生じることがあります。いま、プログラムはごく短いものであり、全部で一〇〇行ほどだとしましょう。このプログラムを動かしたところ、途中で止まってしまうという症状が生じました。さて、この不具合の原因はプログラムのどこにあるか。プログラムの冒頭から確認を進めていって、最初の二〇行に問題がないとしたら、怪しいのは残りの八〇行と言えそうです。

つまり、この例では「プログラムのどこに問題があるか？」という問いに対して、「少なくとも一行目から二〇行目までは問題がない」というふうに、「消極知」を得たわけです。消極知ではありますが、そのおかげで、「問題は残る二一行目から一〇〇行目のどこかにある」ということが分かるわけです。これなどは、まさに消極知と積極知とが、相互に深く関連している例と言えましょう。

そして、西先生はさらにもう一つ具体例を挙げていますね。これは「談虎色変」といわれる話です。三人のうち、実際虎に遭遇したことのある人だけが、顔色を変えるほど怖がった。というのも、虎の恐ろしさを、自分の身をもって実際に経験したからこそ、顔色がさっと変わってしまうほどその恐ろしさを思い出したというわけです。

鄭高咏氏の「虎のイメージに関する一考察――中国のことばと文化」（『言語と文化』12、愛知大学語学教育研究室）によりますと、この話は宋の時代の『二程遺書』に見えるそうです。「本当に知っているのと常識として知っているのとでは訳が違う」というのが、元の文脈の趣旨のようです。

西先生は、それに続けて、危険を知っているからこそ、危険のない安穏がなんたるかも分かるとまとめていました。風邪を引いたり怪我をしたときにこそ、健康の価値が分かるということ、なにかを失うことでかえってその価値が分かるという話にも通じるように思います。

学問の大律

ネガティヴに関する検討を受けて、講義は次のように続きます。

併しなから學問は子カチーフを主として求むるにはあらす。其主とする所は卽ち眞理を求むるにあるなり。譬へは方今は地動の說に歸するといへとも、古昔は天運の說あるか如く、或は日蝕彗星は亂兆なりといひしも、今は其理を發明して決して亂兆にも何にもあらさるを知れり。或は方今は地は圓球なりといへとも、古昔は地は平衍なりとせり。或は大山大川には神ありとせしも、今は其無きを知るか如く、或は政事上に於ても古へ柳子厚の說よりして封建を好しとせしも、今は郡縣の好きを知り、世界一般是に化し、旣に我か國も此に及ふか如く、今を知るときは必しも古を知らさるへからす。是を學問の大律とす。

（「百學連環」第四五段落第五〜一〇文）

訳してみます。

しかし、学問では、主としてネガティヴを求めるわけではない。中心は、真理を求めることにある。例えば、現在では、地動説が採られているが、かつては天動説があった。あるいは、かつて日蝕や彗星は世の乱れる兆しとされていたものだが、今ではその理が発見されているので、凶兆でもなんでもないことが分かっている。また、現在では地球は球状であると言うようになったが、昔は大地は平らなものだとされていた。それに、かつて大きな山や川には神がおわすとされていたものだが、今ではそうではないことが分かっている。政治でも、昔は柳宗元の説に従って、封建がよしとされていたものが今では郡県制のほうがよいとなり、世界的にもそちらへ移行し、我が国もそうなっている。このように、現在を知る場合には、必ず過去についても知らなければならない。これは学問において重要な原則なのである。

消極的《ネガティヴ》に物事を知ることは、積極的《ポジティヴ》に知ることと裏腹である、というのが前節までの指摘でした。とはいえ、学問においてはネガティヴに物事を知ることが中心ではないというわけです。あくまでも目標は、真理を知ることにある。

というので、西先生は過去に真理だと思われていながら、現在では否定されている事例をいくつも並べてゆきます。天動説から地動説へという大きな変化は、分かりやすい例ですね。これは、見ようによっては、真理が時代や状況によって変化する相対的な側面を持っているということを述べているとも読めます。

急いで付け加えれば、だから「絶対的な真理はない」という話ではありません。おそらく、かつて真理と思われていたことが、新たな発見や考え方の転換によって真理ではなかったと認識され、そのネガティヴな（この場合は「否定的」と言いたくなります）理解によって、いっそうの真理へと近づくというところでしょうか。

西先生が挙げている例のうち、柳子厚について少し補足しましょう。柳子厚とは、唐代の文人、柳宗元（Liŭ Zōng yuán、七七三―八一九）のことです。柳宗元には『封建論』という著作がありますので、西先生はそれを踏まえているのかもしれません。

『封建論』を見てみると、柳宗元は、中国の古代史を堯舜から順次俎上に載せながら、郡県制がいかに優れているかを主張しています。また、郡県制を論難したり、封建制度のほうが優れていると主張する論者たちに対して反論しています。

例えば、封建制では統治の手腕に優れているか否かとは関係なく世襲で人民を統治している。天下を私物化することになる。郡県制では適材適所を実現できる。これは天下を公のものとすることだ。

こんなふうに彼が論じた通り、かつては封建制がよしとされていたが、いまでは郡県制に移行しているではないか、というわけです。

さて、最後にまとめとして述べられている「今を知るときは必しも古を知らさるへからす。是を學問の大律とす」についても、少し検討してみましょう。

すぐに思い出されるのは、「日新成功」の節で述べられたことです。今、直に関係するくだりを改めて現代語で引いておきましょう。

「日新成功」と言われる。日々新しくなることはよいとして、広く過去を知らなければ、日々新たになりようもない。だから、知は広くなければ行いがたいのである。

日新成功のためにも、温故知新、過去を知る必要があると力説されていました。

過去を知る必要はどこにあるのか。ここまでの議論を受けてもう少し深読みしてみたいと思います。ある事柄、目下の文脈では、ある学問において、過去の試行錯誤を知ることにはどういう意味があるでしょうか。その対極には、最新の知識だけ押さえればよく、現在では間違いであることが判明している過去の知識には意味はないという考え方があります。

例えば、私たちが小中高で習う算数や数学は、その最たるものかもしれません。数学の授業で、数学の歴史を教えられることは稀です。いったいどこの誰が、なにを考えて三平方の定理など見いだしたのか。なぜ確率や微分積分という発想が生まれたのか。どういう試行錯誤を経て、現在私たちが知るような数学の姿が生まれてきたのか。そもそもどうして英語の mathematics が「数学」と訳されたのか（mathematics にはどこにも「数」という意味が入っていないのに）、「幾何」とはどういう意味なのか、などといった歴史的経緯は、数学で教えられませんでした。

その代わり、数学の定理や公式を山ほど覚えて、それを駆使した計算や証明ができるようになるというのが、数学という科目に対する印象ではないでしょうか。つまり、そこには「どうしてそんなことを考えたのか？」という、学問において最も重要であるはずの動機や問いが欠けています。問いや動機を欠いたまま、しかしその成果だけを知り、活用しようというある種の功利主義といってもよいでしょう。果たしてそれで、数学の理解は深まるか、おおいに疑問です。

これは私見ですが、学問の面白さとは、いまだ地球上の誰も答えを出したことのない問いを探究することにあると思います。そして、よく問うためには、学ぶ必要がある。つまり、これまで人類が、或る対象について提出してきた問いやその問いに対して出した答え、そうした試行錯誤の経緯を弁えた上で、そこに何かを付け足してゆくという次第です。学問とは、やはり十分に学び、そして問うことができるというものだと思うのです。

ですから、改めてここで西先生が述べているように、現在を知ろうと思えば、現在をつくってきた過去の来歴をも見知る必要があります。それは、学術の領域を問わずそうなのだと思います。まさに「学問の大律」というべきものでありましょう。

三段階説

今度は、話が positive のほうへと転じてゆきます。

近來佛國の Auguste Comte なる人の發明せし語に、總て何事にもあれ最初より都合克く遂るものにあらす、其を遂んには stage 即ち舞臺、或は場と譯する字にして、其場所三ツあり。始めの一ツより次第に二ツを經て、第三に至りて止ると云へり。其の第一の場所とは Theological Stage 即ち神學家、第二は Metaphysical Stage 即空理家、第三は Positive Stage 即ち實理家、此に至り始めて止ると言へり。總て此の如きものにして、其第一第二の場所を踏むの長短、久不久はありて其實理に至るの遲速ありと雖も、皆第三の場所を踏まされは實理に至るの道あらさるなり。

（「百學連環」第四五段落第一一〜一四文）

では、訳してみます。

近年、フランスのオーギュスト・コントという人が次のようなことを発案している。どんなことであれ、最初から都合よく成し遂げられるものではない。ことを成し遂げるには、「段階（stage）」を踏まねばならない。その段階は三つある。第一段階から第二段階へ、そして第三段階へ至って終わるというわけだ。さて、その第一段階を「神学段階（Theological Stage）」という。第二段階は「空理段階（Metaphysical Stage）」。そして第三段階は「実理段階（Positive Stage）」であり、ここでようやく終わるのである。すべてこのような次第であり、第一段階や第二段階には、それぞれ長所・短所や〔継続する〕時間の長さ・短さがあって、実理に至るのが早い場合もあれば遅い場合もある。とはいえ、いずれにしても第三段階を踏まなければ、実理に至る道はないのだ。

いかがでしょうか。ここでは、フランスの哲学者で、社会学の創始者として知られるオーギュスト・コント（Auguste Comte、一七九八―一八五七）の説が援用されています。

このくだりで言われている三段階説は、コントが学術に関わる人間精神の辿るステップとして論じたものです。例えば、『社会再組織に必要な科学的作業のプラン（Plan des travaux scientifiques nécessaires pour réorganiser la société）』と題された一八二二年の試論では、次のように述べられています。

人間精神の性質そのものによって、人間の知識の各部門は、必ず次の三つの理論段階を次々に通るコースをとるものである。それは、神学的すなわち虚構の段階、形而上学的すなわち抽象の段階、そして、科学的すなわち実証の段階である。

（「社会再組織に必要な科学的作業のプラン」、霧生和夫訳、『中公バックス 世界の名著』第46巻、中央公論社、一九八〇、八〇ページ）

右の西先生の講義では、Metaphysical Stageを「空理段階」、Positive Stageを「実理段階」という具合に、西先生の訳語のままにしてみました。いま引用したコントの文章では、それぞれ「形而上学的段階」「実証的段階」と訳されています。

まず、簡単に補足すれば、神学的段階とは、例えば、自然現象を神のような超自然的な発想で説明しようとする段階のことです。

次の形而上学的段階、空理段階とは、神様を持ち出すのは止めて、もう少し自然に近い説明をするけれど、本当かどうかは分からない段階です。理屈はつけているものの、空理である可能性があるというわけです。

最後の実証的段階、実理段階とは、単なる理屈にとどまらず、観察や実験を通じて、実際に確かめられる段階といってよいでしょう。つまり、学問はこの段階に至ってはじめて学問たるというストーリーです。このことについて、コントの言葉をもう少し見ておくと、こんなふうに言っています。

第三の段階は、あらゆる学問の最終的方式である。前の二段階は、この段階を徐々に用意するだけのものでしかない。この段階では、事実を関連づけるのは、事実自体によって示唆され確認される、全く実証的な種類の一般的観念や法則などである。こうした観念や法則は、ときとして、単に原理の域にまで高めることができるほどに一般的な事実であるにすぎない場合もある。この原理をできるだけ少ない数に還元しようとする努力は払われるが、いつかは観察によって検討できるようなもの以外には仮説を立てるようなことはなく、いかなる場合でも、原理を現象の一般的表現手段としてしか見ないのである。

（前掲同書、八一ページ）

少し長くなりましたが、これを読むと、西先生がMetaphysicalを「空理」と訳したのは、見事だと感得されます。もちろん、Metaphysicsを積極的に捉える文脈では、「形而上」（形あるものを超えたもの・理念・抽象）、つまり「形而下」（形あるもの・物質・具象）と区別されたことと訳せばよいわけです（ついでに申せば、これはいずれも『易経』に由来する語彙でした）。しかし、コントの文脈ではどちらかというと、第三段階の「実理」に至っていない段階、「実証」されていない段階という意味合いが強いので、「空理」とすると腑に落ちやすいと思います。

西先生は、これに続けて、例によって具体例で説明を施します。どんな例が出てくるでしょうか。

雷の三段階

コントの三段階説の説明をしているところでした。西先生は、例によって具体例で説明を補足します。

> 譬へは thunder 卽ち雷を指して古昔は神なりとせり。我朝にても古へは神の鳴るものと心得しより、神なり、或はなるかみ、或は和歌なとには、はたゝかみと云へり。其後周公の易理なとに至りては陰陽の戰なりと云へり。然るを方今は其理を發明して電氣、卽ち electrical なりといふに止まりて、何時にても望ミに從ひ雷を發するに至れり。大概此の如くにして雷を古昔神となせしは第一の場卽ち神學家なり。中頃陰陽の戰なりとなせしは第二の場所卽空理なり。方今電氣なるを發明せしは卽ち實理なり。それゆゑに人智の開けも物貨〔マヽ〕の開けも世の開化も皆其の漸々の次第ありて、第一第二の場所を經て第三に至て止るなり。そは methodology とて如何になすとも止むを得さるの道理のあるなり。其二ツを經て後ちに其實理を知る。是を positive knowledge となすなり。
>
> （「百學連環」第四五段落第一五～二五文）

まず補足すると、上記中「物貨」には、編者による注記としてルビで「〔マヽ〕」と添えてあります。その注記の真意は分かりませんが、ひょっとしたら編者は「物質」の書き損じかもしれないと睨んだのかもしれません。「ママ」とは、怪しいと感じるものの、原文にはそのように記してあるので、そのまま表記しておくというほどの意味であります。

という話になったついでなので、ここで「物貨」について調べてみましょう。『日本国語大辞典』（小学館、JapanKnowledge版）を引くと、「物貨」の項目があります。その語釈は「品物」です。

同辞典は、歴史的用例を載せるものですが、「物貨」には三つの例が挙げられております。筆頭は、いま私たちが読んでいる西周「百學連環」総論のまさにこのくだり。二つめは、『西洋道中膝栗毛』に見える「排列する物凡そ物貨《ブックワ》天宝より日用の雑品学芸に係る諸具」という一文。そして第三は、『米欧回覧実記』に見える「数町の距離にて物其価を殊にし、陸路二三里を隔れば、物貨の霉壊して沽れざるものあるに至る」という描写です。いずれも「品物」というほどの意味である様子が見て取れます。

さて、訳してみましょう。

例えば、英語の thunder つまり「雷」のことを、昔は「神なり」と言った。我が国でも、古くは「神の鳴るもの」と思っていたことから、「神なり」あるいは「なるかみ」と言い、和歌にも「霹靂《はたた》神《がみ》」と言う。その後、周公の『易経』では、〔雷を〕「陰陽の戦いである」としている。しかし、現在ではその仕組みが解明されている。要するに「電気（electrical）」にすぎないということになり、自在に雷を発生させることができるようにもなった。だいたいこのようなわけで、〔先のコントの説に従って整理すれば〕昔は雷を「神である」としたのが第一の段階、つまり神学段階である。次の「陰陽の戦いである」としたのは第二の段階、空理段階。そして現在「電気である」と解明し

たのが、実理段階である。こんな具合で、人智の進展も、物の進展も、世の進展も、いずれも徐々に進むのであり、第一段階、第二段階を経て、最後に第三段階へと至るのである。それは「方法論（methodology）」といって、どうしたってこのようになる道理があるわけである。つまり、第一、第二の段階を経た上で実理が分かる。これを positive knowledge（実理、実証知）というのだ。

ご覧のように「雷」が例に挙げられています。雷は、日本だけでなく、例えば古代ギリシアでも、ゼウスの武器と見立てられていたりもしましたね。文字通り、神になぞらえられた神話的段階の捉え方です。

次に『易経』になると、陰陽という二つの抽象的な要素で世界を捉えんとするわけですが、そこでは神ではないけれど、陰と陽の戦いであるという、真偽を確かめようのない理屈がつきます。これが空理段階（形而上学段階）です。

そして、最後に「それは電気が生じる現象である」という、私たちにはお馴染みの物理的説明が登場して、実理段階（実証段階）へと至ったのだ、という次第。実理段階になると、技術的に応用できるということについても、西先生は簡単ではありますが触れていますね。

まとめとして、これは「方法論」というものだと述べています。その原語は、methodology です。これは、method に logy を合成した語。method とは、元を辿ると、例によって古典ギリシア語に根を持ちます。つまり、μέθοδος（メソドス）です。以前も触れたように μετά（メタ）＋ ὁδός（ホドス）と分解できるのですが、「ホドス」とは「道」のこと。「道に沿ってゆく」とか「道を追求する」という原義があるのです。道に沿ってゆくことが「方法」とは、なかなか言い得ていると思います。

logy のほうは、λόγος（ロゴス）で、これは「言葉」とか「条理」という意味でした。つまり、「方法についての言葉」で、「方法論」という訳になるわけです。それが「道理」、つまり「道の理」だというのも、なにか平仄が合っているように思います。そういえば、『新約聖書』も翻訳によっては、「ロゴス」を「道」と訳していたりしました。

学から術へ――応用の三段階

コントの三段階説の説明を踏まえて、さらに話が展開します。こう続きます。

さて此三ツの場所なる者は學問上に於て大關係するものなり。凡そ眞理を得るは學問にあり、其眞理を得而して之を術に施してつかひこなすを要用とす。しかし眞理を得るとも術に施して直に用立ものにあらす。そは二ツの場を經て終に三ツ目に止るなり。

（「百學連環」第四五段落第二六～二九文）

現代語にしてみましょう。

さて、この三段階というものは、学問の上においても大いに関係している。およそ真理を〔明らかにして〕獲得することは学問のなすことである。そうして得た真理を、術に応用して使いこなすことが重要である。だが、真理を得て術に応用すれば、すぐに役立つというものではない。それは、二つの段階を経て、最後に第三段階に至るのである。

今度は、例の三段階と学問の関係が説かれています。学問が真理の獲得を目指すということ、そうして得られた真理の応用が術（技術）であるということは、以前にも指摘されました（例えば「学は真理を求め、真理を応用するを術という」の節）。

ここでは、それに加えて、ちょっと面白いことが言われています。真理を得たとしても、それがすぐ役立つとは限らないというのです。やはり三段階の見立てが関係してくるようです。どういうことか、続きをまずは見てみましょう。

譬へは蒸氣に膨脹力あることは古來知る所なり。然るを中世漸く此蒸氣の力を以て器械を運動することを發明し、近來に至りては進むて蒸氣船、或は蒸氣車を發明し得て海陸の通路を便になすことを得るか如く、縦令眞理を得るも直に用を遂けかたきものなるか故に、そは勉强講究し種々の工夫を積みて始めて術につかひこなし、其つかひこなすを得る、是を術といふなり。其術の用を爲すの大いなることは、磁石の理よりして終に傳信機を發明し、或は風の理よりして風車を發明し、器械を働かす等の如き、皆其術につかひこなすことを得る所なり。

（「百學連環」第四五段落第三〇～三二文）

訳せばこうなるでしょうか。

例えば、蒸気が膨脹力を持っているのは、古来知られてきたことだ。しかし、その蒸気の力を使って機械を動かすという発明は、中世になってからようやく現れた。近年になってさらに蒸気で動く船や車を発明して、海路や陸路の往来が便利になった。こうした例のように、たとえ真理を得ていたとしても、すぐにそのまま役立てられず、さらに研究を重ねていろいろな工夫をしてみて、ようやく術として使いこなすというわけだ。そのように使いこなせるようになることを「術〔技術〕」というのである。術というものが大いに役立つ事例として、磁石に関する真理からついには電信機を発明したこと、あるいは風に関する真理から風車を発明して、それによって機械を動かしたことなどが挙げられる。これらはみな、術として使いこなすことによって可能になったことなのだ。

なるほど、具体例を見て、西先生の言わんとすることが見えてきました。蒸気が膨脹するということは、ずっと昔に発見されていた。でも、発見されたからといって、当時はそれを技術として使ったりしなかったし、使えなかった。それが、後になって蒸気が膨脹するという真理を、技術に応用した機械が発明された。この発明によって、蒸気を原動力とする船や車も発明される。この技術を使いこなすことによって、交通が便利になった。

ここでは何が三段階として考えられているかというと、

一、真理が発見される。

二、真理が技術に応用される。

三、応用された技術が活用される。

ということでしょうか。現代ならさしずめ「研究・開発（R&D）」というところですね。学術的な真理の探究が行われ、発見された真理を実用に移すべくさらに研究や実験といった開発が進められ、最終的になんらかの製作物となって、使われるに至るというわけです。

学術にも才不才あり

真理の探究とその応用の話は、次のようにまとめられます。

> 凡そ何事にもあれ學上にて眞理を求め、而して術に使ひこなすを求むるを要す。然るときは其學たる終に to avail《利用》 或 to profit《利用》 卽ち利用となり、或は to apply 卽ち適用となるなり。或は to verify 卽ち其眞たるを顯すとの意にして、學上にて得る所の眞理を術上にて現に顯はすに至るなり。
>
> （「百學連環」第四五段落第三三～三五文）

訳してみましょう。

> およそどんな事についてであれ、学問の上で真理を求め、それからその真理を術として使いこなせるようにしなければならない。このような場合、その学は、利用（avail, profit）、適用（apply）されたということになるわけである。あるいは確証（verify）される、つまり、真であることが明らかになる。学問の上で得た真理を、術の上で実際に確かめられるという次第である。

学問において発見された真理を術として応用するというふうに、「学から術へ」という順序が述べられています。また、それを「利用」「適用」と呼ぶのだとも言われていますね。apply は、現在では「応用」

と訳されることも多いと思います。例えば、「応用科学（applied science）」という具合です。また、術として応用されることによって、その真理が実際に確かめられもするのだという指摘は、ここまでに述べられてきた「実証主義」の文脈を踏まえているのでしょう。

さて、テキストでは改行を挟んで講義は次のように続きます。

前にも言へる如く、學は上面の工夫、術は下面の工夫たるは勿論なりといへとも、又學にも才不才あり、術にも才不才ありて、其學術に供するに faculty あり、aptitude《適質》 あり、capacity《受質》 あり、talent《才力》 あり、gift《天賦》 あり、endowments《天稟》 あり、genius《伎倆》 あり、ability《能》 あり。

（「百學連環」第四六段落第一文）

ここは少し版面が込み入っています。まず、faculty の左右に「性」「勢」と振ってあるのを筆頭に、各英語の言葉の左側に訳語が添えられています。

また、genius の右側には「伎倆とは俗に云ふきようと云ふ辭義なり」と見えます。では、訳してみます。

以前も述べたように、学は上の方へ向かう工夫であり、術は下の方へ向かう工夫であるというのはもちろんのこと、学に才能の有無が、術にも才能の有無というものがある。学術のいずれについても、「力（faculty）」「適性（aptitude）」「力量（capacity）」「才能（talent）」「天賦（gift）」「天性（endowments）」「天分（genius）」「手腕（ability）」があるのだ。

ご覧のように、今度は学術に携わる人間の側の性質が論じられています。「学は上の方へ向かう」という話は、「真理への二つの関わり方」の節で検討した箇所で述べられていたことです。いま、現代語訳を改めて覗いておくと、こういう文言でした。

> 「学」とは上の方へと綿密に調べ尽くすことである。「術」とは、それとは反対に、下の方へと綿密に調べ尽くすことである。
>
> （「百學連環」第八段落第一〜二文の現代語訳）

このことに触れた上で、西先生は、学術の両方について、才能の有無ということがあると述べています。そこで、つぎつぎと八つの類義語を並べて畳みかけていますね。

これらの言葉は、辞書でも重なり合う訳語が載っており、違いを適切に訳し分けるのは至難です。現代語訳のほうでは、西先生の訳語を参考にしながら、場合によっては別の言葉で訳してみました。

いずれにしても、これらの言葉は、学術を遂行する人の能力に関わるものです。これは当たり前過ぎて、日ごろあまり意識にのぼらないことかもしれませんが、どういうわけか、人にはそれぞれ得手不得手があります。例えば、語学にすばらしい力を発揮する人もあれば、数学で余人には想像もつかないところまで自在に進んでゆける人もあります。別の言い方をすれば、学術と人には相性があるとも言えるでしょう。この話がもう少し続きます。

学び手次第で賢愚いずれにも

学術に携わる人間側の事情について論じられているところでした。前節で読んだ箇所から改行を挟んで次のように続きます。

又性質に供するに acute《敏》 或は subtle《頴》 あり。頴の字敏の辭義と同しものなりといへとも、少しの差別ありて、頴は元ト草の穂先キの細く尖りたるを云ふ字にして、鋭の字の意に當れり。又 dull《鈍》 或は stupid《頑》 ありて、皆性質に供するか故に、頴敏にして學ふときは則ち wisdom《賢》 或は prudence《睿》 となり、鈍頑は學ふといへとも fool《愚》 となるなり。頴敏鈍頑は己レにあり、學術は他にあるものなり。

（**「百學連環」第四七段落第一〜四文**）

一旦ここで区切りましょう。このくだりも、英語の言葉の左側に漢字が添えられています。では、訳してみましょう。

また、性質に関わることとして、敏い（acute）ということや頴れる（subtle）ということがある。「頴」という字は、「敏」という字と同じ意味だが、少々違いもある。「頴」はもともと草の穂先が細く尖っている様を表す字であり、「鋭」という字と同じ意味だ。また、鈍さ（dull）や頑なさ（stupid）ということもある。これらはいずれも〔学術に携わる人の〕性質に関わるものだ。頴敏であって学ぶ場合は、賢く（wisdom）、思慮深く（prudence）なり、鈍頑であれば学んでもかえって愚か（fool）になってしまう。穎敏鈍頑は自分に備わることであり、学術は自分の外にあるものなのだ。

「敏い」は「さとい」、「穎れる」は「すぐれる」と読みます。「英才」という言葉がありますが、これはもともと「穎才」と書くのだそうです。また、prudence に対応している「睿」という字も見慣れないものですが、これは「叡智」などという場合の「叡」の字の異体字です。訓読みをすれば「あきらか」となります。

現代語訳としては、やや苦しい形になりましたが、西先生が、それぞれの漢語の意味を解説しているところでもあり、他の語に置き換えるよりはと、原文を活かす方向で訳してみたのでした。

言われていること自体は、明確ですね。学術に関わる人間側の性質次第によって、同じように学んだとしても、生じる結果は異なるという話であります。学ぶ人が「敏く」「優れている」（と後者は見慣れた字で書いてみます）なら、賢く思慮深い人になるであろうし、学ぶ人が「鈍く」「頑な」であるとしたら、愚かになってしまうというわけです。

つまり、「鋭敏」とか「頑迷」（と、これもまた見慣れた語に置き換えてみました）といったことは、学術に備わっていることではなくて、学術を営む人間の側に備わった性質なのだ、ということです。

このくだりを読んで私が連想するのは、しばしばネット上などでもお見かけする書評の類です。読み方によっては、大いなる叡智を引き出せる書物を向こうにまわして、自分がうまく読み解けないことを棚に上げるばかりか、愚書であると攻撃までするような読み手をときどき見かけます。思い込みに囚われた頑なな読み手は、書物に書かれていることよりも、自分の先入観を優先しがちになって、虚心坦懐でいれば受け取れたかもしれないものを見過ごすということがあろうかと思います（と申す私もまた、常にその愚を犯す恐れがあります）。

プラトンはどこかで、「本は読み手を選べないものだし、不適切な読み方をされたとしても、自分では言い返せない」と述べていました。本当は、誰にでも読みこなせるわけではない書物というものがある。一定の訓練や経験を踏まえなければ理解できない書物がある。しかし、書物は自ら読み手を選べないので、誰のところでも行ってしまうというのです。

それは一概に悪いことばかりでもなかろうと思ったりもしますが、一面の真理を突いているとも言えます。これは書物の話でしたが、プラトンが書物について述べたことを「学術」に置き換えれば、そのまま西先生が述べたことにつながるのではないでしょうか。簡単に言ってしまえば、学術にも、人によって得手不得手があるということになるわけで、それは誰もが感じるところでもありましょう。

さらに考えてみるべき問題があるとしたら、そうした得手不得手、あるいは素質のようなものは、なにに由来するのかということです。あるいは、教育や学び方によっては、誰もが頑迷を退けて、よく学ぶことができるものなのか。教育にまつわる古くていつまでも新しい問題にもつながっている話であります。

学術に才識あり

人が学術を営もうという場合、そこにはどういった性質や能力が関係しているのかという話が続きます。

── 其學術に供するに區別あり。skill《才》及ひ sagacity《識》なり。才は材と同しき字にして、木の片枝を切り ──

落したる形ちなり。凡そ木を切り倒し枝を打ち幹となし、而して事に付物に従ふて用立つ、是を才と云ふ。
識は、知ることの多く重りたるを學とし、學に長するを識とす。識は智の重りなり、智は知の下に白の字を以てすれは知ることの明白なるを云ふなり。
（「百學連環」第四七段落第五〜八文、第四八段落）

訳すとこうなりましょうか。

その学術に関わることについては区別がある。才（skill）と識（sagacity）である。「才」とは「材」と同じ字であり、「木」〔という字〕の片方の枝を切り落とした形だ。つまり、木を切り倒して、枝を打って幹にする。そして、物事に付き従って役に立つ。これを「才」と言うのだ。
他方の「識」はなにか。知ることがたくさん重なると「学」になり、学に長ずれば「識」となる。「識」は「智」の重なったものであり、「智」は「知」の下に「白」という字を置いてつくられている。つまりは、知ることが明白であることを指している。

skill と sagacity が「才」と「識」という字で訳されています。現代語訳でも、そのままとしたのは、これらの漢字のつくりに話が及ぶためです。現代なら「技量」や「賢明さ」とでも訳すところでしょうか。
さて、「才」と「識」という字は、組み合わせれば「才識」です。西先生が「才」は「材」と同じ字だと指摘しているように、古くは「材識」とも書いたようです。「才識」とは、「才知（才能と知恵）」と「識見（学識と意見）」のこと、という具合に意味を調べてゆくと、関連する漢字が芋づるのようにつながって出てきます。

ご覧のように、ここでは漢字のつくりに議論が及んでいます。「才」が「木」の枝の一方を払ったものだとは、考えてみたこともありませんでしたが、言われて形を見るとたしかにそう見えます。私には、この漢字の解釈がどこまで妥当なのかを判定する手立てがありませんが、比較のために、例えば白川静の『字通』を覗いてみました（お手元にある方は、別の字書もぜひ比較してみてください）。「才」という字の形については、こんな説明があります。

標木として樹てた榜示用の木の形。（略）もと神聖の場所を示し、それより存在するもの、また所在・時間を示す字となる。金文に「正に才（在）り」「宗周に才（在）り」のようにいう。存在の最も根源的なものであるから、天地人三才、また材質・質料をいう。それで人の材能をも意味する。

（『字通』、平凡社）

西先生の説明とは異なっていますが、「才」の字が「標木」として使われているということは、自然に生えた木ではなく、それを加工したものであります。その水準では、似た方向を指しているようです。また、「三才」については、「書物としての「エンサイクロペディア」」の節でも、「森羅万象を天と地と人の三つの要素「三才」で分類する知の枠組み」であると述べたところでした。「才」は要素、材料でもあるというわけです。

「識」のほうはどうでしょうか。「知」→「学」→「識」という三つの要素の関係が示されています。これも、文字の並びから連想すれば、「学識」という言葉があります。「学識」とは、「学問から得た、物事を正しく見分ける判断力」（『日本国語大辞典』）という意味であることを考えると、ここで西先生が言っているることも腑に落ちます。加えていえば、三つの言葉の真ん中にある「学」を省略してつなげたものが「知識」となることにも注意してみたいと思います。

また、「識」とは「智」の積み重なったものだとも指摘していますね。ここでも漢字のつくりに言及されています。再び参考までに『字通』を繙いてみると、「智」の字はこんな具合に解説されています。

字の初形は矢＋干＋口。矢と干（盾）とは誓約のときに用いる聖器。口は（略）その誓約を収めた器。曰は中にその誓約があることを示す形。その誓約を明らかにし、これに従うことを智という。知に対して名詞的な語である。（略）字を白部に属するのも誤りである。

（『字通』、平凡社）

なるほど、字のつくりをこのように捉えると、「智」はモノの姿を現しているというわけです。「知」が「知る」に通じる動詞的な言葉であるのに対して、「智」は名詞的であるということなのでしょう。白川先生は「字を白部に属する」とするのは誤りであると断定しています。

いずれが妥当なのか、あるいは両者とは別の見立てのほうがいっそう真理に近いのか、私には判断する（それこそ）材料も才もないのですが、「智」の解釈については、西先生と白川先生とで相当違っているようです。

いずれにしても「才」と「識」とについては、これに続いて東西の例を引きながら説明が続きます。それぞれが、学術とどのように関係しているのか、西先生の説明を待つことにしましょう。

ジョン・ロック曰く

学術にも才識が関係しているという話が続きます。今度は、少し角度を変えて、他の人の意見が紹介されます。

> 英の Locke なる人の定義に Sagacity 卽ち識は、finds out《見出ス》 the intermediate《入リ組ンタル》 ideas, to discover《發明スル》 what connexion there is in each link《鎖ノ輪》 of the chain《鎖》, 又 skill 卽ち才は Familiar《慣習シタル》 knowledge of any art or science united《合セラレタル》 with readiness《熟達》 and dexterity《精行》 in execution《行爲》.
>
> （「百學連環」第四九段落）

では、訳してみましょう。

> イギリスのロックという人は、「識（Sagacity）」を次のように定義している。「中間にある観念を見いだすこと。〔観念の〕鎖を成すそれぞれの輪にどのようなつながりがあるかを見いだすこと」また、「才（skill）」をこう定義している。「術や学について身についた知識であり、いざとなれば実行に移せる準備ができており、また器用にこなせるようになっている知識のこと」

今度はジョン・ロック（John Locke、一六三二—一七〇四）が登場しました。ここで引用されている文章のうち、前半は確かにロックの『人間知性論（An Essay Concerning Human Understanding）』（一六九

◯）に、似た文章が現れます。それは、こんな文章です。

By the one it finds out; and by the other, it so orders the intermediate ideas, as to discover what connexion there is in each link of the chain, whereby the extremes are held together;

(John Locke, An Essay Concerning Human Understanding, Book IV, Chapter XVII OF REASON, T.Tegg and Son, 1836版, p.511)

西先生が引用している文章は、“finds out the intermediate ideas, to discover what connexion there is in each link of the chain”でしたから、ロックの原文とは少し違うことがお分かりになると思います。文中の言い回しが若干削除されていますね。

とくれば、本書をお読みのみなさんはもう「あれか」とお気づきかもしれません。そう、あれです。そこで「あの本」のsagacityのページを開いてみますと、果たして、その「Syn.（同義語）」の項目の末尾にこんな文章が見えました。

“Sagacity finds out the intermediate ideas. to discover what connection there is in each link of the chain, whereby the extremes are held together.” Locke.

(Noah Webster, An American Dictionary of the English Language, 1865, p.1163)

これまで何度も登場した『ウェブスター英語辞典』（一八六五年版）です。ロックの文章そのままではなく、省略している箇所を考慮すると、西先生は、おそらくこのウェブスターの引用に基づいて説明したのだと思われます。

ちなみに上で引用したロックの原文を、大槻春彦訳で確認しておきましょう。

> 聡明によって理知は〔推理の〕中間観念を見いだし、推究によって中間観念を秩序づけて、〔推理の〕両端を結びつける連鎖の一つ一つの環にどんな結合があるかを発見し、これによって、探究される真理をいわば眺めるようにする。
>
> （ジョン・ロック『人間知性論（四）』、大槻春彦訳、岩波文庫、一九七七、二六五ページ）

ここで「聡明」と訳されているのが、sagacity です。ロックのこの本は、表題の通り、人間が何かを理解するということはどういうことかを探究するものでした。

さて、もう一方の skill のほうはどうかといえば、これはロックではなく、『ウェブスター英語辞典』の skill の項目が出典です。同辞典で skill を引くと、第一の定義として「Knowledge; understanding.」とあり、それに続く第二の定義にこうあります。

> 2. The familiar knowledge of any art or science, united with readiness and dexterity in execution or performance, or in the application of the art or science to practical purposes;
>
> (Noah Webster, An American Dictionary of the English Language, 1865, p.1238)

西先生は、この文章のうち、“in execution”までを引き合いに出しているわけです。しかし、冒頭で見た西先生の言葉を素直に受け取ると、あたかも skill の定義も、ロックによるもののように見えますね。

ここは少しばかり、紛らわしいところです。

才識を器に譬える

ジョン・ロックの例に続いて、今度は東の例が引き合いに出されます。

楊〔雄〕か法言に多聞見而識乎正道者至識也といへり。識は學の積重り知の大なるものなりといへとも、徒らに多く知るも識にあらす。其條理立ちて所謂眞理を識るを云ふなり。識を助くるものは學にして、才を助くるものは術なり。

（「百學連環」第五〇段落第一～四文）

訳してみます。

楊雄は『法言』で、「たくさんのことを見聞して、正しい道理に基づいて〔物事を〕識る人は、識を究めている」と言っている。「識」とは、「学」が積み重なって、「知」が大きくなったものである。とはいえ、いたずらにたくさんのことを知っていたとしても、それは「識」ではない。条理が通っていて、真理を知っていることを「識」というのだ。「識」を助けるのが「学」であり、「才」を助けるのが「術」である。

楊雄《ようゆう》（Yáng Xióng、紀元前五三―後一八年、揚雄とも）は、前漢の文人。西先生は、その『法言』と

図❶

いう著作から引用しています。このくだりは、「多聞見而識乎邪道者迷識也」と続くようです。つまり、「たくさんのことを見聞しても、過った道理に基づいて識る人は、識について混乱している」というわけです。

「識」と「学」の関係については、以前「識は、知ることの多く重りたるを學とし、學に長するを識とす」と説かれていました。いずれにしても、単にものをたくさん知っているだけでは「識」とは言わない。そこに真理という筋が通ってこそ、「識」という次第。ここでも真理の重要性が重ねて指摘されています。

なおも話はこのように続きます。

古來歴史を記するにも才學識の三ツあるにあらされは書くこと能はすといへり。才と識とは己レにありて、學は他より求め來るものなり。譬へは faculty は圖の如き器物なり。aptitude 及ひ capacity は此の器に水にても酒にても入るへきなり。ability は器の大小あるものにして、acute 其は漆にて塗りしものか、硝子か、木地か、性質の模様を分別す。skill 及ひ sagacity は器の形の圓か、方か、正か、不正か、を分別し論するなり。才と識と兩なから離るへからさるものなれと、識に長するあり、或は才に長する者ありて、自から甲乙あるものなり。是を比較するときは、識を上とし、才を下とする故に、國を治め天下を治むるにも、識者上にありて才子下にあるときは其順序を得たりとす。

（「百學連環」第五〇段落第五～一二文）

この文中「才學識」の「才」と「識」は、その右側に「○」を振って強調されています。訳してみましょう。

昔から、歴史を記すのであれば、才と学と識の三つがなければ書けないと言われている。このうち「才」と「識」は自分にあるもので、「学」は他から求めるものだ。例えば、faculty（力／性）とは、この図に示した器のようなものである。aptitude（適性／適質）と capacity（力量／受質）は、この器に水でも酒でも入れられるということ。ability（手腕／能）は、器に大小があること、acute（敏い／敏）は、その器が漆塗りか、ガラスか、木地かという具合に材質のありようを区別することだ。skill（才）と sagacity（識）は、器の形が円か四角か、整っているか歪んでいるかを区別して論じるものである。この才と識の二つは離れてあるものではない。とはいえ、識に長ずる者もあれば、才に長ずる者もいるという具合に、自ずと得手不得手がある。両者を比較する場合、「識」を上として、「才」を下とする。だから、国を治めたり天下を治める場合でも、識者が上にあり、才子が下にあるなら、それはまっとうな順序だということになる。

ここで歴史を書くために必要とされている「才学識」というのは、「三長」とも言われるもので、歴史家に必要な三つの長所のこと。唐代の歴史家、劉知幾《りゅうちき》（Liú Zhījǐ、六六一―七二一）の言葉として伝えられています。西先生もこれに倣っているのでありましょう。

面白いことに、ここまでに登場した学術にまつわる人間の能力が、コップのような器に譬えて説明されています。それぞれの英単語の後ろには、「(現代語訳／西先生による訳語)」という順で補足してみました。

整理してみると、器、器の性能、器の大きさ、器の材質、器の形という要素が列挙されています。acute

を器の材質とするところは、ちょっと真意を分かりかねました。他方で、器とは何かを入れられるものであり、その容量には大小があり、器自体に形の違いがあるという譬えは、分かるような気がします。これまで、抽象的な概念を具体的に譬えて嚙み砕く西先生の講義スタイルをいろいろ見てきましたが、これはまた直感に訴える表現ですね。

その上で、識と才には上下の違いがあると指摘されています。なぜ識と才では、識のほうが上なのでしょうか。そのヒントは先に読んだ「識を助くるものは學にして、才を助くるものは術なり」という一文にあります。そこでは、

識——学
才——術

という対応関係が確認されていたわけです。ところで、西先生は、これまでにも何度か「学」と「術」の関係を「学が上」「術が下」というふうに位置づけています。このことから、学に対応する「識」が上に、術に対応する「才」が下に置かれることも、一応説明がつくでしょう。

なぜ「学が上」「術が下」だったかといえば、学とは真理を求める営みであり、術とはそれを応用する営みであるという見立てがあるためです。何かに用立てること（術・才）に先立って、何かを知ること（学・識）が必要であるということから学と識が上に置かれていたのでした。

このことを踏まえれば、おしまいの文は、国や天下を治めるという場面でも、真理を摑んだ上で、それを活用してゆくという順序が大切だと読むことができましょうか。

以上で、学術に関わる人間側の話が終わって、次の話題に転じてゆきます。

第14章　体系と方法

体系と方法

前節で読んだ箇所から段落が改まって、次のように続きます。

> 識は學によつて長し、才は術によつて長すといへとも、人各天禀ありて自から識に長するあり、才に長するありて、一様ならさるは勿論なり。學術によつて才識を磨かくに二ツの目的たるものあり、system《規模》及ひ method《方法》.學には規模たるものなかるへからす。術には方法たるものなかるへからす。
>
> （「百學連環」第五一段落第一～四文）

ここで一旦区切りましょう。訳せばこうなりましょうか。

> 識は学によって長じ、才は術によって長ずる。とはいえ、人にはそれぞれ生まれ持った性質というものがある。それだけに識に長ずる人もあれば、才に長ずる人もあって、一様ではないことは言うまでもない。さて、学術によって才識を磨く場合、二つの目的がある。system と method で

ある。学には「体系（system）」がなければならない。術には「方法（method）」がなければならない。

ここのところ続いてきた学術に関わる人間側の性質の話が、ここで締めくくられます。ご覧のように、学と識、術と才の関係を改めて確認した上で、どういう性質を持っているかは人それぞれだというわけです。

そこで話題が少し転じます。では、才識を磨くというけれど、何を目指すのか。それは、system と method の二つであるという見立てです。西先生は、system を「規模」と訳しています。「規模」といえば、現在ではどんな意味で使われているでしょうか。どちらかというと、scale のような、大きさが関係してくるような言葉と結びつけられていることが多いかもしれません。「大規模」「小規模」といった用法ですね。

それに対して西先生の場合、system に対応させていることからも窺えますが、「規模」という言葉を原義に近い意味で使っていると思われます。つまり、「規模」とは、なんらかの物事の「結構」や「仕組み」のことです。あるいは、人間に関わることなら「企画」「構想」のことです。このように読む場合、「規模が大きい」といえば、「大きな構想だ」という意味になります。

それはさておき、この system について、現代語訳では「規模」の代わりに「体系」としてみました。「体系」とはなにか。複数の物事が個別にある。しかし、それらの物事は、ただばらばらにあるのではなくて、なんらかの原理によって組織化されたり、統合されている。そうした様子を指す言葉、というほどのつもりです。

話を戻すと、西先生は、学術を通じて才識を磨こうという場合、「体系」と「方法」という二つの目的があると言っています。どういうことでしょうか。

規模とは A complete《全キ》 exhibition《示シ》 of essential《除クベカラザル》 facts《事》 arranged《位タテタル》 in rational《道理アル》 dependence《關渉》 and related《相關リタル》 by some《或ル》 common《相通》 law《理》, principle《道》 or end《目的》. と原語の通りニて、何學にもあれ規模なるものなき能はさるものにして、其規模とは眞理の目的を取り留めて、其より相通して條理立ち、殘る所なく明白に知り、一ツに纒まりしを云ふなり。

（「百學連環」第五一段落第五文）

では、訳してみましょう。

「体系」とは、「不可欠の諸事実〔真理〕を、なんらかの共通法則、原理、目的によって、理にかなった形で配置し、関連づけて、そっくり表現したもの」である。この英文が示すように、なんの学であっても、体系は欠くことができないものである。また、体系とは、真理の目的を取り押さえて、そこから〔諸要素に〕通底する条理が立ち、余すところなくはっきりと分かり、それが一つにまとまったもののことである。

ここでは「体系（system）」について、英文を引用しながら解説しています。現代語訳では、英語部分も翻訳してみました。この英文は、例によって『ウェブスター英語辞典』に、似た説明が出ています。ただし、私たちがここで参照している一八六五年版の system の定義は、西先生の引用と少し違っています。比較のために並べてみます。

1) A complete exhibition of essential facts arranged in rational dependence and related by some common law, principle or end.

2) A complete exhibition of essential principles or facts, arranged in a rational dependence or connection; a common whole of objects related by some common law or principle, or end;

1が「百學連環」での引用、2が『ウェブスター英語辞典』（一八六五）の定義です。こうして並べてみると、「百學連環」の引用は、『ウェブスター英語辞典』の定義を少し短く整理した形であることが分かります。2ではセミコロンを挟んで二つの文であるところを、1では一つの文にまとめてあるようです。ただし、西先生が参照した辞典には、1の通りの文が記されていたのか、いま述べたように2を見て1のように記したのかは分かりません。

いずれにしても、両者の説明には大きな食い違いはありません。学について考える場合、「体系《システム》」とは、知識がばらばらにあるのではなく、さまざまな知識が或る原理に従って相互に関わりあい、まとまりをなしているという次第です。

具体的にはどういうことでしょうか。西先生は、いつものように具体例を使って説明していますので、確認してみることにしましょう。

体系——眞理を纏めて知る

学術には「体系（system）」と「方法（method）」がある。「体系」とはなにか、という前節の説明に続いて、具体例が挙げられます。

譬へは system of botany《本》 and system of chemistry《分》. 即ち本草學の規模とは、あるとある草木を其性質より用不用に至るまで眞理を分明に知り得るを云ひ、又分離家の規模とは、礦物或は草木などまて其何物の如何なる理にて混合して成り立つ所の眞理を纏めて知るを云ふなり。

（「百學連環」第五一段落第六文）

上記のうち、botany の左には「本」、chemistry の左には「分」と振られています。文脈からして「本」は「本草学」、「分」は「分離学」の略記と見てよいでしょう。では、訳してみます。

例えば、system of botany and system of chemistry という。「植物学の体系」とは、あらゆる植物について、その性質から役に立つか立たないかといったことまで、真理をはっきりと知り得ることを指す。また、「化学の体系」とは、鉱物や植物などについて、どんな物質がどんな割合で混合してできているかという真理をまとめて知ることである。

「化学（chemistry）」が「分離」と訳されているのが面白いですね。「百學連環」の本編のほうでは、西先生、「化学」と訳しています。

さて、ご覧のように「体系（system）」の具体例が説明されています。つまり、植物学であれば、植物に関わる真理を隅々までまとめたもの、というわけです。前節の「條理立ち、殘る所なく明白に知り、一ツに纏まりし」という説明を思い出せば、「体系」とは、特定の植物の断片的な知識ではなく、それらの間に筋が通り、はっきりと分かり、まとまっていること、となります。

次にもう一つ、システムの用例が挙げられます。

又學上の規模とは異なるといへとも、其理は一ツにて、solar system《太陽ノ》 and physiological system《人身ノ》. 太陽の規模とは、一ツの太陽は心軸にて、地球及ひ其他數ある星の太陽の周圍に廻り、太陽の光りは廻る所の衆星に係はるか如き是なり。又人身の規模とは、頭より四支毛髪に至るまて相係はりて一ツの體をなし、其形を爲す所以の理を知る是なり。

（「百學連環」第五一段落第七〜九文）

訳せばこうなりましょうか。

また、学に関する体系とは別に、solar system and physiological system という言い方もあるが、理屈は一緒である。つまり、「太陽系〔太陽の体系〕」とは、太陽を中心として、地球やその他の星々がその周囲を回り、太陽の光が周囲を回っている惑星に関わるといった具合である。それから、「生理系（生理の体系）」とは、頭や四肢や毛髪にいたるまで、〔人体の各部が〕互いに関係しあって一つの体をなしていること、またそのような形になる理を知ることである。

今度は学問体系とは別の用例です。太陽系は、しばしば図を見ることがあるので、私たちにとってはいっそうイメージしやすいですね。ここで肝心なことは、複数の天体がバラバラではなく、相互に関係しあいながら一つのまとまりを成しているということです。生理系のほうは、もともと一体である身体を解剖学的に分けた上ではありますが、やはりそうした部位が相互に関係しあっているという見立てです。

ところで、乙本を見ると、人体について次のような「朱書」が添えられています。

人體の目的なるものは一の精神なり此の精神の關渉して其用をなすか爲めに耳目鼻口四肢の全き備へあり是卽ち system なるものなり

（「百學連環」乙本、欄外）

訳します。

人体の目的は精神にある。この精神が関わり合って働くために、耳目や鼻、口、手足という全体が備わっているのだ。これがつまり〔人体における〕「系（system）」というものなのである。

本文には出ていない「精神」という言葉が顔を見せていることに注意しましょう。学問体系にしても、それ以外の系にしても、複数の要素が、ある理によって関わり合って構成するまとまりを指しているという点では、共通しているぞという説明であります。

ついでながら、system の語源を振り返ってみると、それは古典ギリシア語の σύστημα（シュステーマ）に遡ることができます。「συ(ν)-」は、「共に」という意味の接頭辞で、「シンポジウム（symposium、語源は συμπόσιον、シュンポジオン）」や「シンフォニー（symphony、語源は συμφωνία、シュンポーニアー）」といった言葉の語頭にも現れます。

後ろに続くστῆμαは、ちょっと複雑で、元はἵστημι（ヒステーミ）という動詞が形を変えたもの。これはいろいろな意味のある言葉ですが、この文脈では「置く」「据える」「配置する」と見てよいでしょう。つまり、σύστημαで、「共に配置したもの」「構成」となるわけです。

このように語源を覗いてみると、字義を見てとりやすくなることがあるという次第は、本書でも何度かお目にかけてきたことでありました。

もう少し、システムの話が続きます。

体系――建築と中国宇宙論を例に

「体系（system）」の具体例が続きます。

又Architecture 卽ち工造者の語に、symmetry 卽ち齊々整々といふあり。其齊々整々とは譬へは今家を建るにも、基礎より柱壁棟に至るまて、條理立て相通し合ひ、殘りなく眞理を極め建るを云ふなり。是等は一工造者の語にて學の規模とは相違せしものといへとも、略此の如きものなり。

（「百學連環」第五二段落）

訳してみましょう。

また、建築家（Architecture）が使う言葉に「均整（symmetry）」がある。これは、きちんと整っている様のことだ。例えば、家を建てるところだとしよう。このとき、基礎から柱、壁、棟にいたるまで、筋が通って〔部分同士〕お互いに通じ合い、漏れなく真理を究めて建てることを言うのである。これは建築家の用語であって、学における「体系」とは違うものではあるが、概ねこのようなものだ。

これは西先生も断っているように、学における「体系」そのものではありません。部分と全体の関係を表す言葉として紹介しているのでしょう。古い日本語に「造工」といって、家を建てることを意味する言葉があります。Architecture の訳語に充てられている「工造」は、「造工」の漢字を入れ替えた形をしていますね。

また、symmetry は、現在ではもっぱら「対称性」と訳されます。特に左右対称形を含意することもあります。西先生が言う「齊々整々」とは、「整齊」とか「齊整」、あるいは「整整」とも通じる言葉で、もののごとがきちんと整っていること。ここで symmetry に言及されているのは、system と通じるものがあるからだと思われます。

つまり、sym- は、前節で眺めた system の語源と同様に、古典ギリシア語で「共に」という意味を持つ σύν-（シュン）に由来します。また、metry は、μέτρησις（メトレーシス）、つまり測ること、測量のこと。「幾何学（geometry）」などにもつながる言葉ですね。συμμετρία（シュンメトリアー）で、部分同士がよき釣り合いを持っている状態、均衡、割合を指しているわけです。参考までに、紀元前一世紀頃のローマの建築家、ウィトルウィウス（Marcus Vitruvius Pollio、生没不詳、紀元前一世紀）の『建築書』における定義を見ておきましょう。

シュムメトリアとは、建物の肢体そのものより生ずる工合よき一致であり、個々の部分から全体の姿にいたるまでが一定の部分に照応することである。ちょうど人体においてそのエウリュトミア〔美しい外貌〕の質が肱・足・掌・指その他の細かい部分でシュムメトリア的であるように、建物の造成においてもその通りである。

（『ウィトルーウィウス 建築書』、森田慶一訳註、東海大学出版会、一九七九、一二ページ）

西先生のいう「シンメトリー」も、これに近い意味であることが分かります。ですから、ここでは左右対称までとは言わずとも、諸々の部分同士の比率について均整がとれている状態と捉えておけばよいでしょう。そして、これは system とも通底しているという次第です。

次にもう一つ別の例が出てきます。

朱子の定義に春夏秋冬、元亨利貞、仁義禮智、心肝肺腎、東西南北、の春夏秋冬を季候に取り土用を以中とす、元亨利貞を天に取り、仁義禮智を人性に取り、心肝肺腎を人體に取り、東西南北を世界に取り、東西南北の間を中央とす。是等は全く信なきものといへとも亦一ツの規模となせしものなり。

（「百學連環」第五三段落第一〜二文）

今度は漢籍の例です。訳せばこうなりましょうか。

朱子は「春夏秋冬」「元亨利貞」「仁義礼智」「心肝肺腎」「東西南北」を定義している。季節に「春夏秋冬」を区別して土用を中心とする。また、天に「元亨利貞」を、人間本性に「仁義礼智」を、人体については「心肝肺腎」を区別する。世界については「東西南北」を区別して、東西南北のあいだを中央とする。これらは〔今となっては〕信じられないものだが、一つの体系をなしているものである。

ここに挙げられた五つの言葉は朱子に限らず、漢籍を読んでいるといろいろなところで遭遇する言葉でもあります。少し補足してみましょう。

「土用」とは、もともと陰暦の発想でした。一方には、陰陽五行説といって、世界の成り立ちを木火土金水という五要素で説明しようとする捉え方があり、他方では春夏秋冬という四つの季節がある。この両者の辻褄を合わせるために、季節ごとに土用と呼ばれる期間を設けたという次第。

ただし、ここでの土用は、おそらく夏から秋への切り替わり、立秋前に置かれた土用のことだろうと思います。例の「土用の丑の日」という場合の土用ですね。西先生のいう「土用」も、春夏と秋冬の真ん中を分ける「中央」という意味ではないかと見たのですが、いかがでしょうか。

「元亨利貞」は説明が必要かもしれません。これは『易経』などで、宇宙（自然）に備わった摂理（徳）のことを指す四要素として挙げられるものです。それぞれの意味については、『日本国語大辞典』の説明をお借りしましょう。

「元」は万物の始め、最高の善、「亨」は万物を生育し通達させる働き、「利」は万物の生育を遂げさせ、各々そのよろしきを得させる働き、「貞」は万物の生育を成就充足させる働き。四徳は、春夏秋冬、仁義礼智などに配当される。四巻でなる書籍の巻次にも用いる。

（『日本国語大辞典 第二版』小学館）

つまり、宇宙のなかで、万物が生成寂滅しゆく様を説明する原理のようなものです。ついでに申せば、朱子では「天は一箇の大いなる人、人は一箇の小なる天、わが仁義礼智は天の元亨利貞にほかならぬ」(『朱子語類』巻六〇―二七、三浦國雄『「朱子語類」抄』、講談社学術文庫、二三九ページより)とも言われます。天と人との照応関係を見て、天の摂理たる元亨利貞を、人の性質たる仁義礼智に対応させているわけです(ヨーロッパにおいて宇宙をマクロコスモス、人間をミクロコスモスとして、やはり照応関係が考えられていたことも連想されます)。

また、こうした朱子の宇宙観については、「信じられないものだが」と補足した上で、これもまた「体系(system)」の一種とみてよろしかろうと述べているのは面白いところでもあります。

これは何度目を向けてもよいことですが、西先生は一方で西洋の発想を咀嚼しながら、他方では中国、漢籍の教養を駆使して、これらを併置します。この講義が行われた時代、聴講生たちにとって馴染みがあるのは、後者でありましょうから、当然の配慮かもしれません。しかし、そうした文脈を措くとしても、彼我を比較しながらの議論、少々大袈裟に言えば比較文化論的な視座は、いまもなお物を考える上で重要な姿勢であり続けています。

記述的学問

「体系(system)」についていくつかの具体例が挙げられました。次に、体系化しづらい学問について論じられます。

凡そ學に於て規模たるものなき能はすといへとも、強て之を求めむとなすときは却て信を失ふの害ありとす。規模は何學にてもなかるへからさるものといへとも、其中 History 及ひ Natural History 歴史及ひ造化史の學は規模になし難きものなり。是を Descriptive《記述體ノ》 Science 即ち記述體の學といふ。

（「百學連環」第五三段落第三〜五文）

訳してみましょう。

およそ学においては、体系がないというわけにはいかない。とはいえ、強いて体系を求めようとすれば、かえって信用を失ってしまうという弊もある。どんな学であれ、体系はあるべきものだ。しかしながら、諸学の中でも「歴史（History）」と「博物誌（Natural History）」という学については、体系化しにくい。これを「記述的学問（Descriptive Science）」という。

ご覧のように、学と呼ばれるものであれば、必ず体系があるものだ、という具合に体系と学の関係が改めて強調されています。ただし、無理矢理体系化すればいいというものでもない、としっかり釘も刺していますね。

「歴史」と「博物誌」は体系化しづらいという指摘について、少し検討してみます。これらの学問は、なぜ体系化しづらいのか。歴史とは、過去の出来事を対象にします。つまり、主に人類が地上に現れてからこの方（あるいはそれ以前から）、どのような出来事が生じてきたかという、出来事の連なりを対象として、実際のところ何がどうなっていたのかを究明するわけです。

この時、歴史上の出来事は、そのつど一度しか生じないことですから、よほど抽象度を上げて細部を捨象しない限りは、一般化できません。例えば、トロイア戦争と湾岸戦争を「戦争」という抽象的な観点から見れば、なるほど比較もできましょうが、個別具体的な出来事としては、比較を絶します。それぞれが別の時代、別の場所、別の状況や条件下で生じたことであり、別の経緯を辿るからです。だから、一般化しづらいし、体系も仕立てにくいという次第。

ことは博物学も同様です。地上に存在するあらゆる動植物や鉱物などの自然物が博物学の対象になります。千差万別のそうしたものについて、個別の違いを無視して一般化してしまうだけでは済みません。一つ一つについて、それはどういうものなのかということをつぶさに記述してゆく必要があります（その上で分類を施したりもします）。

そこで、こうした学は、もっぱら「記述」を中心とする記述的学問だ、というわけです。「記述」とは、要するに、一つ一つの出来事や対象について「これはこういうものである」という描写をするということを指します。

ところで、このDescriptive Scienceという言葉は、学問を分類する際に、いろいろな文脈で使われます。その文脈によって、同じDescriptiveという語も違う意味で使われることがあるようなのです。いくつかの例を見ておきましょう。

例えば、記述的学問は、「規範的学問（Normative Science）」と対比されることがあります。規範的学問とは、或る物事が「いかにあるべきか」という規範や価値判断に関わる学です。例えば、ジョージ・サビーン（George H. Sabine、一八八〇―一九六一）は「記述的学問と規範的学問（Descriptive and Normative Sciences）」（一九一二）という論文において、論理学と倫理学を規範的学問の例として挙げています。また、「なんであるか」を記述する記述的学問の例としては、物理学が例示されています。

あるいは、アゴスト・プルスキイ（Ágost Pulszky、一八四六―一九〇一）の『法と市民社会の理論（The

Theory of Law and Civil Society)』（一八八八）という本では、冒頭で学問分類論が展開されています。ここでは詳しく検討できませんが、法律を論じるために、その準備として学問全体の分類、エンサイクロペディアを検討するという絶えて久しい志と構成自体、興味深いですね。

さて、同書でプルスキイは、学問を「真の学問（True Sciences）」と「記述的学問（Descriptive Sciences）」に分けています。前者は、「理論的学問（Theoretical Sciences）」あるいは「哲学的学問（Philosophical Sciences）」、「純粋学問（Pure Sciences）」とも言い換えられます。つまり、現象を記述する記述的学問と、多数の現象をまたがってそこから抽象される理論の次元で行われる理論的学問とを分けているわけです。ただし、プルスキイは、同じ学問でも、理論的学問の側面と記述的学問の側面があるとも指摘しています。例えば、生理学には、理論的学問としての生理学と、記述的学問としての生理学があるという具合です。

もう一例、覗いておきましょう。ルイス・アルバート・ネッカー（Louis Albert Necker、一七八六―一八六一）は、「鉱物学を博物学の一部門として考察する（On Mineralogy considered as a Branch of Natural History, and Outlines of an Arrangement of Minerals founded on the principles of the Natural Method of Classification）」（一八三二）という論文において、鉱物学を、動植物学、あるいはさらに広く博物学と同様の「実証的・記述的学問（positive and descriptive science）」であるとしています。これに対置されるのは、自然哲学、物理学、化学のような「抽象的学問（abstract sciences）」です。

ネッカーの見立ては、プルスキイのものに通底していますね。理論か現象の記述かという分け方でした。

ついでながら、一時期日本の哲学界にも影響があったドイツ語圏に目を向けておきましょう。ウィンデルバント（Wilhelm Windelband、一八四八―一九一五）は「歴史と自然科学（Geschichte und

Naturwissenschaft)」（一八九四）において、学問を「法則定立（nomothetisch）」の学と「個性記述（idiographisch）」に区別しています。これは常に該当する普遍的なものか、ある状況だけに該当する特殊なもの、一回的なものか、という区別でもあります。ウィンデルバントは、両者の例として、自然科学と歴史学を挙げています。先に見た、ネッカーやプルスキイの見方と同じ方向を向いた分類です。

さて、西先生が、どのような文脈で「記述的学問」という言葉を使っているのか、この講義の文脈だけでは計りかねます。ただ、「体系立てづらい」学問として記述的学問に言及しているところ、その代表として歴史や博物学を挙げていることから察するに、理論的・抽象的学問と区別された記述的学問を念頭に置いているのだろうと推察できます。

体系化された歴史学とは

歴史や博物学のように「体系《システム》」にしがたい学問領域がある。そういう学問を「記述の学問」と呼ぶのだというのがここまでの話でした。もう少しだけ、「体系」の話が続きます。

> 併かし近來に至りては西洋一般に歴史をシストムに記し得るなり。古來司馬遷の史記を編せしも、本紀より世家、列傳、志と條理立ちて規模に近きものなりとす。當今西洋の歴史は civilization 即ち開化を目的とし、之に基きて書く故に、自から規模を得たりとす。
>
> （「百學連環」第五三段落第六〜八文）

訳してみます。

だが、近来に至って、西洋では歴史をシステムとして記すことが一般化している。また、古来、司馬遷が『史記』を編んだ折も、本紀、世家、列伝、志という具合に、筋道立てて体系に近いものに仕立てていた。現代の西洋の歴史では、「文明化（civilization）」を目的と置いて、これに基づいて記すために、おのずと歴史が体系となりうるのである。

歴史の出来事を、ただ並べて記述するだけではなく、そこになんらかの構造を与えて、体系とする場合が出てきたという話ですね。『史記』の例が手がかりになります。

『史記』は、全一三〇巻からなる歴史書ですが、その全体が次のような五つの部分に分類されています。

本紀（一二巻）王朝の記録
表（一〇巻）　年表・月表
書（八巻）　各分野の歴史
世家（三〇巻）諸侯諸国の歴史
列伝（七〇巻）人物の伝記

西先生が挙げている「志」は、『漢書』に見える分類のことかもしれません。いずれにしても、歴史を出来事の羅列として記述するのではなく、ある観点や分類にのっとって編纂しているわけです。ついでに言えば、西先生は、本講義の本編のほうで、歴史学を解説する中で、こんなふうにも言っています。

司馬遷の作る所の史記は是レ眞の歴史とは稱しかたきものにて、右に枚擧する所の史類を悉く記載せるものなり。

（「百學連環」第一編、『西周全集』第四巻、七八ページ）

『史記』は、神話のような古伝やお話（稗史）なども入り交じっているので、本当の歴史とは言い難いという次第です。

その上で、現代の西洋史については、「文明化」という観点から歴史が体系化されていると指摘しています。この時期、「文明」といえば、福澤諭吉が思い出されるところ。「百学連環」講義が行われた明治三年頃、福澤が刊行した『西洋事情』の諸編でも、「文明」や「文明開化」の文字があちこちに見られます。

また、「百学連環」講義より少し後のことになりますが、福澤の『文明論之概略』（明治八年＝一八七五年）は、フランソワ・ギゾー（François Guizot、一七八七—一八七四）の『ヨーロッパ文明史（Histoire de la civilisation en Europe）』（一八二八）やヘンリー・トマス・バックル（Henry Thomas Buckle、一八二一—一八六二／福澤の表記ではボックル）の『イギリス文明史（History of Civilization in England）』（全二巻、一八五七—一八六一）を参照しつつ、「文明」を論じたものでした。

これらの歴史書の書名に見える「文明（civilisation, civilization）」とは、civil になること、市民社会の成立という意味でもあります。言い換えれば、王制や封建制に対して国民国家が生まれてゆく過程といってもよいでしょう。そういう観点から歴史を見てとり記述する。そこには体系《システム》がある、という指摘であります。

これもまた「百學連環」の本編を見ると、歴史学を解説する箇所で、日本、中国、ヨーロッパの歴史家の名前を並べているくだりがあります。そこで次のように述べています。

近來西洋に於て最も有名なる歴史家は Lord Macaulay +1800 -1859、英人にして英國の歴史を著はし、實に system に適ひしものとす。

（「百學連環」第一編、『西周全集』第四巻、八〇ページ）

このマコーリー卿とは、『イングランド史（History of England）』（全五巻、一八四八―一八六一）を著したトーマス・マコーリー（Thomas Babington Macaulay、一八〇〇―一八五九）のことでありましょう。つまり、西先生は、体系のある歴史ということで、マコーリーを念頭に置いていた様子が窺えます。マコーリーの『イングランド史』といえば、いまで言う「ホイッグ史観」の親分のようなもの。大雑把に言えば、現在の観点から、歴史を自由が進展する進歩の歩みとして眺める進歩史観です。たしかにそれは、過去の出来事をただ並べるにとどまらず、ある視座から整序しているという点で、体系を備えていると言えるでしょう。

もっとも、年代記のように一見すると、はっきりと体系が認められないような歴史記述の場合でも、人間にとって無数にあるともいえる出来事のなかから、ある出来事を選びとって並べています。ですから、表だって体系があるとは言えませんが、その場合であっても、なんらかの視点による取捨選択は働いているわけです。

というわけで、「体系《システム》」の議論はこれで終わります。

方法とはなにか

次は「方法（method）」の検討に入ります。といっても、「体系」と比べると「方法」の議論はあっさりしています。「方法」を論じるくだりは、わずかに次の一文だけなのです。

method 卽ち方法は regular《極リタル》 mode《仕方》 peculiar《適當シタル》 to anything《何事ニテモ》 to be done《爲スベキ》 にして、何事にもあれ條理立チ順序ありて極りたる仕方なり。

（「百學連環」第五三段落第九文）

細かいことですが、ここに出てくる英文と同じ文が、「百學連環覺書」にも記されています。そこでは、anything ではなく、“any thing”と2語になっています（『西周全集』第四巻、三三一ページ）。

では訳してみましょう。

「方法（method）」とは、「どんなことであれ、なにかをする際に、そのことに固有の決まったやり方」のことだ。何事であれ、条理と順序があり、決まった仕方である。

現代語訳では、英語の引用部分も日本語に訳出していますので、それに続く西先生の日本語による言い換えと重なって、やや冗語になっています。いずれにしても、なにかを行う際に、そのものごとに合わせて決められた手順というほどの意味ですね。

西先生が、学には「体系」があり、術には「方法」があると言っていたことを思い出しましょう。また、method という言葉の語源について、「雷の三段階」の節で述べたように、method とは、もともと古典ギリシア語で「道に沿ってゆく」というほどの意味でした。

つまり、なんらかの術を行う際には、その術固有の道に沿って進んでゆくというわけです。それは、かつて道なき場所を先人が切り拓き、踏み固めてできた通り道であり、道があることで、私たちはそこを歩いてゆきやすくもなり、結果的に目的地へも到着しやすくなるのでした。ある術の方法を学び習得することで、その「方法」、道に沿って目的に向かって進めるようになる、という次第です。そう考えると、method とはなんとも含蓄のある言葉ではないでしょうか。

さて、もう一つ検討しておきたいのは英文の出所です。本書でお世話になっている一八六五年版の『ウェブスター英語辞典』を見ておきましょう。method の定義は三つ出ており、その最初にこう書かれています。

1. An orderly procedure or process; a rational way of investigating or exhibiting truth; **regular mode or manner of doing any thing**; characteristic manner.

(Noah Webster, An American Dictionary of the English Language, 1865, p.834)

太字部分にご注目ください。西先生による英文とは異なっていますが、文章のかたちはとてもよく似ています。並べればこうなります。

百學連環：regular mode peculiar to anything to be done

英語辞典：regular mode or manner of doing any thing

ご覧のように、西先生の文では、peculiar という語があって、これは上記の辞書には見られません。また、辞書では"mode or manner"と複数の語を挙げていますが、西先生の文ではmodeだけです。

この違いはなにによるものか。西先生が実際に参照していた書物は、私たちが本書で参考にしている一八六五年版の辞書とは違うものであるという可能性もあります。その特定には、さらなる調査が必要ですが、いまは措きましょう。

以上のように「方法」について述べたうえで、改めて「体系」と「方法」についてまとめられます。

凡そ學に規模なく術に方法なきときは學術と稱しかたしとす。

（「百學連環」第五三段落第一〇文）

訳します。

もし学に体系がなく、術に方法がない場合は、学術とはいえない。

これは、「体系と方法」で、「學には規模たるものなかるへからす。術には方法たるものなかるへからす」と述べたことと呼応しています。「体系」と「方法」の説明を終えるにあたって、いま一度強調したのだろうと思われます。

さて、次節からは、いよいよこれまで読んできた「百學連環總論」全体のまとめに入ります。

第15章　学術の分類と連環

連環というイメージ

学術の体系と方法の話が終わって、いよいよこの「総論」の終わりにさしかかりました。『西周全集』でのテキストでは前節で読んだ部分から改行なしに、話題が転じます。

右總論中學術に相關涉する所を以て種々に辨解せり。今此編を額して連環と呼なせしは、學術を種々の環に比し、是を二筋の糸を以て連ねたる如く、學と術と二ツに區別し、始終連ね了解せんことを要す。

（「百學連環」第五三段落第一一～一二文）

訳してみましょう。

これまでのところ「総論」では、学術に関わることをさまざまに説明してきた。いま、この一編に「連環」という言葉を冠しているのは、学術をさまざまな「環」に譬え、この環を二本の糸に連ねたようなものとして、学と術の二つに区別したうえで、これらを連ねて理解しようというわけであった。

「百学連環」という講義名は、この「総論」の最初に説明されていたように、そもそもEncyclopediaを訳したものでした。この訳語そのものを改めて眺めれば、「百」の「学」が「連環」となっている、という形をしています。ここで「百」とは、具体的な数ではなくたくさんの、無数のというほどの意味でした。

では、「連環」という言葉にはどんな含意があったか。そのことを、西先生は説明しています。一つ一つの学と術を、それぞれが一つの環であると見立てる。そして、それらの環が、学と術という二本の糸で連ねられている、そういうイメージです。

このくだりには、図が添えられています（図❶）。ご覧のように、水平方向に二本の線があり、そこに複数の環が連なっています。気になるのは垂直方向に引かれた線ですが、これについては先を読みながら考えましょう。

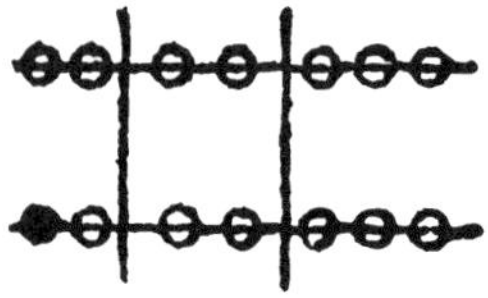

図❶「百學連環」より

連環があくまで譬えであることを念頭に置きつつ、しかし、ここに示された図から思うことがあります。

例えば、図の向かって上の線が「学」だとしましょう。学の糸にさまざまな個々の環（学）が並んでいます。もしこの図のように環が並ぶとしたら、それぞれの環は、糸の上でどこに位置するかという違いも出てきます。言い換えると、環の並び方も検討することができそうです。

また、このように糸の上に一列になって環が並ぶとすれば、環同士の関係は比較的すっきりしています。例えば、ある環に注目すると、その環と直接関係しあうのは、その両隣の環というふうにも読めます。しかし、実際のところ、学や術の環は、もっと複雑に絡み合っていたりはしないでしょうか。例えば、五つの環が相互に結び合うような関わりのように。そんな疑問も湧いてきます。そとはいえ、物事を整理する上では、こうした比較的簡単な図のほうがイメージしやすいはずです。それに先にも述べたように、これはまず学や術がばらばらにあるものではなく、相互に連なり合っていることを表すことを目的とする図でありましょう。上記したような疑問を問う前に、まずはこの図でもって西先生が表そうとしたことを十全に汲み取ることが先決です。

話は次のように続きます。

しかし環に白色なるあり黒色なるありて、學術自から一様ならさるものなるか故、是は區別せさるへからす。

（「百學連環」第五三段落第一二文）

訳します。

しかし、環には白いものもあれば黒いものもある。一口に学術といっても一様ではない。だから区別する必要があるのだ。

つまり、学術は連環になっているというけれど、そもそもどうして環が複数あるのかということを説明しています。学も術も、まとめていえば学であり術だが、その内実を見れば、いろいろな違うものがある。だから、それらを区別して、一つ一つの環（学や術）として分けて考える必要があるということです。

ここで思い出しておきたいのは、「学域を弁える」の節で読んだくだりです。現代語訳で該当箇所を見直しておきましょう。

> 一般に学問には学域がある。例えば、地理学には地理学の学域が、政治学には政治学の学域があって、そうした領域を越えてあれこれが混雑することはない。地理学には地理学の領域が、政治学には政治学の領域があり、どこからどこまでがその学の領域であるかをはっきり見て取り、その境界がどこにあるかを正しく区別しなければならない。

この「総論」の冒頭近くで述べられていたこのことと、環を区別するということが呼応しているわけです。

さて、図に描かれていた縦線の謎はまだ解けていませんでした。これについては、おそらくこの後に続く箇所を読むことで、その意味が分かるはずだと睨んでおります。

普通学と個別学

学と術は、あたかも二本の糸のようであり、それぞれの糸には個々の学や術が連なっている。これが前節で読んだくだりで述べられた譬えでした。その話の最後で、西先生はこんなことを言っています。

> 今世上學術の多寡を論せんには、學を爲すものは少く術をなすものは多し。從來學術相關して、學あれは其術あるか如く並ひ行くものにあらす。

（「百學連環」第五三段落第一四～一五文）

訳してみます。

> 現在の学術の多寡を論ずるなら、学をなすものは少なく、術をなすものが多い。従来から学術は、互いに関連しあって、学があればそれに関する術があるといった具合に〔同じぐらい〕並んであるものではない。

つまり、学に対して術が並列して揃っているわけではない、という次第です。多少ということで言えば、学は少なく、術が多いというのですね。現在はどうなっているでしょうか。西先生の頃に比べて、学も相当に細分化されている印象がありますが、実際のところは分かりません。そもそも「学」や「術」をどのように区別したり、数えるかというやり方次第という面もありそうです。

ともあれ、ここでの含意は、学と術が必ず対応して揃っているとは限らないということで理解しておけばよいでしょう。

続きを読んで参りましょう。学術に焦点を当てたまま、いよいよ最後の話題へと転じてゆきます。

> 又學術に二ツの性質あり。一は common《普通》 一は particular《殊別》 是なり。普通とは一理の萬事に係はるを云ひ、殊別とは唯々一事に關するを云ふなり。譬へは算術の如きは今日の萬事より其他種々に關渉す、是普通なり。本草學の如き是を殊別とす。又窮理學の如きは殊別にして、歴史、算術、地理學の如きは是學問の普通の性質、卽ち今日學ふ所の普通なり。此の普通、殊別の二ツは學ひ行

く所に就て論するにあらす。今學ひ行くには時あり、處あり、人あるものなれは、世に普通學と稱するなとは〔他の〕人より其人を指して云ふ語にして、學の性質に就て論するにあらす。是等も亦區別して了解せさるへからす。

（「百學連環」第五三段落第一六～二四文）

訳してみましょう。

また、学術には二つの性質がある。一つは「普通（common）」、もう一つは「個別（particular）」である。「普通」とは、一理が万事に関わることを指す。「個別」とは、一事だけに関わることをいう。例えば、算術は、今日のあらゆること、その他さまざまなことに関わっている。つまり、算術は普通〔の学〕である。植物学は個別である。また、物理学も個別だ。歴史、算術、地理学は、学問に普通〔共通〕の性質を備えており、今日学ぶものとしては普通である。ただし、この「普通」「個別」という二つの区別は、学びについて論じたものではない〔ことに注意しよう〕。なにかを学ぼうと思えば、いつ、どこで、誰が（誰に）学ぶかということが関わってくる。世間で「普通学」などと言っているものは、余人がある人を指して言う言葉であって、学そのものの性質について論じているわけではない。こうしたこともまた区別して理解する必要がある。

さて、ここでは「百學連環」全体の構造に関わる大きな話が登場します。つまり、学術全体を大きく二分する性質が論じられています。その二つの性質について西先生は、common を「普通」、particular を「殊別」と訳しました。

これを現代語としてなんと訳すかは、おおいに迷うところです。というのも、現在「普通」といえば、たいていは「ありふれているもの」といった意味で使われることのほうが多いように思います。「どこにでもいる普通の高校生」式の用法ですね。しかし、ここではその意味ではありません。「一理が万事に関わる」というわけですから、「普《あまね》く通じる」という意味です。

気持ちとしては「普遍」「一般」「共通」とでも訳したいところですが、「普通」としておきました。西先生が注意しているように、当時使われていた「普通学」という言葉との重なり具合も見えるようにしておきたいと考えてのことです。ですから、分かりづらいと感じる向きは「普遍学」「一般学」「共通学」などと読み替えていただければと思います。また、particular のほうは、「個別」や「特殊」と言い換えてよいでしょう。

このくだりの余白には、次のような図が掲げられています（図❷）。

上の図は、一つの理が万事に対応していることを示したものだと思われます。つまり「普通」を表しているのでしょう。対する下の図は、一つの理が一事に対応していること、つまり「個別」を示しています。といっても、この図では一つの理が横棒に対応しているようにも見えますね。乙本で同じ図を見ると、この点が訂正されているようです（図❸）。

このように、一理から出た縦線は、短い横線に対応するように正されています。

さらに面白いのは、その具体例です。西先生がここで挙げているものを、改めて分けて書くとこうなります。

普通　歴史、算術、地理学

個別　植物学、物理学

図❷「百學連環」より

図❸「百學連環」乙本より

私は、初めてここを読んだとき、「あれ?」と不思議に思いました。というのも、自分の感覚では、どちらかというと物理学は普通学で、むしろ歴史や地理学こそ個別学のように感じたからです。この疑問については、後でもう少し詳しく検討してみることにします。

ここではあともう一点、世間でいう「普通学」と混同してはいけないという注意について見ておきましょう。世間で言われている「普通学」とは、おそらく、いまで言う「一般教養」を指していると思われます。例えば、「百学連環」講義からは少し後のものになりますが、元良勇次郎(もとら・ゆうじろう、一八五八―一九一二)の『教育新論』(中近堂、一八八四)の第二章に「普通学ト専門学ノ関係」という議論が出ています。現代でも、教養科目と専門科目といった区別は残っていますね。

あるいは、木村知治『帝国議会衆議院撰挙人心得』(兎屋、一八八九)には、議員が備えるべきものとして学識が挙げられています。そこでは「普通の学識を有したるもの」である必要ありと論じられ、「普通学」とは何かという解説が施されていたりもします。そればかりか「普通学を充分修めたる人物にあらざれば如何に理屈を称ふるも徒に空論に陥り或は偏理となり……」と、専門学だけ学ぶのでは駄目だと釘を刺していたりします。

西先生が、「世に普通學と稱するなとは〔他の〕人より其人を指して云ふ語」と言ったものも、「普通の学識を有す」という場合のように、人に属するものとしての学のことを指していたのだろうと思います。しかし、「百學連環」で言う「普通学/個別学」という区別は、そうではなく、学術そのものを分類するものの見方であるというわけです。

次に「百學連環」における学術分類の全体を見渡しながら、「普通学」と「個別学」の違いについて、さらに検討してみることにしましょう。

「普通」とはなにか

前節では、学術に「普通（common）」と「個別（particular）」という二つの性質があるという分類が論じられました。これは、「百学連環」という講義全体に関わることでもあります。次にそのことを見ておきましょう。

まずは「百學連環」本編全体で、学術がどのように分類、配置されているかを眺めてみます。『西周全集』第四巻の巻頭には、編者の大久保利謙氏がつくった詳細な目次が掲げられています。そこでは、学術が大小四つの水準からなる階層構造で表現してあります。例えば、「普通学」の下に「歴史」があり、その下に「正史」があり、さらにその下に「万国史」があるという具合に、大分類から小分類へと細かくなってゆきます。

ここでは全体を概観したいので、大きいほうから二つの分類だけに注目して一覧してみましょう。ただし、particular については、「殊別」ではなく、前節でお示しした現代語訳に合わせて「個別」と変えてあります。また、それぞれの漢語に対応する英語を括弧に入れて示します。

普通学（Common Science）
　歴史（History）
　地理学（Geography）
　文章学（Literature）
　数学（Mathematics）

個別学（Particular Science）
心理上学（Intellectual Science）
物理上学（Physical Science）

先ほど、この分類に初めて触れたとき、ちょっと違和感があったと述べました。印象では、「歴史」や「地理学」は「個別学」のように思えるし、逆に「物理学」はむしろ「普通学」なのではないか、とも感じたからでした。

では、西先生はどういう考えから、このような分類を施しているのでしょうか。本書では「百學連環」の「総論」を読んでいるのですが、ここでは、上記の疑問について検討するために、少し「本編」を読んでみようと思います。

さて、上記のように「百學連環」第一編の筆頭に置かれているのが「普通学」の「第一　歴史」です。その冒頭で、西先生はこのように述べます。

Common Science 即ち普通の學の性質なるもの四ツあり。第一 History 第二 Geography 第三 Literature 第四 Mathematics 是なり。此四學は普通の性質たる如何となれは、第一 History なるものは古來ありし所の事跡を擧て書キ記し、所謂溫故知新の道理に適ふを以て普通とす。學者苟も今を知るを要せんには、必す先つ之を古に考へ知らさるへからす。

（「百學連環」第一編、『西周全集』第四巻、七二ページ）

例によって訳してみましょう。

「普通学（Common Science）」の性質をもつ学問には、次の四つがある。つまり、「歴史」「地理学」「文学」「数学」である。この四学が普通の性質を具えているとはどういうことか。例えば、第一に挙げた「歴史」は、古来の出来事を挙げて書き記す。これはいわゆる「温故知新」の道理にかなっている。だから「普通」なのである。学者は、いやしくも現在について知りたいと思えば、その前に過去について考え、知らなければならない。

いかがでしょうか。「温故知新」の節以来、何度かこのことの重要性が強調される場面を見てきました。過去を知ることで現在が分かる。過去のことは現在に通じる。歴史が普通学と言われるのは、どうやら過去から現在まで通じるものがあるという観点からのようです。

いま見た箇所に続いて、西先生は具体例を挙げています。ここでは要約してご紹介しますと、こんな話です。「太陽とはなにか」ということについて、昔からいろいろな説が唱えられてきた。古代では巨大な火の塊と考えられていた。中古になって、太陽は火の塊などではなく、地球のような光を発しない天体だと見なされた。ところが現在は、古代と同様に、太陽は巨大な火の塊だと捉えられるようになった。こんな例を述べてから、次のように解説します。

其歴史を以て普通の性質とするは略此の如く、古今に通するに依る故なり。
凡そ學んて今をしらんには、必しも之を古に考へさるへからす。學は素より古へを知り、今を知り、彼れを知り、己レを知るを要するか故に、總て諸學を以て歴史と稱するも亦可なりとす。

（「百學連環」第一編、『西周全集』第四巻、七三〜七四ページ）

訳します。

歴史が「普通」の性質を具えているという意味は、大まかにいって以上のように、古今に通じることだからである。

なにかを学んで現在を知ろうと思えば、過去を知る必要がある。学問とは、もとより過去を知り、現在を知り、彼を知り、己を知る必要があるものだ。だから、あらゆる諸学を「歴史」と見立ててもよいぐらいだ。

このように、どうやら現在の歴史学ということで私たちが連想するよりはるかに大きな意味で、西先生は歴史が普通学であると考えているようです。歴史は個々の出来事を記すもの、という観点から見ると、個別学なのではないかと思えるのですが、どうやら西先生の見立ては、過去と現在に通じるものがあるということに力点があるようなのです。そして、それを「普通」、普《あまね》く通じる性質であると見ているのでした。

ただし、上記の四学は普通学だといっても、その諸学の下に属するさまざまな学の中には、個別の性質をもったものもあるし、必ずしも普通／個別をきれいに区別できないこともあると西先生は注意を促しています（『西周全集』第四巻、一〇八ページ）。

次に、「個別」についても見ておくことにします。

「個別」とはなにか

すでに述べたように、素朴な疑問として、物理学がなぜ個別学に分類されるのかということが気になります。そこで、「百學連環」の本編のうち、関連する箇所を覗いてみることにします。

まず、本編の「第二編」冒頭、これから個別学のパートに入りますよ、というところでこんなふうに述べられています。

Particular Science 即ち殊別學の性質に二ツの區別あり。Intellectual Science《心理上ノ學》 及ひ Physical《物理上ノ》 Science《學》 是なり。心理上の學は分つて三種とす。第一 Theology《神理學》 第二 Philosophy《哲學》 第三 Politics《政事》 & Law《法律》 等なり。

（「百學連環」第二編、『西周全集』第四巻、一一一ページ）

訳してみましょう。

「個別学（Particular Science）」には二つの性質がある。「心理系学問（Intellectual Science）」と「物理系学問（Physical Science）」である。心理学系はさらに三種類に分かれる。神学、哲学、政治・法学である。

特に「個別学」とはなにかといった説明は見あたらず、西先生はそのまま神学と宗教の解説に入っています。人民によってなにを神とするかは違うとか、宗派の争いがあるといった概要を述べたうえで、そこからしばらく、日本、支那、天竺、百児西亜《ペルシア》（ゾロアスター）、小亜細亜、耶蘇教、回々教という具合に、やや詳しく解説してゆきます。

次に論じられる哲学も、論理学、生理学、存在論、倫理、政治哲学、美学の六分野に分けられると述べた後で、それぞれについて解説しています。ここでも、西洋の哲学史を辿ってから、中国に目を移し、人物や文化によって考え方が違うことに注目しています。「個別学」たる所以でありましょう。

では、物理学はどうか。「第二編」の「第二」として「物理上学（Physical Science）」が俎上に載せられます。上記の現代語訳では、これを「物理系学問」と訳しました。その冒頭では、「物理上学」を「物理学（Physics）」「天文学」「化学」「博物誌」の四つに分けています。

その上で「物理学」の解説が始まります。そこではまず、イギリスにおいて Physics は Natural Philosophy（物理上哲学）とも称されること。これは、Mental Philosophy（心理上哲学）に対するものであることが述べられます。Natural Philosophy とは、現在では「自然哲学」と訳されもします。「自然科学（Natural Science）」という名称が普及する以前、いまでいう科学に該当する領域を「自然哲学」と称していたのでした。

いずれにしても、ここには「物理」と「心理」を対で考える発想が見られることに注意しておきましょう。現在の分類の仕方でいえば、自然科学と人文学に対応する発想でもあります。

さて、この「物理学」を論じるくだりで、いま私たちが注目している common と particular に関する説明があります。その箇所を見ておきましょう。

格物學と化學とは最も混雑し易きか故に、之を分明に區別せさるへからす。此二學は皆 matter《物質》

> を論するものにて、格物學はマットルの more common《普通》 なるものに就て論し、化學はマットルの more particular《殊別》 なるものに就て論す。
> 普通の物とは譬へは水に物を沈めるとし、石も沈ミ、鐵も沈ミ、鉛も、金も、銀も沈むか如き、是皆沈む物の普通たり。殊別とは一ツ〳〵の物に就て論するものにて、譬へは金は金の引力あり、銀は銀の引力あり、鐵は鐵の引力ありと論するか如く、物に就て悉く區別して論するものなり。
>
> (『百學連環』第二編、『西周全集』第四巻、二五九〜二六〇ページ)

訳してみます。

物理学と化学はたいへん混同しやすいものだけに、はっきり区別する必要がある。この二つの学は、いずれも「物質(matter)」を論じるものだ。「物理学」では、物質について、より普通の側面を扱い、「化学」では、より個別の側面を扱う。

ここで言う「普通」とはなにか。例えば、水に物を沈める場合で考えよう。石でも鉄でも鉛でも金でも銀でも、いずれも水に沈む。つまり、これらの物質はどれも水に沈む点で、共通の性質を持つ(普通である)。他方で「個別」とは、〔物質の共通性ではなく〕一つ一つの物質の性質のことだ。例えば、金には金の引力があり、銀には銀の引力があり、鉄には鉄の引力があるという具合に、物質をことごとく区別して論じるのが、個別ということである。

ご覧のように、個別の物質に共通する性質を見てゆくのが「普通(common)」であり、むしろ個物の違いをそれぞれ見てゆくのが「個別（particular）」という区別のようです。

西先生の見立てとしては、物理学も化学も物質という具体的な個物を扱う学問であり、物理学のほうは中でも普遍的な性質を扱うもの、化学は個別の性質を扱うものということでしょうか。

普通学と個別学の分類基準が、今ひとつ腑に落ちません。といっても、分類というものは、必ずある観点の表明でもあります。西先生による学問分類の是非というよりは、その分類は、果たしてどういった発想からなされているかということを、できれば理解したいと思っています。

再び「総論」に戻って、残る部分を読みながら考えてみることにしましょう。

心理と物理

「総論」は、学術全体を「普通」と「個別」に分けた後、さらに分類の話が続きます。

又學に Intellectual Science《心理上ノ》 及ひ Physical Science《物理ノ》 とて二ツあり。此心理上の學を歐羅巴中極りなく種々に呼ひなせり。mental《心性》, moral《禮義》, spiritual《精神》, metaphysical《物理外ノ》 等なり。此中物理外の學と云ふを最も適當なりといへとも、〔是亦古き學派にして方今は陳腐に屬せり。凡そ物理外の學は卽ち心理學なるか故に、〕又且ツ心理學たるものは幾何ありと極りあるものにあらす。

（「百學連環」第五三段落第二五～二九文）

〔〕でくくられた箇所には、編者による補足として「以下原文三十六字缺文、次に掲ぐる百學連環聞書に依つて補す」と右側に添えてあります。つまり、乙本から当該箇所を引用して挿入したという意味です。では、訳してみましょう。

また、学問には「心理系学問（Intellectual Science）」と「物理系学問（Physical Science）」の二つがある。この「心理系学問」については、ヨーロッパでも決まった呼び方があるわけではなく、「心性（mental）」「礼儀（moral）」「精神（spiritual）」「物理外（metaphysical）」など、いろいろな呼称がある。このうち「物理外」という言い方が最も適切だが、「これはこれで古い学派であり、現在では陳腐になっている。また、物理外の学問とは、要するに心理学であるのだし」かつ、心理学は何種類あるかといった決まりがあるわけでもない。

今度は学問を「心理系学問」と「物理系学問」という二つに区別しています。これはちょうど前節で、「個別学」を検討した際にも登場したものですね。

Intellectual は、今なら「知性」「知能」と訳される intelligence や intelligent と根を同じくする語です。また、Intellectual と同じように用いられる語がいくつか並べて紹介されています。それぞれの語に対応する訳語は、西先生の訳語をそのまま踏襲しておきました。少し注釈をつけるなら、moral とは現在「道徳」などと訳されたりもする語です。ただし、一九世紀以前の哲学書などにおいては、moral とは必ずしも道徳のような意味だけを担っていたわけではなく、「精神（mind）」に関することというほどの意味で用いられていました。

また、metaphysical を「物理外」と訳しているのは、分かりやすいと思います。この語は漢籍を援用して「形而上」と訳されたりもしますが、もとはと言えば、アリストテレスの全集を編んだ後世の編者が、ある書物について、「自然学（physics）」の後に置かれた書という意味で「メタフュシカ」と名付けたという話も伝わっています。

同書は、この世界に存在するあらゆるもの（存在者）の根本、「存在」というなにかについて、その本質を明らかにすることを目指した書物でした。大変込み入ったややこしい話ですが、もうちょっとだけ言い換えてみます。つまり、物質としてこの世界に存在する具体的なもの（動植物や鉱物やその他）ではなく、むしろそうした存在するものを存在させている条件、原理を考え抜こうというわけです。

こう聞くと、まったく雲を摑むような話に聞こえますが、実際にも後に「形而上学（metaphysics）」といえば、机上の空論といった否定的な意味や皮肉に使われるようにもなったようです。

それはともかく、こうした態度でものを探究すること、具体的な事物や自然物を超えて探究することを「メタフュシカ」と呼ぶようになった。そんな西洋哲学史の一コマがあります。

そのつもりで「百學連環」を見てみると、「第二編」中、西洋哲学史においてアリストテレスを紹介するくだりで、Metaphysics に言及しています。そこでは、「性理學」という訳語が与えられています（『西周全集』第四巻、一七二ページ）。その「性理」については、別のところで「サイコロジー」とルビを振っていたりもします（同書、一四九ページ）。また、ドイツ観念論を紹介するくだりでは Metaphysic School に「空理〔学派〕」との訳語を当てている例も見られます（同書、一八〇ページ）。これらの訳語についても、本来は検討すべきところかもしれませんが、ここで読んでいる「総論」の範囲では、そこまで深追いせずともよいことなので、このくらいにしておきましょう。ただ、西先生が、この metaphysics という語を、文脈に応じてなんと訳すか考えていた痕跡を確認できればと思います。

話を戻します。「心理系学問（Intellectual Science）」の Intellectual をさまざまに言い換えてみせているところでした。なかでも「物理外（形而上）」の位置付けは、その訳語に現れている通り「物理」の「外」であり、それはおおよそ「心理」のことであると論じられていますね。

これは、世界や宇宙全体を、物質と精神の二種類に分けて捉える二元論的な見立てに則ったものといってよいでしょう。この発想は、例えば、ルネ・デカルトにおいてはっきりと言明され、精神と身体（物質）はどのように関わり合っているのかという心身二元論という大問題が明確になったのでした。ただし、西先生がデカルトを紹介した箇所では、かの方法的懐疑（物事を正しく認識するために、一旦は疑えるものは全部疑い尽くしてみるという方法）を紹介するに留まっています。

では、西先生はこの心理と物理という区別について、どのような考えを持っているのでしょうか。実は本書で読んでいる「百學連環」の「総論」も、残すところ一ページを切りました。その最後にいたる行は、心理と物理に関する検討に当てられています。読みながら考えてみることにしましょう。

心理と物理を軍事に譬える

例によって具体例が示されます。

心理、物理の二ツを譬へは軍をなすに其強サを論し及ひ銃砲器械等に就て論するは物理なり。其の計策及ひ方略の如きは心理なり。凡そ物理は眼の視る所に係はり心理は聞く所に係はるなり。故に盲人は物理を知らす、聾者は心理を知らさるに似たり。物理は禽獣も知るものにして、心理は知ること能はす。

（「百學連環」第五三段落第三〇〜三四文）

訳してみます。

心理と物理の二つを、軍事に譬えてみよう。軍の強さや、銃砲・装置などについて論じるのは物理である。軍の作戦や戦略は心理である。およそ物理は、眼に見えるものに関わっており、心理は聞くものに関わっている。眼の見えない人は物理を知らず、耳の聞こえない人は心理を知らない（わかっていない）ようにみえる。鳥や獣も物理は知っているが、心理を知ることはできない。

心理と物理の区別を、まだそうした発想に馴染みのないかもしれない聴講者たちに、どう理解してもらうか。西先生の苦心が忍ばれます。軍に譬えて、兵器や装置などのモノに関わる側面を物理、そうしたモノを使ってどうするかといった企図などの人間の考えに関わる側面を心理というわけです。

また、その次に書かれていることは、少し分かりづらいように思います。というのも、ここでは視覚を物理、聴覚を心理に割り当てていますが、これはどういうことでしょう。

推測ですが、こんなふうに解釈できるかもしれません。人の心やその理は、そもそも眼に見えるものではない。誰かの心の状態を感知できるのは、その人が、口から発する言葉をもって、自分の心理（内心）を表現するからだ。だからその音としての言葉を聴き取ることが、心理の理解である――もしこう仮定すれば、西先生の言うことも理解できなくはありません。

とはいえ、眼から見える表情や動作や文字で書かれる言葉などによっても、まったく同じではないとしても、同様の「心理」を推測できるはずです。同じように、物理は眼に見えるものだけに関わっているわけではないとも考えられます。そのように考えた場合、少々解しかねる譬えであります。

また、動物が心理を知ることはないというくだりについても、動物を飼ったことがある人なら、異論があるかもしれません。もっとも、飼い主にいたずらを見つけられた犬が、人間から見ると誠に申し訳なさそうな顔をしているというのは、あくまで人間が犬を擬人化して見ているからだとも言えます。とはいえ、それなら相手が人間で、他人の心理を本当に「知る」ことができるかといえば、これも怪しくなってきます。

心理は耳で聞こえるものだという主張は理解しかねますが、基本的に物理は眼に見え、心理は眼に見えないという区別であれば、まだ飲み込みやすいとも思います。

さて、こうした譬えに続いて、さらに心理と物理の議論が続きます。

心理と物理とは互に相關渉して分明に辨別なしかたきものとす。西洋近來に至りては物理大に開け、materialism《物理家》の説に學は物理にありと云ふに至れり。然れとも是亦沈溺するの説にして強ち従ふへきにあらす。心理の學なきときは禮義の道も自から廢するに至るへし。併シ近來は物理の心理に勝ち得る甚た大なりとす。

（「百學連環」第五三段落第三五〜三九文）

では、訳しましょう。

心理と物理は、互いに干渉しあって、はっきりと区別しがたいものだ。西洋では、近年になって物理がおおいに発展し、唯物論〔物質主義〕によれば「物理こそが学問である」と主張するに至っている。だが、これは〔唯物論という主義に〕溺れている説であり、むやみに従うべきものではない。心理に関する学がなければ、礼儀の道もやがて廃滅してしまうだろう。だが、近年においては、物理が心理をおおいに圧倒しかねない勢いになっている。

先ほどは学問を心理学系と物理学系とに分類してみたわけですが、そうはいっても心理と物理は、はっきりすぱっと区別できるものではないと注意を促しています。

しかし、ヨーロッパでは、唯物論（materialism）の立場があり、そこでは極端に言えば、心や精神などというものは実際には存在せず、本当に在るのは物質だけだと考えるわけです。「唯（ただ）物だけがある」とはよく訳したものですが、もう少しフラットに訳すとしたら「物質主義」とでもなるでしょうか。人間の体も物質であって、この仕組みや機能がしっかり解明された暁には、心や精神といった考え方は不要になるという次第です。

そういえば、この「百学連環」の講義が行われた明治三年（一八七〇―七一年）は、まだカール・マルクス（Karl Marx、一八一八―一八八三）も存命で、一八六七年に『資本論』の第一巻を刊行したところ。フリードリッヒ・エンゲルス（Friedrich Engels、一八二〇―一八九五）とともに「史的唯物論（historischer Materialismus）」と呼ばれ、後にさまざまな人物によって発展させられてゆくものの見方を鍛え上げている最中でした。西先生が、どこまで当時のそうした状況を念頭に置いていたかは分かりませんが、自然科学のますますの進展とあいまって、唯物論／物質主義の発想が学問を席巻し始めていたという認識が、ここには現れています。

余談になりますが、「百學連環」本編の生産学、政治経済学について論じたくだりでは、マルクスの名前こそ見えませんが、ロバート・オーウェンの社会主義、サン・シモンの共産主義、シャルル・フーリエのフーリエ主義などが紹介されていました。

さて、物理が心理に勝りつつあるという状況について、もう少し議論が展開されます。いよいよ「百學連環」の「総論」最後のくだりです。

心理と物理の関係

学問を物理学系と心理学系に分けた上で、その優劣が問題になっていたところでした。続きを読みましょう。

凡そ物理の開くに従ふて心理も亦變易せさるへからす。譬へは父子あり、數百里を相隔てゝ在り。然るに子たるものゝ年々父に歸省せむと欲すとも數十日を費し、己レの勤めを缺く故に年々敢て歸省なす能はす。然れとも今物理開けて、蒸氣船あり蒸氣車ありて、數百里の用を數日に便することあれは、心理之に從ふて變易し、猶年々歸省し得るか如き、心理は物理に從ふて變易するか故に、物理は心理よりも學の主として重すへきものゝ樣に見ゆるなり。然れとも物理を使役するものは心理にして、物理は心理に役せらるゝに至るなり。右物理心理の二ツを明かに了解し得るものハ、古來佛家社家なとの說に神力、或は祈禱力、或ハ狐狸の虛誕なるは總て其理の據る所なきを知るへし。此の如きは歐羅巴中絕てこれなき所なれと、漢儒朱子の如きも未タ其惑を免かるゝこと能はす。

（「百學連環」第五三段落第四〇～四六文）

訳してみます。

およそ物理が進展するに従って、心理もまた変わりゆくことになる。例えば、父子がいるとしよう。二人は何百キロも離れて暮らしている。だから、子が年ごとに父のもとへ帰省したいと思っても、数十日を要するし、それでは自分の仕事ができないので、毎年帰省するというわけにもいかない。だが、今日では物理が進展して、蒸気船もあれば蒸気車もある。何百キロの距離であっても数日で移動できるという便利なものだ。そこで、〔こうした物理的条件の変化によって〕心理もその変化にしたがって変わり、毎年帰省できるようになる。このように、心理は物理にしたがって変わりゆくので、物理は心理より中心的な学問として重視して用いられるようになったように見えるだろう。だが、物理を利用するのは心理であって、物理はあくまでも心理によって使われるようになるものだ。右に述べてきたように、物理と心理の二つをはっきりと理解できれば、昔から仏教や神道で言われてきた「神力」や「祈禱力」や「狐狸」といったものがまるで根拠のないデタラメなものであることが分かるはずだ。こうしたことは、ヨーロッパではすでに見られなくなったものだが、儒教や朱子学のようなものは、いまだにこうした惑いを免れていないのである。

少し長くなりましたが、ここで述べられている具体例自体は、特に理解しがたい内容ではないと思います。物理が進展する、つまり、自然科学によって物質世界の性質や規則性が発見されるに従って、その発見を応用してさまざまな技術が発明されてゆきます。西先生からさらに百年を隔てる私たちは、飛行機や新幹線といった各種移動手段はもちろんのこと、コンピュータやそのネットワーク、個人が手軽に携帯できる小さな端末など、技術の粋を集めた道具を使っているところです。

もう少し言えば、私たちは技術によって、人工的に自らの住む環境をさまざまに造り替えています。そうすることで、百年前なら到底不可能だったこと、例えば、Skype などのインターネット上のサーヴィスを使って、ネットにつながったコンピュータさえあれば、地球上のどの場所であれ（そうした通信が規制されていなければ）、テレビ電話で互いに顔を見ながら話し合うことができます。

こうした物理環境が変化することによって、人の心理も変化を被るという指摘は頷けると思います。例えば、ディジタルカメラやスマートフォンが普及した結果、利用者のなかには食事やお茶のテーブルを撮影して、twitter や facebook といった各種ソーシャル・ネットワーク・サーヴィス（SNS、インターネット上に設置されたコンピュータを経由して利用者同士が互いの投稿を閲覧したりやりとりをする仕組み）に投稿する人も少なくありません。というよりも、日常茶飯事となっています。こんなふうに行動する人は、ひょっとしたらカフェでお茶をする時にも、街を散歩している時にも、目に入る光景を「カメラで撮影して、SNSに投稿できるものか否か」という目で見るようになっているかもしれません。これも、物理の変化に伴って心理が変化する例です。

あるいは、インターネットの普及以前なら、辞書を引いたりものを調べたりするのを面倒がっていた人でも、いまでは分からないことに遭遇したら、すぐにネットで検索する習慣がついているかもしれません。

ともあれ、物理環境が変わることで、心理にも変化が及ぶという指摘は、時代を問わず言えることだろうと思います。

では、物理のほうが主で、心理は従なのか。西先生はそのようには言っていませんが、敢えて図式的にはっきりさせれば、そういう構図でしょう。しかし、そうではない。物理を使うのは、あくまでも心理なのだと主張しています。前節で見たように、西先生は、物理と心理を軍事に譬えていました。どんな兵器や装置かというのが物理だとすれば、これをどんなふうに用いたり、作戦を立案するかが心理だということでしたね。ことは軍事に限らず、どのような物理であっても、人がそれをどのように使おうと考えるか次第、つまり心理次第であるというわけです。ここには、なにを「悪し」とするかといった、倫理の問題も関わってきます。
また、このくだりの余白には、次のようなメモが見えます。

心理物理互に關渉するものなりといへとも、先心理開けて物理開ケ物理開ケて心理益明カナリ。

訳せばこうなりましょうか。

心理と物理は相互に干渉するものだが、まずは心理が進展し、次に物理が進展する。そして物理が進展することで心理がますます明らかになる。

鶏と卵のような話ではありますが、まず心理が先に進むと述べられています。自分が置かれた状況や経験からなにかを発想する。その発想に従って、環境を変化させる。環境の変化に応じて、また新たな発想が生まれる。映画『2001年宇宙の旅』(スタンリー・キューブリック監督、一九六八)の冒頭を思い出します。はるか太古の地球で、猿が動物の骨を手にしている。その骨がなにかの拍子で地面を打って、そこにあった骨に当たる。いま何が起きたのかと思いを凝らす猿。同じ動作を試すように繰り返し、発見が確信に変わる。この骨でものを叩くことができるぞ!
つまり、この猿は、それまでただの骨、動物の死骸に過ぎなかったものを、ものを叩くための棒として認識したのでした。この心理の変化によって、以後、骨は道具となり、他の群れとの戦い方も変わる。仮にこうしたことが起きたとしたら、それまでとは戦いに臨む心理もおおいに変わったことでしょう。

事柄の複雑さや単純さは別として、西先生が指摘していることは、そういうことではないかと思います。

そして「総論」最後の文章です。

此書學術を以て相連ねて二編とし、學を以て前編とし、術の學に係はりて離るへからさるものは並ひ說くを要し、術を以て二編とす。卽ち第一編は普通の學を說き、二編は殊別學、心理物理の二ツを說くを要す。

（「百學連環」第五三段落第四七～四八文）

訳します。

この書物では、学術を連ねて二編とする。前編では「学」を、後編では「術」を扱う。ただし、術が学に関係して分離すべきでないものについては併記する。つまり、第一編は「普通の学」、第二編は「個別の学」、つまり「心理」と「物理」の二つを説くことになる。

「百學連環」本編の構成を説明したくだりです。ただ、この書き方は少し紛らわしいですね。そこで、同じ箇所を乙本で補うと、どうやらこういう構成であることが分かります。

第一編　学
・普通学

・個別学
・心理
・物理
第二編　術

以上で、当初の目標であった「百學連環」の「總論」を通読しました。本書を終わる前に、これまでの道のりを振り返って、補足と感想を述べたいと思います。もう少しだけお付き合いいただければ幸いです。

学術分類の行方

「普通学と個別学」の節で、西先生が学術全体を「普通学（common science）」と「個別学（particular science）」とに分ける様子を見ました。そこで挙げられていた具体例では、こんな具合に分類されていたのをご記憶でしょうか。

普通　歴史、算術、地理学
個別　植物学、物理学

そして、この分け方を見て、ちょっと疑問を感じたと申しました。少なくとも私の感覚では、歴史や地理は個別具体的なことを扱う学であり、物理学こそ個別具体的なものを離れた一般抽象的なもの、普通の学であるように感じられたからです。つまり、西先生の意図やものの見方に迫り切れていない憾みがあったわけです。

そういうつもりで、改めて「百學連環」における「普通学」と「個別学」の分類を見直すと、次の通りでした。

普通学（Common Science）
　歴史（History）
　地理学（Geography）
　文章学（Literature）
　数学（Mathematics）
個別学（Particular Science）
　心理上学（Intellectual Science）
　物理上学（Physical Science）

これは「「普通」とはなにか」の節で検討したことです。西先生は、現在を知るには過去を知る必要がある。だから「あらゆる諸学を「歴史」と見立ててもよいぐらいだ」と述べていましたね。

この区別をどう見るか。これが問題です。

私見ですが、ここで「普通学」と位置づけられている諸学は、どんな学問を専門とするかにかかわらず、全員が学んでおくべき学術の基礎、おおまかな物言いをお許しいただくとすれば、学術の道具（オルガノン）であるという見立てなのではないかと思います。

「オルガノン（ὄργανον）」とは、古典ギリシア語で「道具」を意味する言葉です。これはアリストテレスの著作のうち、論理にかかわる諸作品に与えられた名前でもありました。論理は真理を探究する基本的な道具であるという発想です。

そのような目で上記の分類を見直すと、歴史と地理学は、人間の文化全般を中心として（自然現象も含めて）、時間的・空間的な広がりのなかで捉える学問領域と言えるでしょう。地球という場所で学術を営む人間としては、基本となる学術であるというふうに考えてみることができます。

また、文章学は、学術を営むにあたって不可欠の言葉に関わるもの。数学は、数や方程式や図形を駆使して、抽象概念を一義的に扱うためのものです。どちらも、それなくしては学術を営むことが難しいものです。

このように考えると、上記の四領域が「普通学」に位置づけられていることも、理解しやすくなろうかと思います。ヨーロッパの「自由七科」という言い方になぞらえていえば、「自由四科」の基礎教養とでもなりましょうか。

しかし、それであれば、自然がどうなっているかという理解や、人間精神の働きがどうなっているかという理解だって、学術を進めるうえでは重要な認識ではないか。このようにも考えられます。諸学術のなかで、なにをもって「普通」とするかということは、その分類を施す人の学術観、さらには世界観に大きく依存することでしょう。

西先生も、この点については考えるところがあったようで、「覺書」に、この分類に関するメモがあります。筆書きのメモのうち読み解けていない文字もあるのですが、読み取れた部分を抜粋してみます。

此普通殊別ヲ今日學ノ上ノ區別ト見ルヘカラス

是其學術ノ性質ニ本テ立ルモノ也
（略）
只學フ上ニハ特ニ世ニ人ニ依リ處ニ隨テ猶斟酌アルヘシ
譬ヘハ窮理ヲ普通ニ入ル、カ如シ
又法学ノ一端ヲ普通ニ入ルカ如シ

（『西周全集』第四巻、宗高書房、三三三ページ）

訳せばこうなりましょうか。

この「普通学」と「個別学」という分類は、現在の学に関する区別と見てはならない。これは学術の性質に基づいて施した区別である。
（略）
学ぶ際には、とりわけ時代や人、場所などを考慮する必要がある。例えば、物理学を普通学に入れるということもあれば、法学の一部を普通学に入れるということもあるだろう。

このように、普通学／個別学という分類自体が、相対的なものであることを記しています。また、この問題については、『西周全集』の編者である大久保利謙氏も全集第四巻の「解説」で詳しく検討しています。そこで参照されている「覺書」では、要約すると次のことが検討事項として挙げられています。

・普通学に分類した学術の中には、広範にわたるために、普通学と言いがたいものもある。
・例えば、語源学（文学）、測地術（数学）などは個別学である。
・この普通学／個別学という分け方では説明できないこともある。
・歴史→文学と並べたが、この順序も再考の余地あり。
・歴史、文学は心理に属し、数学は物理に属し、地理は中間にある。

一度は分類を立ててみたものの、満足していない様子が窺えます。大久保氏の解説によれば、西先生はこの後も、学問分類について検討を重ね、分類自体が変化していきました。やはり、前記の解説からその次第を抽出するとこうなります。

まず、『明六雑誌』に連載した「知説」（明治七年）では、改めて次のように整理されます。

・学問を「普通の学」「物理の学」「心理の学」の三つに分類。
・普通の学には、文、数、史、地が属す。
・この四つの学は、心理と物理に属さず、両理を記述解釈する道具である。

目立つのは、史、地、文、数という順序が、文、数、史、地と組み替えられていることです。仮に先に置かれたものほど重視されると考えると、歴史と地理の位置が第三、四位に下げられたわけです。

また、西先生は「日本文學會社創始ノ方法」（『西周全集』第二巻に収録）という講演で、東京学士会院の組織改革案に関連して学問分類を論じています。東京学士会院とは、欧米のアカデミーに倣って、一八七九年（明治一二年）に設立された団体です。後に帝国学士院を経て、現在の日本学士院となります。これも要点をまとめると次の通りです。

・院内を心理諸学と物理諸学とに二分する。
・文学と数学は心理諸学と物理諸学の筆頭に置く。
・文学と数学は、諸学を貫通組織する学術であり、心理と物理の両方に関係するが、文学は心理諸学に関係が深く、数学は物理諸学に関係が深い。
・歴史は心理諸学の一つに分類。

このように、文学と数学の二つが「普通学」としての位置に残されています。この二つは心理、物理の両者に関わるものだという指摘にも注意しておきましょう。ここでは引用していませんが、西先生は「ここにご出席の先生方は、心理諸学（人文学）、物理諸学（自然科学）の両方に通じていらっしゃるわけですが」と、凄いことをさらりと述べてもいます。

さて、いずれにしても、学術を遂行・記述する上で不可欠の言語に関わる学術が普通学と見なされているわけです。平たく言えば「読み書き算盤」、当世風に申せば「リテラシー」とでもなりましょうか。それが、時代や場所や人によって違ったり、変化するのは、先にも述べたように学術観や世界観によるわけです。

新たなる百学連環へ向けて

日本が、欧米の文化を本格的に導入しようと動き始めた幕末から明治期にかけて、現在私たちが馴染んでいる各種学術領域やそのための言葉も移入・翻訳されました。大学における学部学科やその分類などの基礎が模索され、据えられたのもこの時期です。

これは想像してみるしかありませんが、これまで自分たちが使う言語のなかになかったような(あるいはあっても意識していなかったような)、未知の発想、未知の概念を、しかも異語で書かれたものを、なんとかして日本語に移し入れるというのは、いったい全体どういうことだったのでしょうか。

現在、私たちは先達がつくってくれた、そして目下もつくられつつある、さまざまな辞書や事典を使うことができます。身の回りに当たり前のようにあるために、ついそのありがたみを忘れそうになりますが、もし辞書がなかったらと想像してみると、その便利さが身に沁みてきます。

例えば、英和辞典のように、異語と母語を対応してみせてくれる辞書が手元(手元どころか世の中)になかったら、誰かが「英語のこの言葉は、日本語ではこの言葉と対応する」と調べ上げておいてくれなかったら、異語で書かれた本を前にして、どうすることができるでしょうか。幕末から明治期にかけて欧米文化に遭遇し、咀嚼しようとした人びとは、まさにそうした助けが乏しい状況で、学術なら学術に向き合ったわけです(中国語と英語を対応させた華英辞典などを利用できたとしても)。

今回、本書で読んできた「百学連環」講義は、そうした文化の大転換期を生き、大きな役割を果たした人物の一人、西周が私塾で門下生に向けて欧米学術の全貌を示さんとして行った講義でした。

西先生は、欧米の学術を文字通り身をもって受けとめ、従来の漢籍の教養をフル活用しながら、しかしそこには収まりきらない知識や発想に対して、新たな日本語を創造し、ときに工夫を重ね、現代にいたるまで使われ続けることになる言葉の礎を築いたのでした。この「百學連環」のとりわけ「総論」は、そうした営みのエッセンスが煮詰められた稀有な記録と言ってよいと思います。

弟子の永見裕が筆録した「百学連環」講義の全体を読んでいると、「ともかく、彼の地で行われている学術なるものの全体を見渡してやるぞ」という意気込みが伝わってくるようです。これは、生半可な興味や好奇心では、とてもそこまでできるようなことではないとも思います。

もちろん、未知のものごとに接するにあたり、その全容を確認することは、学術に限らず重要な取り組み方です。全体を見ずに部分だけで物事に取り組むのは、言うなれば自分の手しか見ずに麻雀を打ったり、自分の手しか気にせず将棋やチェスを指すようなものです。あるいは、もう少し学術寄りの譬えをするなら、ある単語の意味を、その単語だけから理解しようとするようなものといってもよいかもしれません。

百学を見渡してみるということは、右の譬えに乗っていえば、麻雀の場を見ること、将棋やチェスで相手の指し手や盤面を見ること、ある単語を他の単語との関係の中で見ようとすることに相当します。ある学術の位置や価値を知るには、学術全体の様子、他の諸学術との違いを確認してみるに越したことはない、というわけです。

これは考えてみれば当たり前のことのようです。しかし、実際にどうかといえば、とても自明視できる状況ではないとも思うのです。そもそも私たちは、小中高あるいは大学や専門学校などでなにかを学ぶ際、学術が複数の科目に分かれていることについて、「なぜそうなっているのか」と、考える機会は存外少ないのではないでしょうか。

例えば、国語と数学が別の科目であることは当たり前のことであり、どうかすれば両者はまるきり関係のないものだ、という理解（勘違い）がまかり通っているように思います。

他方、本書で「エンサイクロペディア（Encyclopedia）」や「エンチクロペディー（Enzyklopädie）」について検討した際、こうした名前を冠した講義では、学術全体や当該学術領域全体に関して広く見渡すことが目指されているという様子を見ました。法律を解説する講義の冒頭で、学問論が展開されている例などもありましたね。

そして、西先生が「エンサイクロペディア」を「百学連環」と見事な言葉で受けとめてみせたことに現れているように、諸学がどのように「連環」しているのか／いないのか、という問題意識がそこにはありました。

学術史を追跡していると、ある時期まではこうした学術全体を見渡そうとする仕事が少なからず存在していたことが分かります。しかし、諸領域の専門分化が進めば進むほど、そのような試みは稀になってきました。

そのなれの果てが、私たち自身の受けた教育に現れた諸学術の姿にあったと言えるでしょう。それぞれの学術領域が分かれてあることは、はなから当然のことに過ぎず、なぜそのように分かれているのか、それぞれの学術はどのように連環しあっているのかという視点や問題意識はほとんど失われているように思われます（そうでなければ幸いです）。

果たしてそれでよいだろうか。大丈夫だろうか。いや、むしろ細分化が進めば進むほど、知識が増えれば増えるほど、その全体を見渡すための地図が必要なのではないだろうか。一つにはそんな関心から、「百學連環」をじっくり読んでみるということに取り組み始めました。そこには、新たな地図をつくるための手がかりがあるのではないかと思ってのことです。

首尾のほどは、ここまでの道のりをご覧いただいた読者諸賢に判断を委ねるほかはありません。私自身はといえば、西先生がやってみせたような「百学連環」という観点に立った学術論というものは、やはり必要だという思いを改めて強くしたところです。

それも、できれば学術に携わる人びとの間だけでなく、それこそ義務教育の課程も含めて、すべての人が一応は「こういうことだ」と理解できるような、必要になるつど開いて見られるような、そんな形であらわされた学術の地図があればいいのにと思います。仮にそうした地図をつくる場合には、「百学連環」講義で整理されたことも解かれずに終わった問題も含めて、重要な手がかりを示してくれるはずです。

そのような底意地に加えて、本書にはもう少し地に足のついた目的もありました。それは、「百學連環」を、手軽に読める形にすることです。これは学術に携わる人であれば、一度は眼を通しておきたいテキストだと思うからです。

いえ、「百學連環」は、『西周全集』第四巻に収められていますから、その気になれば図書館などで読めます（ついでに申せば、この第四巻は、古本でなかなか手に入らない本の一つです）。

しかし、注釈なしにそのままですんなり読めるかというと、そうもゆかないものです。できれば、この文章を手にしやすくすると同時に、現代の読者にも読みやすい形にしたいと考えた次第です。埋もれかかった古典をもう一度手に取り直し、埃を吹き払って現在の眼で見直してみること。少し格好をつけて言うなら、これはそんな古典再生、人文学の試みでもあったわけです。

もっとよい適任者がいらっしゃるはずのところを、私のような者がしゃしゃり出ることになったのは、巡り合わせの悪戯でありました。

あとがき

本書は二〇一一年から二〇一三年にかけて、三省堂が運営するウェブサイト「ワードワイズ・ウェブ」で全一三三回にわたって連載した「「百学連環」を読む」を単行本にしたものです。本にまとめるにあたり、全篇を見直し加筆・修整を加えています。

ここでは本文への捕捉、本書の成立経緯、謝辞を述べたいと思います。

やっぱりウェブスター!

本文の校正を終えて、この文章を書いている最中に念のためと思って、改めて『西周全集』全巻を見直してみました。そこで目にとまった文章があります。『西周全集』第三巻に収録されている「吉田顕三『回顧録』抄」です。これは『回顧録——天僕随筆』(大正一三年、非売品)という、吉田顕三(一八四八—一九二四)が没した直後に出版された本から抜粋した短い文章でした。抜粋されているのは、西先生に言及のあるくだり。

吉田は幕末(慶応三年頃)に、医学を志して大阪や京都を遊学しています。京都では当初、医者の池田玄仲(一八二〇—一八七二)に師事して蘭学を学ぶつもりだったところ、池田からこんな助言をもらったようです。いまでは蘭学を学ぶ人は減っている。洋学をやるなら英語を学ぶといい。ちょうど西周助という人が三条屋敷で公務のあいまに生徒を集めて英学を教えている。この塾に通うといいだろう。

そこで西先生の塾に通った吉田は、ある日、西塾長の部屋に並ぶ本を目にしたのを思い出しながら、こんな感慨を漏らしています。

西氏の塾にありては、余は彼の開成學校の出版にかゝる、英學單語篇より學び始む。一日塾長の室に至り、陳列せる原書を見るに、其數々十部あり。就中一大書册あり、最も余の心を牽けり。余その名を問へば、字書（ウェブスター氏）なりと云ひ、價を問へば、六七十兩なりと云へり。

（『西周全集』第三巻、八五〇―八五一ページ）

この一文を目にして「やっぱり！」と深夜に椅子から立ち上がりました。西先生の部屋に大きなウェブスター辞典が置かれていた様子が分かります。「就中一大書册あり（とりわけ大きな一冊があった）」という形容が印象的です。ウェブスターの簡約ではない版はなかなか大きく分厚い本ですから、目についても不思議はありません。

このくだりに続いて吉田は、読むべき本がいくらでもあるのに、無一文の貧乏学生である自分はいったいどうやってそんな本を買って読めるだろうか。まったく覚束ないことだと嘆いています。彼は後に医者となり、著作や翻訳も手がけています。

幕末頃の話を読んでいると、ときどきこんな逸話にお目にかかります。貴重な本を蔵書している家へ書き写させてもらいに訪れる。場合によっては人の分を筆写してアルバイトにしていた人などもいたようです（というのは福澤諭吉だったでしょうか）。

これは余談といえば余談ではありますが、知識や本に限らず、ものがありふれて身の回りのいつでも手にできるところにあると、人はやがてその価値を感じなくなってゆくものです。逆にこの機会を逃したら、二度と読めないかもしれないと思えば、そのことに価値を感じたりもします。吉田がウェブスター英語辞典を目にして抱いた慨嘆は、知や本への渇望感を抱くという観点からみると、考えさせられるエピソードだと感じ入りました。

それはさておき、どの版かは分からないものの、やはり西先生はウェブスター英語辞典を座右に置いて活用していたのだという傍証がこんなところにもあったというご紹介をしたいと思い、これを記した次第です。なんだか本文が「あとがき」まで出張してきた感じになりました。

本書成立の経緯

本来、ある本がどのように成立したかということは、読む立場からすればどちらでもよいようなことではありります。ただ、連載中に「どうしてゲームクリエイターが西周とか哲学のことをやってるんだろう!?」（大意）というコメントを頂戴したこともあり、ときどきお尋ねいただいたりもするので、かいつまんで述べてみます。したがって、申すまでもなく関心に応じて読み飛ばしていただいて構いません。

私には子どもの頃から、よく分からないけれど、なんなのだろうと気になり続けていることがいくつかあります（というよりも、分からないことだらけなのですが）。例えば、「文学」とか「哲学」とか「科学」、あるいは「文体」「思想」「批評」「意識」「記憶」「感情」「欲望」「時間」「空間」「生命」などです（なに一つ分からない感じですね……）。「学術」もその一つでありまして、研究するというわけでもなく、折々さまざまな機会に関連する本や論文を集め読んできました。

こと日本において学術という営みを理解しようと思ったら、古来の中国からの移入や、戦国時代、あるいは本格的には幕末から明治にかけての欧米からの移入を無視することはできません。また、そこでは言葉をどうするかという翻訳の問題もついて回ります。そんなふうにして歴史をあちこちうろつきながらいろいろ読んでいるうちに、どうしても外せない本として、この「百学連環」に辿り着いたのでした。学生のころ、横浜の野毛山にある図書館で『西周全集』第四巻をはじめて手にした時の興奮はいまでも覚えています（それこそ吉田顯三ではありませんが、どうしたらこんな本を座右に置けるのだろうとも思いました）。

ときどき「百学連環」を読んでは考えるということを続けているうちに、二〇〇六年頃には竹中朗さんが主宰する「明治賢人研究会」で『明六雑誌』を読む機会がありました。西先生も同人として盛んに寄稿していた雑誌です。また、二〇〇九年には武村知子さんにお声かけいただいて、一橋大学の大学院で「新たなる百学連環——学術篇」という講義を行います。そこでは学術やその歴史について考える一環として院生のみなさんと「百学連環」を読んだりもしました（翌年は「芸術篇」を開催）。

そんなこともあって、「百学連環」をさらによく読んでみようと思い立ちます。こういう場合、いつも試すことなのですが、本当に精読したければ自分の言葉で翻訳してみるのがよい。こう考えて、特にどうするあてがあるでもなく、自分で楽しむためのプロジェクトを考えます。二〇一一年の年明けに、その年の抱負を述べたブログの記事でこんなことを書いています。

★西周『百学連環』現代語訳＋注釈（私家版）作成
二〇一〇年に制作しようと思いつつできなかった『百学連環』講義の現代語訳と詳細な注釈をつけた私家版を造りたいと思っています。同書は、弟子が書き取った講義録ですが、なんのかんのといっても、やはり現代日本語の基礎でもある明治期日本語の一角を築いた立役者の一人、西周の重要な仕事です。全集の第4巻に入っていますが、とても手に入れにくいのと、ひょっとすると明治期の文献を読み慣れぬ人にとっては、読みづらいテキストであるかもしれないと思い、なにかの機会でもあれば公にするつもりで、しかしさしあたっては私家版として作成しようと考えていたのでした。

（ブログ「作品メモランダム」二〇一一年一月六日）

大学を出てからゲーム制作を仕事にしていたこともあり、アイディア（大風呂敷）を広げるのが好きです。ただ、広げるのは好きですが、多くのことは広げたままで終わります。この思いつきも放っておけば形にならないで終わっただろうと思います（実際このブログ記事にはもういくつかのアイディアが書かれていますが、まだ実現していません）。

それはさておき、この文章を目に留めたのが、三省堂の荻野真友子さんでした（荻野さんも先ほど述べた明治賢人研究会のメンバーでもあります）。その後どうなったかはご覧の通り。いままさにお読みいただいているこの文章が書かれるに至るわけでありました。

謝辞

というわけで最後に謝辞を述べます。連載中は苦しいマラソンのようでもありましたが、それ以上に読解と発見の愉快な時間を過ごせました。

それもこれも、連載中に全力でサポートしてくださった荻野真友子さんを筆頭として、木宮志野さん、山本康一さんをはじめとする三省堂編集部のみなさんのおかげです。一人では到底このような文章を書き上げることはできませんでした。連載時にはカワチレンさんのユーモア溢れるイラストも添えていただきました。

単行本化にあたっては、これも荻野さんに担当していただきました。辞書編集やサイト更新の仕事があるなか、隅々まで気を行き渡らせてくださったおかげで、改稿作業に集中することができました。

また、訳文の校閲では木村直恵さんのお手を煩わせました。木村さんは、日本近代史・文化史をご専門とする研究者・教育者で、学習院女子大学で教鞭を執るかたわら、次のような本や論文を書いておられます。

・『〈青年〉の誕生――明治日本における政治的実践の転換』（新曜社）
・「〈批評〉の誕生――明治中期における〈批評〉〈改良〉〈社会〉」
・「《society》と出会う――明治期における「社会」概念編成をめぐる歴史研究序説」
・「西周『百学連環』講義における「相生養之道」――維新期洋学者たちの《society》概念理解」
・「〈society〉を想像する――幕末維新期洋学者たちと〈社会〉概念」

タイトルをご覧いただいてお分かりのように、本書とも大いに関わりのある研究をされています。

他人の訳文のチェックは、ただでさえ手間のかかる面倒このうえない仕事です。それにもかかわらず木村さんは、原稿を細部にわたるまで丁寧に読み、文献を確認し、私が見落としたり気づいていないたくさんのことを懇切に教えてくださいました。本書の訳文や解釈が、連載時に比べてより正確で読みやすいものになっているとすれば、これはひとえに木村さんのおかげです。申すまでもなく、なお不十分な点が残るとすれば、それは山本の責任であります。

同じく校正を担当してくださった坂田星子さんと田村豪さん、山本雅幸さんには隅々まで目を光らせて、あちこちに潜む問題点やミスのありかを示していただきました。また、数次にわたる複雑な校正をDTPで処理していただいたデジウェイ株式会社の後藤兼さんには相当なご負担だったかと思います。

ブックデザインは坂野公一さんによるものです。日本語や英語だけでなく、漢語や古典ギリシア語など、複数種類の文字が混ざり合い、加えて原文と訳文と説明・解釈の文、そして図と、複数の要素が並ぶややこしい原稿を、見分けもつきやすいようにレイアウトしていただきました。また、私が「百学連環」のテキストを読みながらしたように、読者が書き込みをしやすいように余白を多めにとって欲しいというわがままにも応えていただきました。

連載中はtwitterをはじめさまざまな形で、お読みいただいたみなさんから有益なコメントや感想をお寄せいただき、どれほど励みになったか分かりません。特に竹中朗さん、安田登さんから教えていただいた点については本文でも記しておいた通りです。その他にも、赤井茂樹さん、赤木昭夫先生、吉川浩満くんからは、折々の会話などを通じてさまざまなヒントをもらいました。

みなさんのおかげで本書が完成しました。ありがとうございます。

本をつくる機会があるつど、同じことを書いて恐縮ですが、一冊の本とはじつに多くの人びとの能力や知識を集めてはじめて形になるチーム制作物であることを実感します。もっとも、完成したものからは見えづらいことではありますし、そうしたことは表に出さなくてもよいのだという考え方もあろうかと思います。

しかし他方で、そうした経緯を示すことによって、出版や本造りという仕事がどのようなものかを伺い知る機会にもなると考えます。著者としては、バンドがライヴ中や終わりにメンバー紹介をするような感じで、あるいは映画のクレジットのようなつもりで、こうしたご紹介をしているのでした。

そしてこの先、私たちの手を離れた本を書店や読者のもとに運ぶ人にも、書店で本を並べて紹介する人にも、手にとって読むかもしれないみなさんにも御礼申し上げます。とりわけ、こんなところまで読んでくださっているあなたにとびきりの感謝を！

高度に分業が進み、さまざまなことが誰の労力によって成り立っているのか実感しづらいことも多い現在ですが、物事は連環によって成り立っているわけです。

おわりに

最後に本書の延長上で考えられる今後の展望を少々。本書は、オオゲサにいえば、学術を歴史のなかで捉えるために必要不可欠な作業を自分なりに行ってみた記録です。ですから、本書はここで終わりますが、引き続き古今東西の学術について検討してみたいと考えています。地域は地球全域、少なくとも文字資料が残っている時代がその対象。学術五千年史というふうに大きく眺められたらと念じています。幸い材料は山ほどあります。それを一つにまとめて、そのなかを旅したり俯瞰したり細部を眺めたりできるような、そんなソフトウェアをつくりたい。そのソフトのいわば解説書として一冊の本ができるという目論見です。

先ほどご紹介した武村知子さんに加えて、編集者の郡淳一郎さん、ブックデザイナーの白井敬尚さんたちと、いま述べたような学術のマップを一枚の図にしてみようというプロジェクト「新たなる百学連環」を企てもしました。これはひとえに私の能力不足と怠惰のために、完成できないまま現在に至っています。大きな図になるはずですが、これも完成させたいと考えております。

――とまあ、こうしてすぐにアイディアを空想して、大きな風呂敷を広げて楽しむわけです。ちょっとかっこうをつけるなら、「想像の遊歩」とでも申しましょうか。

それにしても「百学連環」を読む経験は、我ながらなかなかの遅読《スローリーディング》、また、なかなかの復読でありました。まさか三〇ページに満たない文章を二年半もかけて、何度も行ったり来たりしながら繰り返し読むことになるとは、そしてさらに二年ほど単行本化のために読み続けるとは、自分でも思ってもみませんでした。

ああ、楽しかった。この感じがみなさんにいささかなりとも伝われば幸いです。

機会があったら、またどこかでお目にかかりましょう。ご機嫌よう。

二〇一六年四月

山本貴光

附録

『西周全集』（宗高書房）目次一覧

以下は『西周全集』（大久保利謙編、全四巻、宗高書房）各巻に掲載されている文章の一覧です。そのつもりで眺めてみると、西先生が行った探究の広さを感じることができると思います。

第一巻

哲學篇
一　徂徠學に對する志向を述べた文
二　西洋哲學に對する關心を述べた松岡鏻次郎宛の書翰
三　津田眞道稿本「性理論」の跋文
四　西洋哲學史の講案斷片
五　開題門
六　靈魂一元論
七　生性發蘊
八　生性箚記
九　譯利學說
十　尚白箚記
十一　哲學關係斷片
十二　百一新論
十三　復某氏書
十四　學原稿本
十五　五原新範
十六　致知啓蒙
十七　知說
十八　人智論
十九　情智關係論
二十　美妙學說
二十一　教門論
二十二　人世三寶說
二十三　幸福ハ性靈上ト形骸上ト相合スル上ニ成ルノ論
二十四　學問ハ淵源ヲ深クスルニ在ルノ論
二十五　論理新說
二十六　心理說ノ一斑
二十七　理ノ字ノ說
二十八　道德略論

第二巻
法學・政治篇
一　萬國公法
二　性法略
三　五科學習關係文書
四　原法提綱
五　議題草案
六　泰西官制說略
七　憲法草案
八　駁舊相公議一題
九　網羅議院ノ說
十　燈影問答
十一　政略論
十二　英主比較論
十三　人主比較論
十四　自主ハ自由ニ成ルノ說
十五　法學關係斷片
十六　學士匝令氏權利爭鬪論

社會・經濟篇
一　經濟學
二　海關稅ノ說
三　社會黨論ノ說

教育篇
一　養材私言稿本
二　德川家兵學校掟書
三　德川家沼津兵學校追加掟書
四　文武學校基本并規則書
六　育英舍則
七　東京師範學校ニテ道德學ノ一科ヲ置ク大意ヲ論ス
八　東京師範學校ニテ法令學ノ科ヲ置ク大意
九　師範學校卒業式ノトキ卒業生ニ告クル文
十　東京大學卒業證書授與式演說
十一　才能偏僻生於作用之反覆說
十二　和蘭大學法令

言語・國語篇（一）
一　洋字ヲ以テ國語ヲ書スルノ論
二　日本文學會社創始ノ方法
三　加藤先生博言學議案ノ議
四　ことばの　いしずえ

*見出しに「言語・國語篇（一）」とあり、（二）に続くように見えます。実際のところ、第三巻には「言語・國語篇（二）」はありません。もともと第三巻に収録する予定

だった「詞の麓路」と「日本語範」は収録を見送られたと「第三巻の序」で説明されています。

第三巻

軍事篇

一　兵家徳行
二　兵賦論
三　軍人訓誡草稿
四　軍人勅諭草稿（明治一三年稿本）
五　軍人訓誡關係稿本（代作）
六　朝鮮征討總督への勅語草案
七　出師上諭
八　上隣邦兵備略表
九　軍律草稿批評
一〇　陸軍定額減却に付意見書案（代作）
一一　騎兵護衛の解除を乞う上奏文案（代作）

諸文集

一　大書院進讀子適衞章
二　大書院試讀前出師表
三　御前進讀天時不如地利之章
四　杞憂竑議自叙草稿
五　丁巳十月草稿（安政四年、蝦夷地開拓の議）
六　藩主への建言
七　隨筆
八　非學者職分論
九　煉瓦石造ノ説
十　愛敵論
十一　情實説
十二　祕密説
十三　內地旅行（十一月十六日演説）
十四　國民氣風論
十五　大臣論
十六　津田眞道「開化ヲ進ル方法ヲ論ス」書評
十七　鳥尾小彌太『國勢因果論』書評
十八　東京學士會院院長就任演説
十九　森全權公使ヨリ送致セル文書ノ儀ニ付會院諸先生へ協議ノ件
二十　交詢社創立會祝詞交詢字義
二十一　紀年會の祝詞
二十二　演説會ノ説
二十三　人物雜俎
二十四　短文
二十五　序文集

紀行及詩歌
一　和蘭紀行
二　和蘭より歸路紀行
三　詩歌集

日記及書翰
一　日記
二　書翰集

＊全集の目次には収録された日記の範囲、書翰の宛名などが記されていますが、ここでは省略します。残念ながら、「百学連環」講義を行っていた当時の日記は見つかっていないようです。

雑纂
一　西家譜略（自叙傳）
二　和蘭紀行追加
三　西家系圖
四　西家系譜
五　家譜略
六　奉願口上覺（脫藩の時の遺書）
七　御役御免奉願候書付
八　西紳六郎養子緣組認可書
九　家祿關係書類
十　日記斷片追加
十一　東京學士會院文書抄
十二　御支配明細帳抄
十三　西時義（壽雄）墓碑銘
十四　履歴集
十五　辭令集
十六　傳記資料集
十七　西周ニ關スル書類扣
十八　貴族院議員辭職願

＊もともとこの全集は、第三巻で完結する予定だったようです。そうすると「百学連環」関連文書は収録されないことになります。それについては、宗高書房の『西周全集』が刊行される前に企画された『西周全集』（日本評論社、一九四五年二月）の第一巻に収録されていたので、新全集への収録は見送られたという次第。旧全集は全七巻で予定され、実際には第一巻のみが刊行されました。第一巻には「百学連環」と「百学連環覚書」に加えて「百一新論」が収録されています。

第四巻

百学連環

百学連環　第一　総論　稿

百学連環聞書　第一　稿

百学連環　第一編　稿

百学連環　第二編　稿　上

百学連環　第二編　稿　中

百学連環　第二編　稿　下

百学連環　第二編（物理上学）

百学連環最後之章

百学連環覚書

百学連環覚書　第一冊

百学連環覚書　第二冊

＊なお、『西周全集』に収録されなかった著作には次のものがあります。

- 「詞の麓路」
- 「日本語範」
- 『心理學』(Joseph Haven, Mental Philosophy: including the intellect, sensibilities, and will の翻訳）
- 『利學』（John Stuart Mill, Utilitarianism の翻訳）
- 「云何惟人」（W. A. Zimmermann の人類学の翻訳〔書名は不明〕）

＊ひょっとしたら Eberhard August Wilhelm Zimmermann かもしれません。

百学連環　総目次

『西周全集』第四巻に収録されている総目次を掲げます。編者の大久保利謙が作成したものです。

二　編年史 Chronicle
三　年歴箋 Annals
（附）伝 Biography
年表 Chronology
年契 Synchronology
稗史 Romance
小説 Fable
諧語 Apologue　蒭辞 Parable
古伝 Mythology
四　史料
記録 Document　伝 Anecdote
五　正史
万国史 Universal History　古史　中世史
輓近史
各国史 Particular History
六　通古学 Archaeology

第二　地理学 Geography
緒言
一　数学上地理学 Mathematical Geography
二　物理上地理学 Physical Geography
三　政学上地理学 Political Geography

第三　文章学 Literature
緒言
一　語典 Grammar
音法 Orthography　語法 Etymology　句法
Syntax　韵法 Prosody
二　形象字 Hieroglyph　音字 Letter
形象　会意　諧声　転注　処事　仮借
生語　死語
三　文辞学 Rhetoric
指斥体 Demonstrative
深慮体 Deliderative　弁斥体 Judicial
鑒裁述 Criticism
四　語源学 Philology
五　詩学 Poetry
句 Verse
雅　頌　風　賦　比　興
賦詠体 Epic　風騒体 Lyric　雑体 Ballad　循
環体 Dramatic
頌 Psalm　偈 Hymn　詩余 Ode　狂詩 Satire
擬似 Imitation

第四　数学 Mathematics
緒言

一　単純数学 Pure Mathematics
二　適用数学 Applied Mathematics
三　算術 Arithmetics
四　幾何学 Geometry
三角測法 Trigonometrp
五　分解法 Analysis
点竄 Algebra
分解法上幾何学 Analytical Geometry
微分算法 Differential Geometry
積分算法 Integral Geometry

第二編　殊別学 Particular Science

緒言

第一　心理上学 Intellectual Science

緒言

一　神理学 Theology

緒言

（一）　日本
（二）　支那
（三）　天竺
（四）　百児西亜
（五）　小亜細亜
（六）　耶蘇教
（七）　回々教

二　哲学

緒言

（一）　致知学 Logic
（二）　性理学 Psychology
（三）　理体学 Ontology
（四）　名教学 Ethics
（五）　政理家之哲学 Political Philosophy
（六）　佳趣論 Aesthetics
（七）　哲学歴史 History of Philosophy
（八）　実理上哲学 Positive Philosophy

三　政事学（法学）Politics, Science of Law

緒言

（一）　万国公法 International Public Law
（二）　万国私権通法 International Private Law
（三）　確定国法 Positive Law
（四）　私権 droit privé
人身上の権
物件上の権
（五）　公権 droit publique
立法権 Legislative
行政権 Executive

断定権 Judicial

四　制産学 Political Economy

緒言

（一）制産学大略の箇条

社 Society

産業 Production

産 Product

直 Value

価 Price

交易 Exchange

泉貨通用 Money Circulation

元 Capital

楮鈔 Paper Money　切手 Banknotes

租税 Taxation

消費 Consumption

（二）道理上に適せざる数条

専売 Monopoly

行家 Guild

保護説 Protectionism

制限並禁制之法 Restrictive and Prohibiting System

金銀為利之法 Mercantile System

制利息之法 Usury Law

裁抑奢侈之法 Repression of Luxury

政府居間之法 Interference of Govenment

会社之説 Socialism　Robert Owen

通有之説 Communism　St. Simon

Fourierism

（三）制産学之大本

労者為興富之源

其為労或於農耕或於技工或於商賈一也

金銀非所以為富者苟物之可積労而得之以足供需利用為快楽者饒溢始而謂之富可也

能柄政者使人々従己之所好而求己之所欲而已

人々為業而尽力乎己之利則亦尽力於天下之利也

五　計誌学 Statistics

緒言

計誌学の箇条

州県郡郷之類 Division of a State

人口 Population

居業之別 Division of Labour

開化之度 Civilisation

獄訟 Justice
医術 Medicine
気学上之計誌 Meteorological Statistics
御図帳 Cadastre
和蘭国学生の学科

第二　物理上学 Physical Science
緒言
一　格物学 Physics
緒言
（一）　器械学 Mechanics
静学 Statics　動学 Dynamics
流体学 Hydraulics
気体学 Pneumatics
（二）　音論 Acoustics
（三）　熱論 Thermology
（四）　光論 Optics
＊（五）　電論 Electricity
＊（六）　磁学 Magnetism
＊（七）　気界学 Meteorology
二＊天文学（星学）Astronomy
＊（一）　環年 Metonic Cycle
＊（二）　行星
＊（三）　太陽圜区 Solar System
＊（四）　暦 Calendar
＊（五）　占象学 Astrogy
三　化学 Chemistry
緒言
（一）　無機性体上化学 Inorganic Chemistry
（二）　機性体上化学 Organic Chemistry
（三）　元素 Element
（四）　親和力 Chemical Affinity
四　造化史 Natural History
緒言
＊（一）　地質学 Geology
＊（二）　鉱物学 Mineralogy
＊（三）　化鉱学 Metallurgy
＊（四）　植物学 Botany
＊（五）　動物学 Zoology
＊（六）　古界学 Palaeontology
（＊印は永見本にないもの）

百學連環 Encyclopedia

【原文】

第一　總論　Introduction

英國の Encyclopedia なる語の源は、希臘の Εγκυκλιοςπαιδεια なる語より來りて、卽其辭義は童子を輪の中に入れて教育なすとの意なり。故に今之を譯して百學連環と額す。從來西洋法律等の學に於ては、總て口訣を以て教授なすと雖も、此 Encyclopedia なるものを以て口授するの教あることなし。然れとも英國に Encyclopedia of Political Science なるものありて、卽ち口授するの教へあり。故に今之に傚ふて淺學の輩を導かむと欲する余か創見に出る所なり。併かし歐羅巴中 Encyclopedia なる書籍あるは、甚タ許多にして、英國の如きは alphabetical とて、卽我かイロハといふに同しく、彼の ABC 等の符徴を以て部分し、其符徴に依て種々の學科を引出す所の書籍凡そ十二巻とす。學者則此書に就て知らんと欲するところの學科を引出して穿鑿するの具に供す。元來此の Encyclopedia なる書は、百般の學科を擧て記載せるものにて、一々之を枚擧するに暇あらす。故に唯タ學術に相關渉して要用とするところのミを擧け、且つ和漢のことを斟酌して說諭する所なり。

凡そ學問には學域と云ふありて、地理學は地理學の學域あり、政事〔學〕は政事〔學〕の學域あり、敢て其域を越えて種々混雜することなし。地理學は地理學の域、政事學は政事學の域、何れよりして何れ迄其學の域たることを分明識察して、其の境界を正しく區別するを要すへし。故に今政事學を以て專務と爲す人に依りて、器械の事を以て問んと欲するとき、其人縱令器械の學を知ると雖も之を他に讓りて敢て教へさるを常とす。漢に於ても其學域と云ふ更に區別あることなし、最迂濶の事ならんか。

第二　學術技藝　Science and Arts

學の字の性質は元來動詞にして、道を學ふ、或は文を學ふとか、皆な動詞の文字にして、名詞に用ゆること少なし。實名詞には多く道の字を用ゆるなり。學の字は元ト師の兒童に教ゆるの辭義にして、則ち學の如く師の兒童を保護し教ゆるの形なり。漢太古は道藝の二字を以てし、後に至りて道を行くの行字より生する所の術の字を用へり。學と道とは同種のものにして、我か本朝には和歌の學といはすして和歌の道、或は文《フミ》學ヒの道と云へり。術の字は其目的となす所ありて、其道を行くの行の字より生するものにして、則ち衜の形ちなり都合克あてはめると云ふの義なり。技は則ち手業をなすの字意にして、手ニ支の字を合せしものなり。支は則ち指の字意なり。藝の字我朝にては業となすへし。藝の字元ト蓺の字より生するものにして、植ゑ生せしむるの意なるへし。學術の二字則ち英語にてはScience and Artsをラテン語にはScio ars又はartis. 大概此の如しと雖も、其の學問といふ所以を深く知らさるへからす。古昔英人Sir William Hamiltonなる者學問と云ふを區別して云へる語にScience is a complement of cognitions, having, in point of form, the character of logical perfection, and in point of matters, the character of real truth. の如く知ることの積〻重りの意味なりと雖も、徒らに多くを知るのみを以ては學問とはせさるなり。其源由よりして其眞理を知るを學問と爲すなり。而して其學に定義と云ふあり。則ちdefinition. 故に政事學は政事學の定義なかるへからす。

國とは何等を指して國と云ふへきものなるや。徒に土地あるを以て云ふ語にあらす。土地ありて人民あり、人民ありて政府ある之を國と云ふ。則ち英語state. 國の字は元ト或の字なり。其を境界して國と爲すの字なり。

Art is a system of rules serving to facilitate the performance of certain actions. 原語の如く何事にても、實事上に於て其理を究め、如何〔に〕してか容易く仕遂へきと工夫を爲す之を術と云ふ。元來學と術とは混雜しやすきものゆゑに synonym なるものありて、文字の意味を分明に區別せさるへからす。則ち羅甸語にIn science, scimus ut sciamus, in art, scimus ut producamus.

學とは原語の通り、あるとあらゆるを分明に知り、其根元よりして、既に何等の物たるを知るを云ふなり。

術とは生することを知ると原語の通り、何物にても成り立所のもの丶根元を知り、其成り立所以を明白に知るを云ふなり。Therefore science and art may be said to be investigations of truth, but science inquires for the sake of knowledge, art for the sake of production, and science is more concerned with the higher truth, art with the lower.

學は則ち上への方へ穿鑿し遂けるを云ふなり。術は則ち之に反して下の方へ穿鑿し極むるを云ふなり。又 theory, practice 學に於ても又術に於ても、觀察、實際共になかるへからす。學〔觀一實〕 術〔觀一實〕。

觀察とは、萬事其理を極めるヲ云ヒ、實際とは業サに就て極むるを云ふなり。theory なる文字を英國誤りて speculation 或は hypothesis なる字意に代へ用ゆることあり、注意せさるへからす。

學術の根源なるものあり。知行の二ツ是なり。知行はいかにしても區別あるものにして、一ツとなして見る能はさるものなり。知の源は五官の感する所より發して、外より内に入り來るものなり。行は其知に就て内より外に出るを云ふなり。故に知は先にして、行は後にあらさるへからす。知は過去にして、行は未來なり。

又知は廣きを以てし、行は細かなるを以てす。之を或る店に至りて筆を撰ひ求るに譬ふ。其を撰ふに、十本の中より撰ひ出すより、寧ロ百本の中より撰は丶、其善ものを得へし。其善ものを得て直に之を取り用ゆ、是則ち行なり。故に知は廣からんことを欲し、行は細かならんことを欲す。總て行は其知を以て善きを知り、之を直に行ふを云ふなり。學術と知行とは最も能く似たりと雖モ、自から其區別なかるへからす。知行は學術の源なり。

溫古知新の道理なるあり。溫古とは徒らに古事を穿鑿するにあらす。廣く古へよりして善惡の事を溫ね、折中して今に行ヒ用ゆ。是則ち知新なり。古を溫ね今世を明察す。

孔子の語に信レ古好レ之ト、後儒誤りて徒らに古へを好ムとなすと雖も、是全く溫古知新の道理にして、廣く古への善惡を知りて其善を撰ひ、當今世の形勢に就て行ふを云なり。故に此語は古に通するを好ムと云ふ意なり。

又尙古の語あり。是亦同意なり。

日新成功と云ふあり。日に新たなるを好しとすと雖も、廣く古を知らすんは日新に至るの道なし。故に知は廣からされは行ヒかたし。十分の知を以て十分の事を行ふことは最も難きものなり。十分の知を以て五分の事を行は丶始めて可なり。故に知は常に大なるを要す。

知は其の上向を知るのみならす、又其の下向を知らさるへからす。善を知るときは又其害を知るか如き、表裏兩なから之を知らさるへからす。君子は和而不同、小人同而不和と、是則ち表裏なり。故に學は善惡ともに知らされは其用なりかたし。其等を知り而して行ふ、之を術と云ふ。

theory, practice の如く學に二ツの區別あり。Pure Science and Applied Science. 單純の學とは理に就て論し、適用の學とは實事に就て論するなり。之を算術に依て譬ふときは、2+2=4 pure. 是則ち單純の理に當てゝ用ゆるなり。2犬＋2鳥＝4匹 applied. 是亦學なりと雖も、業に就て用ゆるを云ふ。是則ち學の區別なり。

術に亦二ツの區別あり。Mechanical Art and Liberal Art. 原語に從ふときは則ち器械の術、又上品の術と云ふ意なれと、今此の如く譯するも適當ならさるへし。故に技術、藝術と譯して可なるへし。技は支體を勞するの字義なれは、總て身體を働かす大工の如きもの是なり。藝は心思を勞する義にして、總て心思を働かし詩文を作る等のもの是なり。mechanical は trade と同し。則ち商ヒと云ふ字なり。英に於て Mechanical Art と云ふあり。商賣と云ふと同し。

又 Useful Art and Polite Art.

又 Industrious Art and Fine Arts. 此の如く術に於て種々の語ありと雖も大概意を同ふし、只二ツの區別あるのみなり。

凡そ世上の萬民術をなさゝるものなし。術の上には必す學あるなれは、世間悉ク學者ならさるなし。譬へは一郷の中に名主あり、元ト政事學より出さるへからす。農夫或は紺屋等は化學より出て、大工あり器械學に出るなり。此の如く天下の人皆學術の人ならさるハなし。然れとも眞の學術に至りては文學の資なかるへからす。文學は學術にあらす。文學の功徳と云ふあり。第一今日より古へに通し、第二に四海に通す。通達の道必す文學の功徳ならさるなし。又上の二語に反するあり。後來をして今をしらしめ、彼れをして我レを知らしむ。此の如く文學の功徳たる旣に四通となるなり。故に文學なかるへからす。又文學なくして眞の學術となることなし。

衆說を網羅すと云ふ語あり。此の如く悉ク知るときは至善を得、至善を得て之を行ふときは則ち日新富有の道興る。故に今人は古人より賢ならさるへからす。弟子は師に勝らさるへからす。

文事の學術に資けあること極めて大なるものなり。西洋一千四百年來獨逸にて和蘭とも云ふ printing 則ち版木を發明し、後チ又 stereotypography 活字版を發明せしより、大に世界に通し人智を增加するに至れり。是を西洋三代發明の一とす。其の三大發明とは一は一千四百四十年來コロンビゥスなるもの亞墨利加の地を發明し、二はガルリヲンなるもの地球の運轉を發明せしこと、合せて三大發明とす。印刷術發明の根源は、蟲の古木を食せしより起ると云ふ。此の發明漢に於ては宋の時代、本朝にては延喜の後ちなるへし。其發明以前は西洋にても寫本を以て通せしと云ふ。西洋にては第一に活字版を發明し、和漢は之に反せり。

西洋右の發明に依りて一千五百年來文華大に開ケ、一千七百年來に至りて liberty of press 印刷自在と云ふこと起れり。則ち下の趣意を以て The free right of publishing books, pamphlets or papers, without previous restraint or censorship, subject only to punishment for rebellious, seditious or morally pernicious matters.

原語の通り一揆動亂を起し、或は風俗を亂たす等の外は、總テ書物新聞の類を自在に世に公ケにするの權を平民に免せり。故に文華益々盛むにして學術大に開ケり。其自在の權を免せしは英國を以て始めとす。唯リ佛國に於ては其權を今尚ホ平民に免すことなし。故に今日ノ國亂に及ふ、猶是等に依る多かるへし。

其他歐羅巴中皆な其の自在を得て、文化益々盛なり。

一千八百年來に至りては Newspaper 新聞紙大に盛むに行はれ daily, morning, evening, weekly, monthly, periodically の如く、日々に、朝夕に、月々に、一週毎に、四季毎に新聞紙を發せさるなし。故に英國なとにては平民新聞に依りて學フの外、別に學問は爲さすと云ふに至れり。

文と道とは元ト一ツなるものにして、文學開クときは道亦明かなるなり。故に文章の學術に係はる大なりとす。凡そ世上文章家たるものは殆ント其道に近かるへし。韓退之云文は貫道の器なりと。文盛んならすんは道開くるの理なし。貫道とは文章たるものは道を連貫して後世までも傳はるを云ふ。Literature たるものは道、卽ち學術に大に關係するものなれは、箇條ニ依て人を撰はさるへからす。古來漢に於ては詩文章に就て人を枚擧せり。後宋の時代に至り其議論も起れりと雖も、尚ホ文事に依て人撰なすに至れり。日本にても古昔の役人たるものは、多く菅江の兩家に取れり。是卽ち文章ある故なり。文章の學術に關係する最も大なりとす。後ち王室衰へ、文章地に墮ち傳らすと雖も、楠公の如きは聊か文章ある人なるへし。故に名將の名を得たり。卽ち楠公の語に非理法權天、此五字に至りても楠公素より纔かの文事あるのみなるか故に、更に語ヲ爲さすと雖も、其意に至りては實に千古の金言と云ふへし。凡そ天下の事文章に係はらさるはなし。文章に係はる是卽ち學術に係はるなり。西洋古へは學術を七學と定めり。Seven Sciences. Grammar, Logic, Rhetoric, Arithmetics, Geometry, Astronomy, Music.

右七學は上古希臘より定め傳はるなれは、學術も古く此時に創るを知るへし。其中最も文章に係はる語學、音樂學等を主とし、其他を餘派とす。當今尚ホ其學科悉く盛なりと雖も、古への如く七學と定めあることなし。

西洋文章のことを Belles-lettres と云ふあり。英語 Humanities 或は Elegant Literature. 英國文章をヒマニッチと云ふ意は則ち Mental Civilization なる意にして、凡そ文字なるものは心を開くものなれは、文字をヒマニッチ即ち人道と云ふに至れり。心の開くは是道の明かなるなり。心の開くは文字に關係する最も大なりとす。

文章に五ツの學あり。Rhetoric, Poetry, History, Philology, Criticism. Belles-lettres を學ふものは、此の五學をなさゝるへからす。又語原學は Classic Language, Greek and Latin 此の二語の中何レニても學ふを好しとす。其他 Sanscrit, Hebrew, Persian, Arabian. カラシックなる希臘羅甸二語を學ふの上、當今尚ホ四學を爲さゝるへからす。

凡そ西洋の源は天竺にあるなれは、當時の言語は皆サンスキリットより出てたり。併シ方今各國言語の變化ありと雖も、其源は皆ナ一ツなり。故にサンスキリットは其源を正す學なり。譬へは father, vader, père, pater, pitar の如く古昔は言語一ツのものなるか故に、今尚ホ其音を同ふせり。是を正すか爲めに當今はサンスキリットまても學を極むるを主とす。

右說く所は文章の學術に關係する大なるものなれは、文章あらされは學術開くるの理なしと云ふとも、併シ文章は學術なるものにあらす。其解は end, means, measure, medium.

總て事を爲す必す目的なかるへからす。其目的立て之を行ふ則ち方略なり、策なり、媒なり。故に學術は元來別つなるものにして、文事を以て學術と云ふにはあらす。其目的を行ふ即ち學術にして、方略及ヒ策、媒等ハ文事なり。故に文事なきときは學術の助けあることなし。併學術を達するは唯タ文章のみならす、又他に種々あるなり。其助けとなるへきものは mechanical instrument 是なり。其器械を用ゆるの學は第一に格物學、天文學、化學、礦學、地質學等にて、是等は唯タ口說にて道理を述るのみにては分解なし難き故に、各器械を以て其道理を分明になすなり。故に器械は文章と同しく學術を助くる大なりとす。器用に二ツの區別あり。direct, indirect. 上の一ツは直チに用立ツものなり。又下の一ツは漸々に廻り〳〵て助けとなるを云ふなり。又其上に institution なるあり。その設けとは school, university, 或は academy, college, gymnasium. 皆學校の名にして、即ちインスチチュションなるものなり。唯タ教に依て名の區別あり。其他 museum, museum of antiquity.

上なるものは凡そ世界中ありとあらゆる物を集めて、以て四方に通するに便りし、下なるものは太古の萬物を集めて、以て溫古の便に供す。上の博物館中に coin なるありて、世界中古今の貨幣を集め置けり。又、

mechanical, geographical. 萬國の地圖は勿論、其他其地の形勢を約カにして見に顯はし示すなり。又、

agricultural. 凡そ耕作に係はる萬國の器械を集め置き、耕作を爲ス者は其便なるものに就て耕作を勵むに供す。其中幷に種々の肥シとなるへきものを集め置けり。亞墨利加の海岸數十里の間に鳥の多く集る所あり。其地の鳥の糞を肥しとなるか故に各國の交易に供すと云ふ。

又 zoological garden 及ひ botanical garden.

世界中ある限り鳥獸草木を集め置き、其地の實際を示す。

又、

anatomical. 人體及ひ五臟六腑は勿論、種々の病根腫物の類を悉ク集め置クなり。是等は多く醫の爲めに供するものなり。

又、

reading's. 會社を結ひて世上新版の書籍類を悉く買集め置き、其社中は之に就て閲し、他人は金少シ斗を出して見ることを得る。

亞墨利加に Patent Office とて、古今の發明せしものを集むる廰あり。凡そ新タに發明せしものは其役所に差シ出し、其發明する所の品に依り、幾年之を專業と爲すことの許シを受け、其年間は敢て之を製することを他人に許さす。蓋シ是れ發明に至るまての辛苦と雜費とを其人に復せしむる意なり。此の如き法なきときは、偶々發明せしは却て損はかりを得るなり。此法ある唯タ亞墨利加のみならす萬國皆しかり。佛國其役所を octroi と云ふ。又 Copyright なるあり。新タに著述せし書なとは其年數を限りて之を他人に開版することを許さす。其の中に Hereditary なるものあり。其著述人の心に依りて之を子孫或は他人に讓るの權あり。

右總てインスチチュションの中にして、皆大に學術を助け人智を開くに至れり。

凡そ學たるものは唯タ道理を書物上にて知るのみにては可ならす。皆實驗に入らさるへからす。其實驗に二ツあり。Observation, Experience. 實驗とは現在にして眼のあたり彼より來るものなり。試驗とは將來にして己レより穿ち求むるなり。凡そ尋常の學者空理に亙るは實際に入らされはなり。學者苟も實際に入るを要すへし。

又 Empiric と云ふあり。卽ち希臘の Εμπειρικος なり。此語古昔は用へすと雖も、近來は學術の中なかるへからさるもの

〔に〕し〔て〕貴ひ用ゆるなり。こは物をあてはめるといふ字義にして experience と意を同ふし、卽ち實事に就て學ふを云ふなり。かく近來專ら Empiric と云ふを用ゆるも、蓋シ學者徒らに文事等を學術となし、空理に趨るを防く爲めなり。故に Literature, instrument, institution, these all are the means of investigating one end. 卽ち其目的とは The one end is called truth.

前にもいへる如く、眞理の目的を達するは文事にして、大に學術を助けて之か方略となり、媒となりて眞理を見出といへとも、又徒らに文字に沈溺するときは却て眞理を見出すの害となることあり。卽ち達磨梁武帝時代天竺より入來る。の說に不立文字と云ふあり。是ノ語の依て來る所は恐らくは古へ天竺釋迦の前ニ婆羅門釋迦に至りて此說を破れり。なる宗旨ありて、其學に八千頌と云ふ種々の詩文の如きもの許多〔あり〕しか、此等は却て煩雜、眞理を見出すの害となるを知るに依る所なるへし。併シ全く不立文字と達磨の說も既往將來の工夫もなく、餘りに過《マヽ》きたる語にして、適宜とも爲しかたし。然れとも達磨以來儘眞理を講究する人の出て來り、其後チ隋王通、文仲子なとの如きは聊か眞理ヲ知るものといひつへし。其餘以前の儒者たる唯徒らに書籍上の論にして、更に眞理に就くもの鮮なしとす。蘇長公及ひ周茂叔の如きは全く佛にして、卽ち語錄の學派なり。語錄なるものは不立文字の意より來りて文章に就て論することなく、眞理を講究せし語を錄せしものなり。宋の程子等の如きに至りては、語錄なるものを大に制せり。後チ明の薛瑄、陽明の如きも亦其流派とす。我か國にては中江藤樹、熊澤蕃山、其他新井白石、貝原篤信の如きは又其餘派とす。又徂徠、長胤伊藤、鳩巢の如きは學派を異にし、文事を以て重するに至れり。其後三助先生古賀彌助、尾藤良助、柴野彥助。且つ山陽先生の如きに至りては眞理文章相合するといふへし。然れとも猶腐儒の境界を脫すること能はす。若し山陽先生實に眞理を知るの人なるときは、其著はす所の書籍なとは和文を以て書すへきに、何故にか徒らに苦しむて漢文を以て記せしや。其漢文を以て記せるか故に、自からも大なる辛苦を得、讀者も亦多くの勞を費し、且つ漢文に暗きものは更に何等の物たるを知ること能はす。若し和文を〔以て〕するときは廣く萬民に遍ふして、其益大なるへし。我か國以來文章を書く、苟も和文を〔以て〕せさるへからす。併シなから學者漢文を知らすして可なりと云ふにはあらす。必すしも學ヒ得て漢文も書くことを得るを要せさるへからす。唯タ著す所の文章は諸人の解し易きを主とするか故に、漢は漢の文字を以てし、英吉利は英吉利の文字を以てし、法朗西は法朗西、我か國は我か國と、其國民の解し易きを以て肝要とすへし。西洋にても以前は Bacon英の大儒者 Hugo de Groot和蘭の大儒者 Montesquieu groceus佛の大儒の如きも羅甸の文字を以て文章を著せり。猶我か國の山陽先生に至るまで儒者たるものは、漢文を重むし用ゆるか如し。さて眞理を見出すの方略《テダテ》になるへきは文章、器械、設け等種々ありと雖も、其を如何して講究見出すへきかを知らさるへからす。其は茲に新致知學の一法といふあり。

元トは A Method of the New Logic にして、英國の John Stuart Mill なる人の發明せし所なり。其著はす所の書籍は System of Logic とて隨分大部なるものなり。是よりして學域大に改革し、終に盛むなるに及へり。其改革の法たる如何となれは induction なるあり。此の歸納の法を知るを要せんには、先つ以前の deduction なるものを知らさるへからす。演繹とは猶字義の如く、演はのふる意、繹は糸口より糸を引キ出すの意にして、其一ツの重なる所ありて種々に及ほすを云ふなり。之を猫の鼠を喰ふに譬ふ。猫の鼠を喰ふや、先ツ其の重なる所の頭より始め、而して次第に胴四足尾に至るなり。古昔聖賢の學も孔子は仁智と言ヒ、孟子は性善を說く。孔子の如きは更に論しかたしと雖も、孟子言へハ必稱堯舜と、卽ち性善を說くものにして、仁智と言ひ、性善と言ふも皆重なる所の記號《カンハン》にして、是よりして幾緒の道理を引き出すなり。古來儒者たる者その理にして、經書を學ふ者は之を重とし、歷史は歷史を重とし、總て其重とする所よりして種々の道理を引き出す、是則ち猫の鼠を喰ふ演繹の法なり。

凡そ學たる演繹歸納の二ツにして、古來皆演繹の學なるか故に、前にもいへる如く其一ツの據ありて、何もかもそれより仕出す。故に終に其郭を脫すること能はすして、固陋頑愚に陷るなり。是卽ち實知なることなくして唯書籍手寄りの學にして、己レ書籍を役すること能はす、却て是か奴隷となり役使せらるゝなり。かく弊あるか故に後〔チ〕陽明の如き人ありて學は實知と云ふを論せり。其語に主心とて學は心を主とするにありと云へり。又云良知良能と。かく學は心を主として實知にありといへり。然れとも其知たる五官より發する所の知にあらす、唯我か善しと知る所を以て推シ及ほすか故に、其弊害又大なりとす。大鹽平八郞の如き皆其餘派なり。

さて induction 卽ち歸納の法は、演繹の法に反して是を人の肴を食ふに譬ふ。人の肴を食するや其美なる所を少シツゝ食ひ、終に肴の食すへき所を食ひ盡すなり。かくの如く、眞理を其小なる所より悉く事に就て、外より內に集るなり。此の歸納の法を知るには only truth なる眞理無二と云ふことを知らさるへからす。凡そ宇宙間道理に二ツあることなし。是に外なるものは卽ち僞りなるものなり。譬へは彼處に三人の人のあり、一羽の烏あるを見て一人リは之を鷺なりと云ひ、一人リは之を鷹なりと云ひ、一人リは之を烏なりと云ふか如く、烏を烏と云ふは卽ち眞理にして、其他の鷺なり鷹なりと云ふは皆僞りなるなり。烏は何方にありて幾百萬ありても烏は烏、鷺は鷺、鷹は鷹なり。火は何處にありても熱きもの、水は何處にありても冷なるものなり。是卽ち眞理無二なる所にして、其眞理を歸納の法にて寄せ集め、火の熱きは火の眞理、冷なるは水の眞理と類に依て知らさるへからす。西洋古昔ニュトンなる人、林檎の實の樹より地に落しを見て地球の引力あるを發明せしか如く、地に落るは唯林檎のみならす、石にもあれ、木の葉にもあれ、總て空より上へ落ることなく皆下に落るは地球引力あるの眞理なり。fact なるあり。何事にもあれ許多を集めて其中眞理一ツなるを知るなり。譬へは今試に石を投けても地に落ち、木の葉を投けても地に落ち、綿を投けても鉛を投けても鐵を投けても悉く地に落るを知る。是卽ち fact にして、悉く地に落るは眞理の一ツなるものなり。西洋も古昔は皆演繹の學なりしか、近來總て歸納の法と一定せり。今物に就て眞理の一二を論せんには Politics 政事學なるあり。其中一ツの眞理は liberty 卽ち自在と譯する字にして、自由自在は動物のみならす、草木に至るまて皆欲する所なり。譬へは玆に魚あり、之を一ツの小なる溝に育ふ。然るに今其溝と他の川河と相通せしむるときは、魚尙ホ其小なる溝に在ることを欲せすして必す他の廣き川に逃れ出るなり。又草木の枝の既に延んとする所に障りあるときは、必す其障りなるものを避けて他に延ひ出るなり。人は又其類ヒにあらすして最も自由を得ると雖も、唯タ之を縛して動かさゝるは法なり。其法たるや自在の理に戻るへからす。是に戻るときは必す亂る。譬へは今法を制して奪掠と殺害とを禁す。是則ち法の眞理にして人々之を何とか云はんや。然るに又酒を飲むこと、遊ふことゝを一切禁するときは、其自在の眞理に戻るか故に、其法忽ち破れて必す行はるゝの義なし。唯タ人の天性自在と云ふに基きて背くことなき是卽ち政事學中唯タ一箇の truth なるなり。其眞理たる古今更に變ることなきものなれは、法を制するにも試法と云ふを以て是を古に考へ、今に鑑ミて其一ツの眞理を得さるへからす。格物學の眞理の一ツは地球の引力なり。器械學の一ツの眞理は車の回轉する必す輪に避心力あるか如く、天文學の一ツの眞理は星の回轉するものは必す回轉し、恒星は幾星ありても運轉せさる如く、化學の一ツの眞理は均一の量なり。こは equivalent とて其元素の同しきなり。譬へは鐵に酸素の和する必す赤き銹《サビ》生し、銅に和する綠色を生するか如き、其酸素の和する必す元トありて、一匁和するか、或は二匁或は三匁と、其元の變して一匁五分なと、和するの理なし。地質學の一ツの眞理は地球の中心カラニーッテンより上向の地膚に至るまて幾層の層なりありて、土は土、石炭は石炭、石は石と◎の如く何處にても其層り同しきものなり。又 Pneumatics 卽ち氣學の眞理は何處にても上へなれは上へほと地上よりは空氣の層り少くなるなり。算術の眞理は二二か四の如く、何國にても二ツか二ツ集まれは四となるなり。幾何學の一ツの眞理は直線の二線十字に横切るときは如何しても角度を生するなり。是皆眞理の一ツにして、大略此の如きものなり。故に學たるものは苟も無二の眞理を捕へて胸中に深く知らさるへからす。

かく萬物皆其眞理あり。故に此眞理を求むるか爲めに物に就て講究し、師に就て見聞し、心に信して動すへからさる、是其眞理にして、是を講究見聞することは是皆學なり。其一ツの眞理を知るときは物に就て行ふ最も容易なりとす。譬へは卽ち格物學にて地球の眞理は引力にして、其引力あるか故に地球の圓體を航海し廻るといへとも他に落ることなし。之を知る是を術と云ふ。器械學の車輪に避心力あるは眞理なれは、今洗濯する所の衣類等を乾かさんと欲して、是を輪の周りに結《ユ》ヒ付急に回轉するときは、其避心力のあるか故に水分四方に迸《ホトバシ》り出て、忽ち乾くに至るか如き、之を行ふ是を術といふ。天文學に於ては太陽引力あるか故、地球及ひ其他衆星を引寄せんとし、地球及ひ其他の衆星は避心力あるか故に、引くと離るゝとの力相合して太陽の周くりを回轉す、是其眞理。又恒星は常に動かさるか故に、大凡大洋に航海するものは此恒〔星〕を目的とし、其度を測りて己レの居場所を知る、是卽ち術なり。化學に於て鐵は元ト柔撓なるものなり。今是に炭素を加へるときは卽ち鋼となる、是其の眞理。之を行ふは卽術にして、物理大略此の如きものなり。さて前にも言ひし如く、政事上の眞理は liberty にして、之に合《カナ》ふときは何れの國か治まらさらん。如何なる民か御せさらん。何事か爲さゝらん。若し一たひ之に戻るときは必す亂る。今民の耕產を奪ふて安居ならさらしめは、其民必す一揆を起さゝるを得す。是レ其眞理に戻る所以なり。かく眞理を知るときは萬事容易ならさるなしといへとも、是を知る甚た難しとす。故に學者專ら講究し、物に就て其理を極めさるへからす。そを講究して其眞理を知るときは開物成務、厚生利用、又孔子の語に飽食暖衣逸居の處に至るも亦容易なりとす。又養生喪死而無憾、或は書に黎民於變時雍との如き、此ハ是レ學たるの極にして、及ひかたしといへとも、其眞理を得るに至りてハ何そ其及ひ難きを患へん。又甚た容易なりとす。孟子曰ク居天下之廣居、立天下之正位、行天下之大道、得志與民由之、不得志獨行其道、富貴不能淫、貧賤不能移、威武不能屈、此之謂大丈夫、との語の如く、其眞理を得るときは天下の高位高官に昇り、天下の政權を執るも何そ恐るゝことあらん。貧賤何そ心を移すことを得む。富貴何そ心を淫《ミ》たすことを得ん。威武爭テか心を挫くことを得んや。是卽ち眞理を得るにありて、其元たる行大道にあり。其大道卽ち眞理なり。然るに世の多く政權を執るに係はる者、唯其眞理を得さるか爲に其職に在て、事に就て行ふに恐れ、勞すること許多そや。其元トとする所を知らすして、政を施すにも徒らに古來傳ふる所の規則なとに據り、近世の西洋の事なとを見聞し、其を徒らに信して自分流義に斟酌して行ふか故に、瞭然たる白日に出ること能はす、唯暗夜に物を探るか如くなるへし。是を當今の庸醫に譬ふれは古來據る所の書は傷寒論なり。然るに近來西洋の醫藥なるキニー子、オヒユム、モロヒ子なとの功能あるを徒らに聞き、而して其據る所の傷寒論中の藥種に調合して是を病人に用ゆるときは、其病に利なきのみならす、其人を害する許多そや。是卽ち其病に由りて藥種の功能ある所以の眞理を知らさるに據る所なり。恐れさるへけんや。さて其眞理を知るに二ツの區別あり。

positive result, negative result にして、善を知り、又惡を知り、用を知り、又不用を知るか如き、不用のものも知るといふ義なり、其表裏の理を知る是なり。譬へは天文學に於て銀河の傍に◌の如き、星にもあらす、世界にもあらす、細かなる霧斑と云ふあり。こは恒星の如き用を助くるものにあらされは、是を知る卽ち陰表なり。陰表たるものは大概此の如しと雖も、又勉めて之を知らさるへからす。其陰表を知るときは、其知る所のもの何れの時か廻り〱て終に陽表を知るに至るなり。凡そ宇宙の大イなる測り知る能はさるものなれは、太陽も、世界も、宇宙より是を見るときは極微物といひつへし。其中世界も數多あるものなれは、其世界の太古より老て破壞するものあり、又は今より成立ものもあるへし。さすれは銀河の傍ラなる霧斑てふは、未た世界にも何にも成立たさる所の元の物たるを近來西洋にて考へ得たり。是卽ち陰表の終に陽表の理を得たるなり。近來獨逸のブンテンなる人の發明の Spectrum Analysis とて、物の元素を目鏡にて分解することを得たり。夫よりして次第に究理し、終に太陽の何物より成立しといふを知るに至れり。其太陽の中、金、銀、鐵、鉛等の元素あるを知ると雖も、更に是を人の取る能はす。さすれは是を知るも陰表に屬すといへとも、我か國俗に天照大神は日輪なりと唱へしも、爭てか金、銀、銅、鐵の沸騰する火炎の中に神のおはすへき理なきを知る。是亦陰表を知るの用ある所なり。又前にもいへることなれと、Botany 此學校は世界のあるとある草木を寄せ集めたれは、其中藥となるあり、毒あり、用あり、不用あり、其毒も不用も悉く集るは皆陰表を求るなり。其陰表を求むるか故に、世界に草木の限りあるを知るなり。或は Zoology 禽獸園も亦同し意にして、あるとある禽獸魚類を悉く集め、陰表を求むるに供せり。我か國のサンショ魚とて怪しけなる魚を洋語是を salamander とて、卽ち禽獸園の中に取寄せあるなり。今陽表陰表の二ツを他の事に譬へむには、或家の亭主の痛く盜賊を恐るゝか故に、己レ家の周圍を見廻りて、かゝる所は盜賊かくして入へしといふを知り、其處を堅く防くの手術をしるか如く、其亭主の此處はかくして盜賊の入へしといふを知るは、己レ盜賊をなさんとの意にあらねとも、そは所謂陰表を知るものなり。又盜賊はかくして防くへしといふを知るは卽陽表なり。さて物に就て prejudice, superstition の二ツあり。臆斷とは自分流儀に事を決するを言ひ、惑溺とは徒らに事を信するにあり。其二ツの生する所以は眞理を得さるにあり。譬へは今彼處に狐ありて能く人を欺《タブ》らかすといへは、其を徒らに信して實に狐は人を欺くものなりとせり。是を惑溺と言ひ、又人ありて狐の人を欺く能はすといふ所以の理を知らすして、徒らに狐は人を欺くものにあらすとなす、是を臆斷といふ。臆斷と惑溺とは學者最も忌む所なれは、必すしも眞理を得て此二ツの病を避けさるへからす。其病を避けんとならは、己レ狐を二ツにもあれ、五ツにもあれ捕へ置きて、欺かすか欺かさぬかを能く〳〵驗ミ、而して始めていかにしても狐は欺らかすこと能はさるものたるを知る。是其の眞理なるものなり。其眞理を知るときは二病は忽ち消滅に至るなり。

さて negative result と前にいへる negative knowledge とは二ツなから同しやうなれと、そを深く注意して區別せさるへからす。〔子カチフ〕レシユルトは其眞理を知るといへとも不用のものをいひ、子カチフノヲーレジは positive と相關係して眞理を知るときは他の眞理にあらさるを知り、善を知れは又惡を知るか如く、表裏相互に係り合ふをいふなり。譬へは釋氏の虚誕なるを知るときは孔門の實理なるを知るか如く、其虚たるを一寸知れは其實を又一寸知るか如く、其力能く並ひ係りてゆくものなり。又譬へは三人の人あり、折節虎の話しとなりしか、一人は其以前實に虎に出逢ひて幸に其害を免かれし人なるか故に、其話についても顏色忽ち變せしと諺にいへる如く、其害難を知るか故に又安穩なるを知るなり。併しなから學問は子カチーフを主として求むるにはあらす。其主とする所は卽ち眞理を求むるにあるなり。譬へは方今は地動の說に歸するといへとも、古昔は天運の說あるか如く、或は日蝕彗星は亂兆なりといひしも、今は其理を發明して決して亂兆にも何にもあらさるを知れり。或は方今は地は圓球なりといへとも、古昔は地は平衍なりとせり。或は大山大川には神ありとせしも、今は其無きを知るか如く、或は政事上に於ても古へ柳子厚の說よりして封建を好しとせしも、今は郡縣の好きを知り、世界一般是に化し、既に我か國も此に及ふか如く、今を知るときは必しも古を知らさるへからす。是を學問の大律とす。近來佛國の Auguste Comte なる人の發明せし語に、總て何事にもあれ最初より都合克く遂るものにあらす、其を遂んには stage 卽ち舞臺、或は場と譯する字にして、其場所三ツあり。始めの一ツより次第に二ツを經て、第三に至りて止ると云へり。其の第一の場所とは Theological Stage 卽ち神學家、第二は Metaphysical Stage 卽空理家、第三は Positive Stage 卽ち實理家、此に至り始めて止ると言へり。總て此の如きものにして、其第一第二の場所を踏むの長短、久不久はありて其實理に至るの遲速ありと雖も、皆第三の場所を踏まされは實理に至るの道あらさるなり。譬へは thunder 卽ち雷を指して古昔は神なりとせり。我朝にても古へは神の鳴るものと心得しより、神なり、或はなるかみ、或は和歌なとには、はたゝかみと云へり。其後周公の易理なとに至りては陰陽の戰なりと云へり。然るを方今は其理を發明して電氣、卽ち electrical なりといふに止まりて、何時にても望ミに從ひ雷を發するに至れり。大概此の如くにして雷を古昔神となせしは第一の場卽ち神學家なり。中頃陰陽の戰なりとなせしは第二の場所卽空理なり。方今電氣なるを發明せしは卽ち實理なり。それゆゑに人智の開けも物貨の開けも世の開化も皆其の漸々の次第ありて、第一第二の場所を經て第三に至て止るなり。そは methodology とて如何になすとも止むを得さるの道理のあるなり。其二ツを經て後ちに其實理を知る。是を positive knowledge となすなり。さて此三ツの場所なる者は學問上に於て大關係するものなり。凡そ眞理を得るは學問にあり、其眞理を得而して之を術に施してつかひこなすを要用とす。しかし眞理を得るとも術に施して直に用立ものにあらす。そは二ツの場を經て終に三ツ目に止るなり。譬へは蒸氣に膨脹力あることは古來知る所なり。然るを中世漸く此蒸氣の力を以て器械を運動することを發明し、近來に至りては進むて蒸氣船、或は蒸氣車を發明し得て海陸の通路を便になすことを得るか如く、縱令眞理を得るも直に用を遂けかたきものなるか故に、そは勉强講究し種々の工夫を積みて始めて術につかひこなし、其つかひこなすを得る、是を術といふなり。其術の用を爲すの大いなることは、磁石の理よりして終に傳信機を發明し、或は風の理よりして風車を發明し、器械を働かす等の如き、皆其術につかひこなすことを得る所なり。凡そ何事にもあれ學上にて眞理を求め、而して術に使ひこなすを求むるを要す。然るときは其學たる終に to avail 或 to profit 卽ち利用となり、或は to apply 卽ち適用となるなり。或は to verify 卽ち其眞たるを顯すとの意にして、學上にて得る所の眞理を術上にて現に顯はすに至るなり。

前にも言へる如く、學は上面の工夫、術は下面の工夫たるは勿論なりといへとも、又學にも才不才あり、術にも才不才ありて、其學術に供するに faculty あり、aptitude あり、capacity あり、talent あり、gift あり、endowments あり、genius あり、ability あり。

又性質に供するに acute 或は subtle あり。頴の字敏の辭義と同しものなりといへとも、少しの差別ありて、頴は元ト草の穗先キの細く尖りたるを云ふ字にして、鋭の字の意に當れり。又 dull 或は stupid ありて、皆性質に供するか故に、頴敏にして學ふときは則ち wisdom 或は prudence となり、鈍頑は學ふといへとも fool となるなり。頴敏鈍頑は己レにあり、學術は他にあるものなり。其學術に供するに區別あり。skill 及ひ sagacity なり。才は材と同しき字にして、木の片枝を切り落したる形ちなり。凡そ木を切り倒し枝を打ち幹となし、而して事に付物に從ふて用立つ、是を才と云ふ。

識は、知ることの多く重りたるを學とし、學に長するを識とす。識は智の重りなり、智は知の下に白の字を以てすれは知ることの明白なるを云ふなり。

英の Locke なる人の定義に Sagacity 卽ち識は、finds out the intermediate ideas, to discover what connexion there is in each link of the chain, 又 skill 卽ち才は Familiar knowledge of any art or science united with readiness and dexterity in execution.

楊〔雄〕か法言に多聞見而識乎正道者至識也といへり。識は學の積重り知の大なるものなりといへとも、徒らに多く知るも識にあらす。其條理立ちて所謂眞理を識るを云ふなり。古來識を助くるものは學にして、才を助くるものは術なり。歴史を記するにも才學識の三ツあるにあらされは書くこと能はすといへり。才と識とは己レにありて、學は他より求め來るものなり。譬へは faculty は〓圖の如き器物なり。aptitude 及ひ capacity は此の器に水にても酒にても入るへきなり。ability は器の大小あるものにして、acute 其は漆にて塗りしものか、硝子か、木地か、性質の模様を分別す。skill 及ひ sagacity は器の形の圓か、方か、正か、不正か、を分別し論するなり。才と識と兩なから離るへからさるものなれと、識に長するあり、或は才に長する者ありて、自から甲乙あるものなり。是を比較するときは、識を上とし、才を下とする故に、國を治め天下を治むるにも、識者上にありて才子下にあるときは其順序を得たりとす。

識は學によつて長し、才は術によつて長すといへとも、人各天禀ありて自から識に長するあり、才に長するありて、一樣ならさるは勿論なり。學術によつて才識を磨かくに二ツの目的たるものあり、system 及ひ method. 學には規模たるものなかるへからす。術には方法たるものなかるへからす。規模とは A complete exhibition of essential facts arranged in rational dependence and related by some common law, principle or end. と原語の通りニて、何學にもあれ規模なるものなき能はさるものにして、其規模とは眞理の目的を取り留めて、其より相通して條理立ち、殘る所なく明白に知り、一ツに纒まりしを云ふなり。譬へは system of botany and system of chemistry. 卽ち本草學の規模とは、あるとある草木を其性質より用不用に至るまで眞理を分明に知り得るを云ひ、又分離家の規模とは、礦物或は草木なとまて其何物の如何なる理にて混合して成り立つ所の眞理を纒めて知るを云ふなり。又學上の規模とは異なるといへとも、其理は一ツにて、solar system and physiological system. 太陽の規模とは、一ツの太陽は心軸にて、地球及ひ其他數ある星の太陽の周圍に廻り、太陽の光りは廻る所の衆星に係はるか如き是なり。又人身の規模とは、頭より四支毛髮に至るまで相係はりて一ツの體をなし、其形を爲す所以の理を知る是なり。

又 Architecture 卽ち工造者の語に、symmetry 卽ち齊々整々といふあり。其齊々整々とは譬へは今家を建るにも、基礎より柱壁棟に至るまて、條理立て相通し合ひ、殘りなく眞理を極め建るを云ふなり。是等は一工造者の語にて學の規模とは相違せしものといへとも、略此の如きものなり。

朱子の定義に春夏秋冬、元亨利貞、仁義禮智、心肝肺腎、東西南北、の春夏秋冬を季候に取り土用を以中とす、元亨利貞を天に取り、仁義禮智を人性に取り、心肝肺腎を人體に取り、東西南北を世界に取り、東西南北の間を中央とす。是等は全く信なきものといへとも亦一ツの規模となせしものなり。凡そ學に於て規模たるものなき能はすといへとも、强て之を求めむとなすときは却て信を失ふの害ありとす。規模は何學にてもなかるへからさるものといへとも、其中 History 及ひ Natural History 歷史及ひ造化史の學は規模になし難きものなり。是を Descriptive Science 卽ち記述體の學といふ。併かし近來に至りては西洋一般に歷史をシストムに記し得るなり。古來司馬遷の史記を編せしも、本紀より世家、列傳、志と條理立ちて規模に近きものなりとす。當今西洋の歷史は civilization 卽ち開化を目的とし、之に基きて書く故に、自から規模を得たりとす。method 卽ち方法は regular mode peculiar to anything to be done にして、何事にもあれ條理立チ順序ありて極りたる仕方なり。凡そ學に規模なく術に方法なきときは學術と稱しかたしとす。右總論中學術に相關涉する所を以て種々に辨解せり。今此編を額して連環と呼なせしは、學術を種々の環に比し、是を二筋の糸を以て連ねたる如く、學と術と二ツに區別し、始終連ね了解せんことを要す。しかし環に白色なるあり黑色なるありて、學術自から一樣ならさるものなるか故、是は區別せさるへからす。今世上學術の多寡を論せんには、學を爲すものは少く術をなすものは多し。從來學術相關して、學あれは其術あるか如く並ひ行くものにあらす。又學術に二ツの性質あり。一は common 一は particular 是なり。普通とは一理の萬事に係はるを云ひ、殊別とは唯タ一事に關するを云ふなり。譬へは算術の如きは今日の萬事より其他種々に關涉す、是普通なり。本草學の如き是を殊別とす。又窮理學の如きは殊別にして、歷史、算術、地理學の如きは是學問の普通の性質、卽ち今日學ふ所の普通なり。此の普通、殊別の二ツは學ひ行く所に就て論するにあらす。今學ひ行くには時あり、處あり、人あるものなれは、世に普通學と稱するなとは〔他の〕人より其人を指して云ふ語にして、學の性質に就て論するにあらす。是等も亦區別して了解せさるへからす。又學に Intellectual Science 及ひ Physical Science とて二ツあり。此心理上の學を歐羅巴中極りなく種々に呼ひなせり。mental, moral, spiritual, metaphysical 等なり。此中物理外の學と云ふを最も適當なりといへとも、〔是亦古き學派にして方今は陳腐に屬せり。凡そ物理外の學は卽ち心理學なるか故に、〕又且ツ心理學たるものは幾何ありと極りあるものにあらす。心理、物理の二ツを譬へは軍をなすに其强サを論し及ひ銃砲器械等に就て論するは物理なり。其の計策及ひ方略の如きは心理なり。凡そ物理は眼の視る所に係はり心理は聞く所に係はるなり。故に盲人は物理を知らす、聾者は心理を知らさるに似たり。物理は禽獣も知るものにして、心理は知ること能はす。心理と物理とは互に相關渉して分明に辨別なしかたきものとす。西洋近來に至りては物理大に開け、materialism の説に學は物理にありと云ふに至れり。然れとも是亦沈溺するの説にして强ち從ふへきにあらす。心理の學なきときは禮義の道も自から廢するに至るへし。併シ近來は物理の心理に勝ち得る甚た大なりとす。凡そ物理の開くに從ふて心理も又變易せさるへからす。譬へは父子あり、數百里を相隔てゝ在り。然るに子たるものゝ年々父に歸省せむと欲すとも數十日を費し、己レの勤めを缺く故に年々敢て歸省なす能はす。然れとも今物理開けて、蒸氣船あり蒸氣車ありて、數百里の用を數日に便することとあれは、心理之に從ふて變易し、猶年々歸省し得るか如き、心理は物理に從ふて變易するか故に、物理は心理よりも學の主として重すへきものゝ樣に見ゆるなり。然れとも物理を使役するものは心理にして、物理は心理に役せらるゝに至るなり。右物理心理の二ツを明かに了解し得るものハ、古來佛家社家なとの説に神力、或は祈禱力、或ハ狐狸の虚誕なるは總て其理の據る所なきを知るへし。此の如きは歐羅巴中絕てこれなき所なれと、漢儒朱子の如きも未タ其惑を免かるゝこと能はす。此書學術を以て相連ねて二編とし、學を以て前編とし、術の學に係はりて離るへからさるものは並ひ説くを要し、術を以て二編とす。卽ち第一編は普通の學を說き、二編は殊別學、心理物理の二ツを說くを要す。

【現代語訳】

第一　総論　Introduction

英語の Encyclopedia という語は、古典ギリシア語の Ενκυκλιοςπαιδεια〔エンキュクリオス・パイデイア〕に由来しており、それは「子どもを輪の中に入れて教育する」という意味である。そこで、これを「百学連環」と訳して掲げることにしよう。従来、西洋の法律学などでは、すべて口伝えで教えるものだけれど、このEncyclopediaというものをそんなふうに直接口で言って教えることはない。しかしながら、イギリスにはEncyclopedia of Political Scienceというものがあって、これは口授するものである。そこで私もこれに倣って、入門者の手引きをするというのが私のアイディアだ。ただし、ヨーロッパでは「エンサイクロペディア」という書物が非常にたくさん刊行されている。イギリスでは「アルファベット順」のものがあって、私たちの「イロハ」と同じように、〔英語の〕ABCという記号で分けて、その記号によってあれこれの学術の科目を引いて読むという書物で十二巻ほどのものがある。学者は、この書物に当たって知りたいと思う学術の科目を引き、探究するための手立てとする。もともとこの「エンサイクロペディア」という書物は、それこそあらゆる学術の科目を記載してあるものなので、〔この講義では〕一つ一つ枚挙してゆくわけにはいかない。そこで、学術に関連する肝心なところだけを挙げて、〔同書はもっぱら欧米に関する書物なので〕和学や漢学のことも照らし合わせて解説することにしよう。

一般に学問には学域がある。例えば、地理学には地理学の学域が、政治学には政治学の学域があって、そうした領域を越えてあれこれが混雑することはない。地理学には地理学の領域が、政治学には政治学の領域があり、どこからどこまでがその学の領域であるかをはっきり見て取り、その境界がどこにあるかを正しく区別しなければならない。そのようなわけだから、例えば政治学を専門とする人から、器械について教えてもらおうと思ったとして、たとえその人が器械学について知っているとしても、それについては他の人〔器械学の専門家〕に任せて、普通、敢えて自ら教えることはないのだ。中国においても学域という区別は皆無だが、これはたいへんに迂闊なことではなかろうか。

第二　学術技芸　Science and Arts

「学」という字は、もともと動詞であり、「道を学ぶ」とか

「文を学ぶ」というように、動詞として用いる文字であって、名詞として使うことは少ない。名詞としては多くの場合、「道」という字を使う。「学」という字は、先生が児童に教えるという意味であり、「學」という字そのものが表しているように、先生が児童を保護して教えるという形をしている。古代中国では「道藝」という二文字で表し、後になって「道を行く」という字の「行」の字から生じた「術」という字を使った。「学」と「道」は同じ種類のもので、日本では従来「和歌の学」とは言わず、「和歌の道」や「文学びの道」と言った。「術」という字は、目的とするところがあって、そこへ向かう道を行くという字から生じるもので、衜という形をしている。これは「都合よく当てはめる」という意味がある。「技」は、「手業、手仕事をする」という意味で、「手」に「支」という字を合わせたもの。ここで「支」とは「指」のこと。「藝」の字は、日本においては「業」のことである。「藝」という字はもともと「埶」という字から生じてきたもので、「植えて生じさせる」という意味である。「技」は、「手業、手仕事をする」という意味で、「手」に「支」という字を合わせたもの。「学術」の二字を、英語ではScience and Arts、ラテン語ではScio arsまたはartisという。おおまかにはこういうことだが、そこで言われている「学問〔学術〕」のなんたるかをよく知る必要がある。昔、ウィリアム・ハミルトン卿というイギリスの人が、学問を定義して次のように言った。「学問とは、認識〔知識〕を補って完全にするためのものであり、形式の観点からは論理が完全であるという性質を、内容の観点からは真理という性質を備えている」と。このように、知ることが積み重なるという意味ではあるが、ただ知識ばかり多くても学問とは言わない。物事の根源・由来から押さえて、その真理を知ることを学問というのだ。そして、学には定義というものがある。〔英語でいうところの〕definitionだ。そういうわけなので政治学には政治学の定義がなければならない。

〔例えば〕「國」とはなにを指してこう呼ぶべきものだろうか。単に土地があることを指す言葉ではない。土地があって人民がおり、人民がいて政府があることをもって「國」というのだ。英語ではstateという。「國」という字は、もともと「或」という字である。そこに境界を設けて「國」とした字なのである。

「「術」とは規則を組織立てたものであり、ある行為の遂行を容易にすることに役立つものだ」。この言葉のように、なにごとであれ、実際にその〔事柄に通底する〕理を究め、その事をいっそう容易に成し遂げられるように工夫することを「術」というのである。元来、「学」と「術」は混同しやすいものだ。そのため、〔辞書には〕同義語というものがあるのであって、文字の意味をはっきりと区別しなければならない。ラテン語で「学では、知ルタメニ知リ、術では、ツクルタメニ知ル」という。

「学」とは〔今示した〕原語にあるように、あらゆる物事を明確に知り、その根源からそれがなんであるのかを知ることである。

「術」とは、生じることを知るという原語の通りで、あらゆる物事について成立するものの根源を知り、その成り立つわけを知ることである。したがって、「サイエンス」と「アート」は真理の探究であると言えるだろう。しかし、「サイエンス」では、知識のために探究するのに対して、「アート」では制作のためにそうする。つまり、「サイエンス」はいっそう上位の真理に関わるものであり、「アート」は相対的に下位の真理に関わるものである。

「学」とは上の方へと綿密に調べ尽くすことである。「術」とは、それとは反対に、下の方へと綿密に調べ尽くすことである。また、「theory（観察）」と「practice（実際）」という区別がある。学についても、術についても、いずれも観察と実際の双方がなければならない。つまり、学｛観察―実際｝術｛観察―実際｝ということである。

「観察（theory）」とは、万事についてその理《ことわり》を極めることを言うのであり、「実際（practice）」とは、業《わざ》を極めることを言うのである。イギリスでは、theoryという語を、間違ってspeculationやhypothesisという語の意味で使うことがあるので、これは注意しなければならない。

学術の根源がある。「知行」の二つがそれである。知と行はどうあっても区別されるものであって、両者を一つのものと見ることはできない。「知」の源は、五官〔感覚器官〕が感覚するところから始まって、〔人間の〕外から内へと入ってくるものである。「行」はその知に従って内から外に出るものを言うのである。したがって、知が先にあり、行は後にある他はないはずだ。知は過去であり、行は未来なのである。

また、知は広さをその特質とし、行は細かさをその特質とする。以上のことを、ある店に行って筆を選んで買い求めることに譬えてみることにしよう。筆を選ぼうと思ったら、十本から選ぶより、百本から選んだほうが、よりよいものを得られる。そのよい筆を手に入れて、すぐこれを手にして使うこと。これがつまり「行」である。このように「知」はいっそう広いことが望ましく、「行」はいっそう細かいことが望ましい。あらゆる「行」は、「知」によってよいものを見分け、それをただちに行うことである。「学術」と「知行」は大変によく似ているものではあるが、自ずから区別されるべきものなのだ。つまり、「知行」は「学術」の源なのである。

「温故知新」という道理がある。「温故」とは、いたずらに古いことを根掘り葉掘り調べることではない。広く過去の善悪に関わることを研究し、よいところを取り合わせて現在において行い用いることだ。これがつまり「知新」である。要するに、過去を知った上で今の世における真相を見抜くのである。

孔子の言葉に「信じて古えを好む」とあるが、後世の儒者は間違ってこれを「いたずらに古いことを好む」と解釈した。だが、この言葉は「温故知新」の道理そのものであって、広く過去の善いもの悪いものを知った上でそこから善いものを選び、現在の状勢の中で実践することを言っているのである。つまり、この言葉は「過去に通じることを好む」という意味なのである。

また、「尚古」という言葉もあるが、同じ意味だ。

「日新成功」と言われる。日々新しくなることはよいとして、広く過去を知らなければ、日々新たになりようもない。だから、知は広くなければ行いがたいのである。十分な知でもって十分なことを行うのは、最も難しいことだ。〔そうではなく〕十分な知でもって五分のことを行うというのであればどうにかとんとんであろう。だから、知はいつでも大きくあることが必要なのである。

知については、上に向かう場合を知るだけでなく、それが下へ向かう場合についても知らなければならない。例えば、「善」について知るのであれば、同時に「害」についても知るようなもの。〔知の〕表裏を両方とも知るのでなければならない。〔『論語』に〕「君子は和して同ぜず、小人は同じて和せず」というが、これはつまり表裏のことだ。こういうわけで、学では、善も悪もどちらも知らなければ、うまく役立たないのだ。そのことを知り、そして行うこと。これを「術」と言うのである。

「観察（theory）」と「実際（practice）」の区別と同じように、「学」には二つの区別がある。Pure Science と Applied Science の二つだ。「単純の学（Pure Science）」とは、理について論じるものである。「適用の学（Applied Science）」とは、実際の事について論じるものである。これを算術で喩えてみよう。「2+2=4」という場合、これはpure（単純）である。つまり、〔数学の算術の知識を〕単純の理に対して使っている。また、「２犬＋２鳥＝４匹」という場合、これはapplied（適用）だ。

こちらも学ではあるけれども、業《わざ》（実際の事）に対して使っているのである。これがつまり、学の区別である。

「術」にも二つの区別がある。つまり、Mechanical Art と Liberal Art の二つだ。原語に従うなら、「機械の術」と「上品の術」という意味だが、このように訳すのは適切とは言えない。それぞれ「技術」と「芸術」と訳してよいだろう。「技」とは、手足や体を働かせるという意味の字であり、例えば大工などのように身体を働かせるものはすべてこれに該当する。「芸」とは、精神を働かせるという意味であり、例えば詩や文章を作ることなどがすべてこれに該当する。mechanical は trade と同じである。つまり、「商い」という字だ。英語に Mechanical Art というものがある。これは「商売」のことである。

また、Useful Art と Polite Art という区別もある。

さらに、Industrious Art と Fine Arts という区別もある。このように、「術」についてはいろいろな語があるが、大まかには同じような意味であり、いずれにしても二つに区別されるということである。

およそ世間では、誰もがなんらかの術をなすものだ。そして、術の上には必ず学があるのだから、世間には学者でない者はいないという次第。例えば、ある村里にはその土地の長がいるが、もとはといえば政事学に基づいている。また、農夫や紺屋（染め物業）は化学に、大工は器械学に基づいている。このように、天下の人は誰もがみんな学術の人なのである。しかしながら、本当の学術については、文学のたすけが欠かせない。ただし、文学そのものは学術ではない。文学［を身につけておくこと］には御利益がある。第一に現代から過去に通じ、第二に世界に通じる。なにかしらの物事を時間と空間を超えて通じさせるためには、必ず文学の力が必要なのである。それから、上に述べた二つのことの逆もある。後の人に現在のことを知らせ、彼らに私たちのことを知らせるのである。このように文学には過去から現在へ、世界からここへ、現在から未来へ、ここから世界へと物事を通じさせる御利益がある。だから文学は必要なのである。また、文学がなければ本当の学術とは言えない。

多くの人びとの説を網羅するという言い方がある。このように、ことごとく知り尽くせばそれが最善であり、最善［の知］を得た上でことを行えば、日ごとに新たになり、あらゆるものを含むほど豊かであるような道が拓けるものである。であれば、現代の人は昔の人よりいっそう賢いはずであろう。また、弟子は師よりも優っているはずなのである。

文化には、学術にとって極めて大きなたすけとなるものがある。西洋では一四〇〇年以来、ドイツにおいて（オランダとも言われている）「印刷術（printing）」、つまり版木が発明された。後には「活字版（stereotypography）」を発明し、これがおおいに世界に伝わって、人知は増大することになったのである。これを西洋三大発明の一つと数える。三大発明とは、〔これに加えて〕一つには一四四〇年以後コロンブスという人がアメリカの地を発見したこと。二つにはガリレオという人が地球の運動〔自転〕を発見したことであり、これらを合わせて三大発明というわけである。印刷術の発明は、虫が古木を食べたことに始まるという。この発明は、中国では宋の時代〔九六〇―一二七九年〕、我が国では延喜〔九〇一―九二三年〕以後のものである。活字版が発明される以前は、西洋でも写本によっていたという。西洋では、まず活字版を発明したわけだが、和漢はそうではなかった。

西洋では、右の発明によって一五〇〇年来、文化がおおいに開けた。一七〇〇年頃にいたって、印刷の自由ということが持ち上がった。つまり、その趣旨は次のようである。「書物、小冊子、新聞を事前の禁止または検閲を受けることなく出版する自由な権利。ただし反乱〔誹謗〕、煽動、道義上有害な問題に対する処罰は免れない。」

この英語の引用にある通り、一揆や動乱を起こしたり、風俗を乱すような場合を除いて、あらゆる書物や新聞などを自由に公刊する権利を市民に許した。このため文化はますます盛んとなり、学術もたいへん開けたのである。そうした自由の権利を許したのは、イギリスが初めてであった。フランスでは、そうした自由な出版の権利について、いまだ市民に許していない。今日の国の乱れは、こうした事情によるところが大きい。

その他のヨーロッパ各国では、同様の自由を得て、文化がますます盛んとなっている。

一八〇〇年代に至って、新聞がおおいに盛んとなった。日刊、朝刊、夕刊、週刊、月刊、季刊というように、新聞が発行されない日はない。このため、イギリスにおいては、市民は新聞によって学ぶほかに、これといって学問をしないということである。

文と道とはもともと一つのものであり、文学が開けるとき、道もまた明らかになるのである。このため、文章は学術と大いに関係している。およそ世上、文章家たるものは、ほとんどがその道に近いはずである。韓退之（韓愈）は「文とは、道を貫く器である」と述べた。文が盛んにならなければ、道が開けるはずもない。ここで「貫道」とは、「文章というものは、道をずっと貫いて後世にまで伝える」という意味である。「文章（Literature）」というものは、道、つまり学術と大変関係が深いものだ。だから、この観点から人を選ぶべきだということになる。古来中国では、詩と文章の能力にしたがって人を取り立ててきた。宋の後期になって、このことについて議論が持ち上がったものの、それでも文事によって人を取り立てることになった。日本においても、昔の役人たるものは、その多くが菅原家と大江家から輩出されたものだ。これはなぜかといえば、彼らに文章の才があったからである。文章こそが、学術に関係する最大のものとされていたのだ。後に王室が衰えて、文章も地に堕ちてしまい、後に伝えられなくなってしまったけれど、楠木正成などはいくらか文章の心得がある人であったようだ。そのために彼は名将と呼ばれたのである。正成公に「非理法権天」という言葉があるが、この五文字にしても、正成公に幾分かの文章の心得があったからこそ〔残せた言葉なの〕であって、これ以上の言葉を残さなかったとしても、その言わんとしたことはまさに永遠の金言というべきものになっているのである。およそ天下のことで、文章に関係しないものはない。文章に関係するということは、要するに学術に関係するということである。西洋ではかつて、学術を七学と定めていた。七学とは、文法、論理学、修辞学、算術、幾何学、天文学、音楽学である。

右に挙げた七学は、古代ギリシアに定められ伝わったものであり、学術もその時代につくられたということを確認しておこう。その中でも、最も文章に関係の深い語学、音楽学が中心であり、その他は余のものである。現在でもなおこうした学科はいずれも盛んではあるけれど、古のように〔学術といえば〕七学という定めはない。

西洋では文章〔に関わる学〕のことを、「文学（Belles-lettres）」と呼ぶこともある。英語では「人文学（Humanities）」あるいは「純文学（Elegant Literature）」とも言う。イギリスで文章を「人文学（Humanities）」と呼ぶのは、つまり、知的〔精神的〕な開化という意味である。およそ文章というものは、人間の心を開くものであり、このため文章〔に関わる学〕のことを、「人文学」と言うに至ったのである。心が開けるということは、その〔人間の精神に関する〕道が明らかになるということだ。心が開けるということは、なによりも文章と深く関係していることなのである。

文章に関して五つの学がある。つまり、修辞学、詩学、歴史学、文献学、批評である。文学（Belles-lettres）を学ぶ者は、この五つの学を学ぶ必要がある。また、文献学については、古典語、つまり、古典ギリシア語とラテン語のうち、どちらかの言語を学ぶのが望ましい。その他、サンスクリット、ヘブライ語、ペルシア語、アラビア語もある。古典語である古典ギリシア語とラテン語を学んだ上で、最近では、さらにこの四言語を学ばなければならない。

およそ西洋の源はインドにあるのであって、現在の言語はいずれもサンスクリットに起源をもつ。現在では各国の言語は〔互いに違うものへと〕変化しているといっても、その源は一つなのだ。したがって、サンスクリットは、その源を正す学である。例えば、

father（英語）、vader（オランダ語）、père（フランス語）、pater（ギリシア語）、pitar（サンスクリット）といったように、これらはかつて言語が一つだったために、現在でも音が同じなのである。これを〔その語源に遡って〕正すために、いまではサンスクリットまで学び極めることが主流である。

さて、右に述べてきたように、文章は学術とおおいに関係しているものであって、文章がなければ学術は開けない道理である。しかし、文章自体は学術ではない。そうではなくて、〔文章は〕ある目的、手段、方策、媒体という点で働くものなのである。

何事かをなすには、必ず目的がなければならない。目的を立てて、それを遂行するのは手段であり、方策であり、媒体である。つまり、〔文章とは〕もともと学術と別のものであり、文章があればそれで学術というわけではない。ある目的を目指して物事を行うことが学術であり、その手段、方策、媒体となるのが文章なのである。だから、文章がなければ学術は助けとなるものがない。とはいえ、学術を行う手立ては文章だけではなく、他にもいろいろなものがある。その助けとなるのは、機械装置である。機械を使う学には、まず物理学、天文学、化学、鉱物学、地質学がある。これらの学では、言葉で理屈を説明しただけでは分かりづらいので、いろいろな機械を使ってどういうことかを明らかにする。つまり、機械もまた文章と同じように学術をおおいに助けるものなのである。機械の用い方には、直接と間接の二つの区別がある。直接とは、直ちに役立つものだ。間接とはめぐりめぐって助けとなるもののことである。また、その上に「施設（institution）」がある。具体的には、学校、〔総合〕大学、学士院、単科大学、ギムナジウムなどがある。これらはいずれも学校の名称であり、施設である。教えることに応じて名称も区別しているのである。その他に博物館や博古館がある。

博物館とは、およそ世界中のあらゆるものを集めて、世界を知るための便宜とするものである。博古館は、太古の万物を集めて、古きを知るための便宜を提供するものだ。上に述べた博物館には、貨幣〔博物館〕というものがあり、そこに

は世界中古今の貨幣が集め置かれている。また、
　器械〔博物館〕、地理〔博物館〕というものもある。万国の地図はもちろんのこと、その他にも土地々々の形勢を手短にまとめて見てとれるようにしてある。また、
　農業〔博物館〕もある。およそ耕作に関する万国の器械を集め置いて、耕作する人が自分にとって最も便利な機械を採用して耕作に励めるようにしているのだ。そこには併せて肥やしになるものも集め置いてある。アメリカの海岸数十キロメートルにわたって、鳥が多く集まる場所がある。鳥の糞は肥やしになるので、その地ではこれを各国との交易に用いているという。
　また、動物園や植物園というものもある。
　世界中の鳥獣草木を集め置き、〔そうした動植物が生息する〕その地域がどのような状態であるかを示すものだ。また、
　解剖〔博物館〕もある。人体や内臓はもちろんのこと、さまざまな病変組織の標本などをことごとく集めて置いてある。これらは多くの場合、医学に役立つものだ。また、
　新書館というものもある。これは、結社を組織して世間で刊行される新しい書籍を端から買い集めて置くもので、会員は自由に閲覧できる。会員でない人もお金をいくらか払えば見ることができる。

　アメリカには特許局（パテント・オフィス）といって、古今の発明品を集める役所がある。新しく発明したものをこの役所に提出すると、発明したものによって、それについて定められた期間、独占的な営業を許され、その間は許可を得た者以外はそれを製造できない定めである。というのも、発明者が発明に至るまで費やした手間暇と金銭とに報いるためである。このような法がない状況では、たまさか発明することがあったとしても、〔発明者は模倣者に真似されるばかりで〕かえって損してしまうばかりである。こうした法があるのは、アメリカだけでなく、万国に同じようにある。フランスではこの役所をオクトロワと言う。また、著作権（コピーライト）というものがある。新しく著述した書物などについて、決められた期間内は他の人が〔勝手に〕出版することを許さない〔という権利である〕。その中に相続権というものがある。作者の意志によって、著作権を子孫や他の人に譲るという権利である。

　こうしたことはいずれも施設の一種であり、これらはどれも学術を大いに助けて、人智を進展させるものだ。

　およそ学というものは、単に道理を書物で知るだけで済むものではない。実際の経験が必要である。その実験には二種類がある。実験〔観察〕と試験の二つだ。実験〔観察〕とは、現在そのとき目の前で対象から来るもの〔を知覚すること〕

である。試験とは、これから生じることを自らよく穿鑿することである。普通の学者が空理に及んでしまうのは、実際の物事のありさまに取り組まないからである。仮にも学者であるならば、実際の物事のありさまに取り組まなければならない。

また、Empiric〔経験主義〕というものもある。これは、古典ギリシア語の Εμπειρικος（エンペイリコス）に由来する。この語は、古くは使われていなかったものだが、近年の学術では欠かせないものとして貴ばれている。これは「ものをあてはめる」という意味であり、experience と同じ意味を持つ。つまり、実事について学ぶことを意味しているのである。近年もっぱら Empiric のほうが使われるのは、学者がいたずらに文事など〔のみ〕を学術とみなして空理に向かってしまうのを防ぐためである。したがって、文章（Literature）、装置（instrument）、制度（institution）、これらはいずれも一つの目的を探求するための手段である。その目的とは、つまり「真理」のことである。

前にも述べたように、真理の目的を達するのは文章であって、学術をおおいに助けて、その手立てとなり、媒介となって、真理を見いだすに至る。しかし、いたずらに文字〔だけ〕に夢中になって深入りすれば、かえって真理を見いだす妨げとなることもある。例えば達磨梁の武帝時代にインドから来たに「不立文字」という説がある。この語はどこに由来するか。インドで釈迦が現れる前に、バラモン釈迦にいたってこの説を論破したという宗教があり、その学に「八千頌」という様々な詩文のようなものがたくさんあった。だが、これはかえって煩雑であり、真理を見いだす妨げとなったことを知っておそらくは、「不立文字」と言うに至ったのだろう。しかし、不立文字と達磨の説は、過去や未来への工夫があるわけでもなく、あまりにも行きすぎた語であって、適切とは言い難い。とはいえ、達磨の後に、真理を探究する人がまま現れて、後の随の王通（文中子）などは、いくぶん真理を知っているといえるだろう。その他、それ以前の儒者はどうかといえば、ただいたずらに書籍の上での議論をしており、真理を志向するものは少ない。蘇長公や周茂叔などは、まったくもって仏教である。つまり、語録の学派だ。語録というのは、不立文字の意から来るもので、文章を志向、つまり文章を目的化して論ずるのではなく、真理を探究する語を採録したものである。宋の程子に至っては、語録をよくものした。後の薛瑄や陽明などもまた、その流派である。わが国では、中江藤樹、熊澤蕃山、その他、新井白石、貝原篤信〔益軒〕などもまた、その余派である。また、荻生徂徠、伊藤長胤〔東涯〕、室鳩巣などは別の学派であり、文章を重んずるに至った。その後、三助先生古賀彌助〔精里〕、尾藤良助〔二州〕、柴野彦助〔栗山〕、それと頼山陽先生などに至っては、真理と文章は互いに一致すると主張している。しかしながら、それでもなお、腐儒から脱することはできていない。もし山陽先生が、本当に真理を知る人であるなら、彼が著す書籍は、和文で記すべきところ、無駄に苦しんで漢文で記しているのはどうしてだろうか。漢文で記すために、筆者自身も大いに苦しいし、読者のほうもたくさんの労を費やすことになる。さらに、漢文に通じていない者にしてみれば、〔漢文で書かれたものを手にしても〕なにも知ることができないのである。もし和文を使えば、広く万民が遍く行き渡るので、その利益は大きいはずだ。我が国ではこれ以後、文章を書くにあたっては、和文を使うべきである。とはいえ、学者は漢文を知らなくてよいわけではない。必ずこれを習得し、漢文も書けるようにしておかねばならない。ただ、文章を書く場合には、人びとが分かりやすいものであることをもっぱらとする。したがって、中国では漢字で、イギリスではイギリスの文字で、フランスではフランスの文字で、我が国では我が国の文字で、その国民が分かりやすいことが肝要である。西洋でも、以前はベーコン（イギリスの大学者）、フーゴー・グロティウス（オランダの大学者）、モンテスキュー（フランスの大学者）なども、ラテン語で文章を著していた。ちょうど我が国において、頼山陽先生に至るまで、儒者たるものが、漢文を重んじて使ったのと同様である。さて、真理を見いだすための手立てになるのは、文章、器械、施設など、さまざまなものがある。しかしながら、それをどのようにして講究し、見いだしたらよいかを知らなければならない。ここに「新論理学」という方法がある。

もともと〔英語で〕A Method of the New Logic といい、英国のジョン・スチュアート・ミルという人が発明したものだ。彼が著した書物は『論理学体系（System of Logic）』といい、かなりの大著である。これによって学域がおおいに改革され、ついに盛んになったのである。その改革の方法とはどのようなものかといえば、induction というものがある。この帰納という方法を知ろうと思えば、まずそれ以前の deduction というものを知らなければならない。演繹とは、その字義のように、「演」は「のべる」という意味、「繹」は「糸口から糸を引き出す」という意味であり、一つの重なるところがあって、それを種々のものに及ぼすことを指している。これを猫がネズミを食べる場面に譬えてみよう。猫がネズミを食べる場合、まずその重要な部分である頭からとりかかり、それから次第に胴、四足、尾へと至る。昔から、聖賢の学においても、孔子は仁智と言い、孟子は性善を説いた。孔子のほうは今となっては論じるのは難しいが、孟子のほうは、口を開けば必ず堯と舜を引き合いに出して、性善を説く。「仁智」といい、「性善」といい、これはいずれも重要な部分についての記号であり、ここから様々な道理を引き出すのである。古来、学者たる者は、〔そうしたものを〕理にして、経書を学ぶ者であれば経書を重要なものとするし、歴史を学ぶ者は歴史を重要なものとする。いずれの場合でも、その者が重要だとするところから種々の道理を引き出すのである。これがつまり、猫がネズミを食べる演繹の方法である。

一般に学には、演繹と帰納の二つ〔の方法〕がある。古来、どれもこれも演繹の学だったため、前にも述べたように、一つの重要な拠り所があって、なんでもかんでもそこから引っ張り出すという具合である。だから、結局その囲いを脱して高く抜きんでることができず、見聞が狭く頑固なため道理に暗いという状態に陥ってしまうのだ。これはつまり、実際の知にならず、ただ書籍だけを手がかりとするような学であって、これでは書籍を自分の役に立てることはできず、かえって反対に自分のほうが書籍の奴隷となって使役されてしまうことになる。このように弊があるので、後の陽明のような人が、「学とは実知である」と論じたのだった。その言葉に「主心」というのがある。つまり、学は心を主とすることにあるという次第。また、「良知良能」とも言った。このように、学とは心を主として実知にあるというわけである。とはいえ、その場合の「知」というものは、五官から生じる知ではなく、ただ自分が善いと知っている〔思い込んでいる〕ことを基準に、それで物事を推し図ってしまうため、その弊害も大きい。大塩平八郎のような人たちは、いずれもその類である。

さて、帰納法（induction）は、演繹法とは反対に、人が肴を食べることに譬えてみよう。人が肴を食べる場合、おいしいところを少しずつ食べてゆき、最後には食べられるところを食べ尽くす。このように、真理について小さなところから始めて、その全てについて事にあたって、外から内に集めるのである。この帰納法を理解するには、「真理はただ一つ（only truth）」ということを知る必要がある。およそ宇宙における道理に二つはない。これに該当しないものは偽りのものだ。例えば、あちらに三人の人がいるとしよう。一羽のカラスがいるのを見て、一人は「あれはサギだ」と言い、もう一人は「あれはタカだよ」と言い、一人は「いや、カラスだろう」と言う。こんな具合に、カラスをカラスと言うのが真理であって、それ以外の「サギだ」とか「タカだ」というのは、どれも偽りなのである。カラスはどこにいようが、何百万羽いようがカラスはカラスであって、サギはサギであり、タカはタカである。火はどこにあっても熱いものであり、水はどこにあっても冷たいものだ。要するに、これが「真理はただ一つ」ということである。その真理を、帰納法によって寄せ集めて、火が熱いのは火の真理、水が冷たいのは水の真理という具合に、同種の事物によってわかるはずなのである。西洋に昔、ニュートンという人がいた。彼はリンゴの実が樹から地面に落ちるのを見て、地球に引力があることを発見した。そのようにして、地面に落ちるのはリンゴだけでなく、石もそうなら、木の葉もそうであり、どの場合も空から上に向かって落ちるということはなく、すべて下に向かって落ちるのは、地球の引力があるという真理によるのである。「事実（fact）」というものがある。何事であれ、多くの事例を集めて、それらの事例に〔通底している〕真理が一つであることが分かるということだ。例えば、いま試しに石を投げれば地面に落ちる。木の葉を投げても地面に落ちる。綿を投げても、鉛を投げても、鉄を投げても、ことごとく地面に落ちることが分かる。これはつまり「事実（fact）」であり、なんであれ地面に落ちるということは、真理の一つなのである。西洋でも、昔はすべて演繹の学ばかりだったが、近年ではすべて帰納法だということで一定している。ここで、具体例を挙げて真理を一つ二つ論じてみよう。例えば、政治学（Politics）というものがある。政治学における真理の一つは liberty、つまり「自由」と訳されるものである。この自由自在であるということは、動物だけでなく植物に至るまで、皆が欲するものだ。例えば、ここに魚がいるとしよう。この魚を小さい溝で飼う。ところで、その溝が他の川とつながっている場合、魚はそれでも狭い溝にいようとは思わず、必ず広い川へと逃れ出て行くものだ。また、草木の枝にしても、伸びてゆこうという場所に邪魔するものがあれば、必ずその邪魔なものを避けるようにして、他のほうへと伸びる。また、人はそうした類とは違って、最も自由を享受しているものである。とはいえ、この自由な人間を縛って動かないようにするものとして法がある。この法というものは、自由という道理に背くようなものであってはならない。法が自由の道理に背くような場合は、必ず問題が生ずることになる。例えば、いま法を制定して略奪と殺人を禁じることとする。これは法の真理であって、人びとはこのことについてとやかく言うだろうか。だが、酒を飲むことや、遊ぶことを一切禁じた場合、自由の真理に背くために、その法はすぐに役立たずとなって、必ず守らねばならないという義務もなくなってしまう。人が生まれながらに持っている自由というものに基づいてそれに背かないことが、要するに政治学においてただ一つの真理（truth）なのである。これが真理であるということは、今も昔も少しも変わらないことであるのだから、法を制定する場合にはその試し方として、それを一方では過去について考えてみて、他方では現在の状況に照らしてみて、そこから一つの真理を得るようにすべきなのである。物理学の真理の一つは地球の引力である。器械学〔力学〕の一つの真理は、車が回転する場合には必ず遠心力が生じるということ。天文学の一つの真理は星の回転するものは必ず回転すること、恒星はどれだけあっても〔見かけの上では〕運行しないということ。化学における一つの真理は均一の量ということだ。これは「当量（equivalent）」というもので、元素〔が過不足なく反応する物質の量〕が同じであることを指す。例えば、鉄に酸素が化合すると必ず赤い錆が生じ、銅に化合すると緑青が生ずるように、〔ある物質が〕酸素と化合する単位というものが必ずある。つまり、一グラム化合するか、二グラム、あるいは三グラムかであって、その単位が変化して一・五グラムなどと化合することはない。地質学における一つの真理は、地球の中心〔カラニーッテン〕より上の地殻に至るまで何層もあり、土は土、石炭は石炭、石は石と◎のように、どの場所でもその重なり方は同じということである。また、気体学（Pneumatics）における真理は、どこにおいても高くなればなるほど、地上と比べて空気の層が薄くなるということだ。算術の真理は、2×2＝4（ににんがし）のように、国を問わず二つが二つ集まれば四つとなるという次第。幾何学の一つの真理は、二つの直線が交わる場合、必ず角度が生じるということである。これらはいずれも真理の一つであり、おおまかには以上のようなことだ。つまり、学というものは、まことに無二の真理を捉えて、心中で深く知るということに他ならないのである。

このように万物には、全て真理がある。だから、その真理を求めようと思ったら、具体例にあたって深く調べ、先生から見聞し、〔そうして知り得た真理を〕心に信じて動かしてはならないのである。これがその真理であり、真理を深く調べることは、すべて学である。一つの真理を知ろうという場合は、具体例にあたって取り組むのが一番やりやすい。例えば、物理学では地球には引力が働くということが真理である。この引力があるおかげで、地球の球体上を航海して回っても、どこか〔地球の外側〕へ落っこちてしまうことはない。こうした次第を知ることを「術」という。器械学〔力学〕では、車輪に遠心力が働くのは真理である。そこで、洗濯した衣類などを乾かそうという場合、洗濯物を輪の周りに結びつけて急回転させると、遠心力が働くために〔衣類の〕水分が四方に迸り出てすぐに乾く。こうしたことを行うのを「術」という。天文学では、太陽に引力が働いているため、地球やその他の惑星は引き寄せられる。しかし、地球や惑星は遠心力が働いているため、〔太陽が〕引く力と〔遠心力で〕離れる力が合わさって、太陽の周りを回転している。これは真理である。また、恒星は常に動かないので、おおよそ大洋を航海する人たちは、この恒星を目印にして、その角度を測って自分の現在地を知る。これは「術」である。化学では、鉄はもともと柔らかく曲がるものだ。だが、これに炭素を加えると鋼となる。これは真理である。こうしたことを実際に行うのが「術」である。物の理とは、おおまかに言ってだいたいこのようなものである。さて、前にも述べたように、政治における真理は「自由（liberty）」であり、これにかなう場合には、どんな国も治まるものだ。また、どんな民衆も御すことができようし、何事も実行できるはずである。しかし、この真理に反した場合には、必ず〔世は〕乱れる。民衆が耕しつくったものを奪って、安心して暮らせなくしてしまえば、〔そんな目に遭った〕民衆は必ず叛乱を起こすだろう。なぜなら、こうした行いは、

〔政治の〕真理に反するためである。このように真理を弁えていれば、何事であろうと容易にならないことはない。とはいえ、真理を知ることはとても難しい。だから、学者はひたすら物事を深く調べてその本質を明らかにすることに集中し、具体例にあたってその理《ことわり》を究めなければならないのである。それを研究してその真理を知れば、さまざまなことが開発されて、事業も成し遂げられるし、物を役立てて生活を豊かにすることもできる。さらに、孔子が言う「十分に食べて、暖かい服を着て、気楽に暮らす」という境地も容易に実現できる。また、「家族を養うにも、死者を弔うにも、心残りがないようにできる」し、あるいは『書経』に言われる「人びとは変わり、互いに親しみ合うようになった」という具合にもなる。もっとも、これは学の極みであって、そこまで行くのは大変なことだとしても、真理を得るところまでこぎ着けられるなら、〔極みまで〕至るのが難しいといって嘆くことがあるだろうか。とても容易なことだろう。孟子はこう言っている。「天下の広居に居り、天下の正位に立ち、天下の大道を行い、志を得れば民と之に由り、志を得ざれば独り其の道を行い、富貴も〔其の心を〕淫す能わず、貧賤も〔其の節を〕移うる能わず、威武も〔其の志を〕挫く能わざる、此れをこれ大丈夫と謂う」と。このように、真理を得たなら、天下の高位高官に昇って天下の政権を執ったとしても、恐れることはなにもない。富や地位によって心が乱されてしまうこともない。貧しく身分が低いとしても心変わりしてしまうこともない。権力や武力の争いで志を挫かれることもない。つまり、真理を得るに際して、その元である行いが、正しい道にあるからだ。その正しい道こそが、要するに真理なのである。ところが、世の政権を執ることに係わる者の多くは、そうした真理を得ない。そのために、仕事をするに際しても、具体的な事物に即して実践するのを恐れ、苦労することがどれほど多いことか。〔政治を行うにあたって〕その元となること〔真理〕を知らないままで、政治を行うにしても、むやみに昔から伝わる規則などに則ったり、近頃の西洋事情などを見聞し、むやみにそれを信じて得手勝手に解釈して行ったりする。だから、はっきりとものが見えるはずの太陽の下に出ることができず、ただ暗い夜のなかでものを探るような体たらくなのである。さて、このことを、近頃の藪医者に譬えてみよう。彼らが昔から拠り所にしているのは『傷寒論』である。ところで、近年西洋の医薬品であるキニーネ、オピウム〔アヘン〕、モルヒネに効能があると聞き、そうして拠り所とする『傷寒論』の薬と調合し、これを病人に使ってしまう。〔そんなことをして〕病気に効果があるどころか、病人を害してしまうといったことがどれほど多いことか。なぜこうなるかといえば、病気によって薬の効果がある理由について真理を知らないからである。なんとも恐ろしいことではないか。さて、その真理を知ることについては、二つの区別がある。

つまり、positive result と negative result である。これは、善を知るとともに悪も知り、役立つことを知るとともに役立たないことを知るという具合に、〔必ずしも有益なことだけではなく〕無益なことについても知るという意味である。言い換えれば、物事について、その表裏の理を知るということに他ならない。例えば、天文学では、銀河のそばに⁂のようなものがある。星でもなければ世界でもなく、細かい霧斑である。これは、恒星のようになにかの役に立つものではない。つまり、このようなもの〔役に立たないものについて〕知ることが、「消極（negative）」ということである。消極的なものというものは、だいたい以上のようなことではあるが、〔だからといって軽んじるのではなく〕これについて知ろうと努力しなければならない。消極的なものを知れば、そこで知ったことが巡りめぐってついには積極的なものを知ることにつながるからである。およそ宇宙は広大であって、〔人間にはその全貌を〕はかり知ることはできない。太陽にしろ世界にしろ、宇宙からこれを見た場合、とても小さなものに過ぎない。中には世界もたくさんあり、その世界の中には太古から続き衰えてゆくものもあれば、これから出来てゆくものもある。そういうわけなので、近年の西洋では、銀河の傍らにある星雲というものは、いまだそこには世界も何も成り立っていない物質であろうと考えるようになった。これはつまり、消極の理から、ついには積極の理が得られたということである。近年、ドイツのブンゼンという人が発明したスペクトル分析では、物質の元素をレンズによって分解することに成功した。そこから次第に研究を進めて、ついには太陽がどんな物質からできているかということを知るに至ったのである。太陽には、金、銀、鉄、鉛などの元素が含まれていることが分かった。とはいえ、人がこれらの元素そのものを〔太陽から直接〕採ることはできない。そういうわけで、こうしたことを知るのもまた消極に属すことである。ところで、我が国で俗に「天照大神は日輪なり」と言うが、どうして金、銀、銅、鉄が煮えたぎっている火炎の中に神がいらっしゃるなどということがあるだろうか。これ〔迷信を退けること〕もまた、消極を知ることが役立つ場面である。また、前にも述べたことだが、植物園には、世界に存在する草木を集めている。その中には薬になるものもあれば、毒になるものもある。また、〔人間の〕役に立つものもあれば、役に立たないものもある。なぜ毒になるものや役に立たないものまで、ことごとく集めるのかといえば、これは「消極（negative）」を求めるからである。そして消極を求めるからこそ、世界に存在する植物が有限であることが分かるのである。動物園も同じである。あるいは、ありとあらゆる鳥、獣、魚を集めて、消極を求めているわけである。我が国でいう「サンショウウオ」という奇怪な魚を、ヨーロッパの言葉では「サラマンダー（salamander）」というが、これを動物園に取り寄せたところがある。今度は、「積極」と「消極」の二つについて、他の例で譬えてみることにしよう。ある家の主人が、泥棒に入られはしまいかとたいそう心配して、自分の家のまわりを見て歩く。そこで、「こういう場所は泥棒がこんなふうにして入ってくるかもしれない」ということに気づき、その場所からの侵入を防ぐ対処を施した。こんなふうに、主人が「ここからはこのように泥棒が入ってくるかもしれない」と知るのは、自分が泥棒をしようという意図があるわけではなく、いわゆる「消極」を知ることである。また、「泥棒をこのようにして防げる」と知るのは、「積極」を知るということなのである。さて、物事についていては「臆断（prejudice）」と「惑溺（superstition）」の二つがある。「臆断」というのは、自分の〔得手勝手な〕流儀で物事を決め込むことをいう。「惑溺」というのは、やたらと物事を信じ込むことである。なぜこの二つが生じるのかといえば、それは真理を得ないからだ。例えば、いま「あそこに狐がいるが、あれは人を騙すぞ」と言われて、それを無闇に信じ、「本当に狐は人を騙すものだ」と思うようになる。これを「惑溺」という。また、ある人が「狐は人を騙したりしない」ということについて、その訳を知らずに、ただ闇雲に「狐は人を騙したりしない」と思うのを「臆断」というのである。臆断と惑溺とは、学者が最も嫌うものであり、真理を得ることによって、この二つの病を避けなければならない。この病を避けようと思ったら、狐を二匹でも五匹でも捕まえてきて、本当に人間を騙すか騙さないかをよく確かめ、その上でようやく狐は人間を騙したりできないということを知るわけである。これがその場合の真理である。この真理を知れば、二つの病はたちまち消滅するのである。

さて、negative result と先に述べた negative knowledge とは同じものに見えるかもしれないが、よく注意して区別しなければならない。「ネガティヴ・リザルト（消極）」は、真理を知ることではあったが、役に立たないものだった。他方で「ネガティヴ・ナレッジ（消極知）」は、positive と互いに関係しあっており、或る真理を知ることによって、〔同じ対象について〕それ以外のことは真理ではないと分かったり、善を知ることによって悪を知るように、互いに表裏の関係にあることを指している。例えば、仏教がデタラメであることが分かると、孔子門下〔の教え〕が実際に即した道理であることが分かるように、あるいは〔ある物事について〕事実ではないことが少し分かれば、事実であることが少し分かるというように、〔消極知と積極知とは〕互いに関係しあいながら働くのである。また、こんな例もある。ここに三人の人がいて、ちょうど虎の話題になった。そのうちの一人は、以前、実際虎と遭遇して、幸いにも害を免れた人だった。それだけに、その人は虎の話を聞いて、たちまち顔色を変えたのだった。と、こんなふうに諺にも言う通り、〔物事について〕害難を知っているからこそ、安穏のなんたるかも分かるわけである。しかし、学問では、主としてネガティヴを求めるわけではない。中心は、真理を求めることにある。例えば、現在では、地動説が採られているが、かつては天動説があった。あるいは、かつて日蝕や彗星は世の乱れる兆しとされていたものだが、今ではその理が発見されているので、凶兆でもなんでもないことが分かっている。また、現在では地球は球状であると言うようになったが、昔は大地は平らなものだとされていた。それに、かつて大きな山や川には神がおわすとされていたものだが、今ではそうではないことが分かっている。政治でも、昔は柳宗元の説に従って封建がよしとされていたものが今では郡県制のほうがよいとなり、世界的にもそちらへ移行し、我が国もそうなっている。このように、現在を知る場合には、必ず過去についても知らなければならない。これは学問において重要な原則なのである。近年、フランスのオーギュスト・コントという人が次のようなことを発案している。どんなことであれ、最初から都合よく成し遂げられるものではない。ことを成し遂げるには、「段階（stage）」を踏まねばならない。その段階は三つある。第一段階から第二段階へ、そして第三段階へ至って終わるというわけだ。さて、その第一段階を「神学段階（Theological Stage）」という。第二段階は「空理段階（Metaphysical Stage）」。そして第三段階は「実理段階（Positive Stage）」であり、ここでようやく終わるのである。すべてこのような次第であり、第一段階や第二段階には、それぞれ長所・短所や〔継続する〕時間の長さ・短さがあって、実理に至るのが早い場合もあれば遅い場合もある。とはいえ、いずれにしても第三段階を踏まなければ、実理に至る道はないのだ。例えば、英語の thunder つまり「雷」のことを、昔は「神なり」と言った。我が国でも、古くは「神の鳴るもの」と思っていたことから、「神なり」あるいは「なるかみ」と言い、和歌にも「霹靂神《はたたがみ》」と言う。その後、周公の『易経』では、〔雷を〕「陰陽の戦いである」としている。しかし、現在ではその仕組みが解明されている。要するに「電気（electrical）」にすぎないということになり、自在に雷を発生させることができるようにもなった。だいたいこのようなわけで、〔先のコントの説に従って整理すれば〕昔は雷を「神である」としたのが第一の段階、つまり神学段階である。次の「陰陽の戦いである」としたのは第二の段階、空理段階。そして現在「電気である」と解明したのが、実理段階である。こんな具合で、人智の進展も、物の進展も、世の進展も、いずれも徐々に進むのであり、第一段階、第二段階を経て、最後に第三段階へと至るのである。それは「方法論（methodology）」といって、どうしたってこのようになる道理があるわけである。つまり、第一、第二の段階を経た上で実理が分かる。これを positive knowledge（実理、実証知）というのだ。さて、この三段階というものは、学問の上においても大いに関係している。およそ真理を〔明らかにして〕獲得することは学問のなすことである。そうして得た真理を、術に応用して使いこなすことが重要である。だが、真理を得て術に応用すれば、すぐに役立つというものではない。それは、二つの段階を経て、最後に第三段階に至るのである。例えば、蒸気が膨脹力を持っているのは、古来知られてきたことだ。しかし、その蒸気の力を使って機械を動かすという発明は、中世になってからようやく現れた。近年になってさらに蒸気で動く船や車を発明して、海路や陸路の往来が便利になった。こうした例のように、たとえ真理を得ていたとしても、すぐにそのまま役立てられず、さらに研究を重ねていろいろな工夫をしてみて、ようやく術として使いこなすというわけだ。そのように使いこなせるようになることを「術〔技術〕」というのである。術というものが大いに役立つ事例として、磁石に関する真理からついには電信機を発明したこと、あるいは風に関する真理から風車を発明して、それによって機械を動かしたことなどが挙げられる。これらはみな、術を使いこなすことによって可能になったことなのだ。およそどんな事についてであれ、学問の上で真理を求め、それからその真理を術として使いこなせるようにしなければならない。このような場合、その学は、利用(avail, profit)、適用(apply)されたということになるわけである。あるいは確証(verify)される、つまり、真であることが明らかになる。学問の上で得た真理を、術の上で実際に確かめられるという次第である。

以前も述べたように、学は上の方へ向かう工夫であり、術は下の方へ向かう工夫であるというのはもちろんのこと、学に才能の有無が、術にも才能の有無というものがある。学術のいずれについても、「力(faculty)」「適性(aptitude)」「力量(capacity)」「才能(talent)」「天賦(gift)」「天性(endowments)」「天分(genius)」「手腕(ability)」があるのだ。

また、性質に関わることとして、敏い(acute)ということや頴れる(subtle)ということがある。「頴」という字は、「敏」という字と同じ意味だが、少々違いもある。「頴」はもともと草の穂先が細く尖っている様を表す字であり、「鋭」という字と同じ意味だ。また、鈍さ(dull)や頑なさ(stupid)ということもある。これらはいずれも〔学術に携わる人の〕性質に関わるものだ。頴敏であって学ぶ場合は、賢く(wisdom)、思慮深く(prudence)なり、鈍頑であれば学んでもかえって愚か(fool)になってしまう。頴敏鈍頑は自分に備わることであり、学術は自分の外にあるものなのだ。その学術に関わることについては区別がある。才(skill)と識(sagacity)である。「才」とは「材」と同じ字であり、「木」〔という字〕の片方の枝を切り落とした形だ。つまり、木を切り倒して、枝を打って幹にする。そして、物事に付き従って役に立つ。これを

「才」と言うのだ。

他方の「識」はなにか。知ることがたくさん重なると「学」になり、学が長ずれば「識」となる。「識」は「智」の重なったものであり、「智」は「知」の下に「白」という字を置いてつくられている。つまりは、知ることが明白であることを指している。

イギリスのロックという人は、「識（Sagacity）」を次のように定義している。「中間にある観念を見いだすこと。〔観念の〕鎖を成すそれぞれの輪にどのようなつながりがあるかを見いだすこと」また、「才（skill）」をこう定義している。「術や学について身についた知識であり、いざとなれば実行に移せる準備ができており、また器用にこなせるようになっている知識のこと」

楊雄は『法言』で、「たくさんのことを見聞して、正しい道理に基づいて〔物事を〕識る人は、識を究めている」と言っている。「識」とは、「学」が積み重なって、「知」が大きくなったものである。とはいえ、いたずらにたくさんのことを知っていたとしても、それは「識」ではない。条理が通っていて、真理を知っていることを「識」というのだ。「識」を助けるのが「学」であり、「才」を助けるのが「術」である。昔から、歴史を記すのであれば、才と学と識の三つがなければ書けないと言われている。このうち「才」と「識」は自分にあるもので、「学」は他から求めるものだ。例えば、faculty（力／性）とは、この図に示した器のようなものである。aptitude（適性／適質）とcapacity（力量／受質）は、この器に水でも酒でも入れられるということ。ability（手腕／能）は、器に大小があること、acute（敏い／敏）は、その器が漆塗りか、ガラスか、木地かという具合に材質のありようを区別することだ。skill（才）とsagacity（識）は、器の形が円か四角か、整っているか歪んでいるかを区別して論じるものである。この才と識の二つは離れてあるものではない。とはいえ、識に長ずる者もあれば、才に長ずる者もいるという具合に、自ずと得手不得手がある。両者を比較する場合、「識」を上として、「才」を下とする。だから、国を治めたり天下を治める場合でも、識者が上にあり、才子が下にあるなら、それはまっとうな順序だということになる。

識は学によって長じ、才は術によって長ずる。とはいえ、人にはそれぞれ生まれ持った性質というものがある。それだけに識に長ずる人もあれば、才に長ずる人もあって、一様ではないことは言うまでもない。さて、学術によって才識を磨く場合、二つの目的がある。systemとmethodである。学には「体系（system）」がなければならない。術には「方法（method）」

がなければならない。「体系」とは、「不可欠の諸事実〔真理〕を、なんらかの共通法則、原理、目的によって、理にかなった形で配置し、関連づけて、そっくり表現したもの」である。この英文が示すように、なんの学であっても、体系は欠くことができないものである。また、体系とは、真理の目的を取り押さえて、そこから〔諸要素に〕通底する条理が立ち、余すところなくはっきりと分かり、それが一つにまとまったもののことである。例えば、system of botany and system of chemistry という。「植物学の体系」とは、あらゆる植物について、その性質から役に立つか立たないかといったことまで、真理をはっきりと知り得ることを指す。また、「化学の体系」とは、鉱物や植物などについて、どんな物質がどんな割合で混合してできているかという真理をまとめて知ることである。また、学に関する体系とは別に、solar system and physiological system という言い方もあるが、理屈は一緒である。つまり、「太陽系〔太陽の体系〕」とは、太陽を中心として、地球やその他の星々がその周囲を回り、太陽の光が周囲を回っている惑星に関わるといった具合である。それから、「生理系（生理の体系）」とは、頭や四肢や毛髪にいたるまで、〔人体の各部が〕互いに関係しあって一つの体をなしていること、またそのような形になる理を知ることである。

また、建築家（Architecture）が使う言葉に「均整（symmetry）」がある。これは、きちんと整っている様のことだ。例えば、家を建てるところだとしよう。このとき、基礎から柱、壁、棟にいたるまで、筋が通って〔部分同士〕お互いに通じ合い、漏れなく真理を究めて建てることを言うのである。これは建築家の用語であって、学における「体系」とは違うものではあるが、概ねこのようなものだ。

朱子は「春夏秋冬」「元亨利貞」「仁義礼智」「心肝肺腎」「東西南北」を定義している。季節に「春夏秋冬」を区別して土用を中心とする。また、天に「元亨利貞」を、人間本性に「仁義礼智」を、人体については「心肝肺腎」を区別する。世界については「東西南北」を区別して、東西南北のあいだを中央とする。これらは〔今となっては〕信じられないものだが、一つの体系をなしているものである。およそ学においては、体系がないというわけにはいかない。とはいえ、強いて体系を求めようとすれば、かえって信用を失ってしまうという弊もある。どんな学であれ、体系はあるべきものだ。しかしながら、諸学の中でも「歴史（History）」と「博物誌（Natural History）」という学については、体系化しにくい。これを「記述的学問（Descriptive Science）」という。だが、近来に至って、西洋では歴史を体系（システム）として記すことが一般化している。また、古来、司馬遷が『史記』を編んだ折も、本紀、世家、列伝、志という具合に、筋道立てて体系に近いものに仕立てていた。現代の西洋の歴史では、「文明化（civilization）」を目的と置いて、これに基づいて記すために、おのずと歴史が体系となりうるのである。「方法（method）」とは、「どんなことであれ、なにかをする際に、そのことに固有の決まったやり方」のことだ。何事であれ、条理と順序があり、決まった仕方である。もし学に体系がなく、術に方法がない場合は、学術とはいえない。これまでのところ「総論」では、学術に関わることをさまざまに説明してきた。いま、この一編に「連環」という言葉を冠しているのは、学術をさまざまな「環」に譬え、この環を二本の糸に連ねたようなものとして、学と術の二つに区別したうえで、これらを連ねて理解しようというわけであった。しかし、環には白いものもあれば黒いものもある。一口に学術といっても一様ではない。だから区別する必要があるのだ。現在の学術の多寡を論ずるなら、学をなすものは少なく、術をなすものが多い。従来から学術は、互いに関連しあって、学があればそれに関する術があるといった具合に〔同じぐらい〕並んであるものではない。また、学術には二つの性質がある。一つは「普通（common）」、もう一つは「個別（particular）」である。「普通」とは、一理が万事に関わることを指す。「個別」とは、一事だけに関わることをいう。例えば、算術は、今日のあらゆること、その他さまざまなことに関わっている。つまり、算術は普通〔の学〕である。植物学は個別である。また、物理学も個別だ。歴史、算術、地理学は、学問に普通〔共通〕の性質を備えており、今日学ぶものとしては普通である。ただし、この「普通」「個別」という二つの区別は、学びについて論じたものではない〔ことに注意しよう〕。なにかを学ぼうと思えば、いつ、どこで、誰が（誰に）学ぶかということが関わってくる。世間で「普通学」などと言っているものは、余人がある人を指して言う言葉であって、学そのものの性質について論じているわけではない。こうしたこともまた区別して理解する必要がある。

また、学問には「心理系学問（Intellectual Science）」と「物理系学問（Physical Science）」の二つがある。この「心理系学問」については、ヨーロッパでも決まった呼び方があるわけではなく、「心性（mental）」「礼儀（moral）」「精神（spiritual）」「物理外（metaphysical）」など、いろいろな呼称がある。このうち「物理外」という言い方が最も適切だが、〔これはこれで古い学派であり、現在では陳腐になっている。また、物理外の学問とは、要するに心理学であるのだし〕かつ、心理学は何種類あるかといった決まりがあるわけでもない。心理と物理の二つを、軍事に譬えてみよう。軍の強さや、銃砲・装置などについて論じるのは物理である。軍の作戦や戦略は心理である。およそ物理は、眼に見えるものに関わっており、心理は聞くものに関わっている。眼の見えない人は物理を知らず、耳の聞こえない人は心理を知らない（わかっていない）ようにみえる。鳥や獣も物理は知っているが、心理を知ることはできない。心理と物理は、互いに干渉しあって、はっきりと区別しがたいものだ。西洋では、近年になって物理がおおいに発展し、唯物論〔物質主義〕によれば「物理こそが学問である」と主張するに至っている。だが、これは〔唯物論という主義に〕溺れている説であり、むやみに従うべきものではない。心理に関する学がなければ、礼儀の道もやがて廃滅してしまうだろう。だが、近年においては、物理が心理をおおいに圧倒しかねない勢いになっている。およそ物理が進展するに従って、心理もまた変わりゆくことになる。例えば、父子がいるとしよう。二人は何百キロも離れて暮らしている。だから、子が年ごとに父のもとへ帰省したいと思っても、数十日を要するし、それでは自分の仕事ができないので、毎年帰省するというわけにもいかない。だが、今日では物理が進展して、蒸気船もあれば蒸気車もある。何百キロの距離であっても数日で移動できるという便利なものだ。そこで、〔こうした物理的条件の変化によって〕心理もその変化にしたがって変わり、毎年帰省できるようになる。このように、心理は物理にしたがって変わりゆくので、物理は心理より中心的な学問として重視して用いられるようになったように見えるだろう。だが、物理を利用するのは心理であって、物理はあくまでも心理によって使われるようになるものだ。右に述べてきたように、物理と心理の二つをはっきりと理解できれば、昔から仏教や神道で言われてきた「神力」や「祈禱力」や「狐狸」といったものがまるで根拠のないデタラメなものであることが分かるはずだ。こうしたことは、ヨーロッパではすでに見られなくなったものだが、儒教や朱子学のようなものは、いまだにこうした惑いを免れていないのである。この書物では、学術を連ねて二編とする。前編では「学」を、後編では「術」を扱う。ただし、術が学に関係して分離すべきでないものについては併記する。つまり、第一編は「普通の学」、第二編は「個別の学」、つまり「心理」と「物理」の二つを説くことになる。

参考文献

本書の執筆にあたり参照した文献の一覧を以下に示します。

全体

★西周の著作

・『西周全集』（大久保利謙編、全四巻、宗高書房、一九六〇―一九八一）
・『西周全集』（大久保利謙編、第一巻、日本評論社、一九四五）
・『西周哲学著作集』（麻生義輝編、岩波書店、一九三三）
・『日本の名著34 西周 加藤弘之』（中央公論社、一九八四）

★西周研究

・小泉仰『西周と欧米思想との出会い』（三嶺書房、一九八九）
・蓮沼啓介『西周に於ける哲学の成立――近代日本における法哲学成立のためのエチュード』（有斐閣、一九八七）
・島根県立大学西周研究会編『西周と日本の近代』（ぺりかん社、二〇〇五）
・菅原光『西周の政治思想――規律・功利・信』（ぺりかん社、二〇〇九）

★西周評伝など

・森林太郎「西周伝」（『鷗外全集』第三巻、岩波書店、一九七二）
・川嶋保良『西周夫人 升子の日記』（青蛙書房、二〇〇一）
・清水多吉『西周 兵馬の権はいずこにありや』（ミネルヴァ日本評伝選、二〇一〇）
・松本健一『山本覚馬――付・西周『百一新論』』（中公文庫、二〇一三）
・松島弘『近代日本哲学の祖・西周――生涯と思想』（文藝春秋企画出版部、二〇一四）

★「百学連環」関連論文

・渡部望「「百学連環」の歴史的位置と意義」（『北東アジア研究』第一四・一五合併号、島根県立大学北東アジア地

域研究センター、二〇〇八）

- 姫宮利融「西周『百学連環』における「技術」と司馬遷『史記』「貨殖列伝」における「技術」」（『稚内北星学園大学起用』第六号、二〇〇六）
- 木村直恵「西周『百学連環』講義における「相生養之道」—維新期洋学者たちの《society》概念理解」（『学習院女子大学起用』第一〇号、二〇〇八）

＊本書の校閲作業を終えて、この「参考文献」を整理中に次の論文を読むことができました。

- 小玉齊夫「『百学連環』の英文原資料について」（『駒沢大學外国語研究紀要』第一五号、一九八六）
- 小玉齊夫「『百学連環』の英文原資料について（２）」（駒澤大學外国語部『論集』第二四号、駒澤大学、一九八六）
- 小玉齊夫「『百学連環』の英文原資料について（３）」（『駒沢大學外国語研究紀要』第一六号、一九八七）

これは論題の通り、まさに「百学連環」講義に現れる英文について、その出展を検討した論文です。小玉氏はこう述べています。

であるが、西周が「百学連環」講義に際して援用した英語表記、英文は、少くとも主要な術語（「項目」となり得る語）に関するかぎり、いわゆるウェブスターの『An American Dictionary of the English Language』、１８６４年版から採られたものであると言うことができる。

また、このくだりにつけられた注６では次のようにも述べています。

Noah Websterによる『A Dictionary of the English Language』の初版は１８２８年であるが、西周が依拠したのは、おそらく、Ch. A. Goodrich及びN. Porterによって増補改訂された１８６４年版である。たとえば“Science”の項など、１８２８年版には、１８６４年版にあるSir W. Hamiltonからの引用などが見出されない。なおこの１８６４年版は、１８７９年の改訂までは同じ内容であったはずであるが、西周が参照したのが何年発行のものであるかは確定し難い（１８４７年版、１８５９年版との異同は確認し得なかった）。

これは本書で行った推定と同じ見立てであります。もちろん、小玉氏と（氏の仕事を知らないまま確認作業を行った）私が同じ結論に達したことをもって、西先生が参照した典拠『覚書』の記載を見ていくならば誤解の余地はないの

を確定できるわけではありませんが、西先生が『ウェブスター英語辞典』の一八六四年版かその系譜に属する版に拠っているとの推定は、故なきものではないことが分かります。

小玉氏の論文では、「百学連環」の英文表記を、『ウェブスター英語辞典』の他、*Beeton's Dictionary of Universal Information, comprising geography, history, biography, mythology, Bible knowledge, chronology, etc.* (1858-1861)、*Beeton's Dictionary of Universal Information, comprising a complete summery of the moral, mathematical, physical and natural science*（発行年不明）、*Zell's Popular Encyclopaedia: a universal dictionary of English Language, science, literature and art* (1871) の対応していると推測される箇所とを比較しています。ただし、最後の本については刊行年が「百学連環」講義と同じ一八七一年であることから、西先生がこの本を参照できたかどうかは疑問が残ると言い添えています。

私自身は、本書のためにこの論文を詳しく検討する時間を持てませんでしたが、小玉氏が比較に用いている本については、後に改めて検討してみたいと考えています。本書にご関心を持った読者は、ぜひ小玉氏の論文も併せてご覧ください。この注記を書いている二〇一六年四月二三日の時点では１から３まで、いずれもインターネットで読めます。

それにしても、ものを知らないとは恐ろしいことですね。仮に連載中、あるいは単行本にまとめる作業中に小玉氏の論文に遭遇できていたら、本書はもう少し短いものになっていたかもしれません。とはいえ、（迂闊にも）存じ上げなかったために自分の目で行き着けるところまで調べるという探索の作業をできたのも事実です。将来もし本書を改訂する機会が巡ってきたら、ここに記したことをさらに探究して本文に反映したいと念じております。

＊『日本人物文献目録』（平凡社、一九七四）の「西周」の項目には、一九六六年（昭和四一年）までの関連文献の一覧があります。また、西周関連論文については、ウェブサイトCiNii（NII学術情報ナビゲータ）で検索すると見つけることができます。

★辞書類

・古川晴風編著『ギリシャ語辞典』（大学書林、一九八九）
・Liddell-Scott, *Greek-English Lexicon* (Oxford University Press, 1996)
・Franco Montanari, *The Brill Dictionary of Ancient Greek* (Brill, 2015)
・Noah Webster, *An American Dictionary of English Language*（各版）
・『日本国語大辞典 第二版』（小学館、JapanKnowledge版）

★ウェブサイト

本書を書くにあたっては、近年ますます充実してきたインターネット上の各種デジタル・アーカイヴにも全面的にお世話になりました。逐一明示しませんが、本書で参照した文献のなかには、左に示すアーカイヴ（ウェブサイト）で読んだものもあります。

- Japan Knowledge
- Google Books
- Internet Archive
- 近代デジタルライブラリー（国立国会図書館デジタルコレクションに統合）
- 早稲田大学古典籍総合データベース
- Gallica
- Perseus
- Questia
- CiNii
- JSTOR

はじめに

- 清水多吉『西周――兵馬の権はいずこにありや』（ミネルヴァ日本評伝選、ミネルヴァ書房、二〇一〇）
- 『中公バックス日本の名著34 西周 加藤弘之』（中公公論社、一九八四）
- Ernst Haeckel, *Generelle Morphologie der Organismen. Allgemeine Grundzüge der organischen Formen-Wissenschaft, mechanisch begründet durch die von Charles Darwin reformirte Descendenz-Theorie* (G. Reimer, 1866)

第1章 どんな文章か

- 『百学連環――百科事典と博物図譜の饗宴』（印刷博物館、二〇〇七）

第2章 「百学連環」とはなにか

- H・I・マルー『アウグスティヌスと古代教養の終焉』（岩村清太訳、知泉書館、二〇〇八）
- Edited by Walter Rüegg, *A History of the University in Europe* (Cambridge University Press, 2004)
- John William Burgess, *Political Science and Comparative Constitutional Law* (Ginn & Company, 1890)
- ジオン・ダブリュ・バルジェス『政治學及比較憲法論』（高田早苗＋吉田己之助訳、東京専門学校出版部、一九〇一――一九〇二）
- William Graham Sumner, *The Challenge of Facts and Other*

Essays (Yale University Press, 1914)
・『世界教育史大系26 大学史I』（講談社、一九七四）
・高橋直人「近代ドイツの法学教育と「学びのプラン（Studienplan）」――刑事法史研究との関連を意識しつつ」（『立命館法学』第三三号、立命館法学会、二〇一〇）
・Friedrich August Wolf, *Darstellung der Alterthums-Wissenschaft nach Begriff, Umfang, Zweck und Werth* (1807)
・August Böckh, *Encyklopädie und Methodologie der philologischen Wissenschaften* (1877)
・アウグスト・ベーク『解釈学と批判――古典文献学の精髄』（安酸敏眞訳、知泉書館、二〇一四）
・安酸敏眞「アウグスト・ベークと文献学」（『北海学園大学人文論集』第三七号）
・アウグスト・ベーク「文献学的な諸学問のエンチクロペディーならびに方法論」（安酸敏眞訳、『北海学園大学人文論集』第四一号）
・安酸敏眞『人文学概論――新しい人文学の地平を求めて』（知泉書館、二〇一四）
・Georg Wilhelm Friedrich Hegel, *Enzyklopädie deer philosophischen Wissenschaften im Grundrisse* (1817)
・ヘーゲル『哲学の集大成・要綱 第一部 論理学』（長谷川宏訳、作品社、二〇〇二）
・ヘーゲル『哲學躰系（エンチュクロペディー）』（小田切良太郎＋紀平正美訳、一九〇五）
・ヘーゲル『哲學集成』（戸弘柯三訳、一九三〇）
・Alexander Lips, *Staatswissenschaftslehre oder Enzyklopädie und Methodologie der Staatswissenschaft als Einleitung* (1813)
・John Stuart Mill, *Inaugural Address Delivered to the University of St. Andrews* (Longmans, Green, Reader, and Dyer, 1867)
・ジョン・スチュアート・ミル『大学教育について』（竹内一誠訳、岩波文庫、二〇一一）
・中村惕斎編『頭書増補訓蒙圖彙大成』（一六九五）
・王圻編『三才圖會』（一六〇七頃か）
・寺島良安『和漢三才図会』（島田勇雄＋竹島淳夫＋樋口元巳訳注、全一八巻、東洋文庫、平凡社、一九八五―一九九一）
・Ephraim Chambers, *Cyclopaedia, or General Dictionary of Arts and Sciences* (1728)
・*Oxford English Dictionary Second Edition* (CD-ROM Version 4.0, Oxford University Press, 2009)
・三中信宏『系統樹曼荼羅――チェイン・ツリー・ネットワーク』（杉山久仁彦図版、ＮＴＴ出版、二〇一二）
・井波陵一『知の座標――中国目録学』（白帝社、二〇〇〇

三）

- 斉藤渉「新人文主義——完結不能なプロジェクト」（『思想』第一〇二三号、岩波書店、二〇〇九、所収）
- 曽田長人「ドイツ新人文主義の近代性と反近代性——F・A・ヴォルフの古典研究を手がかりに」（『思想』第一〇二三号、岩波書店、二〇〇九、所収）

第3章 「学」とはなにか

- 安田登『身体感覚で『論語』を読みなおす。 古代中国の文字から』（春秋社、二〇〇九）
- 桃裕行『上代學制の研究』（目黒書店、一九四七）
- *American Journal of Science and Arts*
- Sir William Humilton, *Lectures on Metaphysics and Logic*, Vol. 1 (Edited by H. L. Mansel and John Veitch, Second Edition, William Blackwood and Sons, 1841)
- Aristotle, *Metaphysics* (Translated by Hugh Tredennick, 2 vol., Loeb Classical Library, Harverd University Press, 1933-1935)
- アリストテレス『形而上学』（岩崎勉訳、講談社学術文庫、一九九四）
- Aristotle, *Nicomachean Ethics* (translated by H. Rackham, Loeb Classical Library, Harverd University Press, 1926)
- アリストテレス『ニコマコス倫理学』（朴一功訳、西洋古典叢書、京都大学学術出版会、二〇〇二）

第4章 「術」とはなにか

- Noah Webster, *American Dictionary of the English Language* (1828)
- William Hazlit, *Painting and the Fine Arts: being the articles under those heads contributed to the seventh edition of the Encyclopaedia Britanica* (Adam and Charles Black, 1838)
- Nathan Bailey, *The Universal Etymological English Dictionary* (1731)
- BrainyQuote（ウェブサイト）

第5章 学と術

- 早川勇『ウェブスター辞書と明治の知識人』（春風社、二〇〇七）
- William Henry Karslake, *Aids to the Study of Logic: Being an Attempt to Exhibit a Simple View of the Object and Divisions of the Science*, Book I. Pure Analytical Logic (2vols, 1851)
- William Fleming, *The Vocabulary of Philosophy, mental, moral, and metaphysical: with quatations and references; For*

the use of students (1857)
- Aristotle, *Posterior Analytics. Topica* (translated by Hugh Tredennick and E. S. Forster, Loeb Classical Library, Harverd University Press, 1960)
- アリストテレス『分析論後書』(加藤信朗訳、『アリストテレス全集』第一巻、岩波書店、二〇一四)
- Aristotle, *Nicomachean Ethics* (translated by H. Rackham, Loeb Classical Library, Harverd University Press, 1926)
- アリストテレス『ニコマコス倫理学』(朴一功訳、西洋古典叢書、京都大学学術出版会、二〇〇二)
- *A pronouncing and defining dictionary of the English language: abridged from Webster's American dictionary, with numerous synonyms, carefully discriminated* (1856)
- 早川勇『ウェブスター辞書の系譜』(辞游社、二〇〇四)
- 早川勇『辞書編纂のダイナミズム――ジョンソン、ウェブスターと日本』(辞游社、二〇〇一)
- NOAH WEBSTER'S 1828 AMERICAN DICTIONARY (ウェブサイト)

第6章　観察と実践

- 『ジーニアス英和大辞典』(大修館書店、二〇〇一)

第7章　知行

- 『論語』(金谷治訳注、岩波文庫、一九九九)
- 『大学・中庸』(金谷治訳注、岩波文庫、一九九八)
- 貝原益軒『大和俗訓』(石川謙校訂、岩波文庫、一九七七)
- 貝原益軒『養生訓・和俗童子訓』(石川謙校訂、岩波文庫、一九六一)

第8章　学術

- Noah Webster, *American Dictionary of the English Language* (1828)
- *A pronouncing and defining dictionary of the English language: abridged from Webster's American dictionary, with numerous synonyms, carefully discriminated* (1856)
- *Oxford English Dictionary Second Edition* (CD-ROM Version 4.0, Oxford University Press, 2009)

第9章　文学

- 牧野富太郎『植物學講義 第二巻 植物記載學後篇』(大日

本博物学会、一九一三)
- 『易経』(高田眞治＋後藤基巳訳、岩波文庫、一九六九)
- 『明治のことば辞典』(惣郷正明、飛田良文編、東京堂出版、一九八六)
- 石井研堂『明治事物起原』(全八巻、ちくま学芸文庫、一九九七)
- John Milton, *Areopagitica* (1644)
- ジョン・ミルトン『言論・出版の自由——アレオパジティカ』(原田純訳、岩波文庫、二〇〇八)
- John Stuart Mill, *On Liberty* (1869)
- ジョン・スチュアート・ミル『自由論』(斉藤悦則訳、光文社古典新訳文庫)
- 福澤諭吉「明六雑誌の出版を止るの議案」(『明六雑誌』下巻、岩波文庫、所収)
- 三浦國雄『「朱子語類」抄』(講談社学術文庫、二〇〇八)
- 大江匡衡『江吏部集』
- 魏文帝(曹丕)「論典論文」(『文選(文章篇)下』、新釈漢文大系第九三巻、明治書院、二〇〇一)
- 瀧川政次郎『非理法権天——法諺の研究』(青蛙房、一九六四)

第10章 学術の道具と手法

- 久米邦武編『欧米回覧実記』(田中彰校注、岩波文庫、一九七七)
- 石井研堂『明治事物起原』(全八巻、ちくま学芸文庫、一九九七)
- 福澤諭吉『西洋事情』(一八六六)
- 椎名仙卓『日本博物館発達史』(雄山閣、一九八八)
- Auguste Comte, *Plan des travaux scientifiques nécessaires pour réorganiser la société* (1822)
- オーギュスト・コント『社会再組織に必要な科学的作業のプラン』(霧生和夫訳、『中公バックス 世界の名著46』中央公論社、一九八〇、所収)
- 凝然大徳『八宗綱要』(鎌田茂雄訳注、講談社学術文庫、一九八一)

第11章 論理と真理

- John Stuart Mill, *A System of Logic, Ratiocinative and Inductive; Being a connected view of the principles of evidence and the methods of scientific investigation* (1843)
- ジョン・スチュアート・ミル『論理學體系：論證と歸納

證明の原理と科學研究の方法とに關する一貫せる見解を述ふ』(大関将一訳、春秋社、一九四九)
・西周『致知啓蒙』(『西周全集』第一巻、宗高書房)
・石塚正英＋柴田隆行監修『哲学・思想翻訳語事典』(論創社、二〇〇三／増補版、二〇一三)
・『新明解国語辞典 第七版』(三省堂、二〇一二)
・『新潮現代国語辞典 第二版』(新潮社、二〇〇〇)
・『孟子』(小林勝人訳注、上下巻、岩波文庫、一九六八)

第12章　真理を知る道

・『孟子』(小林勝人訳注、上下巻、岩波文庫、一九六八)
・屋名池誠『横書き登場——日本語表記の近代』(岩波新書、二〇〇三)
・円朝『怪談牡丹燈籠』(『円朝全集』第一巻、岩波書店、二〇一二)
・ハッブル『銀河の世界』(戎崎俊一訳、岩波文庫、一九九九)
・横山又次郎講述『天文學大意』(早稲田大學出版部、発行年不明)
・Charles Eames and Ray Eames, *Powers of Ten* (1968)
・桜井邦明『新版 天文学史』(ちくま学芸文庫、二〇〇七)
・呉秀三『シーボルト先生——その生涯及び功業』(全三巻、東洋文庫、平凡社、一九六七—一九六八)

第13章　知をめぐる罠

・福澤諭吉『文明論之概略』(一八七五)
・福澤諭吉『時事小言』(一八八一)
・鄭高咏「虎のイメージに関する一考察——中国のことばと文化」(『言語と文化』一二、愛知大学語学教育研究室)
・柳宗元『封建論』(ウェブサイト「維基文庫 自由的圖書館」)
・張翔「「天下公共」と封建郡県論——東アジア思想の連鎖における伝統中国と近世日本」(張翔＋園田栄弘共編『「封建」・「郡県」再考——東アジア社会体制論の深層』、思文閣出版、二〇〇六)
・Auguste Comte, *Plan des travaux scientifiques nécessaires pour réorganiser la société* (1822)
・オーギュスト・コント『社会再組織に必要な科学的作業のプラン』(霧生和夫訳、『中公バックス 世界の名著』第四六巻、中央公論社、一九八〇、所収)
・白川静『字通』(平凡社、二〇一四)
・John Locke, *An Essay Concerning Human Understanding* (1690)
・ジョン・ロック『人間知性論』(大槻春彦訳、岩波文庫、

一九七七)
- 楊雄『法言』(ウェブサイト「中國哲學書電子化計劃」)

第14章　体系と方法

- 『ウィトルーウィウス建築書』(森田慶一訳、東海大学出版会、一九七九)
- 三浦國雄『「朱子語類」抄』(講談社学術文庫、二〇〇八)
- George H. Sabine, "Descriptive and Normative Science" (1912)
- Ágost Pulszky, *The Theory of Law and Civil Society* (T. Fisher Unwin, 1888)
- Louis Albert Necker, "On Mineralogy considered as a Branch of Natural History, and Outlines of an Arrangement of Minerals founded on the principles of the atural Method of Classification" (1832)
- Wilhelm Windelband, *Geschichte und Naturwissenschaft* (1894)

第15章　学術の分類と連環

- 元良勇次郎『教育新論』(中近堂、一八八四)
- 木村知治『帝国議会衆議院撰挙人心得』(兎屋、一八八九)
- 『2001年宇宙の旅』(スタンリー・キューブリック監督、一九六八)
- 西周「日本文學會社創始ノ方法」(『西周全集』第二巻、宗高書房)

あーん／アーン

Cyclopaedia, or General Dictionary of Arts and Sciences（サイクロペディアあるいは諸術と諸学の総合事典）……067
Cyclopedia（サイクロペディア）……068
Darstellung der Alterthums-Wissenschaft nach Begriff, Umfang, Zweck und Werth（古代学の叙述――その概念・範囲・目的・価値）……055
Deducation（演繹法）……023
deduco……275
deductio……275
deduction……273
deductor……275
definition……096
Descriptive and Normative Sciences（記述的学問と規範的学問）……398
Descriptive Science……397
Descriptive Science（記述的学問）……397
Discovery（発見）……202
dull……372
Earth……325
Egkuklios……035
electrical（電気）……364
Elegant Literature……224
Empiric……022, 250
Encyclopedia……032
Encyclopedia of Political Science……048
Encyclopédie（百科全書）……063
Encyklopädie und Methodologie der philologischen Wissenschaften（文献学的諸学問のエンチクロペディーならびに方法論）……055
Encyklopädie und Methodologie der Rechtswissenschaft（法学のエンチクロペディーおよびメトドロギー）……053
Encyklopädie und Methodologie der Studien des Alterthums（古代研究に関するエンチクロペディーならびに方法論）……055
Encyklopädie（エンチクロペディー）……053
end……233
endowments……370
Enkuklios……035
Enzyklopädie der philosophischen Wissenschaften im Grundrisse（哲学的諸学のエンチクロペディー綱要）……058
Enzyklopädie（エンチクロペディー）……053
equivalent（当量）……296
Experience……246
Experience（試験）……021
experientia……248
experior……248
facebook……431
fact（事実）……291
faculty……370, 382
father……230
Fine Arts……180
fool……372
genius……370
geographical……239
Geometry……220
geopolitics（地政学）……071
Geopolitik（地政学）……071
Geschichte und Naturwissenschaft（歴史と自然科学）……399
gift……370
Google……102
Google Books……104, 322
Grammar……220
Grammar（語典）……227
gymnasium……236
Hebrew……226
Heraldik（紋章学）……060
Hereditary……243
Hieroglyph（形象字）……228
Histoire de la civilisation en Europe（ヨーロッパ文明史）……402
historischer Materialismus（史的唯物論）……423
History……226, 397
History of Civilization in England（イギリス文明史）……402
History of England（イングランド史）……403
Humanities……224
hypothesis……148
idiographisch（個性記述）……400
Index librorum prohibitorum（禁書目録）……206
Inducation（帰納法）……023
induction……273
Industrious Art……180
input（入力）……166
institution……236
institution（施設）……252
Institution（設置物）……021
instrument……235
instrument（装置）……252
Intellectual……423
Intellectual Science（心理系学問）……423
Intellectual Science（心理上学）……025
intelligence……423
intelligent……423
Internet Archive……104
Introduction……032
Invention（発明）……202
Lectures on Logic（論理学講義）……092
Lectures on metaphysics and logic（形而上学・論理学講義）……092
Letter（音字）……228
letter（文字）……192
libelous……209
Liberal Art（芸術）……018
Liberal arts……044
LiberalArt……180
liberty……293
Liddell-Scott……041
Literature（文章）……018
Logic……024, 220
logic……271
logica……271
logik……271
logique……271
materialism……427
mathematics……359
matter（物質）……421
means……021, 233
Means（学術の方略）……017, 021
measure……233
mechanical……235, 239
Mechanical Art……180
Mechanical Art（技術）……018
Mechanical instrument（器械）……021
medium……233
Mental Civilization……224
mental（心性）……423
Merriam-Webster……103
Metaphysic School……424
Metaphysical Stage（空理段階）……360
metaphysical（物理外）……423
method……084
Method（方法）……025
method（方法）……385
methodize……062
Methodologie（メトドロギー）……054

0-9

α－ω

a－z

著者プロフィール

山本貴光（やまもと・たかみつ）

文筆家・ゲーム作家。

1971年生まれ。コーエーにてゲーム制作（企画/プログラム）に従事の後、2004年からフリーランス。代表作のゲームに『That's QT』『戦国無双』など。著書に『心脳問題―「脳の世紀」を生き抜く』（吉川浩満との共著、朝日出版社。後に『脳がわかれば心がわかるか―脳科学リテラシー講座』として改題増補改訂、太田出版から刊行）、『問題がモンダイなのだ』（吉川との共著、ちくまプリマー新書）、『コンピュータのひみつ』（朝日出版社）、『文体の科学』（新潮社）など。訳書に『MiND―心の哲学』（吉川との共訳、ジョン・R・サール著、朝日出版社）、『ルールズ・オブ・プレイ』（サレン/ジマーマン著、ソフトバンククリエイティブ）などがある。「哲学の劇場」主宰。

URL

作品メモランダム（http://yakumoizuru.hatenadiary.jp/）

哲学の劇場（http://logico-philosophicus.net/）

twitter ID：yakumoizuru

校　閲	木村直恵（学習院女子大学准教授）
校　正	坂田星子・田村豪・山本雅幸
装　幀・本文設計	坂野公一（welle design）
組　版	デジウェイ株式会社

「百学連環」を読む

2016年8月20日　第1刷発行

著　者	山本貴光
発行者	株式会社 三省堂　代表者 北口克彦
印刷者	三省堂印刷株式会社
発行所	株式会社 三省堂

〒101-8371　東京都千代田区三崎町二丁目22番14号

電話　（編集）03-3230-9411

（営業）03-3230-9412

振替口座　00160-5-54300

http://www.sanseido.co.jp/

〈百学連環を読む・528pp.〉

落丁本・乱丁本はお取り替えいたします。

ISBN 978-4-385-36522-0